经济刑法

Economic Criminology

23

涂龙科 主编

卷 首 语

冬去春来、寒暑相易，《经济刑法》第23辑和各位读者见面了！

作为国内唯一一本专注于经济刑法研究的专业性刊物，《经济刑法》自2003年创刊以来，已经走过21个年头。21年来，历任刊物的编者们栉风沐雨、筚路蓝缕，一路前行至今天。在学术刊物数量持续增加、竞争日趋激烈的当下，《经济刑法》作为一本专业类出版物，殊为不易。即便如此，能够为读者们奉上一份可口惬意的精神食粮，为学者们提供一方论道切磋的天地，无论其中如何琐碎辛苦，我们都甘之如饴。

正如读者们所见，《经济刑法》第23辑共收录论文20篇，分置于"基础理论研究""知识产权犯罪研究""金融犯罪研究""诈骗犯罪研究""实务热点研究"等5个栏目。"基础理论研究"栏目包括4篇论文。姚建龙、刘兆炀的《"坚持受贿行贿一起查"的刑法立法检视与回应》，该文紧扣法治热点，结合《刑法修正案（十二）》有关行贿犯罪的修改，提出我国未来完善行贿犯罪的立法结构时应当保留行贿罪中的减免责任条款，修改行贿罪的部分犯罪构成要件，以及审慎加重对行贿罪的处罚。赵希的《论刑法中的"准入型"犯罪》，聚焦违反国家对市场规制领域的准入规定的犯罪类型，社会性准入的入罪的刚性不应随意加以突破，而应通过完善出罪事由来实现个案正义。经济性准入的犯罪圈设定则应以市场成熟程度以及国家经济安全为系数进行动态权衡调整。郭晶、张文倩的《"多次犯"形式入罪之批判与出罪路径探寻——兼评黄某某虚假广告案》对多次犯进行了有益的理论探索。该文主张立足于并合主义，以人身危险性为理论依据的多次犯情形，只能在定罪后的量刑阶段，作为影响行为人预防刑的案外事实而存在，并且为限制多次犯的处罚范围提供了理论方案。竺越、周舟的《自由裁量权下连累犯刑罚均衡路径探究——以掩饰、隐瞒犯罪所得罪与洗钱罪为视角》，以掩饰、隐瞒犯罪所得罪和洗钱罪为基本样态，通过法教义学结合司法实践中自由裁量权的运用，构建连累犯刑罚均衡的路径，寻求解决连累犯刑罚失衡的破解之道。

"知识产权犯罪研究"栏目包括3篇论文。2022年上海市人民检察院党组成员重大课题组的《以新时代检察高质量发展为契机　系统推进知识产权检察综合履职》提出,知识产权检察履职应当立足大局,准确把握高质量发展目标定位;牢固树立高质量发展新理念;推动构建高质量发展新格局;系统谋划高质量发展路径举措,系统推进知识产权检察综合履职。上海市人民检察院检察应用理论课题组的《检察机关依法平等保护各类市场主体——以知识产权刑事检察履职为视角》,通过检视各类市场主体在知识产权刑事保护中面临的困境,梳理出检察机关依法平等保护各类市场主体知识产权的共性及个性问题,有针对性地提出完善路径举措。谢焱、马凯旋的《深度链接行为的违法性证成:从侵权到犯罪》对深度链接的刑事违法性进行了富有新意的论证。主张《刑法》中信息网络传播行为的认定要比《著作权法》严格,只有造成不可控损害的深度链接行为才具有刑事违法性。深度链接行为的违法性有"链接内容与经营模式的相关性""链接内容的质与量""链接对合法传播路径的变更程度"三个量化指标,三个指标共同决定违法性的大小。

"金融犯罪研究"栏目包括4篇论文。童德华、刚青卓玛的《数字金融刑法解释规则的体系化建构》立足于宏大叙事,致力于吸纳金融发展规律与数字技术规则,建构数字金融刑法解释体系。并在明确预设目标的基础上,建立数字金融刑法解释体系的具体解释规则。李睿、闵逸伦的《洗钱共同犯罪规制研究》对洗钱共同犯罪认定的主客观要件进行解释学层面的释明。樊华中、曹瑞璇的《自洗钱犯罪行为模式与司法适用分析》采用实证的研究方法,在归纳自洗钱犯罪行为模式的基础上,就其司法适用进行了详细阐述。包括事后不可罚行为、入罪后竞合等。杨猛、谢宇恒的《网络平台私募基金之刑事风险预控与规制》在研析网络金融平台私募基金的运作特点和现行影响基础上,探讨以内幕交易、私募诈骗、私募洗钱等犯罪形式为主的刑事风险,并同时从行刑衔接角度提出规制路径。

"诈骗犯罪研究"栏目包括4篇论文。陈庆安、赵剑英的《利用口头合同实施诈骗行为的定性研究》认为,合同诈骗罪中"合同"不应局限于口头或者书面,而应当紧紧围绕其商事交易性合同的实质,对合同主体、客体等方面进行解释。对于利用口头合同实施诈骗的行为,可以认定为合同诈骗罪。欧阳孜玥的《电信网络诈骗中帮助取款行为的刑法定性》对电信网络诈骗中帮助取款行为的定性展开论述,主张围绕客观与主观两个层面的刑事责任评价要点具体分析,在客观层面,以犯罪既遂时点为界;在主观层面,应当区分不同主观因素在内涵上的差异,结合其他客观因素综合判断。罗海妹、阚鑫君的《"隐瞒第三方责任"型医保诈骗案件之司法适用——基于典型案例的展开》对"隐瞒第三方责任"这一新型医保诈骗案件的法律适用，进行了具体分析。王佩芬的《骗取出口退税罪司法认定中的疑难与误区——以苏某信、魏某福骗取出口退税案为例》在梳理骗取出口退税罪新旧司法解释变化的基础上，结合相关典型案例，剖析了骗取出口退税罪在司法认定中的难点问题与司法误区。

"实务热点研究"包括5篇论文。蔡永成、金士国的《涉案违法所得权属认定及程序问题研究》关注涉案财物处置这一当前司法改革的热点问题。主张应当坚持对物之诉的理念，来完善涉案财物公诉职责的定位，即明确违法所得认定不以主犯到案定罪为前提、聚焦的是犯罪事实与涉案财物间关联性，经营成本是否扣除视不同类型成本而定，违法所得投资收益没收应参照因果关系理论认定，并把握好违法所得权属认定的证明责任和证明标准等。尹琳、黄捷的《数据爬取行为的刑法归责原则研究：以法益保护为视角》主张不同类型数据爬取行为所征表的法益侵害不同，因此在归责原则上应当有所区分，定性时根据具体数据利益进行罪名分流。许佳的《论生产、销售伪劣商品罪的双重罪过》对一直以来存在较大争议的生产、销售伪劣商品罪的罪过形式进行理论分析，得出"双重过失论"的结论。魏彤、顾洪鑫的《民营企业产权保护问题的风险溯源及刑法应对》通过对2 674份裁判文书的分析，发现民营企业产权的刑事风险急剧上升，提出以构筑民营企业产权保护体系为目标，围绕失范行为的内外控制、罪刑适用标准的厘清以及市场服务型刑法观的确立，有的放矢地作出应对。刘欣元、陈芷妍的《网络黑灰产治理问题研究》描述了网络灰黑产所呈现的新态势，总结了网络灰黑产治理存在的难点，并提出了对策建议。

"改章难于造篇、易字艰于代句。"但无论如何，只要能看到一篇篇浸透作者心血和汗水的作品能够付梓出版，所有的辛苦和付出都值得。当然，无论我们怎样尽心努力，刊物中的错讹疏漏还是在所难免，请各位读者方家批评指正。在刊物编辑过程中，上海社会科学院副书记、法学所所长姚建龙研究员给予了详细的指导，为刊物的定位、选稿、用稿提供了宝贵意见。法学所刑法室尹琳、郭晶、王佩芬、陈玲四位老师参与了稿件的审定，其中王佩芬博士、陈玲博士承担了大量的联络、统稿、校稿等具体工作，对她们的付出表示感谢。

我们将尽力，把《经济刑法》办得更好！

本刊编辑部　涂龙科
2024年4月

目录
CONTENTS

第 23 辑

001　卷首语

基础理论研究

003　"坚持受贿行贿一起查"的刑法立法检视与回应　　姚建龙　刘兆炀
019　论刑法中的"准入型"犯罪　　　　　　　　　　　　　　　赵　希
036　"多次犯"形式入罪之批判与出罪路径探寻
　　　　——兼评黄某某虚假广告案　　　　　　　　　郭　晶　张文倩
051　自由裁量权下连累犯刑罚均衡路径探究
　　　　——以掩饰、隐瞒犯罪所得罪与洗钱罪为视角　　竺　越　周　舟

知识产权犯罪研究

069　以新时代检察高质量发展为契机　系统推进知识产权检察综合履职
　　　　　　　　　　　　　　　　上海市人民检察院党组成员重大课题组
086　检察机关依法平等保护各类市场主体问题研究
　　　　——以知识产权刑事检察履职为视角
　　　　　　　　　　　　　　　　上海市人民检察院检察应用理论课题组
103　深度链接行为的违法性证成：从侵权到犯罪　　　谢　焱　马凯旋

金融犯罪研究

119	数字金融刑法解释规则的体系化建构	童德华　刚青卓玛
135	洗钱共同犯罪规制研究	李　睿　闵逸伦
154	自洗钱犯罪行为模式与司法适用分析	樊华中　曹瑞璇
164	网络平台私募基金之刑事风险预控与规制	杨　猛　谢宇恒

诈骗犯罪研究

183	利用口头合同实施诈骗行为的定性问题研究	陈庆安　赵剑英
195	电信网络诈骗中帮助取款行为的刑法定性	欧阳孜玥
206	"隐瞒第三方责任"型医保诈骗案件之司法适用 ——基于典型案例的展开	罗海妹　阚鑫君
217	骗取出口退税罪司法认定中的疑难与误区 ——以苏某信、魏某福骗取出口退税案为例	王佩芬

实务热点研究

235	涉案违法所得权属认定及程序问题研究	蔡永成　金士国
244	数据爬取行为的刑法归责原则研究：以法益保护为视角	尹　琳　黄　捷
263	论生产、销售伪劣商品罪的双重罪过	许　佳
282	民营企业产权保护问题的风险溯源及刑法应对	魏　彤　顾洪鑫
300	网络黑灰产治理问题研究	刘欣元　陈芷妍

基础**理论**研究

经济刑法
Economic Criminology

"坚持受贿行贿一起查"的刑法立法检视与回应

姚建龙　刘兆炀[*]

目　次

一、问题的提出
二、对向犯理论视角下的"坚持受贿行贿一起查"
三、"坚持受贿行贿一起查"法治化趋势下的内涵解析
四、行贿罪在"坚持受贿行贿一起查"法治化下的立法选择
五、结语

摘　要：《刑法修正案（十二）》有关"坚持受贿行贿一起查"的修改是法治化的表现，是实现法治现代化的必由之路。但是如果将此次立法修改解读为"受贿行贿一起查"走向"受贿行贿同等罚"，既缺少理论支撑，也偏离了政策的实质内涵。受贿罪与行贿罪作为"异罪异罚"的对向犯，其刑罚的不对称性具有立法的有意性，有罪刑相适应理论为支撑，也欠缺向"同等罚"转化的条件。另外，对"坚持受贿行贿一起查"的真正内涵进行解析后，理应认为该政策在强调对行贿犯罪从严查处的同时，并未表明"同等罚"的立场，所以此次修法当然不能被解读为是向"同等罚"的转变。在此立场下，我国未来进一步完善行贿犯罪的立法结构时应当保留行贿罪中的减免责任条款，修改行贿罪的部分犯罪构成要件，以及审慎提高对行贿罪的处罚，从而真正准确落实"受贿行贿一起查"。

关键词：《刑法修正案（十二）》；受贿行贿一起查；对向犯；法治化

---

[*] 姚建龙，上海社会科学院法学研究所研究员、博士生导师；刘兆炀，东南大学法学院刑法学博士研究生。

一、问题的提出

2023年12月29日,十四届全国人大常委会第七次会议审议通过《刑法修正案(十二)》(以下简称《刑修(十二)》),其中关于行贿罪的修改是本次修法的亮点之一,立法机关有关负责人明确表示:"这次修改是在2015年通过的《刑法修正案(九)》修改行贿犯罪的基础上对行贿犯罪的又一次重大修改,从刑法上进一步明确规定,对一些严重行贿情形加大刑事追责力度。"[①]无可否认,这次修法是贯彻"坚持受贿行贿一起查"政策的体现,这也说明在当前的立法趋势下,意图通过行贿非犯罪化[②]来打击受贿犯罪已不现实。应当说,我国有关"坚持受贿行贿一起查"的政策性文件、指导案例已经非常丰富,确实到了向法治化转型的阶段,但是如果将此次立法修改解读为"受贿行贿一起查"转向"受贿行贿同等罚",似乎偏离了该政策的真正目的与修法精神。因此,本文透过行贿与受贿这对犯罪的本质,以对向犯理论为立法检视的视角,并通过梳理"坚持受贿行贿一起查"政策的发展脉络,对其实际含义进行解析,从而说明《刑修(十二)》有关行贿罪的修改不应被理解为体现了"受贿行贿同等罚"的立法精神。这既有利于准确把握"坚持受贿行贿一起查"政策的真正内涵,又有利于为该政策的法治化提供正确的指引,进而提出一些完善行贿罪立法结构的建议。

二、对向犯理论视角下的"坚持受贿行贿一起查"

现有刑法理论普遍承认,受贿与行贿是行为主体对立且行为方向交错的对向犯。[③] "坚持受贿行贿一起查"正是抓住了受贿与行贿之间一体两面的对向关系,所以通过查处行贿行为可以顺藤摸瓜地揪出藏于深处的受贿行为。《刑修(十二)》对行贿罪的修改从表面上看确实是在拉平两罪在刑罚上的差距,但

[①] 亓玉昆:《全国人大常委会法工委刑法室负责人就刑法修正案(十二)草案答记者问》,《人民日报》2023年7月26日,第4版。

[②] 笔者曾在《贿赂犯罪立法结构的调整》一文中提出了"行贿非犯罪化"的主张,这主要是考虑到该做法有利于矫正行贿导致了腐败恶化的逻辑错误,遏制司法机关为获取行贿人的证据而减轻甚至不追究刑事责任的"越权"做法,还能以刑罚的不对等性打破利益同盟关系,因此,以"行贿非犯罪化"来调整贿赂犯罪的立法结构的思路并非标新立异,而是意在提供一种理性的视角,以期对我国的腐败犯罪治理有所裨益。参见姚建龙:《社会变迁中的刑法问题》,北京大学出版社2019年版,第407页。

[③] 柯程耀:《贿赂罪成罪条件之认定——评彰化地方法院九十年度诉字第一三四九号判决》,《月旦法学杂志》2004年第7期,第223页。

是对行贿罪实际是降低了最低法定刑,且增加了一种减轻、免除处罚的情形。由此可见,在立法上追求行贿罪与受贿罪之间的对称性并不必然意味着"受贿行贿同等罚",这既是因为保持二罪在处罚上的平等性无理论支撑,也是因为缺乏加重行贿罪刑罚的必要性。

(一)对向犯不同罚的理论依据

通常来说,我国《刑法》规定了四种对向犯:一是"同罪同刑",即双方的罪名和法定刑都相同,例如"非法买卖枪支、弹药、爆炸物品罪";二是"异罪异刑",即双方的罪名与法定刑都不相同,例如受贿罪与行贿罪;三是"异罪同刑",即双方都构成犯罪,但双方的罪名不同而法定刑相同,例如出售、购买假币罪;四是"只处罚一方",即只处罚一方的行为,例如销售假药罪。在德国刑法中还规定有"同罪异刑"的对向犯,①是指双方都构成犯罪,且罪名相同但法定刑不同,不过我国并没有此种类型的罪名。我们先需要重点讨论的是,在受贿罪与行贿罪这组对向犯中,为什么行贿罪能在立法上获得较轻的刑罚?这是展开讨论受贿罪与行贿罪不应向"异罪同刑"转化的基本前提。

前田雅英教授就对向犯的处罚问题提出:"很多情形下,不处罚的实质理由被认为是违法性或责任欠缺或者微弱,但是也存在着仅凭这种理由不能予以解释的情形(共犯论的政策性色彩)。在必要的共犯不可罚的范围中,很大一部分是基于刑事政策、立法技术上的理由。"②可见,在具有对向犯性质的两个行为中,之所以会出现不予以处罚或较轻处罚一方行为的情况,是因为立法者的有意安排,而违法性、有责性的欠缺则是对这种安排的理论解释。

首先,具体到受贿罪与行贿罪的设立上来看,立法者在处罚上的"区别对待"仍然具有很清晰的"立法有意性"的痕迹可循。1952年4月21日,我国制定了第一部专门打击腐败犯罪的单行刑事法规《中华人民共和国惩治贪污条例》,该规定虽然在罪名上未将贪污犯罪与行贿犯罪相区分,但是却就行贿犯罪规定了特别自首制度,甚至规定免予刑事处分的情形,体现出立法者对行贿犯罪所采取的从宽处罚的立场。之后的1979年《刑法》中,行贿罪也是被规定为轻罪,最高法定刑为3年。不过,从此之后,立法者就在不断提升行贿罪的法定刑,加大对行贿犯罪的惩治力度,直到1997年《刑法》规定行贿罪的最高法定刑为无期徒刑。但是立法者仍然刻意保留了减轻处罚或者免除处罚的规定,这种刻意

---

① 《德国刑法典》第173条规定,尊亲属与卑亲属乱伦,适用相同罪名,但刑罚不一样。
② [日]前田雅英:《刑法总论讲义(第6版)》,曾文科译,北京大学出版社2017年版,第289页。

体现在《刑法修正案（九）》（以下简称《刑修（九）》）中，立法者将原来的"可以减轻处罚或者免除处罚"，修改为"可以从轻或者减轻处罚"，同时又增加了减轻或者免除处罚的情形。由此可见，立法者对行贿罪的几番调整，虽然不断缩短了受贿罪与行贿罪之间的法定刑距离，但仍然有意坚持着特别自首制度，体现出了"受贿行贿不同罚"的重要立场。

其次，从违法性和有责性的角度进行解释，受贿罪与行贿罪的"区别对待"同样具有合理性，体现出了立法者对两种犯罪的违法、有责程度的考量。从"违法是连带的、责任是个别的"客观主义刑法观出发，对向犯作为必要的共犯形态，在违法性上双方的必要参与行为并无质的不同（违法的质的统一性）。[①] 但是，受贿与行贿犯罪的违法程度的判断不能简单地从犯罪的对称性出发，而是需要进一步对两个行为的违法程度进行一个量的衡量，这将影响处罚的轻重。虽然贿赂犯罪的保护法益是一个尚无定论的问题，主要包括廉洁性说、职务行为的公正性说、职务行为的不可收买性说、职务行为的不可谋私利性说，等等。笔者支持将"职务行为的廉洁性"作为受贿犯罪的保护法益，所以对受贿行为与行贿行为违法程度的判断，也应从对职务行为廉洁性的破坏为展开。从身份来看，受贿罪的主体都是国家机关工作人员，其是公权力的直接支配者，相较于行贿人而言，更容易影响公权力的行使，也更容易对公权力的廉洁性带来严重破坏。从社会影响来看，行贿行为可能导致市场扭曲、不公平竞争和损害公众利益，因为它扰乱了正常商业和政府活动，但是受贿行为损害了公众对政府和机构的信任，可能导致资源浪费、不公平分配和腐败的增加，相比之下，受贿行为的法益侵害性更为严重。由此可见，行贿行为的违法程度无法与受贿行为相提并论，所以刑法对二者规定不同的法定刑也符合对向犯的处罚依据。

最后，受贿与行贿犯罪的违法程度的判断也要准确把握二者之间的因果关系。比如有观点认为，行贿人未被追究刑事责任的比例过高，对行贿惩处偏弱的问题仍然存在，不利于切断行受贿犯罪因果链。[②] 这种观点看似合理，可是并不符合受贿与行贿犯罪的实际情况。在现实案件中，受贿行为与行贿行为之间并不完全对等，即受贿行为与行贿行为之间其实是充分不必要条件，有受贿行为说明一定具有行贿行为，但是有行贿行为并不一定表明存在受贿行为。在不断披露的贿赂案件中不难发现，部分官员是在被"围猎"中迷失自我，但是也有部分官员是自甘被"围猎"，他们明知"围猎者"的目的，仍贪恋于各种利益，甚

---

① 钱叶六：《对向犯若干问题研究》，《法商研究》2011年第6期。
② 张维炜、丁子哲：《刑法修正案（十二）草案亮相：再举反腐利剑》，《中国人大》2023年第15期。

至成了"围猎者"的代言人,与此同时,还有更多不为"围猎"所腐蚀,时刻保持自律、清醒的公职人员。因此,上述观点实际是犯了由果推因的逻辑错误,只看到了行贿行为可能导致的受贿行为,而忽视了受贿行为才是贿赂犯罪的核心所在。笔者曾从经济学的角度进行过分析,行贿人行贿并不是以事后的处罚较轻甚至免除处罚为主要考量,其根本原因在于作为权钱交易初级产品的"贿赂"存在较大的消费市场,行贿人可以在该交易中获取较大的利益。所以想要真正斩断受贿的因果链,并不宜从加重行贿行为的处罚出发,而应当是严惩借公权谋私利者,彻底破坏"贿赂"消费市场。如此,在消费群体消失后,行贿人的贿赂动机也会因失去其市场价值而消失。① 简单来说,因为行贿并不必然破坏职务行为的廉洁性,反而是严惩受贿行为将有利于减少行贿行为的出现,所以立法者也没必要将二者的处罚置于同一水平。

(二)不符合加重较轻处罚的转化条件

《刑修(十二)》在行贿罪中新增的七种从重处罚情节应当视为注意性法律规定,而非对七种行贿行为处罚的加重。因为在本次修法前,这七种行贿行为本就已经被司法解释规定为从重处罚的情形,所以它们应当属于注意性规定,而不能被作为加重行贿罪处罚的依据。"无论是实然的立法,还是应然的法理,在我国都缺乏受贿行贿同等处罚的基础,'受贿行贿一起查'不能与'受贿行贿同等处罚'画等号。"尽管对向犯的处罚是由立法者的意思所决定,但是加重一方原本较轻的处罚,甚至使之与另一方处罚相同,是不尽合理的,应当遵循一定的理论基础,避免立法的恣意性。

首先,行贿罪既未超出犯罪类型的范围,也不必然加功于受贿罪。在片面对向犯中,要将不处罚参与行为向可处罚参与行为转化,有学者提出,如果原本不处罚一方的参与行为超出了必要参与行为的"最低必要参与程度"标准,那么就变成了可处罚参与行为,应适用刑法总则关于共犯之规定。② 显然,该种观点是将对向犯回归到了共犯理论中判断处罚的转化条件,同理,我们也可以将行贿行为回到共同犯罪的理论进行论证,说明加重处罚行贿行为的不合理性。在贿赂犯罪中,行贿人给予财物的行为实际是在教唆、帮助受贿人实施受贿行为,受贿人是实行犯,二者构成共同犯罪。而根据我国刑法的规定,教唆犯、帮助犯应当按照他在共同犯罪中所起的作用处罚,一般来说,行贿人都是无特定

---

① 姚建龙:《社会变迁中的刑法问题》,北京大学出版社2019年版,第390页。
② 参见钱叶六:《对向犯若干问题研究》,《法商研究》2011年第6期。

身份的人,无法直接,也不必然对法益产生侵害,可见行贿人在共同犯罪所起的作用显然无法与受贿人等同。所以从我国的共犯处罚根据上来看,行贿和受贿也不应当同罚,这样才有利于实现处罚的协调。进一步来说,行贿行为并不必然加功于受贿行为,如果受贿人拒绝贿赂,那么行贿人只构成行贿罪(未遂),也就无法对法益造成更严重的破坏。因此,贿赂犯罪的成立主要还是取决于受贿人接受贿赂与否,试图加重处罚行贿行为的做法并未切中贿赂犯罪的真正要害,难以说明加重处罚的合理性。

另外,受贿罪与行贿罪也缺乏平衡刑罚的必要性。一方面,有学者以拐卖妇女、儿童罪与收买被拐卖的妇女、儿童罪为例,认为在共同对向犯中,很少有像这对犯罪一样的刑罚严重失衡的情况,这与共同对向犯的理论很难兼容,实有调整之必要。① 是否应当提高收买被拐卖妇女、儿童罪的刑罚在此不论,但是其说明一个问题,即对向犯中的处罚应当做到罚当其罪,否则就有调整的必要性。那么回到行贿罪与受贿罪的讨论中,从法定最高刑的比较来看,行贿罪的法定最高刑已为无期徒刑,受贿罪的法定最高刑为死刑,二者的刑罚差距显然不能认为是处于失衡的地位。进一步来说,如上文所述,行贿行为对职务行为廉洁性的侵害及其所产生的社会影响都要小于受贿行为,所以将行贿行为规定较轻的刑罚是合理的,并不违背罪刑相适应原则。另一方面,有批评观点认为,实践中同期判处的行贿案件与受贿案件数量相比严重失衡,行贿人未被追究刑事责任的比例过高,对行贿惩处偏弱的问题仍然存在。② 这种批评观点虽然关注到了行贿罪与受贿罪案件数量之间的差距,但是这些案件中又有多少行贿人符合了减轻处罚或者免除处罚的情形,显然是缺乏统计的。更无法忽视的是,在查处贿赂犯罪的实践中,因为受贿犯罪普遍具有极强的隐蔽性,多数案件的侦破都需要依靠行贿人的指认及其提供的线索,所以在这种特殊的犯罪类型下,只能通过减轻或者免除行贿人处罚的方式,来获得侦破受贿案件的关键信息。因此,受贿与行贿犯罪的案件数量比并不能为加重对行贿罪的处罚提供依据,反而意味着受贿案件得到了应有的查处,犯罪"黑数"在减少。

总的来说,在对向犯理论的检视下,贿赂犯罪被规定为"异罪异罚"的对向犯既是立法者的有意安排,也是符合犯罪违法性、有责性的立法安排。刑法仍

---

① 罗翔:《论买卖人口犯罪的立法修正》,《政法论坛》2022年第3期。
② 亓玉昆:《全国人大常委会法工委刑法室负责人就刑法修正案(十二)草案答记者问》,《人民日报》2023年7月26日,第4版。

应当继续坚持贿赂犯罪"异罪异罚",这不仅是遵循刑法理论的表现,也是把握此类特殊犯罪的关键要点。

三、"坚持受贿行贿一起查"法治化趋势下的内涵解析

《刑修(十二)》对行贿罪的部分修改是以"坚持受贿行贿一起查"政策为基础所进行的,这种将党中央提出的政策放到法治轨道上运行的方式无疑是妥当的,体现了该政策的法治化倾向,也是贯彻落实党中央重要部署的必由之路。但是,《刑修(十二)》对行贿罪的修改能否认为是在更好地落实"受贿行贿一起查"的基础上,顺势向"受贿行贿同等罚"而转变还有待考究。因此,有必要对"坚持受贿行贿一起查"的实质内涵进行解析,才能够为准确理解《刑修(十二)》的立法精神提供正确指引。

(一)"坚持受贿行贿一起查"的发展、丰富与完善

从"坚持受贿行贿一起查"政策的发展脉络来看,该政策经历了发展、丰富、完善的三个阶段,在此过程中不但未表现出"受贿行贿同等罚"的立场,反而是在具体落实的过程中不断强调,"一起查"不等于"同等罚"。基于此,立法者应当正确认识"坚持受贿行贿一起查"的政策精神,避免立法结果偏离政策的预期目的。

第一,政策的提出阶段。2017年10月,党的十九大报告首次明确提出了"坚持受贿行贿一起查"的方针政策,报告同时还提出了"坚持无禁区、全覆盖、零容忍""坚持重遏制、强高压、长震慑",都是紧紧围绕反腐斗争而提出,表明我党对腐败的高压态势。所以从党的十九大报告来看,"坚持受贿行贿一起查"还是以打击受贿为核心,通过查处行贿行为来瓦解行贿与受贿利益圈,更好地揪出腐败官员,以及通过震慑行贿人,在源头上减少腐败发生的可能性。紧接着,习近平总书记又在出席十九届中央纪委二次全会时再次强调了这一要求,由此,"受贿行贿一起查"可以说是作为一项党的重要方针政策被确定了下来。但是,究竟该如何具体理解"受贿行贿一起罚"这一重要部署,还有待相关部门进一步地在实践中探索。

第二,政策内涵的丰富阶段。2021年9月,中央纪委国家监委与多部门联合印发《关于进一步推进受贿行贿一起查的意见》(以下简称《意见》),对进一步推进"受贿行贿一起查"作出具体的工作安排与部署,以持续加大对行贿的查处力度。有关负责人就《意见》回答记者提出的"对行贿人进行处理时,纪检监察

机关是如何把握政策的"这一问题时,明确回复道:"受贿行贿一起查并不等于同等处理,要统筹运用纪律、法律、行政、经济等手段,综合施策,分类处理。"①这充分说明,"坚持受贿行贿一起查"并不表示二者同等处理。随后,为了进一步明确查办行贿犯罪的重点任务,2022年4月,中纪委同最高人民检察院共同发布5起关于行贿的典型案例。这5起典型案例再次说明"坚持受贿行贿一起查"的重心在"一起查",而不在实现"同等罚"。以江西王某某行贿案为例,虽然王某某一直未交代其涉嫌行贿犯罪事实,但是监察机关与检察机关加强配合,通过统筹王某某行贿案与钟某某受贿案,协调证据收集、调取工作,最终实现了对王某某零口供定案,并依法追缴行贿人不正当获利2亿多元。本案实际说明了两种犯罪之间的紧密关系,以及体现出了"坚持受贿行贿一起查"的优势所在。在这个阶段中,"坚持受贿行贿一起查"不再是国家进行反腐斗争的一句口号,其实质内涵被不断丰富,也在实际办案的摸索中得到落实。

第三,政策内涵的完善阶段。2022年10月,党的二十大报告再次明确要求坚持"受贿行贿一起查",报告仍是重点强调腐败的危害性,要求继续加大对行贿行为查处力度,进一步健全完善惩治行贿的法律法规。同年12月9日,最高人民检察院随之印发了《关于加强行贿犯罪案件办理工作的指导意见》(以下简称《指导意见》),进一步贯彻了党中央的重要决策,强调以合法、精确、有力的方式打击行贿犯罪,实现"遏制源头"和"切断蔓延"。2023年3月29日,中央纪委国家监委、最高检又联合发布5起行贿犯罪典型案例,进一步突出查处行贿犯罪的工作重点,如多次行贿、巨额受贿、对在国家重点领域的国家机关工作人员行贿。② 应当说,此后印发的文件和公布的指导案例,实际是在进一步阐明"坚持受贿行贿一起查"不仅是程序上的要求,也具有实体法上的惩治要求。

(二)"一起查"不等于"同等罚"

通过梳理"坚持受贿行贿一起查"的发展历程,不难发现,该政策在落实过程中一直强调的是利用受贿、行贿犯罪"一体两面"的犯罪特点,又同时反复提及准确把握办案措施,继续坚持宽严相济,所以将"坚持受贿行贿一起查"解读为"受贿行贿同等罚"是片面化的理解。"坚持受贿行贿一起查"政策的施行,至少从坚持宽严相济和保障民生平衡两个角度,表明"一起查"不等于"同等罚"的立场。

---

① 《中央纪委国家监委会同有关单位联合印发〈关于进一步推进受贿行贿一起查的意见〉》,https://www.ccdi.gov.cn/toutiao/202109/t20210908_249687.html(发布日期:2021年9月8日)。
② 参见李鹏:《彰显严惩行贿犯罪态度决心》,《中国纪检监察报》2023年3月30日。

一方面,落实"坚持受贿行贿一起查"政策的同时,也要精准有效施策,区分不同情况予以不同对待。在先后出台的《意见》《指导意见》中,我们能很清楚地发现两份文件既强调加大惩治行贿犯罪力度,依法精准有力惩治行贿犯罪,又反复提到要区分行贿犯罪的不同情形、程度,做到罪责相适、宽严得当。这从外表来看是一对矛盾的关系,但其实反映出了"坚持受贿行贿一起查"的政策内核,即"受贿行贿一起查"并不等于"受贿行贿同等罚"。比如《意见》中明确规定了从严查处的五类行贿行为,由于这些行贿行为危害性较大,涉及国家重点领域,必须加大查处力度。同时还规定了如自动投案、真诚悔过,如实供述还未掌握的违法犯罪行为,有重大立功表现等从宽处罚的情形。所以两份文件仍然反复强调贯彻宽严相济的方法策略,希望通过认罪认罚从宽制度激励行贿人积极配合纪检监察机关办案,提供案件的关键线索,瓦解行贿人与受贿人之间的利益同盟。也正如有学者通过实证研究的方式表明,不对称严罚受贿且附条件大幅度宽宥行贿的方案对受贿冲动的强力抑制,极大地削弱了行贿冲动抬升对贿赂达成的促进效果,在终端效果上降低了贿赂达成的可能性。①

另一方面,"坚持受贿行贿一起查"还强调确保行贿犯罪查处与民生保障的平衡。应当注意到,由于受贿行为和行贿行为的主体、方式、影响不同,策略方法也应有所区别。比如《意见》中专门强调,相关办案机关既要严肃惩治行贿,又要充分保障涉案人员和企业合法的人身和财产权益,保障企业合法经营。除此之外,还有 10 起行贿罪典型案例为支撑,进一步表明政策内涵,突出办案机关究竟如何结合性质情节、一贯表现、后果影响等要件,进行综合考量分析,实现应查尽查,不随意扩大惩治范围。显然,这些针对性的措施难以复制到受贿犯罪中,对比之下,行贿犯罪与受贿犯罪当然也不能实现"同等罚"。因此,我们不能仅从"坚持受贿行贿一起查"的外表就认为二者应当并重惩处,而要深入政策的实质内涵,探究其真正目的,准确认识到强调严查行贿行为并不意味着一定要予以严峻的刑罚。

(三)强调行贿行为的不法性

"坚持受贿行贿一起查"的提出与确定不仅是为打击行贿行为,还有利于推进全民守法,维护公平正义,让"行贿受贿一样可耻"成为普遍信念。所以从这个方面来看,"坚持受贿行贿一起查"实际能通过查处行贿人给予行贿行为否定

---

① 赵军:《贿赂犯罪治理策略的定量研究》,《法学研究》2022 年第 6 期。

评价,从而实现对行贿行为的一般预防与特殊预防。

第一,"坚持受贿行贿一起查"有利于一般预防的实现。在实际中,贿赂犯罪不仅未减少,反而呈现上升趋势,并且不断蔓延到多个领域和行业,这是一个不争的现实,而且行贿者的嚣张态度可能助长腐败风气,同时也会鼓励其他民众效仿行贿行为。如有学者所说,公平正义是一个秩序正常社会公众的普遍道德心态。恶行一旦不被惩罚,这种道德心态会受到损害。① 因为从古今中外的历史与现实来看,当部分人通过特别手段获取了不正当利益,那么这种行贿风气将会盛行,所以"受贿行贿一起查"的一个重要目标就是,通过实施"受贿行贿一起查"政策净化社会风气,推动"行贿受贿一样可耻"的共识在社会中普遍树立,促进全体公民遵纪守法,维护公平正义,体现了以建设廉洁政治为目标,推动整个社会廉洁的价值追求。② 这实际就是借助政策的实施来提高社会对法治的认知,促使公众充分认识到行贿行为的不法性。同时,通过"坚持受贿行贿一起查"政策的落实,还能加强社会监督效果,鼓励公众积极举报腐败行为,遏制腐败文化的蔓延。

第二,"坚持受贿行贿一起查"有利于特殊预防的实现。"坚持受贿行贿一起查"要求对行贿行为进行严格的执法和打击,特别是在调查和审理腐败案件时,从严查处行贿行为有助于打破腐败链条,减少行贿发生的机会。另外,"坚持受贿行贿一起查"体现出对行贿"零容忍"的坚决立场。我国当前的反腐力度是空前的,这也推动了我国纪检监察机关查处行贿犯罪的能力,如上述所提及的江西王某某行贿案,办案机关摆脱了过去过分依靠口供的状况,在该案中实现了"零口供"定案。随着办案机关的办案能力和手段的提升,这将有力打击行贿人的侥幸心理,实现对行贿犯罪的应查尽查。由此可见,"坚持受贿行贿一起查"的政策不仅通过一般预防措施来提高社会法治意识,还通过特殊预防手段来阻止行贿行为的发生,这种综合性的预防工作有助于减少腐败问题,维护社会的公平和正义。

四、行贿罪在"坚持受贿行贿一起查"法治化下的立法选择

毋庸置疑,"坚持受贿行贿一起查"不是"运动式"的反腐口号,而是国家坚决治理贿赂犯罪的重要工作基调,也表明将该政策置于法治的轨道运行的必要

---

① 李少平:《行贿犯罪执法困局及其对策》,《中国法学》2015 年第 1 期。
② 参见《坚持受贿行贿一起查释放什么信号?》,《中国纪检监察》2017 年第 24 期。

性。立法者应当理性地对待政策给刑事立法所带来的影响,既要防止"受贿行贿同等罚"的趋势进一步扩大,又要充分认识行贿罪的刑法规范所存在的不足,适时适当地完善相关立法,这样才能有效推动"受贿行贿一起查"的精神在法治化进程中得到具体而有效的实施。

(一) 继续保留行贿罪中的特别自首制度

尽管行贿罪历经多次的立法修改,相关刑罚也不断加重,但是行贿罪中的责任减免条款依然保留。本文认为,我国《刑法》不能因为司法扩张了特别自首制度的适用,就在立法上予以否定。而应当在继续保留行贿罪中的特别自首制度的同时,处理好其与其他减免刑事责任制度的关系。

第一,某种程度上可以说,主张废除行贿罪中的特别自首制度是"司法感冒,立法吃药"的表现。《刑法修正案(九)》对特别自首制度的修改,正是基于司法实践对特别自首制度的滥用、大量行贿行为被放纵这一现实。立法者认为,难以依靠司法自觉来解决特别自首制度适用限缩的问题,于是在立法上限缩了可以从轻或免除处罚的适用情形,通过立法的方式限缩了特别自首制度的适用。但是从结果来看,特别自首制度在司法实践中的适用问题并未由此得到很好的解决,有实务部门的同志指出:"从这些年法院一审新收案件数量看,行贿罪与受贿罪案件数的比例大概在1∶3,有的年份达到1∶4或者更大比例。鉴于实际受贿案件中通常牵涉多名行贿人,那么未被追究刑事责任的行贿人(次)比例可能会更高。"[①]所以有赞同废除特别自首制度的学者认为,特别为行贿罪设定的出罪条款已经导致行贿罪的追诉率严重低于受贿犯罪,这种结果产生了负面的示范效应,并对贿赂犯罪的治理产生了影响。[②] 然而,为什么在立法对特别自首制度进行限缩之后,仍然无法避免该制度的大量适用呢?实际上,这一方面说明特别自首制度在司法实践中获得了认可,另一方面说明该制度成功打破了行贿人与受贿人的攻守同盟。所以也有学者指出,《刑修(九)》对行贿罪中的特别自首制度的修改是刑事政策上的重大失误,从法条关系来看,也必须扩大解释《刑法》第390条第2款。[③] 从《刑修(十二)》来看,立法者并没有采取"废除特别自首制度"的观点,本文认为这是需要继续肯定与坚持的。

---

① 亓玉昆:《全国人大常委会法工委刑法室负责人就刑法修正案(十二)草案答记者问》,《人民日报》2023年7月26日,第4版。

② 魏昌东、张笑宇:《我国"分体式"贿赂犯罪罪名体系构建:原理、反思与重构》,《廉政学研究》2021年第2辑。

③ 张明楷:《行贿罪的量刑》,《现代法学》2018年第3期。

第二,行贿罪中的特别自首制度符合"坚持受贿行贿一起查"的要求。"坚持受贿行贿一起查"仍然体现了区别对待的思想,这与宽严相济的刑事政策相契合。在从严的方面,比如在《刑修(十二)》中,立法者在行贿罪中增加六种从重处罚的情形,①进一步加强对行贿犯罪的惩治。那么在从宽的方面就应当通过特别自首制度予以体现,"受贿行贿一起查"政策强调对受贿者和行贿者一起查处,但也充分考虑了具体的案件情节,包括数额大小、社会危害程度、是否主动交代等因素。这符合宽严相济的原则,即根据情节轻重、法律程序和社会公平等因素来综合考虑刑罚,以确保刑事制裁合法、公正、公平,同时也通过预防措施减少腐败问题的发生。如有学者所说,如果罔顾事理,在严惩腐败的名义下,突兀地改采并重惩罚的策略,将导致宽严相济的刑事政策在贿赂犯罪上的适用空间被大大挤压。②

第三,鉴于受贿行贿案的特殊性,继续坚持特别自首制度其实具有现实合理性,也符合民众的期待。有学者认为,基于囚徒困境理论,就行贿受贿的宽宥而言,则应采取对称模式,给予行贿受贿双方同样的宽宥和减免优惠的机会,从而实现激励双方主动供述的目的。③ 主张废除特别自首制度的学者,其实忽略了两个问题。第一,特别自首制度是贿赂犯罪特殊性下的特别产物。在贿赂案件的现实中,监察、检察机关很难在缺少实质证据的情况下就对相关官员进行调查,大多是依靠行贿人的指认为突破口。唯有给予行贿人更宽宥的红利政策,才更有利于分化、瓦解行贿人与受贿人之间的紧密关系,从而获取追诉犯罪的关键证据。所以还有学者在《刑修(九)》时就提出要考虑到刑法"由轻改重"所产生的不利影响,并认为如果立法修改规定,对于在被起诉之前自愿坦白行贿行为的行贿人,只能获得减轻处罚而不能免除处罚,这可能会导致行贿人不愿意积极合作,从而对反腐败工作产生不利影响。④ 由此可见,贿赂犯罪的具体情形其实与囚徒困境有所差别,因为在贿赂犯罪中,行贿人是顺藤摸瓜找到受贿人的关键,而囚徒困境实际是两名已经被捕的犯人的博弈,所以也不能完全依靠该理论来否定特别自首制度。第二,不同的自首宽宥程度也是区别对待

---

① 有下列情形之一的,依照前款的规定从重处罚:"(一)多次行贿、向多人行贿的;(二)国家工作人员行贿的;(三)在国家重点工程、重大项目中行贿的;(四)为谋取职务提拔、职级晋升、调整行贿的;(五)对监察、行政执法、司法工作人员行贿的;(六)在生态环境、财政金融、安全生产、食品药品、防灾救灾、社会保障、教育、医疗等领域行贿,实施违法犯罪活动的;(七)将违法所得用于行贿的。"

② 何荣功:《"行贿与受贿并重惩罚"的法治逻辑悖论》,《法学》2015年第10期。

③ 叶良芳:《行贿受贿惩治模式的博弈分析与实践检验——兼评〈刑法修正案(九)〉第44条和第45条》,《法学评论》2016年第1期。

④ 参见周光权:《〈刑法修正案(九)〉(草案)的若干争议问题》,《法学杂志》2015年第5期。

行贿、受贿行为的表现。受贿人作为公权力的掌握者,他们一般具有较高的社会地位,所以民众对他们有着更高的期待。但是,如果将行贿人与受贿人适用同等的自首宽宥待遇,无法体现出从严惩处受贿行为的立场。

(二)修改行贿罪的部分犯罪构成要件

我国《刑法》对行贿罪的犯罪构成要件的规定并不完善,在司法实践中仍暴露出不少问题。有必要对行贿罪进行相应的完善,加大该罪对打击贿赂犯罪的重要作用。

第一,应当考虑删除行贿罪中"谋取不正当利益"的犯罪构成要件。针对行贿罪中的"谋取不正当利益"这一犯罪构成要件的理解,一直存在多种不同观点,"两高"在2012年发布的《关于办理行贿刑事案件具体应用法律若干问题的解释》中的第12条,[1]是迄今为止最全面、最有权威性的规定,由最高司法机关发布,受到刑法学界普遍接受,并被一些教科书作为解释"谋取不正当利益"的标准答案。[2] 但是仍然有主张取消"谋取不正当利益"的学者认为,"谋取不正当利益"这一规定,很大程度上限制了行贿罪的打击范围,促使社会上不法分子利用这一漏洞,不断地腐化国家工作人员,以此来谋取个人的私利。[3] 本文赞同删除"谋取不正当利益"的犯罪构成要件的观点,具体理由如下。

除了同样持"取消说"观点的学者所提出的,与《联合国反腐败公约》和世界上其他国家就行贿罪的立法不尽相同,以及限缩了行贿罪的适用范围等理由之外,"谋取不正当利益"这一犯罪构成要件还存在不适用贿赂犯罪发展变化的重要弊端,随着国家反腐力度的不断加大,犯罪分子也在绞尽脑汁地采取一些极具隐蔽性和迷惑性的新型行贿方式以逃避处罚。比如很多行贿人并不抱有谋取不正当利益的目的,往往是披着社交人情的外衣向国家工作人员给予财物,在与国家工作人员之间建立起一定感情基础后,以期未来某时能利用其职务便利获取不正当的利益。实际上,从行贿罪的立法沿革来看"谋取不正当利益"并非自始就是一个不可或缺的犯罪构成要件,其存在的意义更多地是为了强调"谋利"与"受贿"之间的联系。但是从贿赂犯罪愈发复杂的犯罪形势来看,删除"谋取不正当利益"之要件不仅能解决"感情投资型"行贿犯罪的发现难之困难,

---

[1] 《关于办理行贿刑事案件具体应用法律若干问题的解释》第12条规定,行贿犯罪中的"谋取不正当利益",是指行贿人谋取的利益违反法律、法规、规章、政策规定,或者要求国家工作人员违反法律、法规、规章、政策、行业规范的规定,为自己提供帮助或者方便条件。

[2] 参见车浩:《行贿罪之"谋取不正当利益"的法理内涵》,《法学研究》2017年第2期。

[3] 王军明:《中国行贿罪的刑事立法困境及其完善》,《当代法学》2019年第1期。

也能够摆脱对"谋取不正当利益"解释难的问题。

第二,应当考虑修改"给予国家工作人员财物"的犯罪构成要件。"给予国家工作人员财物"这一犯罪构成要件又是限制行贿罪处罚难的大问题,本文认为"财物"一词不当地限制了行贿的方式。随着行贿手段的隐蔽化、多样化,新型腐败早已不限于权钱交易的范畴。尽管"两高"也在追赶这种变化,例如在2016年发布了《关于办理贪污贿赂刑事案件适用法律若干问题的解释》,其中第12条将"财物"扩大解释为"财产性利益",从而扩大了行贿罪的规制范围。但是仍有一些行贿类型无法被扩大解释涵括在内,比如性贿赂犯罪,这是刑法解释无法延伸到的区域。同时,党的二十大报告在再次强调"坚持受贿行贿一起查"的同时,还提出了严查新型腐败和隐性腐败的要求。在新型腐败和隐形腐败中,腐败不是传统的权钱交易,有的是追求"期权效应",公职人员退休后、调离后再谋求权力兑现;还有的超越了单一的追求不法经济收入,出现了经济问题和政治问题相交织的新型腐败现象。毋庸置疑,这些行贿的新手段、新类型已经远远超过了"财物"的字义涵摄范围,无法再期待借助刑法解释的方法进行化解。因此,本文认为应当将"给予国家工作人员财物"修改为"给予国家工作人员不正当利益",扩大行贿罪的规制范围,这也与"坚持受贿行贿一起查"的要求相符。

(三) 审慎地调整对行贿罪的处罚

近年来,我国频繁地针对行贿犯罪进行立法修改,总体呈现出加重处罚的立法趋势,"受贿行贿同等罚"也在一次次修法后逐渐实现。但是,过分专注拉平受贿罪与行贿罪之间的处罚差距并非明智之举,这不是说行贿罪的刑罚没有调整的必要,而是强调避免盲目与受贿罪进行形式比较。

第一,避免过分频繁修法影响法的安定性。1952年出台的《中华人民共和国惩治贪污条例》是第一部规定了行贿罪的单行刑法,此后又历经了1979年《刑法》,1988年《关于惩治贪污罪贿赂罪的补充规定》,1997年《刑法》以及《刑修(九)》的多次修改,放眼"异罪异罚"对向犯中的各个罪名,鲜有哪个罪名经历了如此频繁的立法调整。诚然,如此频繁的修法确实可以说明我国贿赂犯罪形势的不断变化,以及立法者对贿赂犯罪的重视。但是,频繁修法所带来的问题也是显著的。比如《刑修(九)》在匆匆修改了"行贿罪"前两档法定刑和刑罚幅度后,产生了行贿罪法定刑配置重于受贿罪的感觉,而且也没有规定对具体的犯罪情节予以区分,展现出了立法者在行贿罪立法时的粗糙。因此,《刑修(十二)》为了行贿罪与受贿罪能够更好衔接,只能又将行贿罪予以修改。现今,不少学者呼吁"受贿行贿同等罚",实际还是欠缺充分的理论依据或实证依据,所以刑事立法应当恪守理性,审慎判断提高行贿罪法定刑所产生的负面效果。比如,行贿罪的最高法定刑已为无期徒刑,如果继续提高,那么只能是为其配置无期徒刑,甚至死刑,从而在法定刑的形式配置上与受贿罪相同。需要注意的是,虽然受贿罪的最高法定刑为死刑,但是实践中已然很少直接适用死刑,多是适用终身监禁。因此,行贿罪也完全没必要与之攀比,而设置死刑、终身监禁的法定刑,这既不符合我国减少死刑适用的立法趋势,也与行贿罪不法和有责的程度不相适应。

第二,对向犯犯罪并不一定要求刑罚的相称性。我国"异罪异罚"的对向犯数量较多,从各个"异罪异罚"对向犯的法定刑配置来看,我国《刑法》就对向犯的规定从来不是简单地刑罚相称,而是根据不同行为配置相应的刑罚,以此实现罪刑相适应原则。如有学者指出:"行贿本身并不是一种权力滥用行为,其造成的社会危害是通过受贿行为间接实现的,特别是在索贿的情况下,行贿具有被'塑造'的性质;从受贿与行贿的应受刑罚惩罚性进行判断,两者是有实质差别的,一般情况下后者的刑事可罚性要小一些。"①另外,尽管从事物的因果关系角度来看,行贿是"因",受贿是"果",但是这种判断并不准确,也不能给刑罚相称性提供足够的支撑。在贿赂犯罪中,行贿人看似是在积极"围猎"受贿人,但是其并未掌握犯罪的主动性,反而是受贿人手握主动,我们不能仅从表象去理解贿赂犯罪的因果关系。如果公民的基本利益能够得到较好的保障,不当利益谁也得不到,公民自然不会实施行贿行为,而形成这种局面的关键应当在于国家工作人员的廉洁自律与制度建设的保障。如是,受贿行为与行贿行为在违法性程度上的差异,以及受贿人与行贿人在身份地位上差异,才是对受贿犯罪给予更重刑罚的真正依据。总的来说,受贿罪与行贿罪作为"异罪异罚"的对向犯,其法定刑的设置依据还应当是二者的不法与责任的程度,而"异罪异罚"才更有利于突出受贿与行贿之间的不法与责任的差别。

第三,增设资格刑以规范非刑罚处罚措施的适用。根据湖南省纪委监委有关负责人介绍,该省探索建立了工程建设项目招投标行贿人"黑名单",列入其中的行贿人除了将被限制从事招投标活动外,还将受到其他一系列惩戒措施。② 这类法定刑之外的措施看似是加大了后续惩戒力度,实际上其所带来的

---

① 张勇:《"行贿与受贿并重惩治"刑事政策的根据及模式》,《法学》2017 年第 12 期。
② 参见李肯:《斩断"围猎"与甘于被"围猎"的利益链——党的十九大以来纪检监察机关坚持受贿行贿一起查的实践与思考》,《中国纪检监察》2021 年第 21 期。

隐患也不容小觑。有数据表明,在浙江省杭州市近3年查处的行贿人中,88.4%为企业人员或个体户,不少行贿人是民营企业法定代表人。[①] 在如此高的比例下,我们必须考虑到增设这些法定刑之外的惩戒措施,不仅将使其"寸步难行",同时也将给相关企业带来"难以承受之重"。对此,我国《刑法》可以考虑在行贿罪中增设资格刑,明确剥夺行贿人相关资格的具体情形,比如《刑修(十二)》中规定的六种从重处罚情形可以适用资格刑,并同时规定资格刑的具体内容。通过在行贿罪中增设资格性,既有利于限制有关部门增设行贿罪法定刑之外的惩戒措施,避免非刑罚惩戒措施的严厉性大于刑罚方法,还能更好地实现法法衔接,推进"三不腐"有效贯通,增强治理腐败效能。

五、结语

古人说:"国家之败,由官邪也;官之失德,宠赂章也。"[②]腐败问题,作为一种古今中外千年难治的顽疾,如果不能对其从严治理,将极大地破坏党在人民心目中的形象,削弱党的执政效力。所以党的十八大以来,我国开展史无前例的反腐败斗争,并取得了压倒性的胜利,其中的一个重要原因就是,我国现行刑法一直在不断完善惩治腐败犯罪的相关规定,以构建起严密的反腐法网,实现腐败问题标本兼治。为了打好反腐败斗争的攻坚战和持久战,将与"坚持受贿行贿一起查"相关的丰富政策和实践经验转化为刚性的刑法规范,显然是值得肯定的。理性的刑事立法应当是在厘清"坚持受贿行贿一起查"不等于"坚持受贿行贿同等罚"的基础上,结合贿赂犯罪的特点"对症下药"。这样,才更有助于提升我国对贿赂犯罪的治理能力,从而真正形成不敢腐、不能腐、不想腐的有效机制。

---

① 李歆:《斩断"围猎"与甘于被"围猎"的利益链——党的十九大以来纪检监察机关坚持受贿行贿一起查的实践与思考》,《中国纪检监察》2021年第21期。

② 《左传·桓公二年》。

论刑法中的"准入型"犯罪

赵 希[*]

目 次

一、问题的提出
二、刑法中的"准入型"犯罪：分类与特征
三、准入型犯罪认定的方法论前提：功能主义刑法解释的引入
四、一般准入型犯罪的认定问题及破解
五、社会性准入型犯罪的认定问题及破解
六、经济性准入型犯罪的认定问题及破解
余论

摘 要：准入型犯罪是指违反国家对市场规制领域的准入规定而构成犯罪的一类特殊犯罪类型，准入型犯罪维护秩序法益的特质极易引发入罪正当性质疑。经济学意义的市场准入是法律意义市场准入的基础，应以经济政策—刑事政策—刑法解释为基本分析框架。立足我国经济社会发展现实，市场准入的价值取向呈现出一般准入的放松规制趋势、社会性准入的严格规制趋势，以及经济性准入的放宽与趋严并存趋势。以此作为刑事政策基础指引具体准入犯罪的判断，一般准入不应被纳入刑法规制范围，非法经营罪应排除一般准入构成犯罪的情形。社会性准入的犯罪圈进一步扩张趋势无法避免，入罪的刚性不应随意加以突破而应通过完善出罪事由来实现个案正义。经济性准入的犯罪圈设定则应以市场成熟程度以及国家经济安全为系数进行动态权衡调整，侧重对危害金融安全行为的规制，平衡金融创新与金融安全的关系。

---

[*] 赵希，天津社会科学院法学研究所副研究员。

关键词：准入型犯罪；秩序法益；市场准入；刑事政策

一、问题的提出

近年来围绕着入罪的正当性问题出现了若干争议性案件如"赵春华非法持枪案""王力军无证收购玉米案""孙大午非法吸收公众存款案""陆勇销售假药案"等。这些案件涉及的罪名包括非法持有枪支罪、非法经营罪、妨害药品管理罪、非法吸收公众存款罪等，不难发现这些罪名具有某种共性——都属于"准入型"犯罪，即因违反国家对特殊领域的准入规定而构成犯罪的情况。准入型犯罪似乎陷入了入罪正当性旋涡，质疑之声不断，主要的批评意见明确地指向秩序法益，特别是行政管理秩序。

有学者认为，我国行政法规中包含了数量极大的行政许可，倘若将违反普通许可的行为都认定为非法经营罪将极大扩张非法经营罪的范围，无异于行政部门实质地行使了刑法立法权。[①] 还有观点主张，秩序不应成为经济刑法的保护法益，对于只是单纯违反基于行政管理便利所建立的行政秩序或制度的行为，不应被纳入刑法的规制范围。倘若过分强调刑法对既有秩序的保护，刑法将不可避免地成为阻碍经济进步的力量。[②] 行政法长期以来将行政管理秩序放在更高的位置，在法定犯的认定中不应将这种思维直接照搬在刑事认定当中，单纯违反行政管理秩序的行为不具有实质危害性，不应作为犯罪论处。[③]在金融领域，对于准入型犯罪法益观的质疑尤为强烈。在金融领域，要求走出传统秩序法益观的呼声越来越强烈，这种立场倡导将先于管理秩序而存在并与市场机制相关的实体性利益作为保护法益。[④] 有学者指出，我国金融刑法长期以来维护"半统制半市场化"的僵化经济体制，这种体制重维护秩序、轻保护法益，导致我国金融刑法带有强烈的压制性特征。[⑤]

不可否认，上述批判对于经济发展与行政权运转之间关系的剖析是比较深

[①] 参见陈兴良：《非法经营罪范围的扩张及其限制——以行政许可为视角的考察》，《法学家》2021年第2期。
[②] 参见何荣功：《经济自由与经济刑法正当性的体系思考》，《法学评论》2014年第6期。
[③] 参见孙万怀：《生产、销售假药行为刑事违法性之评估》，《法学家》2017年第2期。
[④] 参见劳东燕：《金融诈骗罪保护法益的重构与运用》，《中国刑事法杂志》2021年第4期；魏昌东：《中国金融刑法法益之理论辨正与定位革新》，《法学评论》2017年第6期；钱小平：《中国金融刑法立法的应然转向：从"秩序法益观"到"利益法益观"》，《政治与法律》2017年第5期。
[⑤] 参见张小宁：《"规制缓和"与自治型金融刑法的构建》，《法学评论》2015年第4期。

刻的,批评观点看到了因过度管制可能造成的抑制经济发展的不利后果。然而,需要进一步思考的是:根据不同经济领域准入形态的不同,刑法中的准入型犯罪的入罪门槛和出罪考量是否存在差异性?例如食品药品行业准入与金融领域准入的规制标准是否存在区别?不同准入类型的经济学差异如何影响刑法相关犯罪的认定?准入型犯罪的入罪"形式性"特点与个案正义之间的冲突如何化解?准入型犯罪是否仅仅注重对特定经济领域管控秩序的维护,这种秩序与市场参与者的利益毫无关联?上述问题的解决固然可以通过个案讨论的方式进行,但相关讨论不可避免具有一定分散性,无法体现更高层次概念统摄下不同领域准入制度考量之间的差别,因此有必要以"准入型"犯罪为名系统讨论刑法中所有与经济学中市场准入制度相关的犯罪。

在"准入型犯罪"的概念范畴下,深度理解其特征、类型的重要方法论依托是融入经济学的思考,经济学意义上的市场准入是法律学意义上的市场准入的基础。根据整体法秩序原理,经济法秩序对于经济犯罪保护目的具有塑造作用,法治体系的确立与特定的经济社会发展转型趋势密切关联。任何一项刑事政策都是犯罪防控领域的政治措施,而任何政治措施本身都蕴含了政府对于犯罪预防问题的一种价值选择,这种价值选择离不开它所赖以存在的社会系统。[①] 从经济学角度来看,"准入型"犯罪是因违反国家对特殊领域的准入规定而构成犯罪的情况,这些犯罪的形成演变与经济学领域中的市场准入制度相关,更具体来说与政府规制经济学相关。实际的经济运行活动中首先涉及行政准入,然后将其中行政处罚无法有效制裁的行为纳入刑法中,才有准入型犯罪概念。因此,有必要结合经济学基本原理对准入型犯罪"准入"的性质加以研究,以更好地明确准入型犯罪的规制范围。本文期望以新的视角重新整合与分析上述提及的争议性难题,将立足于本土社会经济发展现实的经济学观点注入"准入型"犯罪刑事政策的内涵之中,以期抛砖引玉,引起学界关注。

基于准入型犯罪与经济学的密切关联,本文将首先根据三种经济学准入类型将刑法中的"准入型"犯罪划分为一般准入型犯罪、社会性准入型犯罪以及经济性准入型犯罪三种类型。根据经济政策—刑事政策—刑法解释的基本框架,本文将依次探讨三种准入型犯罪的认定问题及其破解。本文将论证如下基本命题:(1)违反一般性准入的行为应通过实质解释的方式排除在刑法规制范围之外;(2)社会性准入的规制趋势加强,犯罪圈存在扩张趋势,司法中个案正义的实现需要运用教义学中违法阻却事由与责任阻却事由原理;(3)经济性准入

---

① 参见姜涛:《互联网金融所涉犯罪的刑事政策分析》,《华东政法大学学报》2014年第5期。

中传统金融领域准入型犯罪的认定应注重运用实质解释方法区分行政违法和刑事违法,缩小金融准入型犯罪的入罪范围;(4)对可能危及金融安全的金融创新领域的准入规制趋严,刑罚处罚范围呈扩张趋势。

二、刑法中的"准入型"犯罪:分类与特征

从字面含义来看,"准入"即经准许而进入,是指国家在某些特殊领域设置"门槛",只有符合要求的成员才可进入这些特殊领域从事相关活动。按此,"准入型"犯罪,是指因违反国家对行政规制领域的准入规定进而构成犯罪的情况。这种准入规定一般是指对于某种特定产品或者经营活动的准许规制。

(一)准入型犯罪的分类

"准入"的主体是政府,准入制度与政府规制经济学相关。政府规制经济学是以保护和实现公共利益为目标,研究政府对经济干预的广度和深度。现代意义上的政府规制范围已经由单纯的经济事务逐渐扩展到环境保护、公众健康、安全等领域。一般来说,政府规制包括经济性规制、社会性规制以及反垄断规制三个方面。其中经济性规制是指在自然垄断和信息不对称的领域,为了防止发生资源配置低效和确保利用者的公平利用,政府运用法律权限,通过许可手段,对企业的进出等行为加以规制。社会性规制是以确保国民安全、防止公害和保护环境为目的的规制。目前社会性规制主要发展形成了三大规制领域,即职业安全与健康领域、环境领域以及产品安全领域。反垄断规制具有相对独立性,表现为反垄断相关法律。[1]

也有论者将市场准入法律制度划分为一般市场准入制度、特殊市场准入制度以及国际市场准入制度,其中一般市场准入的法律规制针对的是一般民商事主体的市场准入,是市场主体最基础和初始的市场准入。特殊市场准入的法律规制包括经济性市场准入、社会性市场准入以及垄断市场准入的法律规制。其中经济性市场准入包括自然垄断领域如通信、电力、铁路运输、管道燃气等自然垄断行业以及存在严重信息不对称领域的市场准入,这些领域包括金融、银行、保险、证券等行业。社会性市场准入的范围包括公众健康、环境保护等领域。垄断市场准入的法律规制一般是指反垄断法。[2]

经济性规制与社会性规制的分类有着坚实的经济学基础,这两种分类得到

---

[1] 参见张红凤主编:《政府规制经济学》,科学出版社2020年版,第7—21页、第130—131页。
[2] 参见戴霞:《市场准入法律制度研究》,博士学位论文,西南政法大学,2006年,第26—27页。

了学术界的普遍认同。① 由于刑法中的非法经营罪等罪也涉及经济性规制、社会性规制以外的一般市场规制,本文所讨论的刑法中的"准入型犯罪"主要涉及一般市场准入规制、特殊市场准入规制中的经济性规制和社会性规制这三个部分,为叙述简便,下文将概括为一般准入、社会性准入和经济性准入,由于反垄断规制属于自成一体的规制领域,与刑法学中产生争议的案件关联性不强,故反垄断规制不在本文的讨论范围之内。

下图根据一般准入、社会性准入和经济性准入的分类,将刑法分则中"准入型"犯罪予以概括和划分:

表1 刑法分则中的"准入型犯罪"②

一般准入型犯罪	社会性准入型犯罪	经济性准入型犯罪
第158条虚报注册资本罪; 第159条虚假出资、抽逃出资罪; 第225条非法经营罪。	第125条非法制造、买卖、运输、邮寄、储存枪支、弹药、爆炸物罪,非法制造、买卖、运输、储存危险物质罪; 第128条非法持有、私藏枪支、弹药罪; 第142条之一妨害药品管理罪; 刑法分则第三章第二节走私相关罪名; 第225条非法经营罪; 第280条伪造、变造、买卖国家机关公文、证件、印章罪,伪造公司、企业、事业单位、人民团体印章罪,伪造、变造、买卖身份证件罪; 第281条非法生产、买卖警用装备罪; 第327条非法出售、私赠文物藏品罪; 第334条非法采集、供应血液、制作、供应血液制品罪; 第334条之一非法采集人类遗传资源罪; 第336条非法行医罪,非法进行节育手术罪; 第336条之一非法植入基因编辑、克隆胚胎罪; 第339条非法处置进口的固体废物罪,擅自进口固体废物罪;	第160条欺诈发行证券罪; 第174条擅自设立金融机构罪; 第176条非法吸收公众存款罪; 第179条擅自发行股票、公司、企业债券罪; 第225条非法经营罪。

---

① 参见钟庭军、刘长全:《论规制、经济性规制和社会性规制的逻辑关系与范围》,《经济评论》2006年第2期。

② 需要说明的是:第一,对于"准入型犯罪"更为严谨的用语或许是"违反准入型犯罪",三种具体类型应为:违反一般准入型犯罪、违反社会性准入型犯罪以及违反经济性准入型犯罪,为用语的简便起见,本文简称一般准入型犯罪、社会性准入型犯罪以及经济性准入型犯罪。第二,准入型犯罪的成立是以准入审批程序为前置的合法活动或产品为前提,因此单纯违反某种准入规则的"行为"没有被纳入其中,例如第130条非法携带枪支、弹药、管制刀具、危险物品危及公共安全罪。第三,一种犯罪可能涉及多种准入类型,非法经营罪涵盖的经营活动的范围比较广泛,三种准入可能均涉及。本文只是初步提出上述罪名分类,这些分类所涉及的罪名是否恰当有待其他学者予以批评、完善。

续表

一般准入型犯罪	社会性准入型犯罪	经济性准入型犯罪
	第340条非法捕捞水产品罪； 第341条非法狩猎罪； 第334条之一非法引进、释放、丢弃外来入侵物种罪； 第375条伪造、变造、买卖武装部队公文、证件、印章罪，非法生产、买卖武装部队制式服装罪，伪造、买卖、非法提供、非法使用武装部队专用标志罪。	

（二）准入型犯罪的特征

准入型犯罪的特征之一是保护秩序法益。"准入型"犯罪具有准入程序前置的显著特点，以非法经营罪为例，国家对于专营、专卖物品或限制买卖的物品以及若干经营业务的从事主体进行了专门规定，只有经许可、批准才可以从事相关的业务、经营活动，这种对于从事市场活动主体资格的限定很容易凸显出"准入型"犯罪对于秩序法益的维护，这一点从相关罪名出现的刑法章节多次以"秩序"为关键词也可见一斑。准入型犯罪与秩序法益之间的密切勾连主要源于准入犯罪所规制对象的"门槛"属性。作为筛选能够进入特定领域从事活动的标准，"门槛"必然具有较为明确、刚性的特征，否则无法实现公平筛选。试举通俗一例，某公司招聘员工，要求应聘者具有大学本科以上学历，这一标准是非常清晰的，因为"大学本科"是个明确的指标，但倘若招聘要求改为要求应聘者"具有优秀的工作能力"，那么标准将变得模糊，也有失公平，因为何为"优秀"缺乏明确性，容易被人为操纵。"准入型"犯罪对于"门槛"规定的明确性必然会带来规制范围的刚性——只要不符合资格却从事"门槛"以内的活动就被认定为违法，正因如此，它被视为维护秩序法益。

准入型犯罪的第二个特点是与具体法益之间的疏离性，很难还原为具体法益。准入"门槛"的本质是通过国家行政管理机制筛选出适格的市场参与者，并赋予其相关权利与义务。由于无法直接还原为具体法益，准入型犯罪的立罪正当性容易招致批评，例如很多人认为非法吸收公众存款罪的法益不应变为保护商业银行的专属利益。这种论断实际上错误地理解了准入型犯罪的立法目的与法律效果。在吸收公众存款的经济性准入的设置中，商业银行的存款是宏观调控的土壤或源泉，如果任由社会成员吸收公众存款，则大量存款会流向管控不足的领域,货币政策工具便失去了遏制通货膨胀、防止金融危机的功能。特别是在步入风险社会的今天,待风险现实化后再采取措施为时已晚。① 这正是设置准入型犯罪的根据。商业银行因此获得的某种垄断地位和利益固然是准入制度的某种结果,但符合准入规则的经济主体也并非单纯"坐享其成"的既得利益者,他们也以其商业信誉担保所从事的经济活动的合法性与安全性,一旦行为失当,随时面临失去市场参与者的资格。②

基于准入型犯罪的上述特点,准入型犯罪的认定当中不可避免存在若干认定难题,基于对秩序法益的维护,"准入型"犯罪容易强调一般性忽视个别性,重视形式忽视实质,不仅容易与个案正义产生龃龉,也会发生行政违法和刑事违法区分方面的难题。

三、准入型犯罪认定的方法论前提:功能主义刑法解释的引入

罗克辛将刑事政策引入犯罪论体系形成目的理性的犯罪论体系,使构成要件实质化、违法性价值化、罪责目的化。③ 功能性犯罪论体系成为目前刑法学发展的前沿与主流,而"功能性犯罪论体系的最大特色在于,对于行为是否成立犯罪的评价,需要考虑现代刑罚目的理论的刑事政策基础"。④ 刑事不法和责任的确定都要根据刑事政策的目的理性所引导出来。不仅如此,刑事政策进一步引入刑法解释领域,在对刑法规范的解释中要求注重对解释结论社会效果的考察。司法并非单纯的理解性的认知活动,而是要依据整体的内在价值秩序进行实质评价,司法者要寻求的不是适用于具体案件的某个规范的答案,而是整个法律秩序的答案。融贯性要求刑法与其他法部门的协调,在对构成要件进行解释时,应当根据刑法法条与相应部门法法条的关系性质来确定概念的解读。⑤

准入型犯罪的认定与相关的刑事政策密不可分,"现代刑事政策就是国家

---

① 参见赵姗姗:《非法吸收公众存款罪法益新论及对司法适用的影响——结合货币银行学对〈刑法修正案(十一)〉的审读》,《中国刑事法杂志》2021年第2期。

② 至于因银行垄断导致的"寻租"问题并非准入制度自身的问题,而是衍生的违法行为;因垄断而导致的民间融资困难,进而对相关的违法融资行为定罪范围的扩张问题将在下文经济性准入型犯罪认定中进行论述。

③ 参见陈兴良:《刑法教义学与刑事政策的关系:从李斯特鸿沟到罗克辛贯通》,《中外法学》2013年第5期。

④ 周光权:《犯罪论体系的改造》,中国法制出版社2009年版,第25页。

⑤ 参见劳东燕:《功能主义刑法解释的体系性控制》,《清华法学》2020年第2期。

和社会整体以合理而有效地组织对犯罪的反应为目标而提出的有组织地反犯罪斗争的战略、方针、策略、方法以及行动的艺术、谋略和智慧的系统整体"。①而经济犯罪刑事政策与经济政策也存在唇齿相依、难以分离的关系。刑事干预的前提是符合现实社会的需要,刑事政策要依据一国特定的时空因素的变迁与社会实际发展情况检验刑法干预的必要性,准入型犯罪刑事政策的厘定必然要首先明确市场规制经济政策的基本取向。

在"准入型犯罪"的概念范畴下,深度理解其特征、类型的重要方法论依托是融入经济学的思考,经济学意义上的市场准入是法律学意义上的市场准入的基础。根据整体法秩序原理,经济法秩序对于经济犯罪保护目的具有塑造作用,法治体系的确立与特定的经济社会发展转型趋势密切关联。任何一项刑事政策都是犯罪防控领域的政治措施,而任何政治措施本身都蕴含了政府对于犯罪预防问题的一种价值选择,这种价值选择离不开它所赖以存在的社会系统。② 从经济学角度来看,"准入型"犯罪是因违反国家对特殊领域的准入规定而构成犯罪的情况,这些犯罪的形成演变与经济学领域中的市场准入制度相关,更具体来说与政府规制经济学相关。

市场准入在任何一个法治国家都会持续存在,不可能消除,只不过存在准入范围、宽严程度的差异而已。市场准入规制的或宽或严,并不存在一个放之四海而皆准的法则,应当根据各国市场经济发展的成熟情况、不同的行业划分和不同发展时期进行探寻、确定和调整。纵观外国的经济规制历程,从整体趋势来看,经历了规制—放松规制—再规制与放松规制并存的动态演进过程。对于市场准入规制来说,西方国家呈现出在经济性领域放松的同时,在社会性领域呈逐步加强的趋势。③ 我国经济学政策不能完全套用国外的经济学理论。一些所谓的经济学"常识"并不能完全解读实际发生的经济现象,例如东欧国家在市场自由化后出现了生产大衰退,我国在产权尚未规范化之前出现了经济持续增长现象,这些都不符合在西方市场经济中的理论预测。④ 这就意味着我国的经济政策选择必须走出自己的道路。中国的市场经济从历史选择来看是一种政府主导型模式。在改革之初,基于能以更快的速度推进经济发展,我们选择了东亚的政府主导型经济发展模式而非南美的自然演进模式。政府作为经济的初始建构者,必然会在一段时间内持续发挥重要作用,这既是一种模式依

---

① 参见梁根林:《刑事法网:扩张与限缩》,法律出版社2005年版,序言第1页。
② 参见姜涛:《互联网金融所涉犯罪的刑事政策分析》,《华东政法大学学报》2014年第5期。
③ 参见戴霞:《市场准入法律制度研究》,博士学位论文,西南政法大学,2006年,第43—45页。
④ 参见钱颖一:《理解现代经济学》,《经济社会体制比较》2002年第2期。

赖,也是一种发展惯性,有其内在发展的逻辑性和必然性。① 我国市场准入经济政策的价值取向需要结合不同经济领域进行分析。

由于不同准入类型犯罪认定所依据的经济政策、刑事政策的差异性,犯罪圈的划定和犯罪的具体认定规则必然存在若干区分。因此,下文将以三种不同准入规制领域的经济政策作为指引犯罪圈划定、犯罪认定的刑事政策的价值指引,对不同准入类型犯罪的认定困境及破解提出初步的思考。

四、一般准入型犯罪的认定问题及破解

准入型犯罪中涉及违反一般准入的犯罪包括第158条虚报注册资本罪,第159条虚假出资、抽逃出资罪以及第225条非法经营罪,前三个罪名也被称为"两虚一逃"犯罪。其中具有争议性的是非法经营罪是否应容纳违反一般准入规制的行为,例如对于个人从事黄金收购业务、进行成品油批发经营业务、无证收购玉米等行为是否应以非法经营罪论处产生了很大质疑。"两虚一逃"犯罪对应的是1993年《公司法》的严格法定资本制。根据前述一般准入经济政策,设置一般准入主要服务于国家税收和经济统计需求,应当放宽一般准入的限制,已有学者主张对于"两虚一逃"行为应当予以部分出罪化②。

我国的市场经济发展历程迥异于西方。改革开放前,我国实行的是高度集中的计划经济体制,经济性规制呈现出"两严两缺"的格局,即严格的进入规制与价格规制,缺少独立规制机构和规制法规。经过改革开放40多年的市场化改革,我国已经初步建立起社会主义市场经济体制,由高度集权的计划经济体制转向社会主义市场经济体制的过程,是将资源配置权力不断从政府手中移交给市场的过程,使市场在资源配置中起到基础性作用。③ 对于一般市场准入而言,其主要针对民商事主体的市场准入,属于基础性的、初始的市场准入,国家在此方面的准入规则主要基于税收登记或经济统计的需要,因此从制度取向来说应侧重开放而非干预。遵循主体平等的立法原则,市场主体应获得平等的市场机会。④ 商事登记制度的变革体现了对市场理性的尊重。商事登记的目的并非强化市场准入和进行行为管制,而是要利于市场准

---

① 参见竺乾威:《经济新常态下的政府行为调整》,《中国行政管理》2015年第3期。
② 参见张勇:《市场主体登记秩序法益的刑法保护》,《政治与法律》2022年第8期;李振民:《资本不实行为的刑法留存必要性及其立法完善》,《贵州大学学报(社会科学版)》2022年第3期。
③ 参见张红凤主编:《政府规制经济学》,科学出版社2020年版,第244—250页。
④ 参见戴霞:《市场准入法律制度研究》,博士学位论文,西南政法大学,2006年,第26页、第131页。

入和促进经营活动开展。因此要弱化或减少商事登记的管制功能。① 《民法典》颁布之后,标志着商事主体登记立法和商事名称登记立法已经步入国家行政立法的快车道。2021年4月国务院颁布的《市场主体登记管理条例》的立法实质是为商事主体创立登记规则,朝着便利商事主体、优化营商环境的目标前行。②

在我国《公司法》修订和认缴登记制改革的背景下,市场准入的门槛被放宽,除特殊规制领域,最低注册资本的要求被取消,由资本实缴制转变为认缴登记制。这符合一般市场准入门槛放宽的趋势,相应而言,刑法的入罪思路也应有所调整。应减少乃至实质上废除三个罪的成立,相关的违规行为主要由民法、行政法进行规制。③ 在注册资本登记制改革之后,尚存在构成"两虚一逃"犯罪的可能性,即仍然实行注册资本实缴登记制的公司涉嫌虚报注册资本、虚假出资、抽逃出资行为的,仍有可能构成犯罪。这些行业包括采取募集方式设立的股份有限公司、商业银行、外资银行、金融资产管理公司等。但是实行注册资本实缴登记制的情形已经不属于一般准入所调整的范围,应当属于后面所述经济性准入规制的范围。换言之,"两虚一逃"对于一般准入来说基本没有入罪的可能性。

而对于非法经营罪来说,非法经营行为的种类非常宽泛,其中涉及的与一般市场准入相关的违规行为,也应当由民法、行政法予以调整,不应由刑法进行制裁。例如2016年王力军非法经营案中,被告人没有办理粮食经营许可证和工商营业执照而进行玉米收购活动。最终经由再审程序,改判王力军无罪。非法经营罪的前身是投机倒把罪,这与当时的计划经济体制相契合,但倘若不加限制地认定犯罪成立范围,将一切违反行政许可行为都纳入非法经营罪的制裁范围之内,"则非法经营罪就会成为包含了数百种行为的天下第一大口袋罪"④。有学者主张以行政许可的性质限制非法经营罪的成立范围,违反一般许可的情形不应入罪,只有违反特许经营规定才具有实质上的法益侵害性。⑤

---

① 参见汪青松:《商事主体制度建构的理性逻辑及其一般规则》,《法律科学》2015年第2期。
② 参见孙悦、范健:《〈民法典〉之后商事登记立法思考》,《扬州大学学报(人文社会科学版)》2021年第5期。
③ 参见刘凯湘、张其鉴:《公司资本制度在中国的立法变迁与问题应对》,《河南财经政法大学学报》2014年第5期。
④ 参见陈兴良:《非法经营罪范围的扩展及其限制——以行政许可为视角的观察》,《法学家》2021年第2期。
⑤ 参见陈兴良:《非法经营罪范围的扩展及其限制——以行政许可为视角的观察》,《法学家》2021年第2期。

这与本文所主张的违反一般准入应出罪的观点是一致的。

我国有学者提出,应当以行政许可的性质限缩非法经营罪构成要件范围①,笔者深以为然。具体来说,基于违反一般准入的行为没有构成对市场秩序的扰乱,不符合第225条非法经营罪所规定的违法行为"扰乱市场秩序",因此不应构成非法经营罪。这与最高人民法院对王力军非法经营罪再审案中的说理一致,再审裁判理由中认为:"没有办理粮食收购许可证及工商营业执照买卖玉米的事实清楚,其行为违反了当时的国家粮食流通管理有关规定,但尚未达到严重扰乱市场秩序的危害程度。"②可见这一解释思路与裁判者的思路相符,能够在司法实践中加以一般性适用。

我国刑法存在大量所谓兜底条款甚至口袋罪,这与罪刑法定要求的明确性原则存在较大差距。在尚不存在对刑法的违宪审查制度的情况下,应该依靠刑事政策进行价值填补,通过目的性限缩方式限制犯罪的成立范围。③ 根据一般准入不应纳入刑法规制范围的基本精神,对于刑法第225条非法经营罪兜底条款"其他严重扰乱市场秩序的非法经营行为"的理解也应当排除违反一般准入的情形,以此限缩非法经营罪范围无限扩张成为"口袋罪"的可能。

五、社会性准入型犯罪的认定问题及破解

社会性准入主要针对涉及民众生命健康安全、防止公害、保护环境和确保教育、文化、福利而进行的规制,规制的方式是设立标准、发放许可证等。现代风险社会语境下,人们面临日益增长的危险,包括环境污染、医药、生物科技、化学品、核能、人工智能等不确定性风险来源,这些风险因素可能演变为不可控、无法弥补的损害,以及多米诺骨牌式的连锁反应,仅仅凭借市场机制无法控制和应对风险。市场调节在社会性领域的失灵意味着政府规制的必要性,微观经济领域中的外部性效应如环境污染,信息不对称导致的悖德行为如假冒伪劣以及公共产品如国防、道路供应等问题的存在,都会导致市场机制的无能为力,需要政府参与以提高效率、增进平等以及促进宏观经济的稳定与增长。④

---

① 参见陈兴良:《非法经营罪范围的扩展及其限制——以行政许可为视角的观察》,《法学家》2021年第2期。
② 《王力军收购玉米被判非法经营罪一案再审改判无罪》,中华人民共和国最高人民法院,https://www.court.gov.cn/zixun-xiangqing-36262.html(访问时间:2023年7月2日)。
③ 参见陈兴良:《刑法教义学与刑事政策的关系:从李斯特鸿沟到罗克辛贯通》,《中外法学》2013年第5期。
④ 参见程学童、夏建武:《全球化背景下政府规制的定位与控制》,《中共浙江省委党校学报》2006年第4期。

社会性规制是对市场制度缺陷性的修正，在特定领域抛弃自由放任的市场调节，限制负外部性的效应，保障社会的可持续发展。在社会性领域我国的规制不是过多而是欠缺，有学者认为，社会性规制是中国规制的弱点甚至是盲点，很多领域规制缺失。① 随着我国经济社会发展和人民生活水平的不断提高，公众对卫生健康、个人安全、环境质量的要求越来越高，公众要求政府强化社会性规制，以回应公共利益诉求，推动了对社会性规制内容的进一步扩展。② 通过在社会性规制领域强化和完善准入制度，可以把具有危险性的问题控制在生产经营活动之前，限制不具备生产经营资格的主体从事特定经济活动。一些涉及公众健康安全的新型产业，例如无人驾驶汽车、智能机器人、生物技术等，有必要在经济主体参与市场活动之前就预先加强监管。③ 这就意味着社会性准入存在进一步扩张趋势。

　　社会性准入领域关系到人们的生命健康、公共安全与环境保护等切身利益。根据社会性准入经济政策和刑事政策的价值取向，社会性规制的范围呈现出明显的扩张趋势。工业革命与现代科技深刻改变了人类的生活方式，同时也创造了更多技术性风险、政治社会风险与经济风险。风险涉及的范围极广，覆盖社会生活与个体生活的各个方面，现代风险社会中风险来源人为化趋势增强，系统化、制度化风险逐渐凸显，风险影响的后果更为严重，也更为持续。④ 可以预见，犯罪圈扩张的一大趋势将是把违反社会性准入规制的行为纳入刑法处罚范围。在行为违法性的判断中，违反准入规制即具有刑事违法性的判断不可避免会产生与个案正义的冲突，本文认为社会性规制的这一难题应当主要通过完善出罪事由来解决，这里重点以陆勇案为例进行论证。陆勇案的基本情况是，陆勇在没有取得进口批文的情况下，从印度购进瑞士"格列卫"的仿制药，并以每盒200多元的价格卖给其他病友。根据当时的《药品管理法》第48条，"必须批准而未经批准生产、进口，或者必须检验而非经检验即销售的"，按照假药论处。因为巨大的社会舆论压力，陆勇案以"不构成销售"的迂回理由不起诉。

　　《刑法修正案（十一）》新增的第142条之一妨害药品管理罪的罪状中虽然

---

① 参见戚聿东、李颖：《新经济与规制改革》，《中国工业经济》2018年第3期。
② 参见张莹、张红凤：《中国社会性规制改革的策略选择——基于改革实践与特征》，《教学与研究》2013年第11期。
③ 参见江小涓、黄颖轩：《数字时代的市场秩序、市场监管与平台治理》，《经济研究》2021年第12期。
④ 参见劳东燕：《风险社会中的刑法：社会转型与刑法理论的变迁》，北京大学出版社2015年版，第16—27页。

明确"足以严重危害人体健康的"才构成犯罪,似乎并不以违反药品准入秩序作为入罪标准,而是要在此基础上再做具体危险的实质性判断。但是仔细阅读《关于办理危害药品安全刑事案件适用法律若干问题的解释》第七条,"实施妨害药品管理的行为,具有下列情形之一的,应当认定为刑法第142条之一规定的'足以严重危害人体健康':……(二)未取得药品相关批准证明文件生产药品或者明知是上述药品而销售,涉案药品属于本解释第一条第一项至第三项规定情形的"。而第一条的规定是"(一)涉案药品以孕产妇、儿童或者危重病人为主要使用对象的;(二)涉案药品属于麻醉药品、精神药品、医疗用毒性药品、放射性药品、生物制品,或者以药品类易制毒化学品冒充其他药品的;(三)涉案药品属于注射剂药品、急救药品的"。换言之,根据准入型犯罪中社会性规制的认定原则,陆勇的行为倘若发生在现在,应当构成妨害药品管理罪。

陆勇案之所以触发了公众的强烈情绪,主要是基于陆勇的行为不仅无害于公众健康,反而对很多患者有益。然而,问题并不在于入罪的正当性与否,而在于特殊案件中出罪事由适用的受限。为了个案正义的要求,应当考虑陆勇案适用无期待可能性的责任阻却事由以出罪,而非否定妨害药品管理罪的罪名正当性。"即便在个案中能够证明特定行为对于法益客体不可能造成任何危险,刑法依然要处罚具有类型性危险的这一行为"[1]的个案正当性冲突和悖论,完全可以通过犯罪阻却事由加以解决。有论者提出,应在教义学的框架内构建抽象危险犯类型法定犯的出罪机制以实现个案正义。[2]

根据准入型犯罪的基本原理,在社会规制领域,药品管理秩序与公众健康和生命安全之间并不存在实质对立,药品领域行政准入的目的正是以获得准入资格的药品行业的信誉为背书,保障药品安全。这种"形式性"特征导致的问题主要有两方面:其一,个案正义的冲突。其二,模糊刑事不法和行政不法的不当。对于这两个问题,首先,个案正义问题应当在出罪层面予以适用。其次,关于准入型犯罪的"形式化"会模糊刑事不法和行政不法。本文认为二者存在的是量的区分,而非质的区分。对于两种违法性的关系思考主要存在三种学说,质的区分说、量的区分说以及折中说。由法定犯特殊法律属性所决定,刑事违法性的判断应当参照行政法律法规规定,刑事处罚与行政处罚的区别在于前者

---

[1] 喻浩东:《抽象危险犯的本质及其限制解释——以生产、销售假药为例》,《政治与法律》2020年第8期。

[2] 参见杜小丽:《抽象危险犯形态法定犯的出罪机制——以生产销售假药罪和生产销售有毒有害食品罪为切入》,《政治与法律》2016年第12期。

存在更高的可谴责性要素,量的区分说更有道理。① 在社会性准入型犯罪的行刑区分中可采取量的区分说厘清二者的关系。

六、经济性准入型犯罪的认定问题及破解

在经济性准入型犯罪领域,要求走出传统秩序法益观的呼声非常强烈。特别是针对非法吸收公众存款罪的适用产生了很大争议。目前非法吸收公众存款罪成为民营企业家触犯的高频罪名,学界对于中小企业因融资难而频繁触碰此罪普遍抱持同情态度,要求将金融准入型犯罪排除出刑法的范畴,以此确认民间融资的合法地位。但是,在经济性准入领域也存在要求加强监管的呼吁,基于现代金融所蕴含的巨大风险性,要求以金融准入制度作为防范金融风险的前置性预防措施。② 本文认为,对于经济性准入型犯罪的认定,首先需要明确经济性准入规制的政策基础,准入规制是对市场失效的一种干预,市场准入的目的是克服市场失灵,实现某种公共政策。因此需要具体分析经济性准入的不同领域。

目前在我国经济性准入领域可以划分为对市场化程度较高领域的放松监管趋势与可能危及金融安全的金融创新领域的强化监管趋势并存的状态。首先,在发展较为成熟的金融领域较重视对经济自由的保护,准入规制势必较为宽缓。政府通过减少行政干预,促进市场在资源配置中发挥真正的决定性作用。例如我国股票发行制度开始逐步由政府主导的审核制转变为以市场为主导的注册制,注册制通过信息披露的要求依靠市场与保荐人等证券中介机构来筛查所出售金融产品的品质,而非通过政府做出投资价值判断。③

其次,在市场机制发展并不完善甚至存在很多漏洞的领域,以准入制度为措施之一的政府监管仍是必要的。这一领域目前集中在我国金融创新领域。在金融领域,金融机构的准入制度是维护金融安全的第一道防线,各国对于金融活动普遍设置了严格的准入制度,并且有逐渐加强的趋势。④ 目前国家着力推动高质量发展的任务当中,对于金融领域的任务是加强和完善现代金融监管,强化金融稳定保障体系,依法将各类金融活动全部纳入监管,守住不发生系

---

① 参见赵希:《证券期货违法行为的行刑衔接困境再思考——"量的区分说"的倡导与完善》,《财经法学》2019年第5期。
② 参见孙国祥:《金融犯罪的保护法益》,《国家检察官学院学报》2022年第6期。
③ 参见张小宁:《金融刑法中的抑制模式》,《法学》2022年第10期。
④ 参见孙国祥:《金融犯罪的保护法益》,《国家检察官学院学报》2022年第6期。

统性风险底线。此前正在全国人大审议的《金融稳定法(草案)》中明确规定,维护金融稳定的目标是保障金融机构、金融市场和金融基础设施基本功能和服务的连续性,不断提高金融体系抵御风险和服务实体经济的能力,遏制金融风险形成和扩大,防范系统性金融风险。维护金融稳定,应当坚持预防为主,强化金融风险源头管控,依法将金融活动全面纳入监督管理,按照市场化、法治化原则协同高效化解和处置金融风险。

由此,将上述经济政策作为指导犯罪认定的刑事政策,将会对经济性准入型犯罪进行划分:第一,在经济领域目前总体的发展改革方向是放松经济管制,鼓励民营经济发展和壮大。对于非法吸收公众存款罪是持放宽入罪态度的。根据2010年最高法《关于审理非法集资刑事案件具体应用法律若干问题的解释》第3条,"主要用于正常的生产经营活动,能够及时清退所吸收资金,可以免予刑事处罚;情节显著轻微的,不作为犯罪处理"。2022年最高法《关于充分发挥司法职能作用助力中小微企业发展的指导意见》对于中小微企业非法吸收或者变相吸收公众存款,主要用于正常的生产经营活动,能够及时清退所吸收资金的,可以免予刑事处罚;情节显著轻微、危害不大的,不作为犯罪处理。另外,如前所述,应当排除违反一般准入规制构成非法经营罪的情况,但这并不意味着所有违反经济性准入的情形都可能构成非法经营罪。根据经济性领域兼顾经济创新与安全性的刑事政策取向,只有严重危及金融安全的金融创新同时违反经济性准入规制的情况下才宜以非法经营罪论处。① 例如违法实施种苗交易,外资保险公司超地域范围营业,擅自从事互联网上网服务经营,这些行为不宜直接纳入刑罚处罚范围,而应以施以行政处罚。

第二,在实践中,对于金融创新的监管呈现出趋严的状态,绝大多数国家意识到金融创新的"双刃剑"作用,它在分散风险创造价值的同时,也通过杠杆效应累积风险,甚至引发金融波澜。特别是虚拟经济借助衍生产品的金融杠杆效应,股东可以数倍、数十倍地放大经营风险而只需承担有限责任,最终政府必须拯救市场以度过对金融行业的信任危机。② 例如在互联网金融领域,如果准入门槛较低,那么非金融机构在短时间内大量介入金融业务,不仅蕴含着经营风

---

① 非法经营罪也涉及社会性准入规制,本文认为违反社会性准入规制构成非法经营罪的相关规定基本没有违背社会性准入规制的经济政策和刑事政策取向,存在更大争议的是违反经济性准入规制构成非法经营罪的情形。但正因非法经营罪涵盖了一般准入、社会性准入、经济性准入三大准入领域,其覆盖范围过广,为非法经营罪的"口袋罪"倾向埋下了伏笔,对此问题,笔者将另行撰文。

② 参见罗培新:《美国金融监管的法律与政策困局之反思——兼及对我国金融监管之启示》,《中国法学》2009年第3期。

险,也可能增加金融机构的道德风险。美国的研究认为,影子银行的发展降低了商业银行的牌照价值,导致商业银行发放大量高风险的次级房屋贷款,最终引发了次贷危机。① 由此可见,在经济性准入规制当中,放宽与趋严并存是目前的主要经济政策,特别是在金融创新领域,为维护金融安全而加强监管的需求意味着准入制度不仅不会消失,反而会加强。2012年我国大规模出现P2P网贷平台,平台"爆雷"现象频发,现在已经被全面取缔。对这些行为进行取缔并不是法律"压制性"政策的表现,根据准入型犯罪的规制原理,特殊市场准入法律政策的宽与严取决于市场发展状况。P2P网络贷款平台的无序发展不断异化为另类金融机构,隐含着巨大的法律和道德风险。平台纷纷介入实际交易,所从事的业务已经演化为金融业务,平台在实际运行中成为被监管遗漏的"影子银行",大量资金规避监管导致信用扩张,为金融危机埋下祸根。② 根据2022年修正后的最高法《关于审理非法集资刑事案件具体应用法律若干问题的解释》第二条的规定,明确规定了对非法募集基金、保险业务、网络借贷、虚拟币交易、融资租赁等方式可能构成非法吸收公众存款罪的情形,这些行为方式多为金融创新领域中可能危及金融安全的行为方式,可见刑事政策倾向是偏重扩张而非缩小犯罪圈。

当然,对创新金融领域的严格规制不是一成不变的,随着经济形势的变化和新兴市场领域市场自治能力的提升和完善,准入规制的强弱程度还会随之发生改变,相应地,刑法的规制范围也会产生变化。

余论

目前学界对于准入型犯罪的相关研究还较为缺乏,多以各罪分析的方式散见于对具体争议性案件的分析当中,这些分析多旨在对具体犯罪构成要件的完善,维护个案正义,忽视了不同准入类型在经济政策价值取向上的差异性,而这些差异性会影响构成要件的解释。个案分析过程中呈现出对秩序法益的批驳,这一批判固然有其合理性,但这种合理性有其适用的空间——在一般准入和部分经济性准入领域中单纯维护秩序法益确有不当。然而秩序与利益并非全然对立,在社会性准入领域以及经济性准入中涉及金融安全的领域,准入"门槛"的秩序性设置是必要且现实的,唯有对风险防控的预先控制才能将可能造成的

---

① 参见张晓朴:《互联网金融监管的原则:探索新金融监管范式》,《金融监管研究》2014年第2期。
② 参见冯果、蒋莎莎:《论我国P2P网络贷款平台的异化及其监管》,《法商研究》2013年第5期。

实害结果降到最低限度,这最终是对利益的维护而非对所谓单纯对管理秩序的维护。个案正义的实现不应以牺牲准入规则明确性为代价,而应着力于完善和扩展出罪事由的适用。

"严把市场关"不应被简单视为要求市场参与者的服从,以满足管理者的管理欲、权力欲,对不当管理的批评与是否应建立管理秩序是两个问题。通过市场准入制度能够实现对适格市场参与主体的筛选,这是经过世界各国数年市场监管实践检验的共识,它不仅是市场正常运转的基础,也是管理秩序与市场秩序相互协调的连接点。所谓对市场主体间"信任关系"的保护最终也要以特定的"秩序"作为基础,正是以特定的秩序作为准入门槛,才能保护信任关系,否则信任的建立是毫无凭据的,将变成某种主观虚幻的信念。在准入型犯罪中主张"双重"法益的观点也并不可取,准入型犯罪无法同时涵盖秩序法益与利益法益,利益法益的融入只会软化和模糊准入规则,使得准入规则本身无法发挥界分作用,失去了准入型犯罪的实质诉求——以明确的准入资格规定筛选出适格的经济活动参与者。此外,将准入型犯罪理解为维护安全法益也并不妥当,秩序法益的设定只是一个最低门槛设置,而"安全"诉求过于强调前置性预防措施,从而可能为了实现安全目的而过于前置准入门槛,导致处罚范围过度扩张。

准入规则的性质和调整范围并非一成不变,它会随着社会经济的发展不断发生变化,并反映在经济领域法律法规当中,对此,准入型犯罪的解释必须注重对相关经济领域经济政策变动的考量。本文将经济政策作为准入型犯罪刑事政策的主要内容,继而形成经济政策—刑事政策—刑法解释的基本框架,将经济学市场准入的分类引入刑法准入型犯罪的分类当中,将经济政策纳入刑事政策当中以更好地指导犯罪的认定,以期呼应当前要求将刑事政策与刑法体系相结合的思潮。限于学科壁垒和笔者知识的有限、看法的偏颇,文中存在很多不足之处,期待其他专家学者的批评、指正。

"多次犯"形式入罪之批判与出罪路径探寻
——兼评黄某某虚假广告案

郭 晶 张文倩[*]

目 次

一、问题的提出
二、多次犯定义及类型化分析
三、多次犯入罪的理论依据与批判
四、多次犯入罪下行政犯罪的法益审视：人本法益论
五、多次犯入罪的解释论限缩

摘 要："多次犯"通过规定行政处罚次数的方式,一定程度上厘清了行政不法与刑事不法之间的界限,但其在司法解释上的泛滥也带来了刑罚权力扩张、人权保障受到贬损等不良影响。立足于并合主义,以人身危险性为理论依据的多次犯情形,只能在定罪后的量刑阶段,作为影响行为人预防刑的案外事实而存在。当前,为限制多次犯的处罚范围,应当在人本法益论的指导下,通过对个罪法益和具体条文作限缩解释,实现行政不法和刑事不法间的有效平衡。

关键词：多次犯；情节严重；人身危险性；人本法益论；虚假广告罪

一、问题的提出

风险社会的大背景下,刑事立法为回应民众对社会安定的需求,选择不断

---

[*] 郭晶,上海社会科学院法学研究所副研究员；张文倩,上海社会科学院刑法学硕士研究生。

扩张预防性国家职能,强化对集体法益的保护,从而使得司法解释中出现大量的多次犯现象。① 多次犯作为"情节严重"的情形之一,明确要求形式上符合行政处罚次数后入罪,一定程度上成了沟通行政不法与刑事不法之间的重要桥梁。但多次犯存在立法标准不一、司法适用混乱的情况。同时,多次犯为何可以作为情节严重的情形,在法理依据缺乏上检讨。现有研究,大多止步于对情节本身的梳理,或者仅就多次犯或者行政犯的特殊性质进行探讨。而行政犯、多次犯和"情节严重"之间的关联却受到忽视,这种忽视可能会极大地影响当事人权益,造成刑罚权力的不当扩张。因此,有必要立足于犯罪论体系,发挥法益对定罪的指导作用,从现实考量和理论基础两大方面,梳理和论证多次犯的立法司法现状、入罪的正当化争议以及入罪限缩路径,以期在行刑衔接中实现平衡。

二、多次犯定义及类型化分析

多次犯是我国刑事领域"定性+定量"这一特定立法模式下催生的产物,自1990年《全国人民代表大会常务委员会关于禁毒的决定》②中首次出现后,不断见诸刑事立法和司法解释中,其中由后者规定的多次犯情形更是呈现出不断扩张的趋势。应当认识到,各类司法解释中往往将多次犯作为"情节严重""其他严重情节"等罪量因素的情形之一,从而有效实现了将行政不法与刑事不法相关联的目的,一定程度上解决了法定犯行刑衔接的关键问题。

(一)概念之争

就多次犯概念而言,有广义和狭义之分。广义的多次犯同时考量行政处罚和刑事处罚,认为多次犯指行为人多次实施违法犯罪行为从而构成犯罪或者加重处罚的情形。可见,广义的多次犯实际上包括行政违法行为和刑事犯罪行为,且就行为是否受过处罚以及何时受过处罚都在所不问。因此,符合该种定义的多次犯数量也相对较大。据学者统计,《刑法》中有13条,司法解释中有90条,共计103条,并且主要分布在第三章和第六章。③ 而狭义的多次犯则仅仅

---

① 参见姜涛:《论集体法益刑法保护的界限》,《环球法律评论》2022年第5期。
② 全国人民代表大会常务委员会《关于禁毒的决定》(已废止)第六条:非法种植罂粟、大麻等毒品原植物的,一律强制铲除。有下列情形之一的,处五年以下有期徒刑、拘役或者管制,并处罚金:……(二)经公安机关处理后又种植的……
③ 刘军:《多次犯中的行为人危险及预防性惩罚》,《政治与法律》2023年第9期。

是指行为人因多次实施同类的行政违法行为而入罪的情况,例如有学者指出:"多次犯是指刑法规定的,行为人在一定期限内因多次实施同种性质的违法行为被行政主管机关给予二次以上行政处罚后,又实施该种违法行为构成的犯罪。"①可见,二者本质区别在于"多次"本身能否影响量刑,如仅影响定罪,则属于狭义的多次犯。其中,下文中讨论的"多次犯"均采狭义论立场。

(二) 多次犯的类型化分析

根据现有的刑事立法和司法解释来看,多次犯实际包括两类行为,即在先和在后的行政违法行为。可以大体分为以下两类:

1. "行政处罚"模式和"行政处罚+数额"模式

多次犯相对典型的模式指在一定期间内受过二次以上行政处罚后,又再次实施相同性质的违法行为,并且不要求其后的违法行为也受到行政处罚。该种"行政处罚"模式仅强调在先存在的行政处罚本身,即必须因违法行为受过两次行政处罚。同时由于行为人再次实施前述行为,虽然该等行为本身并未达到犯罪的程度,但其与在先的行为合并评价后构成犯罪。如《刑法》第 153 条走私普通货物、物品罪的入罪情形就包括"一年内曾因走私被给予二次行政处罚后又走私的"。另外由于没有数额要求,一旦在客观上符合行政处罚次数要求,即进入刑法规制。仅以《关于公安机关管辖的刑事案件立案追诉标准的规定(二)》(以下简称《立案追诉标准(二)》)为例,其中涉及"行政处罚"模式的条款则已有 12 条。

另一种模式是在强调行为人受过行政处罚的同时,还应当符合一定的数额要求。与前述模式中片面依靠行政认定不同,其在行政处罚的基础之上,强调刑事不法的独立判断,例如《关于办理非法生产、销售烟草专卖品等刑事案件具体应用法律若干问题的解释》中非法经营罪的规定。② 在这种情形下,行政处罚与数额要求共同使得行为人的行政违法行为达到了犯罪的程度。与其他条款中规定"非法经营数额在五万元以上的"不同,行为人曾经就同种违法行为受到的行政处罚这一客观事实,变相地降低了涉非法经营案件中行为人的入罪标准。行政处罚能否简单等同于违法数额暂先不论,但与"行政处罚"模式而言,"行政处罚+数额"模式更能兼顾行政不法和刑事不法在考量上的差异,从而更

---

① 刘德法、孔德琴:《论多次犯》,《法治研究》2011 年第 9 期。
② 最高人民法院、最高人民检察院《关于办理非法生产、销售烟草专卖品等刑事案件具体应用法律若干问题的解释》第 3 条:曾因非法经营烟草专卖品三年内受过二次以上行政处罚,又非法经营烟草专卖品且数额在三万元以上的,应当认定为非法经营罪。

加贴合刑事犯罪中法益侵害的本质属性。

2. 作为认定基本犯的情形和作为认定加重犯的情形

根据"受过两次行政处罚后又实施"情形在司法解释中所发挥的不同作用,可将多次犯划分为作为认定基本犯和作为认定加重犯这两种情形。应当明确,多次犯无论是在刑事立法抑或是司法解释中,通常都是作为认定基本犯"情节严重"的情形之一。以最高人民法院、最高人民检察院《关于办理非法采矿、破坏性采矿刑事案件适用法律若干问题的解释》为例,其中第3条明确,"二年内曾因非法采矿受过两次以上行政处罚,又实施非法采矿行为的",应当认定为非法采矿罪规定的"情节严重"。而"情节严重"实际上属于非法采矿罪的入罪门槛,因此这种情形下,多次犯实际上发挥了基本犯认定的关键作用。

除了帮助认定基本犯之外,多次犯也可作为认定情节加重犯的重要情形之一,《关于审理非法出版物刑事案件具体应用法律若干问题的解释》实际上就采用了这种方式。① 同时,再结合《刑法》第225条的具体内容,可以进一步明确,此种情形下的"情节严重"和"情节特别严重"分别对应着非法经营罪的基本犯和情节加重犯。

三、多次犯入罪的理论依据与批判

(一) 人身危险性理论

就刑事立法和司法解释中大量出现的多次犯,究其本质,学界大多主张将人身危险性理论作为其入罪的理论依据。② 就多次犯的立法和定罪中考量人身危险性的可行性,陈兴良教授也曾主张:"人身危险性应当贯穿整个刑事法律活动的始终,在立法、定罪、量刑和行刑过程中同时予以重视。"③ 详言之,多次犯饱受争议的关键原因在于,其将客观上尚未达到刑法要求法益侵害标准的行为纳入刑法规制,可以说一定程度上在定罪层面存在不足。因此,多次犯实际

---

① 最高人民法院《关于审理非法出版物刑事案件具体应用法律若干问题的解释》第14条:实施本解释第十一条规定的行为,经营数额、违法所得数额或者经营数量接近非法经营行为"情节严重""情节特别严重"的数额、数量起点标准,并在两年内因出版、印刷、复制、发行非法出版物受过行政处罚两次以上的,可以认定为非法经营行为"情节严重""情节特别严重"。

② 参见刘德法、孔德琴:《论多次犯》,《法治研究》2011年第9期;胡剑锋:《"行政处罚后又实施"入罪的反思及限缩》,《政治与法律》2014年第8期;陈伟、赵赤:《多次犯中的行政处罚与刑罚交叉适用问题研究》,《西南政法大学学报》2017年第4期;郭旨龙、肖雅菁:《"行政处罚后又实施"入罪的限缩性司法适用》,《江西社会科学》2020年第8期。

③ 陈兴良:《论人身危险性及其刑法意义》,《法学研究》1993年第2期。

上发挥了一种降低行为人入罪标准的作用,通过"曾受过行政处罚又实施"的客观行为所表征的人身危险性,或者说再犯可能性,对行为人客观行为进行补足。最终,客观行为的法益侵害性和行为人的人身危险性实际上被共同纳入刑法定罪阶段考量。

在前述主张的基础上,也相应衍生出了行为刑法和行为人刑法糅合的观点。① 详言之,行为人危险的重要性不容忽视,但是也不可能抛弃已有的行为刑法传统,因此该种理论选择强调行为人危险在刑法犯罪论体系中的辅从地位。② 应当知道,行为刑法与行为人刑法的根本区别在于行为和行为人之间,何者对刑事可罚性起决定作用。前者认为犯罪论的起点与核心在于实行行为本身,构成要件、违法性和有责性判断均需依附于行为进行。是否有必要对行为人进行刑事制裁,关键在于实行行为本身是否造成足够严重的法益侵害或者危险。而后者则强调行为人的危险性格,"在行为人刑法体系中,刑罚则是直接与行为人的危险性联系在一起的,这种危险性源自于行为人的'生活方式责任'。这里,起决定作用的是对行为人具有犯罪人个性的指责(关于生活方式责任)"。③ 行为人刑法认为实行行为仅以表征行为人危险性格的作用而存在,奉预防犯罪为圭臬,因而存在基于行为人显露出来的人身危险性进行社会防卫的可能。不过,在当前罪刑法定原则的统辖之下,构建纯粹的行为人刑法,并以行为人性格作为刑罚依据的主张天然地缺少生存的土壤。但为对多次犯进行足够的制裁与威慑,以实行行为为基础、辅从考量人身危险性的理论应运而生。

实际上,也有学者否认人身危险性理论具有定罪功能,换言之,人身危险性理论不能为多次犯入罪提供足够的理论依据。李晶主张:"行为被反复多次实施,致其社会危害性叠加至更严重的程度,此为多次行政违法行为入罪的客观行为基础。"④但本文认为,多次违法行为可以叠加造成法益侵害的观点值得商榷,甚至说只是人身危险性理论的变种。一方面,从结果无价值角度出发,犯罪的本质在于造成法益侵害或法益侵害的危险,因此强调因行为人实行行为所导致的结果在客观上实际是一种可以把握和衡量的状态,例如盗窃罪中"数额较大"的违法所得。将法益侵害叠加处理,更像是理想化的产物,缺少实操的可能。同时,也势必导致行为人承担的责任高于其业已造成的法益侵害事实,从

---

① 参见张志勋、卢建平:《多次犯:刑法的制度化产物及其限制路径》,《江西社会科学》2015 年第 6 期。
② 刘军:《多次犯中的行为人危险及预防性惩罚》,《政治与法律》2023 年第 9 期。
③ [德]汉斯·海因里希·耶塞克、托马斯·魏根特:《德国刑法教科书(总论)》,徐久生译,中国法制出版社 2001 年版,第 70—71 页。
④ 李晶:《论刑法领域行政制裁的存在逻辑》,《郑州大学学报(哲学社会科学版)》2019 年第 4 期。

而有违责任主义。另一方面,从具体条文出发,仍以走私普通货物、物品罪①为例。易言之,只有未经行政和刑事处理的走私金额,方可累计。累计偷逃应缴税额可以说是评判走私行为对法益侵害程度的重要依据,所以就已施以行政处罚的违法行为的社会危害性进行叠加评价,无疑更是违反罪刑法定原则的表现。

另外,如果按照该观点从纯粹客观层面对多次犯的行为表现进行分析,一次违法行为没有达到刑法要求的法益侵害程度,并不能想当然认为多次违法行为可以实现法益侵害结果。因此,在尚未构成犯罪的前提下,多次行为不应当成为增加责任刑的情节,而有可能构成增加预防刑的情节。② 综上所述,在客观法益侵害层面难以对多次犯入刑提供足够解释的情况下,刻意通过"社会危害性叠加"的方式否定人身危险性理论来为多次犯"正名",从本质上来说仍然是一种行为刑法和行为人刑法糅合的观点。

值得注意的是,不仅学界主张通过人身危险性理论证成多次犯入刑,实务部门也通过各类解读变相地为该等立场进行背书。全国人大常委会法工委刑法室副主任黄太云曾就小额多次走私行为入罪进行过说明,他指出当前"化整为零""蚂蚁搬家"式的小额多次走私行为日趋泛滥,为犯罪集团的走私活动提供了至关重要的帮助。且由于行为人会控制走私货物的金额,以避免达到"数额较大"的起刑点,执法部门也往往只能在施以行政处罚后草草了事。因此,在行政处罚难以实现威慑作用的前提下,有必要通过刑事制裁打击"蚂蚁搬家"式的走私犯罪行为。③ 易言之,前置法已经难以有效遏制行为人对法规范的不服从态度,因此基于预防行为人再犯可能的考量,《刑法修正案(八)》将"一年内曾因走私被给予二次行政处罚后又走私的"多次犯纳入刑法规制,这不仅贯彻了刑法谦抑性要求,一定程度上也代表了刑事立法基于行为人人身危险性对多次犯所采取的处罚立场。

(二)多次犯入罪之理论批判:影响预防刑的多次犯

1. 刑罚的正当性根据

以人身危险性理论论证多次犯入刑的合理性,实际上无法回避刑罚正当性的问题。对于如何实现刑罚正当性,我国《刑法》第5条④给出了方向性的指

---

① 最高人民法院、最高人民检察院《关于办理走私刑事案件适用法律若干问题的解释》第18条第2款:刑法第153条第3款规定的"多次走私未经处理",包括未经行政处理和刑事处理。
② 参见张明楷:《责任刑与预防刑》,北京大学出版社2015年版,第275页。
③ 参见黄太云:《刑法修正案(八)解读(三)》,《人民检察》2011年第8期。
④ 《刑法》第5条规定,刑罚的轻重,应当与犯罪分子所犯罪行和承担的刑事责任相适应。

引,即罪责刑相适应原则。其中,对"罪行"和"刑事责任"的具体概念,存在两种不同理解,关键区别在于客观的法益侵害之外,在何种程度上将主观方面的情节纳入考量。对主观要素的取舍不仅会影响到量刑过程中对责任刑和预防刑的定位,一定程度上也可能导致罪刑均衡原则与刑罚个别化原则、罪刑均衡与预防犯罪之间的关系难以实现统一。

第一,"不法程度＋责任"说。该学说认为"罪行"仅指因行为本身所导致的法益侵害程度(不法程度),而"刑事责任"则是指非难可能性程度(责任),即故意或过失等罪过要素。[①] 犯罪的实体由不法和有责共同构成,因此,这种学说实际上更符合传统的罪刑均衡的要求,即只注重将刑罚与罪刑轻重相适应,行为人的主观恶性程度并不纳入量刑的考虑范围,同时忽视刑罚对犯罪人将来社会生活的影响,从而也难以实现特殊预防的目的,因而逐渐被淘汰。

第二,"有责的不法＋再犯可能性"说。该理论将"罪刑"概念的范围扩大至有责的不法,"刑事责任"则理解为行为人再犯可能性的事实,即案件之外可能影响行为人刑事责任的事实。本文持该种观点。以自首为例,倘若行为人在实施犯罪后选择自首,由于此时犯罪的主客观事实已然确定,罪行本身的轻重也相应地会被确定下来。同时"自首制度具有鼓励犯罪人犯罪后改过自新、分化瓦解共同犯罪人、减少国家对刑事侦查、审判等人力、物力的投入"[②]等作用,且并不可能对罪行本身产生任何影响,因此自首显然属于影响再犯可能性的事实或情节。这是因为,通常意义的自首由"自动投案"和"如实供述"两部分组成,其中"如实供述自己的罪行"也引证了前述罪行在犯罪后即被固定的论断。另外,对于自首的犯罪分子,在量刑上实际存在"从轻""减轻"和"免除"处罚这三种情形,因此这一定程度上也证明了,刑罚不仅主要由罪行所决定,实际上还应当与自首等案件外影响行为人刑事责任的事实相适应。

由上可见,《刑法》第5条实际暗含并合主义的立场,即刑罚的正当化根据是报应的正当性与预防犯罪目的的合理性。易言之,其要求刑罚的轻重,应当与罪行的轻重与犯罪人的再犯可能性相适应。其中"罪行"与报应刑相对应,而"刑事责任"则与预防刑相呼应。前者是普通国民朴素的正义观念的具象化,它要求"因为有犯罪而科处刑罚";而后者则是为限制肆意、无序的刑罚权力而生,它主张刑罚目的的正当性和有效性。二者共同构成了并合主义学说的核心内

[①] 参见张明楷:《刑法学上(第六版)》,法律出版社2021年版,第714页。
[②] 高铭暄、马克昌主编:《刑法学(第八版)》,北京大学出版社2017年版,第263页。

涵,"因为有犯罪并为了没有犯罪而科处刑罚"则是受其影响而产生的经典论断。① 就犯罪论中是否包含责任刑和预防刑,"李斯特鸿沟"一词对此实际给出了答案。李斯特认为需要区分犯罪论和刑罚论,在犯罪论中需要通过精准的、存在的概念去证明犯罪,而在刑罚论中则考虑犯罪预防的目的。② 换言之,犯罪论中不涉及预防思想,故定罪过程中不应当考虑影响预防刑的事实。同时,为了解决报应刑与特殊预防之间存在的二律背反问题,即报应刑和预防刑之间存在差异,并合主义和消极的责任主义提出,将责任刑确立的刑罚作为量刑过程中的上限,并且基于预防目的,对行为人应受的刑罚进行下调。这意味着,责任刑实际框定了刑罚的范围,即便在考量预防刑的情况下,也不能超过该等限度,从而实现保障被告人权利的目的。③

2. "情节严重"中的多次犯情形

如前所述,多次犯通常作为个罪中"情节严重"的情形之一。虽然传统观点认为,"情节严重"中的"情节"是指影响定罪量刑的、反映行为的社会危害性和行为人人身危险性程度的各种主客观要素的总和。④ 不过,"情节严重"在具体条文中实际上发挥了一种定罪与否的重要作用,如虚假广告罪中明确"利用广告对商品或者服务作虚假宣传,情节严重的"构成犯罪,可见其是作为违法性要素而存在的。考虑到犯罪的实体是不法与责任,且"情节严重"中通常规定犯罪数额(如"销售金额5万元以上不满20万元")、实害结果(如"致人死亡或者残忍手段致人重伤造成严重残疾")等具体、客观的犯罪成立或者法定刑升格条件。⑤ 因此,作为统摄该等客观情形的"情节严重"要素,即便其本质上属于一种概括性、抽象性的表述,也需要符合客观的要求,即规定的是能够体现法益侵害程度的客观事实。正如张明楷教授所强调的,以违法和有责构建的三阶层或两阶层体系中,作为整体的评价要素的"情节严重"中的情节,只能指客观方面的表明法益侵害程度的情节。⑥

综上所述,将多次犯入罪实际存在以下问题:一方面,从"情节严重"与多次犯之间的关系出发,多次犯的本质表现在于"因多次实施违法行为受过行政

---

① 参见张明楷:《刑法的基本立场(修订版)》,商务印书馆2022年版,第469页。
② 参见梁根林主编:《当代刑法思潮论坛(第二卷):刑法教义与价值判断》,北京大学出版社2016年版,第101页。
③ 参见张明楷:《刑法学(第六版)》,法律出版社2021年版,第717页。
④ 参见于志刚:《单一数额犯的司法尴尬与调和思路:以〈刑法修正案(九)〉为切入点的分析》,《法律适用》2016年第3期。
⑤ 参见陈洪兵:《"情节严重"司法解释的纰缪及规范性重构》,《东方法学》2019年第4期。
⑥ 张明楷:《犯罪构成体系与构成要件要素》,北京大学出版社2010年版,第241页。

处罚后又实施"的行为,而违法行为实际上并未造成足够的法益侵害,在这种情形下,刑法难以名正言顺地介入规制,只得借助人身危险性理论在法益侵害之外,施加诸如"对规范的不服从"等主观恶性的影响,以增强入罪的说服力。但"情节严重"应当只能指客观上反映法益侵害程度的情节,而作为其下位概念的多次犯却在范围上对它更广,还包括行为人主观恶性的内容,这在逻辑上显然难以自洽。另一方面,从责任刑和预防刑的关系来看,多次犯中"曾受过行政处罚又实施违法行为"其实只能说明行为人再犯罪可能性的大小,因此其应当作为影响预防刑的事实而存在。而认定犯罪,首先应当考量责任刑的问题,在没有责任的前提下,预防则无从谈起。以多次犯作为"情节严重"的情形从而入罪,本质上是混淆责任要素和预防要素的行为,有违刑罚正当性要求。

四、多次犯入罪下行政犯罪的法益审视：人本法益论

人身危险性与再犯可能性之间在一定程度上呈正相关性,从而导致多次犯入罪的正当性在注重责任刑的犯罪论领域中存在根本不足。但纯粹理论探讨的说服力稍显单薄,同时违法性的本质在于法益侵害,因此有必要立足刑法分则的具体条文,对行政犯背后的法益进行审视,以完成论证多次犯入罪正当性与否的最后一环。

（一）秩序法益论

根据行为是否违反伦理道德,犯罪被划分为自然犯和行政犯。其中,行政犯目前与法定犯通用,"指违反行政法规,侵害刑法保护的法益,情节严重的行为。"① 多次犯与行政犯罪之间关系密切,在认为多次犯可以构成犯罪的前提下,后者所囊括的情形实际包括前者。其中,多次犯,如前所述大多规定在刑法第三章和第六章这两类秩序犯罪,或者说广义的经济刑法当中。根据通说,近现代国家的刑法分则通常是根据犯罪所侵犯的法益内容进行分类的,即刑法将个罪划分至各个章节,是基于不同法益类型和轻重的考量。因此,多次犯所对应的行政犯罪的保护法益,必然以秩序法益为内容,具有强秩序管理的特点。② 法益有集体法益和个人法益之分,其中秩序法益又是集体法益的重要表现形式,因此是否认可行政犯中存在个人法益以及行政犯中个人法益和集体法益之间是何种关系,是

---

① 陈兴良：《法定犯的性质和界定》,《中外法学》2020 年第 6 期。
② 参见何荣功：《我国行政刑法立法的回顾与反思》,《比较法研究》2022 年第 4 期。

运用法益工具判断存在多次违法行为的多次犯是否具有违法性的重要前提。

就行政犯罪保护的法益内容,大体呈现了秩序唯一说到秩序优先说的转变。秩序唯一说不认可行政犯中存在个人法益,它认为行政犯侵犯的是行政管理秩序这种抽象的法益,国家通过预先规定行为类型的方式,将违反前置法的行为纳入刑法规制。而行政犯触犯的正是国家的行政利益,即抽象的行政管理秩序。如德国的缇德曼教授曾主张:"经济刑法保护的法益主要不是经济者个体的个人利益,而是国家的整体经济秩序,以及经济的有序过程。"[1]秩序法益虽然是抽象的,但立法通过规定具体的违反行政法规行为的方式使其明确化。一旦触犯前置法,并跨越行政不法与刑事不法的界限,则纳入刑法规制。秩序优先说则是当前的主要观点,它强调行政犯保护的是复合法益,包括集体法益和个人法益两部分,但作为集体法益的秩序法益具有优先顺位。例如,魏昌东教授指出:"中国知识产权刑法在序位选择上应当确立市场竞争秩序优先地位的观点更具合理性。"[2]详言之,知识产权只有进入市场经济中才能发挥其应有的活力,因此市场竞争秩序在保护顺位上应当优先于私人财产权利,行政犯中集体法益也应当优先于个人法益而存在。在这种情况下,由于秩序法益是国家行政犯立法的主要目的,仅侵害特定的行政管理秩序,而未造成任何公民个体人身、财产法益受损,仍有成立犯罪的可能。换言之,个人法益受损对成立行政犯实际起到一种补充作用,但不存在个人法益侵害时,行为人也并不必然不受刑事处罚。在这种学说指引下,以"多次实施违法行为而受到行政处罚又实施"为行为模式的多次犯,仅因对法规范表现出不服从的态度,即侵害抽象的行政管理秩序而入罪的立法方式,在法益层面就有了相对坚实的理论根基。

(二)人本法益论

如前所述,基于刑法分则对各个章节的命名和个罪中"违反前置法"的具体要求,对于行政犯保护的法益内容是集体法益的观点,学界已然达成共识。[3]但在个人法益和集体法益的定位上,人本法益论与秩序法益论的主张截然相反。它认为行政犯的保护法益应当由管理秩序转变为"与人关联的具体利益"。详言之,对管理秩序法益的保护,不能只对刑法条文作形式化理解。在没有特定人或不特定群体遭受侵害或风险时,不能以行为侵犯行政管理秩序为由对行

---

[1] [德]克劳斯·缇德曼:《德国经济刑法导论》,周遵友译,载赵秉志主编:《刑法论丛(2013年第2卷)》,法律出版社2013年版,第7页。
[2] 魏昌东:《情节犯主导与知识产权刑法解释体系转型》,《中国刑事法杂志》2022年第1期。
[3] 参见孙国祥:《行政犯违法性判断的从属性和独立性研究》,《法学家》2017年第1期。

为人施以刑罚。这是因为,法益这一概念实际上在创立之初就与人密切相关,指"所有对于个人的自由发展,其基本权利的实现和建立在这种目标观念基础上的国家制度的功能运转所必要的现实存在或者目的设定。"①可见,即便秩序法益这类集体法益,也应当还原为个人法益,二者是手段与目的之间的关系。但在风险社会理论的冲击之下,秩序的概念和范围在扩大,虽然其初衷在于维护社会安定,但一定程度上也对传统的刑法体系造成了冲击。秩序法益的指导功能进一步被稀释,此时如果仍然以秩序法益论作为指引,过分强调对行政管理秩序存在侵害即构成犯罪,则使得刑罚权力的不当扩张成为可能。

以同样规定了多次犯情形的虚假广告罪为例,《立案追诉标准(二)》将客观上可能并未造成消费者权益受到严重侵害的行为入罪。关于虚假广告罪的法益,通说认为是国家的广告管理制度。但对是否存在其他法益,学界对此始终存在较大争议,大体可以分为"单一客体说""两客体说"和"三客体说"。"单一客体说"的代表学者有陈兴良教授,他认为"虚假广告罪侵犯的是国家对广告的管理秩序"②。而"三客体说"则认为"本罪侵犯的客体是国家对广告的管理秩序、市场竞争秩序和消费者的合法权益"。③ 得出此种结论的原因是:通过审视虚假广告罪在刑法典中的具体章节,可知第 222 条位于刑法分则第三章第八节,属于扰乱市场秩序罪。且由于刑法分则是按照不同的法益对罪名进行的分配,因此毋庸置疑,虚假广告罪的保护法益必然包括公平的市场交易秩序。而"两客体说"一般是对消费者权益之外的广告管理制度或者市场竞争秩序进行取舍。

本文认为,虚假广告罪本质也是行政犯的一种,其中必然包括集体法益和个人法益两部分。上述学理争论中涉及的国家对广告的管理秩序和公平的市场交易秩序,实际上都可以还原为行政犯所保护的固有的集体法益。但未对法益侵害作出实质考量的情况下,仅依据形式上具备足够次数的行政处罚即草率定罪,轻视法益对构成要件解释的指导作用。同时,完全依附前置法的形式侧面只会使得行政犯沦为形式犯,丧失刑事不法判断应有的独立性。④ 在虚假宣传行为尚未入刑前,对虚假宣传行为往往通过诈骗罪进行规制,因此即便虚假广告罪编入第三章第八节,也不应当排除其对消费者权益的保护。根据人本法益论,虚假广告罪的秩序法益本身也是为保护个人法益而存在,因此多次犯仅注重

---

① [德]克劳斯·罗克辛:《刑法的任务不是法益保护吗?》,樊文译,载陈兴良主编:《刑事法评论(第19卷)》,北京大学出版社 2007 年版,第 152 页。
② 陈兴良:《新旧刑法比较研究——废、改、立》,中国人民公安大学出版社 1998 年版,第 289 页。
③ 高铭暄、马克昌主编:《刑法学》,北京大学出版社 2017 年版,第 446 页。
④ 参见崔志伟:《经济犯罪的危害实质及其抽象危险犯出罪机制》,《政治与法律》2022 年第 11 期。

秩序违反、忽视利益主体的定罪逻辑则有违行政犯保护个人法益的本质要求。

另外,行政犯中出现多次犯这一行为类型,实际上正是风险社会背景下注重预防犯罪而催生出的产物,其核心在于保护法益前置化。对于行为人在已有多次行政处罚的前提下,仍然实施相同性质的违法行为。立法者认为原因在于前置法缺少足够的威慑力,因此刑法有必要主动出击,通过增设抽象危险犯和将刑事处罚节点前置的方式控制风险、预防犯罪,在完成现代社会综合治理任务的同时,也为刑法的不当扩张带来了现实的风险。① 以黄某某案②为例,被告人黄某某两年内于某宝网、阿里巴巴网上开设的店铺及微信公众号上利用虚假广告分别就日常商品、化妆品和医疗器械做虚假宣传,广告费用累计50元,违法所得约48元(按进货成本价计算)。三次行政处罚分别罚款100元、250元和15 000元。被告人其后选择自首,法院认定其构成虚假广告罪,并判处罚金10 000元。该案的最终处理结果,实际上征表了多次犯的司法现状,即在强势的秩序法益面前,个体利益被淡化或者被忽视,从而与国民普遍法感情相违背。

综上所述,在当前秩序法益抽象化、保护法益前置化的大背景下,仍提倡秩序法益论、以国家的行政管理秩序作为主要立法目的,势必导致个人法益遭到忽视。应当向人本法益论转向,强调行政犯的保护法益首先应当回归至个人法益,包括特定人和不特定群体。集体法益作为国家维护社会安定和经济秩序的行政利益,其意义也不容忽视,但对秩序法益的保护应当立足在其可以还原至个人法益上,即对公共利益的维护最终能够实现对公民个人法益的维护。③ 其次,刑法要秉持谦抑主义,即便行为符合多次犯的形式要求,也应当对其法益侵害程度进行实质性考量,即判断侵犯行政管理秩序的行为是否具有现实的危害性或者紧迫的现实危害性。④ 这是由于行政犯与自然法自始具有违法性不同,其是由法规范禁止而获得的不法,对于侵犯各类行政管理秩序的行政犯,不能仅仅因为行为人对规范表露出不服从的态度就认定其构罪。

五、多次犯入罪的解释论限缩

行政犯罪中,对于行为人多次实施违法行为受到行政处罚后,"屡教不改"继续实施同种性质违法行为的表现,立法者试图通过多次犯的方式对其施加更

---

① 参见殷啸虎、叶青主编:《法学理论前沿》,上海社会科学院出版社2016年版,第320页。
② 浙江省宁波市江北区人民法院刑事判决书,案号(2019)浙0205刑初244号。
③ 参见房慧颖:《预防刑法的天然偏差与公共法益还原考察的化解方式》,《政治与法律》2020年第9期。
④ 参见刘艳红:《Web3.0时代网络犯罪的代际特征及刑法应对》,《环球法律评论》2020年第5期。

加严苛的惩罚手段以起到制裁作用,这在预防犯罪的大背景下存在一定合理性,但若不对多次犯入罪从法益和条文两部分进行实质性限缩,势必会导致出罪机制不畅以及人权保障贬损。

(一)法益解释限缩

法定犯的法益并非与生俱来,只是通过实定法才上升到刑法保护的范畴,其本质更多意义上,只是行为人对规范的不服从或者拒绝。同时,即便按照通说,认定法定犯的法益是国家的行政管理秩序,但抽象和空洞的秩序利益并非法益的实质内容。因此,刘艳红教授一针见血地指出:"法定犯更像是基于福利国家行政目的以及刑事政策的需要,而对法益理论作出的修改,是传统刑法理论向社会现实需求妥协的结果。"[①]如前所示,行政犯的保护法益是国家基于行政管理目的而赋予的秩序法益,只有立足于人本法益论,在对各类行政管理秩序的保护可以回归到个人核心利益时,行为本身才真正意义上具有"法益侵害"的效果。易言之,根据结果无价值的理论立场,违法性的本质是法益侵害。因此即便行为符合多次犯的形式要求,在入罪时也应当同时考量行为本身是否造成严重的法益侵害结果或者具备造成法益侵害的紧迫危险性,否则无法满足刑法的入罪门槛。

值得注意的是,对于行政不法与刑事不法的界分,二者只在量上存在区别。在行政法领域中,只要违反了有关行政管理法规,就基本可以推定行为对社会秩序造成了破坏;但刑事不法则需要实质性明确行为对社会秩序的破坏程度。[②] 以虚假广告罪为例,利用广告对商品进行虚假宣传,本质上也是行政违法行为。同时行政处罚较刑事制裁而言,对行为危害性程度要求低,即只要违反行政法规规定,且行政机关及时发现,则必然会受到行政处罚。因此,刑法通过规定"情节严重"要件明确行政违法行为和犯罪行为的处罚边界。

另外,当行为人仅具有虚假宣传行为,并未造成个人法益造成侵害时,不应当入罪。行政犯中通常与多次犯并列的情形均规定了犯罪结果、犯罪数额等传统罪量要素,因此,试图通过规定行政处罚行为入罪,其刑事可罚性仍然需要通过传统的定量要素进行转化,部分司法解释[③]中采取"行政处罚+传统罪量要

[①] 刘艳红:《"法益性的欠缺"与法定犯的出罪》,《比较法研究》2019年第1期。

[②] 参见孙国祥:《行政犯违法性判断的从属性和独立性研究》,《法学家》2017年第1期。

[③] 最高人民法院、最高人民检察院《关于办理非法生产、销售烟草专卖品等刑事案件具体应用法律若干问题的解释》第3条:非法经营烟草专卖品,具有"(三)曾因非法经营烟草专卖品三年内受过二次以上行政处罚,又非法经营烟草专卖品且数额在三万元以上的",应当认定为《刑法》第225条非法经营罪规定的"情节严重"。

素"的规定方式就印证了行政处罚在证明法益侵害上存在的不足。① 可见,针对多次犯情形,有必要在行政处罚次数以外,考虑客观的法益侵害事实,从而满足入罪的实质要求。

(二)法条解释限缩

在通过法益对行政犯中多次犯情形进行实质判断后,应当着眼于多次犯的具体条文,通过对多次犯的行政要素进行实质性限缩解释,从而为多次犯构建有效的出罪机制,以实现刑事制裁的正当性与合理性。以虚假广告罪为例,《立案追诉标准(二)》将多次犯规定为"二年内因利用广告作虚假宣传受过二次以上行政处罚,又利用广告作虚假宣传的"情形。另外,《刑法》第222条同时明确,只有"广告主、广告经营者、广告发布者违反国家规定,利用广告对商品或者服务作虚假宣传,情节严重的"行为方能构罪。因此,有必要对法条中的具体要件进行解读,以明确虚假广告罪应然的处罚范围。

第一,本罪的行为主体为特殊主体,即广告主、广告经营者和广告发布者。对上述主体的界定与区分,《广告法》与刑法既有联系,又有区别。联系在于,刑法中不同主体的行为模式一定程度上可以参考《广告法》第2条第2至4款。② 而区别则在于,"《广告法》对广告主、广告经营者、广告发布者的界定侧重形式的合法性,而虚假广告罪对相关主体的界定更侧重于实质的方面"。③ 因此,在实施了虚假宣传行为,无论有无相关行业资质,在达到一定的社会危害性或者符合"情节严重"时,就应当适用刑法对其进行规制。互联网的发展使得任何个体均可以自由地发布广告,如果仅仅因为个体不具备所谓的行业资质而放任其实施虚假宣传行为,则显然有违惩罚犯罪的刑法目的。

---

① 参见李翔:《刑法中"行政处罚"入罪要素的立法运用和限缩解释》,《上海大学学报(社会科学版)》2018年第1期。

② 《广告法》第2条:在中华人民共和国境内,商品经营者或者服务提供者通过一定媒介和形式直接或者间接地介绍自己所推销的商品或者服务的商业广告活动,适用本法。

本法所称广告主,是指为推销商品或者服务,自行或者委托他人设计、制作、发布广告的自然人、法人或者其他组织。

本法所称广告经营者,是指接受委托提供广告设计、制作、代理服务的自然人、法人或者其他组织。

本法所称广告发布者,是指为广告主或者广告主委托的广告经营者发布广告的自然人、法人或者其他组织。

本法所称广告代言人,是指广告主以外的,在广告中以自己的名义或者形象对商品、服务作推荐、证明的自然人、法人或者其他组织。

③ 李彦峰:《虚假广告罪疑难问题研究——以刑法适度干预价值理念为指导》,《山西高等学校社会科学学报》2011年第7期。

第二，如前所述，虚假广告罪作为行政犯罪，构罪的关键在于违反前置法，故刑法第 222 条明确将"违反国家规定"作为适用该条的前提。对于"违反国家规定"应当如何理解，刑法和相关司法解释实际上也给出了非常明确的答案。其中，《刑法》第 96 条规定，国家规定是指全国人民代表大会及其常务委员会制定的法律和决定，国务院制定的行政法规、规定的行政措施、发布的决定和命令。同时，考虑到"国务院制定的行政措施"这一概念较为模糊，《最高人民法院关于准确理解和适用刑法中"国家规定"的有关问题的通知》中第 1 条对此作出了进一步解读。① 由上可见，低于上述效力等级的法律性文件，例如省级人大常委会制定的地方性法规和省级政府制定的政府规章等，则不应当作为虚假广告罪定罪的法律依据。

第三，"利用广告对商品或服务作虚假宣传"这一表述明确了虚假广告罪的手段、对象、主观方面分别是广告、商品或服务以及故意。其中，本罪的"广告"，从静态角度理解仅指商业性广告，而从动态角度理解则是指商品经营者或者服务提供者通过一定媒介和形式直接或者间接地介绍自己所推销的商品或者服务的商业广告活动。② 而如何界定"虚假宣传"行为，"《广告法》第 28 条集中规定'虚假宣传'的本质特征及其六种情形，为理解虚假广告罪中的'虚假宣传'提供最直接、有效的规范依据，也初步框定本罪的客观危害行为的主要类型"。③ 因此，"虚假宣传"行为的本质特征是"以虚假或者引人误解的内容欺骗、误导消费者"。张明楷教授的解读也与《广告法》的划分大体相同，他认为"虚假宣传"主要包括两种情况："（1）对商品或者服务作夸大失实的宣传。（2）对商品或者服务作语意含糊、令人误解的宣传。"④

---

① 《最高人民法院关于准确理解和适用刑法中"国家规定"的有关问题的通知》第 1 条："国务院规定的行政措施"应当由国务院决定，通常以行政法规或者国务院制发文件的形式加以规定。而"国务院制发文件"则需要符合三个条件：(1) 有明确的法律依据或者同相关行政法规不相抵触；(2) 经国务院常务会议讨论通过或者经国务院批准；(3) 在国务院公报上公开发布。

② 《中华人民共和国广告法》第 2 条第 1 款：在中华人民共和国境内，商品经营者或者服务提供者通过一定媒介和形式直接或者间接地介绍自己所推销的商品或者服务的商业广告活动，适用本法。

③ 孙道萃：《虚假广告犯罪的网络化演变与立法修正思路》，《法治研究》2018 年第 2 期。

④ 张明楷：《刑法学（下）》，法律出版社 2021 年版，第 1080 页。

自由裁量权下连累犯刑罚均衡路径探究
——以掩饰、隐瞒犯罪所得罪与洗钱罪为视角

竺 越 周 舟[*]

目 次

引言
一、理论探源：连累犯刑罚均衡的法哲学基础
二、立法检视：连累犯刑罚均衡的刑法修正
三、现实动因：连累犯刑罚均衡的司法困境
四、进路证成：自由裁量权下连累犯量刑均衡的路径构建
结语

摘 要：以掩饰、隐瞒犯罪所得罪和洗钱罪为基本样态，通过法教义学结合司法实践中自由裁量权的运用，构建连累犯刑罚均衡的路径，可谓解决连累犯刑罚失衡的破解之道。瞄准连累犯刑罚时考量因素的认识不一、基于同一犯罪事实下的上下游"量刑倒挂"、上游犯罪"同质""异质"下的"量刑倒挂"以及上游犯罪共犯与下游犯罪的界分混乱等导致刑罚失衡的司法困境，从法教义学的角度出发，依托自由裁量权的行使弥补现有规定的空白与漏洞，对连累犯刑罚平衡考量因素的理解予以校正，对上下游犯罪之间的界限予以司法廊清。当法教义学方法无法弥补时，则考量通过自首、立功、坦白、认罪认罚等量刑情节寻求连累犯刑罚均衡的补充路径。

关键词：连累犯；自由裁量权；刑罚均衡；法教义学；量刑情节

---

[*] 竺越，上海市静安区人民法院刑事审判庭团队负责人；周舟，上海政法学院警务学院讲师，法学博士、博士后。

引言

随着数字时代的来临,以洗钱罪和掩饰、隐瞒犯罪所得罪[①]为典型的连累犯不断衍变,呈现出多元化、复杂化和规模化的态势,并逐渐滋生出黑灰产业链,不仅影响金融管理、社会经济秩序,危害国家安全,亦严重妨碍司法机关查处犯罪活动。因上游犯罪的犯罪圈越来越广,来源多样,而下游犯罪相对单一,加之上下游犯罪的不同情节对应其各自的量刑档次,导致连累犯在司法实践中刑罚失衡。

近年来,为加大对相关犯罪的打击力度,顺应国际治理形势的要求,《刑法修正案(十一)》《最高院关于修改〈关于审理掩饰、隐瞒犯罪所得、犯罪所得收益刑事案件适用法律若干问题的解释〉的决定》《打击治理洗钱违法犯罪三年行动计划(2022—2024年)》等法律规定、司法性文件相继出台,洗钱罪及掩饰、隐瞒犯罪所得罪等连累犯的定罪量刑问题受到更为广泛的重视,连累犯的刑罚失衡问题亦得到一定程度的刑法修正,但就连累犯定罪处罚时应当考量的因素、上下游犯罪之间的界分及上游犯罪对下游犯罪量刑的影响等关乎刑罚均衡的难题仍亟待解决。然而,连累犯刑罚均衡问题并非仅依托顶层设计即可解决,更有赖于裁判者在罪刑法定框架下通过行使自由裁量权加以实现,即在对连累犯进行定罪量刑时,须综合考虑上游犯罪的性质以及下游犯罪的情节、后果、社会危害程度等因素。

鉴于此,以连累犯中的典型罪名——洗钱罪和掩饰、隐瞒犯罪所得罪为视角,通过法教义学结合司法实践,在自由裁量语境下构建具有可操作性、稳定性和期待性的连累犯刑罚均衡路径,对于破解连累犯刑罚失衡的司法困境,推动量刑规范化、均衡化改革及筑牢司法公信力具有重要意义。

一、理论探源:连累犯刑罚均衡的法哲学基础

所谓连累犯,系指事前无通谋,事后明知他人犯罪情况而故意提供帮助,依法应受处罚的行为。连累犯具有独立性和从属性的双重属性,前者系指连累犯因侵犯的法益不同于本犯而成为刑法所独立规制的类型,具有其特定的犯罪构成和行为特征;后者系指连累犯是对本犯的事后帮助行为,其对于本犯具有依赖性和从属性,没有本犯,连累犯难以成立。基于连累犯的上述特征,在对连累犯进行定罪量刑时必然涉及上下游犯罪间刑罚均衡问题,这是由罪责刑相适应

---

① 为表达方便,本文将"掩饰、隐瞒犯罪所得、犯罪所得收益罪"统一简化为"掩饰、隐瞒犯罪所得罪"。

原则以及公平正义原则的法哲学基础所决定的。

(一) 罪责刑相适应原则的遵循

刑法对于不同犯罪设置不同的法定刑,系从立法上践行罪责刑相适应原则。我国有关连累犯的立法规定散见于刑法分则的不同章节,以洗钱罪与掩饰、隐瞒犯罪所得罪最为典型,主要系为了规制妨碍司法机关以犯罪所得作为线索查处本犯的活动。在对连累犯进行定罪量刑时,一方面,应从连累犯的独立性角度充分考量连累犯本身的情节、后果以及社会危害程度等,这是罪责刑相适应原则的题中应有之义;另一方面,应基于连累犯的从属性特征在法律规定框架内注重连累犯与本犯之间的刑罚均衡,原因有三:第一,从罪质程度而言,连累犯作为事后帮助犯,虽然可能存在多次、金额大等严重情节,但整体上呈现罪小刑轻的特点,相较于引发原生危害性的本犯,其罪质程度要轻于本犯,其侵害的法益是司法机关及时堵截本犯、遏制本犯的持续和扩大的司法秩序,但其本身并未对受害人的财产损失造成进一步的损害后果;第二,从行为特征而言,连累犯系对违法所得实施掩饰、隐瞒等逃避司法机关查处的行为,而本犯除了实施上游犯罪行为外,还实施了销赃、隐匿等行为,只是囿于事后不可罚的限制,不作另行评价("自洗钱"除外),在此情况下,若下游犯罪的定罪量刑高于上游犯罪,显然与罪责刑相适应原则相悖;第三,从社会危害程度而言,作为从犯的共同犯罪行为人的社会危害性明显高于作为事后加入帮助犯的连累犯,因对从犯处罚不应高于对主犯的处罚,若对连累犯的定罪量刑高于本犯,则会导致连累犯的刑罚高于从犯的刑罚,有违罪责刑相适应原则。

(二) 公平正义法感情的回归

公平正义是法律制度的基本价值,亦是评价连累犯刑罚均衡的直观标准。就衡量标准来说,罪刑法定、罪责刑相适应原则、同案同判等大抵可视为实体正义的主要内容,但个案之间的事实、情节并不完全相同,因此,一个案件的裁判结果是否公正,还须受到一般社会公众法感情的限制。同时,"越细密的刑法漏洞越多",[1]连累犯相关的规定必然存在一定的抽象性和概括性,亦存在空白、瑕疵和不协调的情形,然而,"法律不是嘲笑的对象",[2]除了立法修正外,更有赖于法官在司法裁判活动中运用法学方法论和自由裁量权进行法教义学解释

---

[1] [英] 塞西尔·特纳:《肯尼刑法原理》,王国庆、李启家等译,华夏出版社1989年版,第486页。
[2] 张明楷:《刑法格言的展开(第三版)》,北京大学出版社2013年版,第3页。

和调整,这种立法的不断修正和司法裁判对法律条文的解释、调整过程本身亦蕴含着公平正义的原则理念。

二、立法检视:连累犯刑罚均衡的刑法修正

连累犯的立法嬗变是从共同犯罪中脱离而出的过程,①随着刑法的不断修正,其与共同犯罪在理论上的要素鸿沟愈发明显。近年来,我国为顺应时代发展和国际治理形势的要求,寻求刑罚均衡,多次出台刑法修正案以及相关罪名的司法解释,对连累犯特别是洗钱罪和掩饰、隐瞒犯罪所得罪的犯罪构成、入罪标准、量刑幅度等进行立法修正,凸显"刑事立法的活性化"。②

(一)掩饰、隐瞒犯罪所得罪的立法沿革

掩饰、隐瞒犯罪所得罪规定于现行《刑法》第312条,而1997年刑法中该条罪名为"窝藏、转移、收购、销售赃物罪",规定"明知是犯罪所得的赃物而予以窝藏、转移、收购或者代为销售的,处三年以下有期徒刑、拘役或者管制,并处或者单处罚金"。2006年6月《刑法修正案(六)》对上述条文进行了较大修改,将罪状描述为"明知是犯罪所得及其产生的收益而予以窝藏、转移、收购、代为销售或者以其他方法掩饰、隐瞒的",即将犯罪对象扩大至"犯罪所得及其产生的收益",并就犯罪行为增加了兜底性规定;同时,将法定刑增加了一档,规定"情节严重的,处三年以上七年以下有期徒刑,并处罚金"。2007年5月,"两高"出台《关于办理与盗窃、抢劫、诈骗、抢夺机动车相关刑事案件具体应用法律若干问题的解释》,首次以司法解释的形式确立了"掩饰、隐瞒犯罪所得罪"的罪名,该解释对犯罪一般情节未作数额要求,但规定情节严重者须达到机动车五辆或价值总额达到五十万元以上。同年,"两高"出台《最高人民法院、最高人民检察院关于执行〈中华人民共和国刑法〉确定罪名的补充规定(三)》,正式将《刑法》第312条的罪名改为掩饰、隐瞒犯罪所得罪。2009年《刑法修正案(七)》新增了掩饰、隐瞒犯罪的单位犯罪条款。2014年最高法《关于常见犯罪的量刑指导意见》将掩饰、隐瞒犯罪所得的量刑起点确定为:犯罪情节一般的对应一年以下有期徒刑、拘役,情节严重者对应三年至四年有期徒刑,可根据犯罪数额等其他影响犯罪构成的犯罪事实增加刑罚量,即总体上体现从轻量刑的态度。

---

① 姜茂林:《对我国连累犯的三维思考》,《科学经济社会》2017年第1期。
② 孙国祥:《刑法发展须回应时代需求》,《中国社会科学报》2022年5月11日,第004版。

基于掩饰、隐瞒犯罪所得罪的定罪量刑实践情况,2015年最高法发布《关于审理掩饰、隐瞒犯罪所得、犯罪所得收益刑事案件适用法律若干问题的解释》,在第1条第(1)项中进一步将该罪的构罪标准予以金额化,即将一般情节定义为"三千元至一万元以上的",且各省、自治区、直辖市高院可根据本地区经济社会发展状况,并考虑社会治安状况,在上述数额幅度内确定本地执行的具体数额标准,报最高人民法院备案;而对于情节严重的情形,在第3条中调整为"收益价值总额达到十万元以上"或"三次以上且价值总额达到五万元以上"等。2017年最高法印发修订后的《关于常见犯罪的量刑指导意见》继续沿用2014年版规定的掩饰、隐瞒犯罪所得罪的量刑起点、基准刑等。从上述司法解释对掩饰、隐瞒犯罪所得罪不同情形下犯罪数额的新增和调整,体现出严厉打击、从重处罚的态度。有观点认为,这种立法修改将掩饰、隐瞒犯罪所得罪由行为犯转变为结果犯。

2021年最高法发布《关于修改〈关于审理掩饰、隐瞒犯罪所得、犯罪所得收益刑事案件适用法律若干问题的解释〉的决定》,规定原解释中第1条第1款第(1)项、第2款和第2条第2款规定的掩饰、隐瞒犯罪所得、犯罪所得收益罪的数额标准不再适用,即取消了掩饰、隐瞒犯罪所得罪构罪数额标准,取之以法院在"综合考虑上游犯罪的性质、掩饰、隐瞒犯罪所得及其收益的情节、后果及社会危害程度等"因素情况下予以定罪量刑,但仍保留了情节严重的数额标准。

至此,关于掩饰、隐瞒犯罪所得、犯罪所得收益罪的刑法规制,取消了掩饰、隐瞒犯罪所得罪"一刀切"的入罪数额标准,摒弃了唯数额论的司法导向,采用数额与其他因素相结合的双重标准,予以法院自由裁量权,在一定程度上修正了上下游犯罪刑罚失衡、与罪责刑相适应原则相悖的司法现状,体现了刑法修正的协调性。[①] 然而,上述修订仍面临诸多亟待解决的适用问题,如对于自由裁量时应当考量的因素包括哪些、各因素的考量比重孰轻孰重等;又如对于情节严重数额标准的保留,仍会使司法实务中面临下游犯罪属于情节严重,但上游犯罪根据其情节档次而适用较轻刑罚的"量刑倒挂"问题。

(二)洗钱罪的立法沿革

洗钱罪的立法沿革呈现的是从上游犯罪种类、行为模式等各方面不断扩张的趋势,体现出我国对于核心罪名以及洗钱犯罪的打击力度不断加大。

洗钱罪源于1997年刑法,第191条中首次专门设置洗钱罪,罪状描述为"明知"+"为掩饰、隐瞒其来源和性质"+五种行为(含兜底条款),将其上游犯

---

① 参见李翔:《论刑法修正的协调性》,《法学杂志》2022年第1期。

罪限于毒品犯罪、黑社会性质的组织犯罪以及走私犯罪三种,并对个人犯罪设置一般情节和情节严重两个量刑档次,对单位犯罪仅规定一般情节。为加大对恐怖活动的打击力度,2001年《刑法修正案(三)》对上述规定进行了两方面的修改:一是将恐怖活动犯罪纳入洗钱罪的上游犯罪,二是对单位犯罪增设情节严重的量刑档次。2006年《刑法修正案(六)》对洗钱罪的上游犯罪范围继续予以扩张,增加了贪污贿赂犯罪、破坏金融管理秩序犯罪、金融诈骗犯罪三种类型。自此,洗钱罪的上游犯罪形成由七种犯罪构成的框架。

2009年9月最高法《关于审理洗钱等刑事案件具体应用法律若干问题的解释》就洗钱罪以及掩饰、隐瞒犯罪所得罪的相关问题进行了细化规定,如对"明知""其他方式"等如何理解,又如一行为既构成洗钱罪又构成掩饰、隐瞒犯罪所得罪时如何处理等。此外,该解释还明确洗钱罪和掩饰、隐瞒犯罪所得罪应以上游犯罪事实成立为认定前提,上游犯罪尚未依法裁判但查证属实,不影响两罪的审判;上游犯罪事实可以确认,但以其他罪名定罪处罚,或者因死亡等原因不予追究刑事责任的,不影响两罪的认定。由此可见,立法上对洗钱罪采用上游犯罪事实成立说,体现洗钱罪日渐相对独立化的立法趋势。

虽然立法上对于洗钱罪进行了多次修订,但洗钱罪仍系实践中适用较少的罪名,原因有三:一是行为人实施上游七种犯罪后又掩饰、隐瞒犯罪所得的"洗钱"行为,因被评价为事后不可罚,故无洗钱罪适用之余地;二是行为人与上游犯罪人事先通谋,则构成上游犯罪的共同犯罪,而非洗钱罪;三是若行为人掩饰、隐瞒的是洗钱罪上游七种犯罪以外的犯罪所得,则应定性为掩饰、隐瞒犯罪所得罪,不以洗钱罪定罪量刑。①

2021年《刑法修正案(十一)》对洗钱罪再次进行修改,可谓是大跨步式的立法变革,即删除了洗钱罪"明知""协助"等用语,将"自洗钱"行为纳入洗钱罪的规制范畴,改变了洗钱罪的规制对象仅限于"他洗钱"的局面,扩大了洗钱罪的适用情形。自洗钱行为入罪不仅是国内顶层设计的要求②和国际治理形势③的需要,而且具有法理基础——自洗钱行为主观上由独立的犯意引起,客观上

---

① 参见刘晓光、金华捷:《洗钱罪的犯罪认定问题研究——以上游犯罪和洗钱罪构成要件的联系为切入》,《青少年犯罪问题》2022年第1期。

② 有观点认为,"自洗钱"的入罪系为扭转长期司法实践中"重上游犯罪、轻洗钱犯罪"的观念,同时改善因洗钱罪的主观方面认定标准严格、自洗钱行为尚未入罪、执行中的相关因素等原因导致上游犯罪的庞大定罪数量与洗钱罪的微小判决数量形成巨大反差的现实情况,参见刘宏华:《全力推动反洗钱工作向纵深发展》,《中国金融》2020年第11期。

③ 参见何萍、殷海峰:《〈刑法修正案(十一)〉视域下自洗钱入罪的理解与适用》,《青少年犯罪问题》2022年第1期。

侵害了独立的法益,并非上游犯罪行为的自然延伸。此外,《刑法修正案(十一)》还有一项主要修订,即将洗钱行为方式中的"将资金汇往境外"修改为"跨境转移资产",这意味着将洗钱罪的打击范围从单向的资产转移扩大至境内外双向的资产转移。

洗钱罪的立法沿革,一方面体现洗钱罪因其侵犯金融管理秩序这一独立法益而与上游犯罪之间具有较强的独立性,不同于传统的赃物类犯罪,有必要对其进行独立评价①;另一方面,凸显出我国加大对洗钱罪惩治力度、改善我国反洗钱司法效果薄弱局面的决心。特别是自洗钱的入罪,将长期困扰司法实践难以解决的问题予以立法解套,具有重要的现实意义,其并非对事后不可罚理论的违背,事后不可罚理论解决的是评价问题而非构罪问题,因而不能用事后不可罚理论证成自洗钱不应入罪。② 然而,不可否认的是,自洗钱入罪亦带来了新的问题,如洗钱行为人与上游犯罪行为人之间通谋的内容亦有了明显扩张,致使"是否存在通谋"的既往区分标准发生了明显的变化,模糊了上游犯罪与下游犯罪的界分。同时,对新型洗钱犯罪的司法认定、自洗钱的罪数问题、洗钱罪与传统赃物犯罪的关系等,仍是理论与实务中需亟待解决的诸多难题。③

三、现实动因:连累犯刑罚均衡的司法困境

连累犯刑罚均衡在司法实践中的困惑与难点,系构建连累犯刑罚均衡路径的肇始,亦是立法修正的针对性目标和努力方向。盘点连累犯刑罚均衡的司法困境(见图1),主要有四:

(一)对连累犯刑罚考量因素的认识不一

通过上述掩饰、隐瞒犯罪所得罪的立法沿革可见,对于该罪的入罪标准,现行法律已删除数额标准,代之以"综合考虑上游犯罪的性质以及下游犯罪的情节、后果、社会危害程度等"。对此条文的理解司法实践中认识不一:

首先,删除数额是否意味着入罪时不考量犯罪数额。有观点认为既然立法上删除了入罪数额标准即意味着数额不再影响掩饰、隐瞒犯罪所得罪的构成;亦有观点认为,定罪数额的删除并不等于入罪时不考量犯罪数额,因为现行规

---

① 参见刘宪权、陆一敏:《自洗钱入罪司法适用的疑难解析》,《检察日报》2021年5月12日。
② 赵桐:《自洗钱与上游犯罪的处断原则及教义学检视》,《西南政法大学学报》2021年第5期。
③ 李振林:《洗钱罪之理论与实务前沿问题研究》,《青少年犯罪问题》2022年第1期。

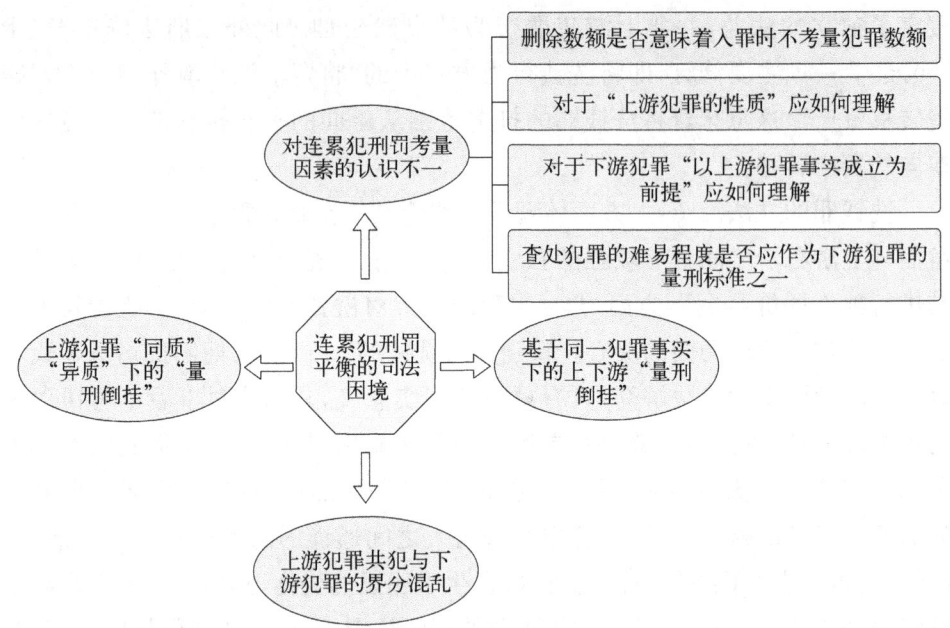

图 1　连累犯刑罚平衡的司法困境

定仍然保留了情节严重的数额标准，在考量入罪标准时应当在十万元的基本框架内。

其次，对于"上游犯罪的性质"应如何理解。有观点认为上游犯罪的性质主要是指犯罪行为所侵害的为何种法益，是否为国家重点打击的对象；亦有观点认为上游犯罪的性质不仅包括法益类型，也应当广义理解为上游犯罪的侵财金额、情节以及危害后果等。

再次，对于下游犯罪"以上游犯罪事实成立为前提"应如何理解，即当上游犯罪未达到定罪数额标准，下游犯罪是否应当予以定罪。现行规定已明确上游犯罪尚未依法裁判但查证属实，或者上游犯罪事实经查证属实但由于行为人未达到刑事责任年龄等原因而依法不予追究刑事责任的情形不影响下游犯罪的认定，即这里的犯罪系指不法层面的犯罪，不以具备有责性为前提，但对于上游犯罪行为虽已实施但未达到刑法规定的入罪数额标准时，对下游犯罪是否应当科处刑罚，实务界存在肯定和否定两种观点，此亦涉及对司法解释中"上游犯罪的性质"以及下游犯罪量刑不应高于上游犯罪原则如何理解的问题。

最后，查处犯罪的难易程度是否应作为下游犯罪的量刑标准之一。有观点认为，掩饰、隐瞒犯罪所得罪所侵犯的法益之一系司法秩序，因此，若连累犯手法隐蔽等而导致司法机关查处本犯的难度加大，应在量刑时对其加重处罚；但亦有不同观点认为查明犯罪的成本不应作为加重连累犯量刑的决定性因素之一。

（二）基于同一犯罪事实下的上下游"量刑倒挂"

当上下游犯罪指向同一犯罪事实时，应当遵循"下游犯罪量刑不高于上游犯罪"的原则，这在法哲学视域下及司法实务语境中已逐渐形成共识。但由于本犯与连累犯的量刑标准存在差异，司法实务中"量刑"倒挂的现象仍时有发生。虽然掩饰、隐瞒犯罪所得罪相关司法解释已取消入罪数额标准，此举在一定程度上缓释了本犯因数额未达入罪标准不予定罪而连累犯却因满足入罪数额标准须被定罪的司法适用尴尬，但现行规定仍保留情节严重的数额标准，并配置以三年以上七年以下的量刑幅度，由此引发的后果是根据法律、司法解释以及量刑适用标准对连累犯科处的刑罚还是可能高于对本犯的量刑，与"下游犯罪量刑不高于上游犯罪"的原则相抵触。举例以释之，甲系某民营企业经理，利用职务便利非法侵占公司货物价值约30万元，乙明知上述货物系甲职务侵占所得，仍予以收购。因甲职务侵占的金额属于数额较大的情形，故对甲应以职务侵占罪判处三年以下有期徒刑或者拘役，并处罚金；而乙的掩饰、隐瞒犯罪所得行为则应属于情节严重，对应三年以上七年以下有期徒刑的量刑幅度。因此，在甲、乙均不存在自首、立功、认罪认罚等情形下，对本犯甲的量刑高于连累犯乙，易引发当事人和公众的质疑，无法达到较好的社会效果。

（三）上游犯罪"同质""异质"下的"量刑倒挂"

实务中往往存在上游犯罪是数额犯等财产经济类罪量犯，但下游犯罪则仅有同一犯罪行为人的情形。其中，上游犯罪可能由多个"同质"犯罪行为累积，亦可能由多个"异质"犯罪行为组成。但无论何种情形，均存在"量刑倒挂"的困惑。例如非国家工作人员甲、乙、丙、丁之间不存在共同故意，其利用各自职务之便分别侵占公司财产3万元，A在明知上述财物来历不明而予以收购。职务侵占罪的入罪数额标准为6万元，因此无法将甲、乙、丙、丁的职务侵占行为评价为犯罪行为，仅作为违法行为看待；但对于A，因其掩饰、隐瞒的次数达3次以上且总金额超过5万元，不仅构成掩饰、隐瞒犯罪所得罪，还属于该罪的加重情节。

（四）上游犯罪共犯与下游犯罪的界分混乱

连累犯从本质上而言，是对本犯所导致的违法状态的维持，体现在外在形式上，是对司法机关正常活动的妨害，其侵犯了独立的法益。有无事前或事中的共同故意系连累犯与本犯共犯的主要区分标准,若行为人事前或事中与本犯行为人通谋并提供帮助的,以本犯共犯论处,判断的关键在于本犯的既遂与否。然而,尽管连累犯与共同犯罪在理论上有明确的区分标准和判断要点,但司法实践中上下游犯罪在阶段区分上较为混乱,这一点在洗钱罪及其上游犯罪中尤为明显,主要原因在于上游七种犯罪的犯罪形态和刑法规制目的各有不同,既遂标准并不统一。如上游犯罪为毒品犯罪,以毒品犯罪行为完成作为既遂标准,但对于多次转移毒资的行为,司法实践中以毒品犯罪共犯和洗钱罪论处的情形均存在。同时,随着自洗钱的入罪,洗钱行为人与上游犯罪行为人之间通谋的内容亦有了明显扩张,除了上游犯罪外,还包括洗钱在内,这亦导致"是否存在通谋"的既往区分标准发生明显的变化。此外,数智时代的来临,亦催化并加速了连累犯产业化、复杂化的发展趋势,掩饰、隐瞒行为开始逐渐向上游犯罪渗透,上游犯罪既遂点在物理空间上不甚明晰,加剧了上游犯罪共犯与下游犯罪之间的界分模糊。

四、进路证成:自由裁量权下连累犯量刑均衡的路径构建

连累犯的本犯范围庞杂、表现多样,其构罪标准与量刑档次亦各有不同,因此,对连累犯的定罪量刑应当否定"一刀切"的统一标准,首先应从法教义学的角度出发,依托自由裁量权的行使保持立法与司法之间的张力,消除成文法的局限性,弥补现有规定的空白与漏洞,解决司法实务中刑罚失衡的困境,实现裁判结果的公平。当法教义学方法无法弥补时,则考量通过自首、立功、认罪认罚等量刑情节寻求均衡路径(见图2)。

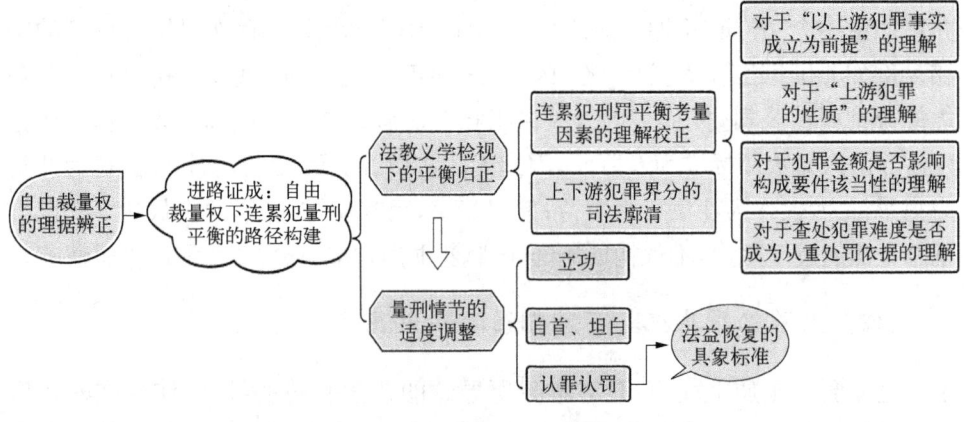

图2 自由裁量权的理据辨正

（一）自由裁量权的理据辨正

掩饰、隐瞒犯罪所得罪相关司法解释确定了法院在定罪量刑时应当综合考量的因素，这意味着就该罪的构罪和量刑，法院均具有一定的自由裁量权。德沃金有言："一个官员享有自由裁量权，并不意味着他可以不顾情理和公正的准则，可以随心所欲裁决，而只是意味着，当我们提到自由裁量权这个问题时，我们心目中的特定权力所规定的标准不能支配他的决定。当然，这后一种自由是重要的，这也是我们会有强的意义上的自由裁量权的原因。"是故，在对连累犯定罪量刑过程中，法院行使自由裁量权并非毫无边界：一方面，定罪量刑应在罪刑法定以及罪责刑相适应原则的轨道上进行；另一方面，自由裁量权为上下游刑罚均衡提供工具和方法，但同时亦受到上下游刑罚均衡的限制，且对该限制应做广义理解：不仅涉及定罪问题，还涉及量刑问题。前者包括罪数上一罪还是数罪，处断上从一重处罚还是数罪并罚，本犯为"同质"或"异质"犯罪累积组成但未达到构罪数额时是否对连累犯予以定罪，本犯既遂点如何把握以区分行为人系本犯共犯还是连累犯等问题；后者包括上下游犯罪对应各自不同的量刑情节档次时如何保持刑法平衡的问题，以及自首、立功等情节的处理。

（二）法教义学检视下的平衡归正

刑法教义学的意义不仅在于解释单个的法条和解决具体的个案，还在于为刑事立法提供理论储备和理论指导。[①] 对刑法存在的漏洞，不应随意批评或动辄依靠修改法律来补正，而是应当从刑法教义学的角度利用"刑法自身应有的自我免疫系统"对法律进行合理解释，从而使法律具有生命力并得到更好的遵守。因此，在对连累犯进行定罪量刑时，面对现行规定中的空白以及刑罚失衡问题，首先应由法教义学为自由裁量权的行使掌舵，检视相关规定在司法适用中的理解偏差，如对考量因素的理解、对上下游犯罪界分的认识等，最大限度地消除连累犯刑罚失衡问题。

（三）连累犯刑罚均衡考量因素的理解校正

1. 对于"以上游犯罪事实成立为前提"的理解

当连累犯的本犯属于侵犯财产权利的犯罪时，通常需满足罪质和罪量的双

[①] 陈璇：《刑法教义学科学性与实践性的功能分化》，《法制与社会发展》2022年第3期。

重要求,因为罪量往往是侵财程度的客观表现,亦是区别于一般违法行为的重要标准。当本犯的罪量未达到刑法规定的入罪金额标准时,不应对行为人科处刑罚,这是罪刑法定原则的应有之义。此时如何对连累犯进行定罪量刑,应当区分"一对一"的上下游犯罪和"多对一"的上下游犯罪的不同情形而分别处理。具体而言:

对于"一对一"的上下游犯罪,即本犯与连累犯基于同一犯罪事实,此时连累犯对本犯的依附特征异常明显,原则上只有本犯构成犯罪时,才可对连累犯进行定罪量刑。然而前文所述,司法实践中存在上游犯罪因未达到入罪数额标准而无法评价为犯罪,但该金额却落入连累犯"情节严重"的量刑档次。对此,笔者认为应当结合《掩饰、隐瞒犯罪所得、犯罪所得收益刑事案件适用法律若干问题的解释》的上下文对第8条①进行严格的文理解释以寻找出路,即将"上游犯罪事实成立"解释为犯罪构成要件的该当性,下游犯罪的认定应以此为前提,当上游犯罪因金额达不到客观违法阶层的要求时,对其掩饰、隐瞒的行为亦不应为刑法所评价。

对于"多对一"的上下游犯罪,既包括相互之间无通谋的"同质"本犯,亦包括"异质"本犯,此时连累犯更多地体现出独立性的特征,不再仅仅依附于某个本犯,当本犯因不符合入罪金额标准而不以犯罪论处时,应当按照《掩饰、隐瞒犯罪所得、犯罪所得收益刑事案件适用法律若干问题的解释》的第1条至第4条进行定罪量刑,仍有自由裁量权进行刑罚均衡适用之余地:一方面,对于未达到"情节严重"的连累犯,因其社会危害程度较小,可通过《掩饰、隐瞒犯罪所得、犯罪所得收益刑事案件适用法律若干问题的解释》第2条②的相关规定对其免予刑事处罚;另一方面,对于达到"情节严重"的连累犯,因其在罪质和罪量上产生了较大的社会危害性,对其仍应进行定罪处罚。

2. 对于"上游犯罪的性质"的理解

《掩饰、隐瞒犯罪所得、犯罪所得收益刑事案件适用法律若干问题的解释》

---

① 《掩饰、隐瞒犯罪所得、犯罪所得收益刑事案件适用法律若干问题的解释》第8条:"认定掩饰、隐瞒犯罪所得、犯罪所得收益罪,以上游犯罪事实成立为前提。上游犯罪尚未依法裁判,但查证属实的,不影响掩饰、隐瞒犯罪所得、犯罪所得收益罪的认定。上游犯罪事实经查证属实,但因行为人未达到刑事责任年龄等原因依法不予追究刑事责任的,不影响掩饰、隐瞒犯罪所得、犯罪所得收益罪的认定。"

② 《掩饰、隐瞒犯罪所得、犯罪所得收益刑事案件适用法律若干问题的解释》第2条:"掩饰、隐瞒犯罪所得及其产生的收益行为符合本解释第一条的规定,认罪、悔罪并退赃、退赔,且具有下列情形之一的,可以认定为犯罪情节轻微,免予刑事处罚:(一)具有法定从宽处罚情节的;(二)为近亲属掩饰、隐瞒犯罪所得及其产生的收益,且系初犯、偶犯的;(三)有其他情节轻微情形的。"

第1条删除了入罪金额标准,规定:"人民法院审理掩饰、隐瞒犯罪所得、犯罪所得收益刑事案件,应综合考虑上游犯罪的性质、掩饰、隐瞒犯罪所得及其收益的情节、后果及社会危害程度等,依法定罪处罚。"笔者认为,考虑到上游犯罪的种类多样,而下游犯罪则相对表现单一,且上游犯罪不同情形下的量刑档次与下游犯罪并非完全对应,为减少上下游犯罪刑罚失衡的情形发生,给予司法实践中适用自由裁量以弥补法律漏洞的空间,同时使相关司法解释的上下文有效衔接,应对"上游犯罪的性质"作广义理解,即不仅包括上游犯罪所侵犯的法益种类,还应当包括上游犯罪的情节(如次数、金额等)、后果以及危害程度等,原因是除自洗钱外,下游犯罪系在明知情形下对于上游犯罪所得及其收益进行掩饰与隐瞒,其在一定程度上对于上游犯罪的情节、后果以及危害程度等有知晓可能,在此情形下仍对其实施帮助行为,因此在对其进行定罪量刑时应将上述因素纳入考量范围。

3. 对于犯罪金额是否影响构成要件该当性的理解

对于掩饰、隐瞒犯罪所得构罪数额的删除在一定程度上改善了上下游犯罪刑罚均衡问题,但笔者认为,犯罪金额并非连累犯入罪时绝对不予考虑的因素,原因有五:一是相关司法解释在修订时并未就情节严重的数额标准一并删除,因此在考量一般情节时首先应当低于情节严重的金额标准下限;二是掩饰、隐瞒犯罪所得罪的本犯一般均具有侵财性,上下游犯罪一以贯之,掩饰、隐瞒行为所针对的对象亦具有财产属性,因此在对掩饰、隐瞒犯罪所得进行定罪量刑时应当考虑犯罪数额;三是相关司法解释规定,对于掩饰、隐瞒犯罪所得进行定罪量刑时须考虑下游犯罪的情节、后果、社会危害程度等,犯罪金额已被条款中"掩饰、隐瞒犯罪所得及其收益的情节、后果"所吸收;四是掩饰、隐瞒犯罪所得的行为可能会被评价为犯罪,但也属于《治安管理处罚法》规制的范围,数额标准亦可以作为二者之间的区分标准之一;五是犯罪金额仍可成为刑罚均衡视域下连累犯出罪入罪的理据之一。

4. 对于查处犯罪难度是否成为从重处罚依据的理解

尽管掩饰、隐瞒犯罪所得罪系妨害司法秩序的犯罪,但笔者认为,查处犯罪的难度不应成为连累犯从重处罚的正当理由。一方面,除洗钱罪外,本犯自身掩饰、隐瞒犯罪所得及其收益因事后不可罚而不单独定罪,更不因查明难而加重对其原本犯罪的处罚,因此,对于下游犯罪人亦应出于此种考量;另一方面,查处犯罪的难易程度没有客观标准,根据查处犯罪的难易程度设定不同的量刑档次,在立法技术上亦无法实现。此外,查明犯罪成本、准确认定犯罪所得,不但是准确定罪量刑的需要,而且是特殊预防的需要,过于严厉的惩罚没有正当性基础,也不可能取得良好的预防效果。①

(四) 上下游犯罪界分的司法廓清

连累犯具有事后性特征,其实质系帮助犯,与共犯范畴中的帮助犯在客观行为、主观故意方面存在一定的交叉与重合。因此,连累犯与共同犯罪虽已完成立法决裂,理论上亦存在鸿沟式的差异,但在司法实践中却界限模糊。对上下游犯罪界分进行司法廓清,最为关键的是对犯罪既遂点的厘定。以洗钱罪最为典型,自洗钱的入罪加剧了上下游犯罪界分的模糊性,原因是上游犯罪行为人同时也是洗钱行为人,当有他人参与时,其通谋的内容可能既涉及上游犯罪,亦包括洗钱罪在内,此时"是否存在通谋"区分标准便发生了明显的变化。因此,对于洗钱罪的共犯及上下游犯罪界分问题应当进行类型化分析:一是若双方就上游犯罪进行通谋,行为人实施洗钱行为的,双方成立上游犯罪的共犯;二是若双方就洗钱犯罪进行通谋,行为人实施洗钱行为的,双方构成洗钱罪的共犯;三是双方就上游犯罪和洗钱犯罪通谋,既实施上游犯罪,又实施洗钱行为的:对于本犯而言,属于自洗钱范畴,应对其数罪并罚,但对于洗钱行为人而言,根据其行为性质,应在防止重复评价原则下定罪处罚,②且对其仍应适用"明知"的构成要件要素,发挥该条件限制入罪的功能,否则将难以实现处罚的合理性,无法做到精准发力和精准打击。③

此外,当存在多个本犯时,对连累犯进行量刑可参照本犯中主从犯的量刑标准,在上下游刑罚均衡视域下应当低于主犯的量刑,至于是否低于从犯,则可视个案而定。

(五) 量刑情节的适度调整

对于司法实践中上下游犯罪的刑罚失衡问题的破解,首先应当通过法教义学的途径运用自由裁量权对相关规定进行解释,当仍无法解决时,则可充分利用自首、立功、认罪认罚等量刑情节予以适度调整,以实现上下游犯罪刑罚均衡的效果。这种破解之道不仅在《掩饰、隐瞒犯罪所得、犯罪所得收益刑事案件适用法律若干问题的解释》第 2 条中予以明确,更是利用优化刑事诉讼流程的科学方法解决司法实务难题的体现。

---

① 周宜俊:《涉走私洗钱犯罪司法适用问题研究》,《青少年犯罪问题》2022 年第 1 期。
② 王新:《自洗钱入罪后的司法适用问题》,《政治与法律》2011 年第 11 期。
③ 刘艳红:《洗钱罪删除"明知"后主观要件的理解与适用》,《当代法学》2021 年第 4 期。

1. 立功

连累犯与本犯系相互独立的犯罪，其侵犯的法益不同，因此，不能因二者之间存在紧密联系，即连累犯须"明知系本犯犯罪所得"而予以掩饰隐瞒、本犯将其犯罪所得交由连累犯掩饰隐瞒，而认为本犯与连累犯之间不构成立功。正因为连累犯与本犯间往往较了解对方的犯罪情况，立功可以极大程度地鼓励其相互之间揭发或提供重要线索，有助于侦破案件、打击犯罪，也因此决定了揭发型立功系连累犯立功的主要表现方式。

根据《刑法》第68条①规定，揭发型立功必须是揭发他人犯罪行为且查证属实，认定核心在于"他人犯罪行为"与"自己犯罪行为"的界分，这仍然回归到上游犯罪与下游犯罪的界分问题。同时，基于揭发型立功的揭发主体不同，又分为连累犯揭发本犯和本法揭发连累犯两种情形，对于立功构成与否的判断仍须坚持《刑法》第68条规定的条件。

2. 自首、坦白

自首、坦白规定于我国《刑法》第67条②中，适用的结果包括从轻和减轻处罚，为自由裁量权下连累犯的刑法平衡提供了具体操作路径，而后亦逐渐发展成为认罪认罚制度。但需要指出的是，第67条第3款所规定的可以减轻处罚的实质条件为"避免特别严重后果发生的"，对其不应作过于宽泛的理解，而应限缩至紧急状态的特殊刑事犯罪。

3. 认罪认罚

认罪认罚制度的运用，为连累犯量刑平衡提供了新的思路和破解之道，但认罪认罚从宽的条件仍应当按照刑法规定的从轻、减轻的量刑情节处理，若无法定减轻处罚情节，认罪认罚后又确实需要在法定刑以下量刑的，应当依法层报最高人民法院核准③。为拓宽连累犯量刑平衡的路径，可将连累犯的认罪认罚具体标准与连累犯的行为特征相结合，采取"法益恢复"的标准进行具象化，即积极退赃退赔，将其窝藏、转移、收购、代为销售赃物抑或转

---

① 《刑法》第68条："犯罪分子有揭发他人犯罪行为，查证属实的，或者提供重要线索，从而得以侦破其他案件等立功表现的，可以从轻或者减轻处罚；有重大立功表现的，可以减轻或者免除处罚。"

② 《刑法》第67条："犯罪以后自动投案，如实供述自己的罪行的，是自首。对于自首的犯罪分子，可以从轻或者减轻处罚。其中，犯罪较轻的，可以免除处罚。 被采取强制措施的犯罪嫌疑人、被告人和正在服刑的罪犯，如实供述司法机关还未掌握的本人其他罪行的，以自首论。 犯罪嫌疑人虽不具有前两款规定的自首情节，但是如实供述自己罪行的，可以从轻处罚；因其如实供述自己罪行，避免特别严重后果发生的，可以减轻处罚。"

③ 参见苗生明、周颖：《认罪认罚从宽制度适用的基本问题——〈关于适用认罪认罚从宽制度的指导意见〉的理解和适用》，《中国刑事法杂志》2019年第6期。

化物退还本权人或者其他权利主体。① 此外,在认罪认罚从宽的制度框架下,应该积极探索创新法律文书释法说理工作,唯有如此才能推进该制度的良性发展。②

结语

托马斯·福勒说:"呆板的公平其实是最大的不公平。"连累犯的刑罚均衡是罪刑责相适应原则和公平正义原则的具象体现。但对于连累犯的刑罚均衡并非采用"一刀切"的立法规制模式即可实现,刑法修正虽在一定程度上改善了刑罚失衡的现状,但仍无法摆脱滞后性、片面性、模糊性的窠臼,司法困境仍不断涌现。

法教义学为连累犯的刑法平衡提供了新思路,即在自由裁量权视域下,运用解释方法就连累犯刑罚均衡考量因素的理解进行理据辨正,再结合立功、自首、认罪认罚等量刑情节的适度调整,使之在司法上更具有可操作性,继而实现打击连累犯犯罪与实现公平正义的双向奔赴。

不可否认的是,数字时代的来临,在带来数据红利的同时,亦为不法行为提供了全新的滋生土壤,加速了本犯的衍变速度,从而催化出连累犯刑罚均衡在司法实践中的新问题。如何构建连累犯刑罚均衡的路径,这是不仅一个时代命题,也是一个需要不断发展的理论和实践命题。

---

① 庄绪龙:《上下游犯罪"量刑倒挂"困境与"法益恢复"方案——从认罪认罚从宽制度的视角展开》,《法学家》2022年第1期。

② 参见严立华、刘晓睿、黄慧:《认罪认罚从宽制度落实中应加强法律文书释法说理》,《人民检察》2021年第5期。

知识**产权**犯罪研究

经济刑法
Economic Criminology

以新时代检察高质量发展为契机系统推进知识产权检察综合履职

上海市人民检察院党组成员重大课题组*

目 次

一、以党的二十大精神为指引,准确把握知识产权检察高质量发展的目标定位

二、以质量强国建设总体目标为导向,牢固树立知识产权检察高质量发展新理念

三、以知识产权新理念为先导,推动构建知识产权检察高质量发展新格局

四、以知识产权新发展格局为基石,系统谋划知识产权检察高质量发展路径举措

摘　要：当前,我国经济已由高速增长转向高质量发展,高质量发展是全面建设社会主义现代化国家的首要任务。知识产权检察工作也面临着转型和挑战。知识产权检察履职应当立足大局,充分发挥检察职能作用,准确把握高质量发展目标定位;牢固树立高质量发展新理念;推动构建高质量发展新格局;系统谋划高质量发展路径举措,系统推进知识产权检察综合履职,为经济社会高质量发展提供有力的司法保障。

关键词：高质量发展；知识产权检察；综合履职

---

* 本文系上海市人民检察院党组成员重大课题组阶段性成果。课题组组长：龚培华,上海市人民检察院党组成员、副检察长。课题组成员：顾晓军,上海市人民检察院第四检察部主任、知识产权检察办公室主任；陆川,上海市人民检察院知识产权检察办公室副主任；魏华,上海市普陀区人民检察院第三检察部检察官；沈潇瑜,上海市虹口区人民检察院第一检察部检察官；陈浩,上海市浦东新区张江地区人民检察院检察官助理；褚年越,上海市静安区人民检察院第七检察部检察官助理；王莉莉,上海市徐汇区人民检察院第三检察部检察官助理。

党的二十大报告明确指出，高质量发展是全面建设社会主义现代化国家的首要任务。具体到知识产权检察工作，在高质量发展阶段，只聚焦知识产权保护已不再适应当前高质量发展的需要和市场权利主体的诉求，应当立足知识产权强国建设，推进知识产权检察履职理念现代化，优化知识产权检察工作体系建设，系统推进知识产权检察工作体制机制，全面提升综合履职能力，全方位融入知识产权创造、运用、保护、管理和服务全链条。

一、以党的二十大精神为指引，准确把握知识产权检察高质量发展的目标定位

当前阐述知识产权检察高质量发展，既要厘清知识产权工作的发展脉络，坚持保护创新的一贯目标；又要着眼新发展阶段的战略要求，服务于社会主义现代化强国的总体目标。

（一）旨在保护创新：知识产权整体工作得到充分发展

1. 知识产权整体工作发展卓有成效

知识产权是国家发展的战略性资源。我国知识产权工作真正走入正轨是建立在改革开放的契机之上。一是在行政建设方面。1978年以来，商标局、中国专利局、国家版权局先后成立，知识产权行政管理制度逐渐完善。2008年6月，《国家知识产权战略纲要》出台，知识产权上升为国家战略。二是在法制建设方面。1982年颁布的《商标法》标志着我国通过专门立法推进知识产权保护的制度开端，此后针对专利、著作权等相关领域专门法先后颁布施行，符合国际通行惯例的知识产权法律体系逐步形成。三是国际合作方面。1980年以来，我国先后加入世界知识产权组织、世界贸易组织，开始履行《与贸易有关的知识产权协定》（TRIPS）义务，并加入《保护工业产权巴黎公约》等国际公约，全面融入国际合作。

党的十八大以来，以习近平同志为核心的党中央以大国担当作为和"人类命运共同体"的理念为指引，走出了中国特色知识产权发展道路。一是在战略方针上。我国相继出台了《国务院关于新形势下加快知识产权强国建设的若干意见》《"十三五"国家知识产权保护和运用规划》等重要决策，对知识产权工作进行了全面部署。二是在顶层设计上。2018年重组国家知识产权局，解决了商标、专利分头管理问题，同时组建市场监管综合执法队伍，根源性解决了重复执法问题。三是在综合实力上。我国知识产权创新活力充分激发，核心专利、

知名商标等持续增加。世界知识产权组织发布的2023年全球创新指数显示，我国的排名上升至第12位，是前30名中唯一的中等收入经济体。

党的二十大报告明确指出，坚持创新在我国现代化建设全局中的核心地位。以此为引领，知识产权工作也进入改革创新阶段。2021年9月，中共中央、国务院印发《知识产权强国建设纲要（2021—2035年）》，提出建设制度完善、保护严格、运行高效、服务便捷、文化自觉、开放共赢的知识产权强国，并从指导思想、发展目标和重点任务等方面完善了顶层设计，擘画了改革"蓝图"。2021年10月，国务院印发《"十四五"国家知识产权保护和运用规划》，明确了"十四五"时期知识产权保护迈上新台阶、运用取得新成效、服务达到新水平、国际合作取得新突破的"四新"目标，设立了改革的"施工图"。

2. 知识产权检察工作系统性纵深推进

改革开放以来，我国的知识产权司法工作一直紧紧围绕"保护"二字展开，在检察和审判共同构建的司法"二元"体系下，知识产权检察保护始终是不可或缺的重要方面。

1979年《刑法》首次规定了假冒商标罪，知识产权检察工作由此伊始，1997年修订的《刑法》在分则第三章中专节规定了侵犯知识产权罪，开拓了检察权在知识产权刑事保护领域的运行空间。根据最高人民检察院的公开数据，1999年全国检察机关起诉侵犯知识产权犯罪人数仅有190余人，2022年增至1.2万余人，同比增长约62倍，彰显了以刑罚手段从严打击知识产权犯罪的决心和力度。

2018年12月，最高人民检察院对内设机构进行"重塑性"改革，实行"捕诉一体"办案机制，形成"四大检察"整体格局。2020年11月，最高人民检察院部署开展知识产权检察职能集中统一履行试点工作，目前全国所有省级院均成立了知识产权办公室开展综合履职，将知识产权检察保护由"打击保护"转入"服务保护"。

党的二十大将科技创新提至前所未有的高度，提出要加强知识产权法治保障。支持全面创新方面，2022年3月，最高人民检察院专门出台《关于全面加强新时代知识产权检察工作的意见》，提出了新时代知识产权检察工作的具体实现路径。激励创新方面，完善检察办案保护创新创业容错机制，严格落实宽严相济刑事司法政策，平等保护经营主体，督促企业提升自主创新能力；服务创新方面，对于检察办案中发现的共性问题，强调诉源治理，通过制发社会治理类检察建议等方式督促相关职能部门落实自身职责，督促行业协会自律管理，实现"办理一案，治理一片"。

(二)致力服务全局：知识产权检察工作仍需不断深化

1. 知识产权检察工作的现状分析

近年来，检察机关依托刑事追诉主责主业，释放民事、行政检察、公益诉讼监督效能，彰显司法保护主导地位。刑事追诉方面，侵犯知识产权犯罪打击力度不断提升。2023年前三季度，全国检察机关共受理审查起诉侵犯知识产权犯罪2.2万人，同比上升49.7%。民事、行政检察监督方面，2023年前三季度全国检察机关共受理知识产权民事行政检察监督案件1900余件。其中，民事检察监督案件1700余件，行政检察监督案件170件。公益诉讼案件办理方面，2023年前三季度全国检察机关立案办理知识产权领域公益诉讼案件330余件。知识产权涉及领域繁杂、链条环环相扣，检察机关紧贴知识产权本质特征，坚持系统观念，不断深化内外协同保护。一是内部融合。在上下一体化方面，最高人民检察院知识产权检察办公室领导各地检察机关开展知识产权检察工作，上级检察机关亦可通过指定管辖、联合办案等形式整合办案力量，实现办案效果最优化。在跨区域一体化方面，近年来多省市建立跨区域检察机关，对知识产权等专门案件实行集中管辖。二是外部协同。2022年4月，最高人民检察院、国家知识产权局联合印发《关于强化知识产权协同保护的意见》，旨在共同整合资源，长期落实协作配合机制。

在知识产权保护体系构建方面，2022年4月，最高人民检察院与国家知识产权局联合印发《关于强化知识产权协同保护的意见》，明确在联络机制、业务支撑、办案协作等方面进一步优化协作配合机制，完成协同保护体系的顶层设计。在知识产权服务体系建设方面，检察机关通过在企业园区设立检察保护工作站、检察官办公室等方式强化公共服务供给，回应企业诉求。同时，通过向社会发布多批次指导性案例、典型案例，强化知识产权法治宣传。

2. 知识产权检察工作高质量发展现实不足

从内部看，目前检察工作主要着力在刑事追诉与法律监督上发挥检察职能，而在服务保障经济社会高质量发展上发力相对不足，如案件中矛盾纠纷的诉源治理程度不深、引领社会法治意识的举措单一等。从外部看，部分检察机关在发挥检察职能、服务区域经济社会发展定位尚不清晰，参与知识产权创造、运用、管理、服务环节的程度不深。同时，与行政机关的衔接主要体现在机制构建层面，线索移送、信息共享等举措落实落地仍不顺畅，行政机关有案不移、以罚代刑的情况仍有发生。

近年来，知识产权检察工作的呈现度在"保护"环节一头独大，创造、运用、管理和服务环节参与程度均较低,检察服务供给与知识产权市场体量、增量不匹配。就司法协同的参与度而言,检察机关仍着重在刑事犯罪打击这一传统业务,民事、行政监督、公益诉讼案件量较低,与知识产权民事裁判案件、行政执法案件体量巨大的现实形成明显反差。

从知识产权保护面向看,虽然刑事案件起诉量逐年递增,但刑事保护主要体现在商标领域,起诉罪名主要集中在假冒注册商标罪和销售假冒注册商标的商品罪,其他罪名追诉量较低,尤其是假冒专利罪等部分罪名鲜有成案。与之形成鲜明对比的是,早在2019年,中国PCT框架下的国际专利申请量已超越美国跃居全球首位,专利司法保护需求迫切,检察保护力度与权利主体的法治诉求不匹配。从诉讼权益保障面向看,知识产权权利人作为市场创新主体,其诉讼权益保障是打造知识产权强国的必然要求。但囿于知识产权的无形性、专有性,刑事诉讼实践中权利人的表达权等保障仍有欠缺,与权利人的司法诉求有所差距。

当前,知识产权检察综合履职仍存在制度建设不完善、职能运行不协同的问题。目前尚无专门规范性文件对综合履职模式进行统一规范,亦使得各地检察机关在机构设置与办案模式上各不相同,落实知产专业化、集中化办案程度不一,民事、行政、公益检察力量相对薄弱,未能实现四大检察均衡发展。

(三)明确内涵要求:知识产权检察工作亟待高质量发展

当前,检察工作欣逢最好的发展时期,站在新的历史起点,面对新的时代征程,知识产权检察有其独具时代特性的内涵。

1. 在发展内容上,知识产权检察高质量发展是对创新驱动发展战略的积极回应

知识产权保护的国家战略地位,要求检察机关自觉对标知识产权整体发展需求,紧扣国家经济发展大局和法治化营商环境目标,准确把握知识产权检察在服务国家战略中的应有之义,持续深化体制机制创新,努力将知识产权检察融入优化营商环境的全链条和全环节,不断提升知识产权检察工作的显示度、贡献度,以高质量检察工作服务现代化发展。

2. 在发展目标上,知识产权检察高质量发展是对知识产权强国建设的主动融入

2022年12月23日,最高人民检察院党组会议指出,要把检察履职融入"中国之治",为经济社会发展提供更加有力的司法保障。因此,知识产权检察高质量发展的意义在于回应新技术、新经济、新形势带来的新挑战,在于保障知识产权强国建设,在于服务经济社会高质量发展。《知识产权强国建设纲要(2021—2035年)》和"十四五"规划已经为知识产权检察工作明确了方向目标,检察机关应当围绕知识产权强国建设目标,以更加严格的刑事保护、更加深入的统一履职试点、更加有力的民事、行政、公益诉讼监督举措,强化知识产权司法保护,提升综合司法保护效能。

3. 在发展本质上,知识产权检察高质量发展是对检察工作高质量发展的接续推进

检察工作高质量发展是应对国内外环境变化的战略选择。当前,发展的矛盾和问题集中体现在发展质量上,市场主体对知识产权法治保障提出了更高要求,检察机关必须立足大局,找准定位,以知识产权高质量发展服务经济社会高质量发展。党的二十大为加强知识产权检察工作指明了战略方向,检察机关应当立足"两个大局",牢记"国之大者",深入贯彻习近平总书记关于知识产权工作的重要论述,全面落实党中央和国务院决策部署,将知识产权检察工作融入经济社会高质量发展大局,为构建新发展格局提供有力检察支撑。

二、以质量强国建设总体目标为导向,牢固树立知识产权检察高质量发展新理念

理念是实践的先导,是知识产权检察高质量发展需要首先明确的方向性问题。检察机关应当准确把握,找准方向,与时俱进,实践探索,形成符合当前发展实际的知识产权检察高质量发展理念。

(一)政治引领:将"有力保障创新型国家建设"作为知识产权检察工作的出发点和落脚点

习近平总书记指出:"创新是引领发展的第一动力,保护知识产权就是保护创新。"① 要贯彻知识产权检察工作高质量发展,就必须全面学习、全面把握、全面落实以习近平同志为核心的党中央的相关工作部署和要求。把知识产权检察工作的高质量发展纳入知识产权保护的系统性工程中去审视,把知识产权保护的系统性工程纳入建设质量强国的总体要求中去审视。将是否能够真正激励和保护国家、社会创新作为评判工作质量的政治标准,从三个维度牢牢把握知识产权检察工作的根本出发点和落脚点。

1. 知识产权检察高质量发展应当切实服务人民

知识产权虽属"私权",但追溯其历史不难发现,从其诞生伊始知识产权就内含增进社会福祉的公益价值考量。对此,习近平总书记就曾指出:"科技创新

---

① 习近平:《全面加强知识产权保护工作 激发创新活力推动构建新发展格局》,《求是》2021年第3期。

成果不应该被封锁起来,不应该成为只为少数人牟利的工具。设立知识产权制度的目的是保护和激励创新,而不是制造甚至扩大科技鸿沟。"检察机关在推进知识产权保护高质量发展的过程中,应当避免对"私权"的过度干预,将工作视野不局限于对特定权利人的保护,从保护和激励创新的角度出发真正回应人民的期待。

2. 知识产权检察高质量发展应当符合社会治理实情

知识产权制度是一个社会政策的工具,如何保护知识产权,是一个国家根据现实发展状况和未来发展需要所作出的制度选择和安排。[①] 知识产权检察高质量发展的理念,同样是基于知识产权检察综合履职的工作经验,立足当前社会实情作出的知识产权检察工作的最新研判。在当前相关理论实践尚有较大解释空间的情况下,知识产权检察高质量发展应当坚持守正创新,立足既有的法律框架,作出有益社会发展的积极探索。

3. 知识产权检察高质量发展应当形成科学体系

知识产权包括著作权、专利权、商标权、商业秘密等多类权利,权利之间关联性较弱,保护体系分散,且科技的迭代发展也在不断挑战既有的知识产权秩序。因此,知识产权检察高质量发展就必须要形成科学体系,实现全流程、全覆盖的保护,及时跟进国家战略,紧随时代发展浪潮。

(二)创新理念:对标知识产权发展新形势、新要求,系统性融入知识产权治理体系

1. 以系统性导向创新工作理念

"四大检察"职能"各司其职"地开展知识产权治理并不能完善对于知识产权的保护,也不利于在实践中进一步提升知识产权业务专业水准。同时,由科技迅速迭代引发的与知识产权相关的法律、社会、伦理等各方面问题不断增多,检察机关只有在职能的自我拓展与融合之中,才能在知识产权治理体系中突破、校准自己的定位。由于不同层级的检察机关在管辖权等问题上的差异,在以系统性为导向的工作创新当中,也应当以各级检察机关的实际情况,在创新工作中有所侧重。

2. 以全类别导向创新工作理念

当前,刑事检察始终占据综合履职的核心位置,但其在知识产权治理领域可施展空间有限。以刑事检察为核心的工作模式无法在知识产权治理当中将

---

① 吴汉东:《知识产权本质的多维度解读》,《中国法学》2006 年第 5 期。

检察机关的作用发挥到极致,存在着检察机关在知识产权保护国家整体战略布局当中被"边缘化"的风险。检察机关必须跳出既有框架,不断思考和探索向知识产权全类别延伸的履职路径。

3. 以全链条导向创新工作理念

《知识产权强国建设纲要(2021—2035 年)》指出,知识产权全链条包括创造、保护、运用、管理和服务等环节。检察机关若仅以保护环节作为工作重心,只在权利遭受实际损害之后介入,则工作易具有滞后性,缺乏整体性。检察机关需要在知识产权全链条的视野下审视自身工作,在五大环节中分别做到准确发力,才能在知识产权治理体系中发挥重要作用。由于知识产权治理的每道环节需求有所不同,不同权利在五大环节中也有不同侧重的需求,检察机关需要不断提升"量身定制""量体裁衣"的本领。

(三)能动履职:科学把握知识产权发展客观规律,激发综合履职活力

1. 能动治理的本质是以服务保障国家、社会创新为目的能动司法

能动司法并不意味着检察机关可以超越检察权的范畴行使司法权力,而是"努力履行好宪法法律赋予的司法职能,是在法治原则、法律规定的职权范围内履职上的一种能动和主动作为"①。因此,能动治理的关键在于检察机关能够积极发挥主观能动性,主动拓宽工作空间、工作渠道,做知识产权检察领域的"创业者",从而真正激发履职活力,更好融入知识产权保护的整体格局当中。

2. 能动治理需要科学把握知识产权治理客观规律

如何既能激励和保护创新,又避免对权利过度干预导致知识垄断的产生,始终是知识产权治理过程中需要注意和把握的问题。服务保障创新不可避免会涉及私权与公权的利益平衡问题。能动治理要求在私权受到侵害时,检察机关能够发挥监督职能,以保障知识产权秩序;同样也需要在权利人滥用私权时,检察机关能够及时发现,综合运用各种法律监督手段,予以及时惩处和制止,避免滥用私权对激励、保护创新造成负面影响。

三、以知识产权新理念为先导,推动构建知识产权检察高质量发展新格局

检察机关推行知识产权检察职能集中统一履行工作以来,检察机关积极融

---

① 余双彪:《能动司法的司法动能》,《刑事检察工作指导》2022 年第 2 期。

入知识产权"严保护、大保护、快保护、同保护"的工作格局,实现了从无到有的突破。但是对标《知识产权强国建设纲要(2021—2035年)》提出的建设面向社会主义现代化的知识产权制度的要求,仍然任重道远。知识产权检察工作需要形成与知识产权高质量发展相匹配的工作格局。

(一)形成与国家知识产权发展总体要求相匹配的知识产权检察工作格局

1. 知识产权检察应与国家、地方知识产权整体工作相匹配

《知识产权强国建设纲要(2021—2035年)》提出,要建设面向社会主义现代化的知识产权制度,构建门类齐全、结构严密、内外协调的法律体系;职责统一、科学规范、服务优良的管理体制;公正合理、评估科学的政策体系;响应及时、保护合理的新兴领域和特定领域知识产权规则体系。因此,在知识产权治理中,如果仅仅将检察机关理解为传统的发挥司法保护作用的机关,会限制检察机关在知识产权领域的履职能力,导致国家在推进社会主义现代化知识产权制度的过程中缺少一大助力。检察机关应当更深入认识知识产权治理工作,探索、丰富延伸工作的方式方法,将各项核心、延伸工作作为整体,日益完善与国家的知识产权总体工作要求的匹配度。

2. 以知识产权的公益属性打开检察工作局面

知识产权并非纯粹的私权,知识产权从创设之初就有着关乎国家、社会公共利益的考量,故而知识产权和公共利益同样密不可分。[①] 当前,我国对知识产权的保护逻辑仍然以"私权"为主,对于知识产权涉及的公共利益关注、保护明显不足。商标恶意注册、市场垄断、专利"流氓"等存在于知识产权"公地"领域的问题十分突出,权利主体个体的力量难以进行有效维权。检察机关作为维护国家、社会公共利益的代表,应以此为切入点,发挥出法律监督机关的特殊作用。

(二)推进各项职能融合、体制机制畅通的知识产权检察内部融合格局

1. 系统推进知识产权"四大检察"全面均衡发展

为实现"四大检察"职能的全面均衡发展,对检察机关从刑事、行政、民事、公益诉讼全方位审查和评判案件的能力提出了更高的要求。当前,知识产权民事、行政、公益诉讼检察履职能力相对薄弱,与审判机关主要以民事、行政为主体的案件分布情况形成鲜明对比。检察机关应当聚焦实现检察职能均衡发展,

---

① 马一德:《知识产权检察保护制度论纲》,《知识产权》2021年第8期。

提升问题发现、研究、解决能力,推动形成新的工作范式、机制,从而提升知识产权检察履职能力。

2. 形成知识产权特色"检察一体化"工作模式

知识产权具有明显的非物质性、专有性、地域性等特征①,其本质是智力成果的权利化。在当前数字时代背景下,信息的传播范围得到了极大的拓展,导致侵权行为与损害结果之间的关联性较弱。"检察一体化"的本质特征在于"上下一体、内部协同、横向协作"②,强调通过检察机关纵向与横向、内部与外部的资源、力量的整合,形成履职合力。知识产权检察一体化要求检察机关在开展知识产权检察工作的同时,必须考虑到知识产权与其他权利的特征差异,进而打通检察机关之间存在的地域、层级壁垒,构建形成及时有效应对各类知识产权侵权的履职路径。

(三)以知识产权全类别、全生命周期为坐标,构建立体化、模块化知识产权检察外部协同格局

知识产权检察工作要实现高质量发展,必须转变检察机关的履职视角,从检察职能本位进阶到知识产权履职本位。注重加强检察综合履职,以强化知识产权全类别、全生命周期保护工作为导向,探索提升检察机关在知识产权全链条治理中的履职能力。

1. 纵向上知识产权检察要做到对知识产权的全类别覆盖

检察机关要系统构建立体化、模块化的知识产权检察工作格局,将每个类别的知识产权均纳入知识产权检察工作当中是必要条件。因此,检察机关需在准确认识知识产权权利体系的基础上,认真研究不同权利特征,并针对不同类的知识产权在市场经济中具体运用形态、价值转化路径等要素,结合"四大检察"综合履职经验,构建权利门类清晰的知识产权检察履职清单。

2. 横向上知识产权检察要具备介入知识产权全生命周期的能力

检察机关需不断创新工作体制机制,以知识产权"四大检察"整体,全方位介入知识产权全生命周期,突破知识产权检察工作高质量发展的瓶颈。知识产权全生命周期大致可分为立项研发、注册申报、投产运用等环节,不同类型知识产权所涉不同的生命周期环节及面临的具体问题和风险均存在差异。检察机

---

① 王迁:《知识产权法教程》,中国人民大学出版社2021年版,第5—11页。
② 韩东成:《检察一体化内涵要义》,https://www.spp.gov.cn/llyj/202207/t20220726_567575.shtml(发布日期:2022年7月26日)。

关应加快积累"四大检察"耦合式履职实践经验,摸索确立针对创新的不同生命周期当中检察服务保障的路径方法。

（四）聚焦知识产权权利主体需求,构建服务型知识产权检察工作格局

1. 服务型知识产权检察工作格局应当遵循知识产权运行规律

由于不同类型的知识产权有着不同的权利生成方式,知识产权从创作形成到投入市场产生价值的过程,会涉及多重且复杂的确权和保护等法律问题,如商标权、专利权需要通过行政机关的确认才能获得该项权利;著作权、商业秘密的权利产生却没有公示性要件。鉴于不同类型的知识产权对检察保护工作的不同需求,需要检察机关因情施策,提高检察服务供给能力。

2. 服务型知识产权检察供给格局需做到各行各业的全覆盖

创新的过程必然是突破旧有技术、规则的过程,往往伴生各式各样的法律问题、社会问题。检察权作为覆盖全社会的公权力,其有义务监督知识产权法律体系的合理运行,以推动促进创新良好氛围的形成。每个行业都存在大量结合专业要素的知识产权,因此,围绕保障行业持续创新的知识产权法律诉求也不尽然相同。如何有效应对缺乏相应知识背景的专业掣肘,也是知识产权检察服务实现全覆盖供给必须要考虑和解决的问题。

四、以知识产权新发展格局为基石,系统谋划知识产权检察高质量发展路径举措

习近平总书记在党的二十大报告中明确提出,要加快构建新发展格局,着力推动高质量发展。知识产权检察应当锚定"高质量发展"这个目标,围绕知识产权全链条推进知识产权检察综合履职。

（一）以推进知识产权高质量创造为驱动,推动知识产权检察高质量发展

1. 凸显检察履职鼓励创新创造的鲜明导向

创新需要包容开放的外部环境,需要允许失败的容错纠错机制。因此,一是要牢固树立鼓励创新创造的价值导向和工作理念。进一步强化对知识产权检察保护重要意义的认识,检察保护是保障创新创造不可或缺的一环,切实把思想和行动统一到中央和上级决策部署上来,通过全链条、各环节的检察履职激发全社会创新创造活力,推动构建新发展格局。二是突出检察综合履职的理念导向。做优知识产权刑事检察,依法落实宽严相济刑事政策和认罪认罚从宽

制度;做强知识产权民事行政检察,通过精准监督纠偏有碍创新的司法理念和行政理念;积极探索知识产权公益诉讼;依法创新能动履职,强化知识产权综合治理和诉源治理,全方位服务保障科技强国战略实施。三是强化对核心技术人才的保护。创新型人才的培养,需要宽松、包容、和谐的外部环境。要完善检察机关保护创新容错机制,联合知识产权行政监管等部门、科创企业共同完善核心技术人才培养、评价激励、流动配置制度机制,加强对核心技术人才的培养和保护,营造更加开放、更有活力的人才发展环境。

2. 以知识产权检察履职助推政策生成

检察机关要积极参与助推构建公正合理、内外协调、体系严密的知识产权政策体系,激发创新活力。一是推动鼓励高价值创造的知识产权政策制定。检察机关要积极参与实施知识产权创造质量提升工程,切实发挥知识产权联席会议成员单位的作用,以国家和地区战略需求为导向,助力知识产权相关职能部门建立完善促进知识产权高质量发展和激励高价值专利创造的政策体系、指标体系、统计体系和考核体系,推动构建公正合理、评估科学、支持高质量创造的政策体系。二是推动形成涉知识产权新领域的保护规则。密切关注大数据、人工智能、元宇宙、区块链等新领域新业态中涉及知识产权保护等前沿问题,探索构建新领域新类型知识产权保护规则。三是推动国家和地方法律法规制定和修订。在国家立法层面,积极参与对商标法、反不正当竞争法等部门法的修订,推动出台与知识产权相关刑事司法解释、保护规定、部门规章等。在地方立法层面,积极参与完善知识产权保护条例、数据知识产权规则等法律规章制度,协助构建完善知识产权法律法规体系。

3. 引导建立健全保护创新的知识产权风险防范机制

检察机关应当主动引导科创企业、高校、科研院所等创新主体建立健全知识产权管理机制。一是引导提升知识产权管理和风险防范的意识和能力。检察机关可以通过企业知识产权管理工作指引、风险提示、检察建议等方式,推动科创主体将知识产权管理和侵权与被侵权风险防范融入企业创新全过程、各环节,以管理促创新,对标先进企业管理模式,立足自身实际,设置知识产权管理部门、配齐配强管理人员,制定和完善业务管理制度,建立侵权风险防范机制,强化科创主体知识产权管理和风险防范。二是引导建立健全知识产权管理机制。检察机关可以通过在检校合作中引导高校、科研院所以优化专利质量和促进科技成果转移转化为导向,通过健全重大项目知识产权管理流程,建立专利申请前评估制度,明确知识产权所有权、处置权、收益权的归属与费用分担,提高科研人员法律风险意识等,完善知识产权管理机制。

(二)以促进知识产权高效益运用为导向,推动知识产权检察高质量发展

1. 全力支持知识产权基础设施建设运转

当前,立足上海城市发展来看,中央为上海设立了示范城市(园区)、试点城市(园区)的建设目标,上海检察机关立足检察职能,主动融入知识产权运营体系,与相应运营载体建立合作关系,从防范交易风险、提供法律咨询、加强维权援助等方面支持功能载体运转,助力知识产权综合管理体制完善,打通知识产权全链条,支持示范区建立权界清晰、分工合理、责权一致、运转高效的体制机制,带动上海知识产权保护水平整体提升。

2. 积极探索科技金融检察支持体系

检察机关要主动融入知识产权金融工作大局,为加快完善科技金融服务体系提供检察智慧和力量。主动参与知识产权金融跨部门协同推进机制。以上海知识产权金融服务工作推进为例,在初步实现知识产权市场价值释放和金融模式创新发展的基础上,检察机关可以通过加入市知识产权金融工作推进小组,会同市知识产权局、中国人民银行上海分行等部门,参与制定本市知识产权金融工作相关政策文件实现检察服务保障功能,通过强化信息数据共享,推动优化知识产权金融服务政策和环境;通过定期发布知识产权及其细分领域检察白皮书、共享数据等信息共享方式,参与资产评估机构对知识产权的价值评估,推行知识产权信用机制,协助优化知识产权价值评估。

3. 加强对知识产权专项资金使用管理的监督

为确保知识产权领域专项资金安排的使用高效、公开、公平,检察机关可以与知识产权管理部门建立行刑衔接机制,知识产权管理部门在工作中发现有涉嫌利用虚假材料或其他不正当行为骗取、挤占、挪用、虚列、套取专项资金的线索,可以移送检察机关依法处理,检察机关应当及时反馈处理结果。要充分发挥国有资产保护公益诉讼制度优势,加强与财政、审计部门的配合协作,对知识产权专项资金的支出、使用开展监督,提升专项资金使用效益。

(三)以强化知识产权高水平保护为支撑,推动知识产权检察高质量发展

1. 参与完善知识产权保护规则体系

一是参与构建新兴领域知识产权保护规则。聚焦新兴领域知识产权综合化保护,回应新兴领域知识产权检察保护需求,为新兴领域知识产权保护规则设立打好理论研究基础。对新领域知识产权的保护,要以鼓励创新和保护创新为理念,在事实认定、证据研判、法律适用等方面,善于运用既有规则对新类型

知识产权进行创造性保护。二是以国际化视野推动知识产权保护规则体系建设。通过与高校及相关机构建立国际规则交流研讨机制，对知识产权涉外条约和规则进行梳理研究，融入世界知识产权组织框架下的全球知识产权治理体系，推动完善知识产权国际投资、国际贸易等规则和标准。

2. 全面提升知识产权检察综合履职效能

一是推动知识产权检察职能实质性融合。按照《人民检察院办理知识产权案件工作指引》确立的办案模式和职能衔接规则，落实案件"一案四查"机制。立足刑事案件办理，同步审查甄别案件是否涉及民事、行政、公益诉讼等监督线索，克服"形合而实不合"的问题。二是加强知识产权检察融合办案意识和能力建设。聚焦知识产权公益诉讼、行政检察、民事支持起诉、惩罚性赔偿适用等领域，理顺法律监督制度基础，坚持专业履职、平衡推进、系统保护理念，一体化落实案件审查机制，在不断的综合履职实践中增强融合办案意识和能力。三是加快落实专门办案组织机构组建。目前，全国检察机关省级院均已建立专门的知识产权检察办案机构，部分有条件的市分院和基层院也已经确立专门的办案机构。① 加快推进知识产权检察专门办案机构组建，通过整合各部门中涉知识产权检察的相关职能，搭建专业化办案组织机构，深入推进专门机构建设，切实发挥知识产权检察综合履职优势。

3. 系统推进知识产权检察一体化建设

一是以办案质效和探索为核心的基层检察院建设。检察一体化办案机制对基层院的定位要清晰准确。实践中基层院仍以案件办理为主，在整个法律监督体制中发挥着基石作用。要充分注重基层院案件办理质效和实践探索工作。聚焦知识产权保护领域，在坚持做优刑事检察，持续深化民事检察、行政检察工作的基础上，积极稳妥开展公益诉讼"等外"探索。注重发挥专家辅助机制优势，提升案件办理质效。二是兼顾个案办理与业务指导的地市级检察院建设。检察体制中，分院具有更高的定位和职权，在兼顾案件办理和指导的同时应当加强研究工作，尤其是对实践中遇到的新型、疑难、复杂案件，深入探究其司法实践价值和社会指引价值，转化形成司法经验和检察智慧，提升具体案件办理水平，为辖区各基层院提供办案参考。三是统筹指导与制度构建的省级检察院建设。充分发挥知识产权检察履职模式试点活性，省级院可深入赋予适当的基层院试点探索自主权，省级院运用制定实施办法、创新考核方式、加强工作指导

---

① 如2022年2月28日，上海市浦东新区张江地区人民检察院成立，该检察院是专门办理知识产权案件的机构。

等手段对试点单位进行管理监督,全盘把握试点单位运行状况,为探索建立知识产权检察一体化履职组织机制提供实践经验。

4. 能动推进知识产权检察综合履职

检察机关作为法律监督机关,与司法审判机关其中区别之一在于履职的主动性。① 构建检察能动履职机制目的在于全面激活知识产权检察职能,推动知识产权检察全面协调充分发展。一是探索构建侵犯商业秘密刑事案件提级管辖机制。现阶段商业秘密刑事保护实践中存在法律规定不尽完善、犯罪数额及损失认定较为模糊、证据收集较难等问题,导致商业秘密案件总体成案率不高,有违加强商业秘密保护、激励研发与创新、营造良好营商环境的要求。检察机关可以探索适应商业秘密保护现实需求的检察保护机制。通过推动构建商业秘密提级管辖、集中办理的管辖机制,结合检察机关提前介入引导侦查机制,解决当前商业秘密犯罪认定难、成案率低的问题,做到对商业秘密真保护。二是以数字技术赋能推动溯源治理。知识产权案件纠纷往往具有代表性,能够反映出行业治理疏漏,以往的就案办案模式往往只能解决个案问题,不能真正从根源上推动问题治理。在加强个案治理的基础上,发挥数字技术赋能作用,探索建立检察案例数据库,找准案件共性问题,通过构建溯源治理机制,如权利人实质参与诉讼机制、行业协会等组织综合治理机制等,从个案问题发现向类案治理、行业治理、系统治理延伸。三是完善知识产权检察专家辅助人制度。② 知识产权司法保护涉及各专业领域的技术问题,邀请专家辅助人员参与办案辅助是域内外知识产权司法保护的普遍做法。专家辅助人员参与司法办案要注重制度保障,应当明确从司法地位、聘任管理程序、专业意见属性、职责范围、工作纪律等方面给予保障。③

5. 常态化协作开展知识产权恶意诉讼专项治理

一是构建知识产权恶意诉讼协同保护体系。恶意诉讼整治在于维护司法的权威性和公平性,需要在凝聚各方共识的基础上,整体推动与侦查、审判、行政、社会管理等机构完善协同治理,建立一体化的合作框架。二是注重发挥科技赋能作用提升治理效能。注重发挥第三方数据应用技术支撑作用,破解恶意诉讼案件线索发现难等治理瓶颈问题。通过运用大数据分析、数据模型构建等手段,运用大数据手段加强数据监测,提升问题线索发现能力,依托全面履行知识产权各项检察监督职能,对知识产权批量维权、虚假诉讼等权利滥用行为予以精准监督。

---

① 朱孝清:《论能动检察》,《人民检察》2022年第13期。
② 马一德:《知识产权检察保护制度论纲》,《知识产权》2021年第8期。
③ 上海市人民检察院、上海市徐汇区人民检察院、上海市静安区人民检察院联合课题组 董学华、胡春健等:《知识产权检察职能集中统一履行的实践与完善》,《犯罪研究》2022年第2期。

（四）以加强知识产权高品质管理和服务为标准，推动知识产权检察高质量发展

1. 参与知识产权管理，提升检察综合治理效能

一是增强知识产权综合治理效能。在知识产权治理活动中，政府管理较之市场和社会治理地位和作用更为凸显。在知识产权管理领域，检察机关应当按照创新驱动发展的要求，以综合履职为基础，提升治理效能。二是支持构建多元化纠纷解决机制。检察机关要积极发挥主动性和能动性，聚焦参与推进一站式纠纷解决平台建设，发挥平台受理、分流、参与化解知识产权纠纷功能，引导纠纷快速有效予以解决。注重发挥司法、行政、仲裁、调解、公证、鉴定、行业自治等主体的职能优势，因地制宜构建知识产权纠纷多元化解平台。综合运用支持起诉、检察建议、磋商、听证等治理手段，强化诉源治理。

2. 加强知识产权服务，形成知识产权检察服务支持体系

知识产权服务体系建设有助于强化"全方位"服务供给，扩大知识产权公共服务的基础性功用。一是构建检察维权援助服务体系。检察机关立足区域发展特点，支持保障区域内特色科创功能承载区建设，设立知识产权维权援助平台，承担平台预警等功能。建立知识产权刑事法律修改及政策变动动态跟踪机制，及时通过平台发布风险预警报告、提示，指导创新主体定期开展风险评估。通过制发涉企业知识产权保护指引、知识产权保护维权指引，开展企业知识产权保护普法、咨询等工作，为企业提供知识产权风险防范和纠纷应对指导服务。依托知识产权维权援助平台，强化对知识产权恶意维权的信息汇集、政策指导、预警提示、法律援助，加大海外维权援助力度[①]。完善会展知识产权服务机制，通过设立工作站、检察官办公室，组建工作队伍，进驻会展检察服务站，为展会提供法律咨询、信访接待、执法监督等服务。二是以开放的国际化视野推动知识产权服务体系构建。用好检校合作共建机制，提升知识产权国际化人才队伍服务能力水平，培养一批精通国际法律和国际惯例的检察复合型人才。参与支持海外知识产权人才培训基地建设，加快具备知识产权、贸易投资及法律综合素质的人才储备。加强跨境知识产权保护司法协作，持续开展防范打击侵权假冒犯罪国际合作。健全海外知识产权维权服务体系，支持市、区、园三级多层次服务网络建设，提供一站式"海外维权咨询服务"，支持海外纠纷"事中"精准指导，强化检察海外维权援助，为企业提供海外知识产权纠纷应对指导服务，提升

---

① 刘菊芳：《我国知识产权服务业现状与发展目标思考》，《科技与法律》2015年第4期。

企业国际竞争力。

3. 构建系统集成平台,推进国际知识产权保护高地建设

打造知识产权检察服务创新驱动发展系统集成平台,并以此为履职框架,内外协同推进知识产权检察创新发展。一是注重发挥系统集成平台功能集聚效应。构建外部职能展示集成平台可以借鉴区域已经设立的知识产权侵权线索受理平台、服务窗口等建设实践经验,将平台进行数字化和信息化,可以通过将平台嵌入政府公共信息平台、12309检察服务平台,形成对外展示知识产权检察综合保护成效的集成平台。系统集成平台的设置可以包含以下功能:一是知识产权检察职能、重点工作、动态信息、典型案例介绍或发布等;二是在线受理侵权线索、举报和控告以及提供知识产权法律、政策咨询服务;三是开展知识产权微课堂、公益宣传片展播等普法宣传。同时,系统集成平台线上建设可以将数据端口链接知识产权局、版权局、市场监管局等行政服务平台,与已经达成合作的国家战略承载区、重要功能园区管委会服务平台进行对接,实现知识产权检察系统集成服务平台实质化、矩阵化、全面化建设。二是注重发挥系统集成平台线下基础设施扩散效应。系统集成平台的构建,应当注重发挥各区域已有服务区域创新发展的知识产权检察服务平台站(点)功能。立足检察服务科创发展各功能设施建设基础,按照区域检察机关服务创新驱动发展工作情况和各单位知识产权检察特点,充分发挥各服务站点的扩散效应。按照各细分区域规划和区位发展特点,合理规划系统集成平台各点位重点侧重,按照因地制宜设置理念,将各检察服务创新驱动发展站点的功能发挥至最大,不断推进区域知识产权服务整体效能的提升。

检察机关依法平等保护各类市场主体问题研究
——以知识产权刑事检察履职为视角①

上海市人民检察院检察应用理论课题组*

目　次

一、检察机关依法平等保护各类市场主体知识产权的现实背景

二、各类市场主体涉知识产权犯罪案件多维度实证研究：以S直辖市为样本

三、各类市场主体在知识产权刑事保护中面临的困境检视

四、检察机关依法平等保护各类市场主体知识产权的路径举措

摘　要：高质量发展是党的二十大绘制的社会主义现代化建设蓝图中的重要内容，在当前创新驱动的发展战略下，检察机关对各类市场主体的平等保护要抓住保护激励创新这一关键。当前，知识产权刑事案件存在罪名分布及权利主体类型相对集中、发案及权利主体维权途径相对单一、权利主体维权能力和意愿相对薄弱等特点。课题组通过对包括科创型企业、外资企业、老品牌企业和地理标志权利人在内的各类市场主体在知识产权刑事保护中面临的困境检视，梳理出检

---

① 本文系最高人民检察院2023年度检察应用理论课题阶段性成果。

* 课题组负责人：李小文，上海市人民检察院第四检察部副主任；李振林，华东政法大学刑事法学院副院长。课题组成员：黄翀，上海市人民检察院第二分院检察官；魏华，上海市普陀区人民检察院检察官；张芸芸，上海市静安区人民检察院检察官助理；胡之建，上海市浦东新区人民检察院检察官助理。

察机关依法平等保护各类市场主体知识产权的共性及个性问题,有针对性地提出完善路径举措,以期检察机关平等保护知识产权,助力经济社会高质量发展。

关键词:党的二十大;各类市场主体;平等保护;知识产权刑事保护;检察履职

最高检2023年出台的《2023—2027年检察改革工作规划》明确提出"健全检察机关依法平等保护各类市场主体产权和合法权益的工作机制"。知识产权作为最为重要的无形产权,依法平等保护知识产权是未来五年检察机关"健全服务保障经济高质量发展工作机制"最为重要的内容之一。本文以不同市场主体知识产权的刑事保护为分析视角,通过实证研究,总结提炼不同市场主体在知识产权刑事案件中面临的问题,以问题推导需求,以需求构建对策,以期探索新形势下检察机关发挥职能平等保护各类市场主体,更好服务经济社会高质量发展和创新型国家建设的具体路径。

一、检察机关依法平等保护各类市场主体知识产权的现实背景

(一)党的二十大精神引领下的检察机关平等保护知识产权定位

检察机关平等保护知识产权,有利于助力经济社会高质量发展。高质量发展是党的二十大所绘制的社会主义现代化建设蓝图中的重要内容,"知识产权保护工作关系高质量发展,只有严格保护知识产权,依法对侵权假冒的市场主体、不法分子予以严厉打击,才能提升供给体系质量、有力推动高质量发展。"[①]同时,检察机关强化法律监督促进内外平等保护,有利于推进高水平对外开放。知识产权保护,尤其对外商知识产权的保护水平是检验外商投资环境的"试金石"。检察机关应通过监督职能充分完整行使,促进知识产权平等保护,以高质量检察履职进一步增强外商在我国研发投资的信心,为党的二十大所提出的推进高水平对外开放贡献检察力量。

(二)创新型国家战略下检察机关平等保护知识产权的要义

在创新驱动发展战略下,检察机关对知识产权平等保护要紧紧抓住保护激励创新的"牛鼻子"。一是着眼创新重点环节对各类知识产权主体平等保护。

---

① 习近平主席2020年11月30日在十九届中央政治局第二十五次集体学习时的讲话。

除了对侵犯知识产权犯罪严厉打击外,还应注意针对不同企业特点,以差异化的检察履职促进实质上的平等保护,强化企业科技创新主体地位,激活企业创新创造活力。二是提升商业秘密刑法保护力度实现知识产权均衡保护。一方面,妥当处理好依据弹性条款解释创设的自由裁量权问题,对以反不正当竞争模式保护的商业秘密等在内的客体提供有效的平等保护。① 另一方面,检察机关要能动司法,聚焦高新技术、关键核心技术领域以及事关企业生存和发展的侵犯商业秘密案件,彰显保护力度,激励技术创新。

(三) 知识产权刑事检察提质增效阶段的平等保护新要求

一是对互联网领域等重点侵权假冒行为,涉新业态新领域、关键核心技术侵犯知识产权犯罪加大刑事打击力度时,应对知识产权权利人实现从程序到实体双向平等保护提升。二是强化充分履职即是最好的平等保护理念,提升刑事司法能力,织密知识产权刑事法网,同时注重与知识产权民事保护、行政保护的有效衔接,助力构造全方位不留空白的立体保护。三是对涉科创企业、涉民营企业人员犯罪案件,综合评判涉案人员犯罪行为及其对企业创新生产及经营的影响,对认罪认罚、不具有社会危险性的人员适用非羁押的强制措施,根据情况适时开展企业规范监督,完善检察办案保护创新创业容错机制。

二、各类市场主体涉知识产权犯罪案件多维度实证研究:以 S 直辖市为样本

(一) 知识产权刑事案件基本情况②

1. 知识产权刑事案件罪名分布情况及趋势变化

各类侵犯知识产权犯罪案件中,商标权类案件量始终占据相当大的比例。近五年,S 市办理假冒注册商标罪、销售假冒注册商标的商品罪、非法制造、销售非法制造的注册商标标识罪案件合计近 5 000 件,而侵犯商业秘密罪案件和侵犯著作权的案件合计只有 300 余件。

2. 知识产权刑事案件权利人与侵权人类型分析

(1) 侵犯商标权犯罪

随着《刑法修正案(十一)》正式将服务商标纳入知识产权犯罪领域的保护

---

① 孙山:《为知识产权提供一致均衡法律保护》,《检察日报》2022 年 9 月 1 日。
② 该部分的 S 直辖市数据均详见《2018—2022 年上海知识产权检察白皮书》。

范围中,商标权犯罪的权利人从传统的商品商标权利人蔓延至服务商标权利人。与商业秘密犯罪侵权人呈高知化和职业性特点不同,商标犯罪侵权人主要呈现低知化和传递性的特点,并逐步呈现出跨区域、上下游、链条式、产业化的特征。

(2) 侵犯著作权犯罪

随着著作权载体的不断发展,权利人所涉及的领域也逐步扩大,不仅涵盖了玩具、漫画、文字、图书等常见被侵权作品,也涉及影视、线上课程、游戏等互联网作品。在这类案件中,侵权人通常具备一定的专业水平,以2018年为例,S市侵犯著作权犯罪主体中51.9%具有大专及以上文化,其中不乏在校大学生。

(3) 侵犯商业秘密犯罪

权利人类型集中,主要以信息科技领域或持有技术图纸、游戏代码、生产工艺等技术信息的企业为主。以2019年为例,S市检察机关办理的侵犯商业秘密犯罪案件中,权利人主要分布于信息科技、机械制造、硅晶体研发、服务咨询领域,分别占53.85%、30.77%、7.69%、7.69%,信息科技、机械制造领域占比超八成。侵权人类型则以负有保密义务的内部人员为主,通常具有高学历和相关的专业背景,反侦查意识、诉讼抗辩意识相对较强。

3. 知识产权刑事案件强制措施及刑罚适用情况

在宽严相济刑事政策指引下,侵犯知识产权犯罪嫌疑人的逮捕率持续下降,与之对应的是,法院判决轻刑率较高。近五年S市知识产权公诉案件生效判决的人员,判处三年以下(包含三年)有期徒刑或者拘役的人员占比87.6%,罚金刑适用率为94.34%。

4. 知识产权刑事案件权利人获赔情况

随着认罪认罚从宽制度逐渐保持较高的适用率,权利人损失的弥补成效也逐步凸显。近五年,知识产权案件认罪认罚从宽制度适用率逐年攀升,适用比例从2018年的11.1%增长至2022年的94%,进而推动提高知识产权权利人获偿比例。以2021年为例,结合侦办中查扣冻结等其他方式,2021年S市检察机关为权利人追赃挽损总计达1.54亿余元。

(二) 知识产权刑事案件主要特点:以权利人为视角

1. 知识产权刑事案件罪名分布及权利主体类型相对集中

虽然刑事案件起诉量逐年递增,但刑事保护主要体现在商标领域,起诉罪名主要集中在假冒注册商标罪和销售假冒注册商标的商品罪。以2021年为例,全国检察机关起诉的假冒注册商标罪、销售假冒注册商标的商品罪分别为6 024人和5 084人,二者合占起诉总数的79.2%,其他知识产权类型所设的罪名追诉量较低,尤其是假冒专利罪等部分罪名鲜有成案。与之形成鲜明对比的是,早在 2019 年,中国 PCT 框架下的国际专利申请量已经超越美国跃居全球首位,专利司法保护需求迫切,检察保护力度与权利主体的法治诉求不匹配。

知识产权刑事案件的权利主体主要集中于一些大型成熟企业,众多中小型、成长型企业存在物理隔离不到位、对涉密员工审查力度不足、对涉密研发资料保存不当等情况,导致提供案件关键证据的能力不足,从而影响刑事案件的成立和认定。

2. 知识产权刑事案件发案及权利主体维权途径相对单一

现阶段,知识产权刑事案件的发案主要呈现权利主体报案、公安机关侦查并将违法线索移送的单向流动形式,且权利主体控告申诉举报渠道单一。检察机关在办案工作中主动发现并查办的情况较少,行刑衔接的双向流通尚未打通,导致权利主体维权途径相对单一,未能形成行政执法机关与司法机关之间的打击合力,构筑犯罪打击闭环。

3. 知识产权刑事案件权利主体维权能力相对薄弱

以侵犯商业秘密刑事案件为例,不同案件反映出不同形态的权利主体在知识产权保护观念、制度建设、能力培育等方面存在明显差异,其中,以中小型、成长期、技术型企业的维权能力相对而言较为薄弱。这些权利主体的主要精力多用于技术研发、提高市场占有率上,虽然初具知识产权保护的意识,但是保护能力不足,企业的知识产权管理机制仍然相对落后,专业知识产权管理人才队伍也相对匮乏。另一方面,基于商业秘密天然具有的秘密性、保密性特点或是现如今计算机软件、互联网高科技设备等智能化场景的广泛应用,侵害商业秘密的行为往往无法令被害人第一时间察觉。一般只有当权利人意识到产品市场份额锐减、客户群体离去后才察觉商业秘密已遭侵权,[①]而此时相关证据基本已被销毁。此外,现代科技创新企业核心商业秘密的载体多为各类新型电子数据,其空间虚拟性、易受干扰性、易被篡改性等特征相比于书证、物证等载体更为显著,致使取得证据的真实性、完整性存疑。[②]

4. 知识产权刑事案件权利主体维权意愿有待提升

一些大型成熟企业,虽然自身知识产权保护体系较为成熟,但他们往往更侧重于民事途径的维权,刑事维权意愿较弱,主要原因在于这些企业通过民事途径维权能更快获得经济补偿,因而对市场上出现的侵权犯罪行为特别是商标

---

① 房栋、徐清:《商业秘密的刑事保护检视》,《检察调研与指导》2018 年第 4 期。
② 刘涛、于丰源:《侵犯商业秘密犯罪案件电子数据审查难点及对策》,《人民检察》2022 年第 13 期。

犯罪,表现出较为消极的态度,一些权利人对于提供权属证明、许可证明等证据材料积极性不高。部分企业把知识产权工作委托给企业外的第三方机构,第三方机构的资质和水平良莠不齐,也严重影响了知识产权保护质效。

三、各类市场主体在知识产权刑事保护中面临的困境检视

（一）检察机关依法平等保护各类市场主体知识产权的共性问题：基于与其他侵犯市场主体权益犯罪的比较

1. 知识产权犯罪案件权利主体参与诉讼地位不明确

一方面,权利主体在参与诉讼时的法律身份不明确。在知识产权犯罪案件中,权利主体作为知识产权的所有人,享有广泛的权利和利益。但是,在具体的诉讼程序中,权利主体并没有被明确规定为独立的诉讼主体,而是与其他当事人一样被视为普通共同诉讼人。[①] 例如,司法实践中,对于知识产权犯罪中权利人是否是被害人存在争议,权利人难以实质参与诉讼。

另一方面,权利主体在参与诉讼时的程序保障不足。在知识产权犯罪案件中,司法机关往往会忽视对权利主体的保护和救济措施的落实。例如,忽视对权利主体知情权的保障,在起诉书及出庭通知的送达程序中,不将权利主体列入送达范围,导致权利主体无法及时获知最新诉讼进度,往往等到判决公布才知晓。

2. 知识产权犯罪案件刑罚适用与权利主体充分保护不相适应

结合S市近三年的知识产权犯罪刑罚处置数据,发现对商标类犯罪的缓刑适用率较高,尤其是2023年1月最高检、最高法出台《关于办理侵犯知识产权刑事案件适用法律若干问题的解释(征求意见稿)》,该征求意见稿提高了销售假冒注册商标的商品罪、假冒注册商标罪的跳档标准,很多检法一线承办人认为这种调整是在释放从宽处理商标类犯罪的信号,进而在提出量刑建议、作出裁判时更多地考量缓刑适用空间。此外,该征求意见稿还调整了"知识产权犯罪一般不适用缓刑"的具体情形,去除了"因侵犯知识产权被行政处罚后再次侵犯知识产权构成犯罪的"情形,进一步释放了知识产权犯罪缓刑适用的范围。缓刑适用率高带来的负面影响,集中体现在降低了该类犯罪的犯罪成本、提高了再犯可能性。这种刑罚处置现状与知识产权犯罪中权利主体的严保护期待不相适应。

3. 知识产权犯罪案件权利主体救济不充分

首先,危害结果不能被立即终止。知识产权救济需要权利人自身投入更多

[①] 王军明:《知识产权刑事司法保护的现实困境及其出路》,《湖南师范大学社会科学学报》2014年第5期。

的时间和精力,包括收集证据、聘请律师、立案审查等。这些步骤都需要一定的时间,导致主张救济的过程中危害后果会不断扩大。

其次,取证困难、维权成本高。侵权行为往往具有隐蔽性和复杂性,且侵权行为往往发生在没有第三方见证的情况下,证据容易被销毁、灭失,相关电子数据如果不能在第一时间被固定,会使得权利人在主张救济时面临取证固证困难、举证不足等问题,易陷于维权周期长、立案难等困境。且由于知识产权无形性的特征,可能同时在多个地区受到侵害,意味着权利人可能需要跨地区维权,维权成本较高。

最后,某些知识产权的特殊性,使得实现有效救济的难度更大。如商业秘密,商业秘密权利属性具有特殊性,在办理侵犯商业秘密犯罪案件的过程中,由于商业秘密侵权案件的取证难、失密风险大、办案规制不统一等,商业秘密被侵权人相比于其他知识产权被侵权人更难获得及时有效救济。①

(二)检察机关依法平等保护各类市场主体知识产权的个性问题:基于不同类型知识产权权利主体的比较研究

1. 科技创新型企业面临的知识产权保护问题

(1)科技创新企业商业秘密被侵权报案难、立案难

一是科技创新企业商业秘密受侵害后权利人报案难。侵害商业秘密的行为往往无法令被害人第一时间察觉。即使发觉,在多数情况下,权利人也难以提供符合报案规格的初步证据,大量侵犯商业秘密罪的案件未进入诉讼程序即被隐没在冰山之下,个中原因在前文已有论述。

二是侵犯商业秘密罪案件立案难。当前侵犯商业秘密犯罪案件的线索主要来源于商业秘密权利人的控告、相关行政机关移送和群众举报三个方面。其中,权利人控告或群众举报的案件,大多都因涉案信息不构成商业秘密,或情节不达刑事立案标准而经初查后不予立案。② 原因之一在于商业秘密不具备其他知识产权的法定权利外观,在权利人提供证明侵权的初步证据后,侦查人员对于"秘点"的判定、对商业秘密"秘密性"及与涉案信息的"同一性"认定更多面临的是技术难题而非法律适用问题,在依托外部机构以求解决专业壁垒问题之时,鉴定机构的选取、人员的资质水平、机构的中立性与否以及鉴定方法的使用等都可能导致司法机关与权利人方对涉案信息的认定分歧。聚焦于科技创新

---

① 徐彪:《侵犯商业秘密罪的行为构造与罪量标准》,《中国检察官》2022年第18期。
② 参见杨冀:《侵犯商业秘密犯罪案件侦查研究》,硕士学位论文,中国人民公安大学,2017年,第21页。

领域,企业本身的经营内容及研发成果更新迭代迅速,相关商业秘密涉及的技术及经营信息往往不具备及时收录在数据库的现实可能性,但市场中很多鉴定机构在判定"秘密性"等争议信息时,仍使用过去在相关数据库中进行技术查新,或者查询相关技术信息有无申请专利的方式,①这既无法匹配科创企业技术革新的步伐,更难以确保鉴定结论的真实性,故而也使得实践中司法机关立案与否的判断失之偏颇。原因之二在于情节认定方面,虽然《刑修(十一)》将第219条过去规定的"给商业秘密的权利人造成重大损失"修改为"情节严重",但何为"情节严重"尚没有司法解释明确规定,故在实践中,侦查机关片面加重权利人对损失的举证责任而对立案要求把握过于严苛的问题也是致使刑事打击不足的原因之一。

(2)科技创新企业对拟上市期间专利权恶意诉讼行为无力反制

在我国创新型国家的时代语境下,专利制度曾催生了大量技术创新,而技术创新是经济发展的表达要义。2022年12月,证监会发布了《科创属性评价指引(试行)》,更是明确将发明专利列为判断企业可否申报科创板上市的主要指标。正是由于近年来各层面对专利权竞争力的认识跃升,大量的专利恶意诉讼也随之涌现,成为拟上市科创企业难以逾越的困境之一。

专利恶意诉讼的本质是一种将诉讼作为手段,以占领市场优势地位或攫取经济利益的侵权行为。企业上市审核期是遭遇专利侵权诉讼的高发时期,竞争对手或一些非专利实施主体凭借囤积的专利,通过向目标企业发起专利侵权诉讼来索取巨额赔偿金,或在拟上市这一敏感时期以提起诉讼为要挟,迫使对方以高价购买或实施其专利来获得超额利润。② 由于近年来专利数量激增,领域技术累积性和重叠性加剧,以及相关审查标准降低和程序失误,③专利恶意诉讼因低实施成本和强损害效果成了刺伤企业的暗箭。拟在科创板上市的企业一般规模较小、风险承受力较弱,遭遇专利恶意诉讼非但会贬损企业形象,延缓上市进程,当诉争标的涉及企业核心竞争力时,甚至还会直接切断现金流,导致经营压力骤升;对于市场环境而言,专利恶意诉讼行为则侵害了公平竞争秩序,严重违背商业道德,与鼓励科技创新自强自立的理念背道而驰。因专利恶意诉讼的侵权方式上与其他恶意诉讼有本质不同,即侵权人本身已获得知识产权局的专利授权,存在形式上的合法性,故无法以一般侵权行为判定标准加之约束,

---

① 贾玉环:《商业秘密刑事诉讼鉴定意见 司法审查规则反思与重构(上)》,《中华商标》2023年第1期。
② 胡小伟:《专利滥诉的司法规制路径构造》,《学习与实践》2019年第12期。
③ 张米尔、国伟、李海鹏:《专利诉讼的网络分析及主体类型研究》,《科研管理》2016年第6期。

又由于目前我国法律缺乏对专利恶意诉讼具体认定标准、法律责任等的明确规定,过往司法机关对该类案件的处断也是大相径庭,被害企业处在涉诉的劣势地位中难以反制或维权。即使最终法院判定了专利恶意诉讼行为的成立,被害企业也早已错过上市或融资的最佳时机。在实践中,专利恶意诉讼顽疾的存在令拟上市时期的企业面临着巨大的不安定感却无能为力。

(3)科技创新企业对知识产权缺乏足够的自我保护能力

一是管理层知识产权保护意识淡薄,科创企业大多由一群精通技术的人员创立并发展壮大,鲜少有法律或商科背景的成员以管理层的身份加入,对企业管理、规范运营认识性的天然不足直接导致了企业从上至下都难以意识到知识产权保护能带来潜在的巨大利益,而一旦真正面临知识产权纠纷时,企业在竞争中便难以避免地处在了相对被动的位置。二是缺少科学规范的知识产权管理制度,有关知识产权权属问题明确的合同条款、针对不同类型产权的保密协议、保护发明人研发成果的严控审批程序、及时更新的电子数据库等都是促使知识产权保护工作贯穿于企业运营全流程之中的制度保障,①实践中遭遇侵权的科创企业大多都疏于制定此类规范,从而错失了保护知识产权的第一道屏障。三是缺少配备正式的知识产权职员参与到技术开发工作中。在企业研发新产品、新技术的过程中,诸如专利工程师之类专攻于知识产权成员的加入既可及时提供对技术方案的保护建议,又能将研发成果以合适的方式及时布局并转化为知识产权,从而有效保护企业核心技术不被侵犯或使后续诉讼得以顺利开展,对于绝大多数科技创新企业而言,成立之初或后续经营之后中都缺少对此类人员的聘请,这也导致其后续的"维权"更为艰难。

2. 外资合资企业面临的知识产权保护问题

(1)外资合资企业易成为侵权重灾区

由于品牌影响力、技术创新、产品质量、营销策略等因素,外资合资品牌在某些领域具备显著优势,例如在奢侈品、儿童用品、游戏等领域,外资合资品牌在我国国内市场占比较高,国内消费者对这些外资合资品牌商品的需求量不断增加,导致销售量巨大,这使得国内一些侵权者看到了商机,从而选择侵犯这些品牌的知识产权。且由于缺乏对知识产权的尊重和保护意识,以及侵犯知识产权的成本相对较低,国内一些企业和个人更倾向于侵犯外资、合资品牌的知识产权。

(2)外资合资企业被侵权后知情权相对滞后

一方面,由于信息披露机制和市场监管机制的不完善,外资合资企业可能

---

① 参见谢薇、杨军:《科创型企业知识产权体系建设》,《中国科技信息》2020年第20期。

无法及时获取与知识产权侵权相关的信息。侵权行为可能存在灰色地带甚至出现欺诈行为,这些都需要企业有足够的知情权来识别和判断。①

另一方面,地域文化和认知存在的客观差异,可能导致侵权行为的发生。一些国内企业可能对知识产权的法律责任和后果理解不清晰,或者对国际知识产权保护规则不够了解,从而出现了侵权行为。而外资合资企业也可能会因为语言障碍无法及时获取到相关的侵权信息,只能通过在华设置的子公司委托诉讼代理人的方式,在案发后借助第三方维护权益,主张救济。如果被侵权的外资合资企业的经营重心不在诉讼地,可能会因为时间和资源的限制,无法对刑事诉讼活动作出及时响应。

(3) 外资合资企业对权利领土延伸保护存在疏漏

一些外资合资企业由于缺乏全球视野,可能只关注其所在特定国家和地区的业务运营,而忽略了全球范围内的知识产权保护。例如,并未在我国申请注册商标或者并未在我国各个市场全面布局知识产权,也未申请适用权利领土延伸原则,导致侵权行为发生后无法在我国现有法律体系下获得救济。且各个国家和地区关于知识产权的法律规定存在差异,即使外资合资企业在我国境内申请了知识产权保护,在发现侵权行为后,也可能由于不了解我国关于知识产权保护的法律政策和司法实践情况,无法及时主张救济。

3. 本土老品牌及地理标志权利人面临的知识产权保护问题

本土老品牌和地理标志都凸显着与特定地域风貌建立着深厚连接的品牌价值与传承,但在市场经济的转型与革新、长效经营遭受挑战以及现代化企业抢占市场份额之时,一些品牌的持续生产经营举步维艰,甚至有一些已然销声匿迹。

(1) 本土老品牌及地理标志权利人的知识产权保护理念相对保守

根据相关调研,在食品行业,大部分老字号企业仅在其核心的1—2个商品上注册商标以满足现阶段的使用需求,缺乏对企业的长远发展的前瞻性认识,商标注册广度和深度不足,从而导致部分其他产品商标权益的缺失,在市场竞争中时常出现因商品分类表的调整,品牌名下商品被他人抢注的问题。此外,大部分老字号企业都未进行英文品牌的保护注册,一旦牵涉产品出口的问题,缺少英文品牌不仅会降低商标的识别度,动辄还会造成域外商标侵权行为的蔓延,如国外代理商对老字号商标抢注的情况频发,给品牌形象及传承价值都带来巨大贬损。

---

① 梁贺、郁海杰:《知识产权保护与外资企业研发投入——基于合资企业与独资企业的比较分析》,《南开经济研究》2023年第1期。

(2) 本土老品牌及地理标志权利人的维权能力相对薄弱

在国有资本的加入与监管之下,一些老品牌的资产或商标权益被上级集团收并,再授权下线企业经营,这种所有权与经营权关系的理顺和固化,为老品牌生产经营规模扩大等方面带来优势的同时,也会由于国资的强势介入,其配置要素资源市场化动能降低。例如,有些品牌被其他业绩更好的品牌合并后自身却逐渐消失于公众视野;有些甚至承担起安置老弱员工的职能,主要靠享受政府补贴存活。① 如此一来,被收购或被合并后的老字号对于品牌自身维权救济体系的建立与完善则显得力不从心,一旦遭遇商标侵权等问题时也难以占领积极主动维权的优势地位。

对于地理标志商标权利人而言,知识产权侵权救济的难题则表现在另一方面。一般来说,地理标志的持有人(注册人)是非营利性的团体、协会,而使用人多为地理标志产区的生产者和销售者,所有权和使用权分离的问题导致其在遭遇侵权时,直接受损的使用人常因诉讼主体不适格的问题而无法提起诉讼或程序的中断,作为适格主体的地理标志商标注册人又因其非营利性组织的性质,自身维权体系薄弱、维权能力也较为低下,在面临取证等关键问题时,常因缺乏规范性、系统化的操作方案而证据有效性不被法院认可;或因为资金短缺而无法聘请律师,或考虑到诉讼过程造成的经济损失而怠于维权。

(3) 本土老品牌及地理标志被侵权行为发现难

一是对老品牌产品侵权的成本低廉,隐蔽性高。老品牌产品在群众之中认知度高、影响力大,但因其多为食品或日常用品类,涉及的生产技术门槛往往较低,而普通群众也难具备分辨的能力。侵权人通过租赁店铺、注册小型公司,甚至是"家庭作坊"的形式,便可借"官方授权"之名假冒老品牌的注册商标,一旦被发现或查处,换个场地"东山再起"的情况也比比皆是。基于此,监管及司法机关难以主动地发现侵权的线索,一般只有在消费者发现产品质量等问题并报案时,相关部门才得以取得立案的初步证据。二是侵权范围广、传播速度快。现如今,电商、物流等新业态的迅猛发展也同样给犯罪带来可乘之机,侵权人通过网店、朋友圈等形式推广、销售假冒老品牌商标或地理标志商标的产品,并在寄递假冒产品的运输过程中利用物流监管漏洞,使用虚假信息。例如在多起"贵州茅台"酒商标侵权案中,销售商在邮寄侵权商品时并不标明真实的寄件物品情况,甚至有些还与物流方勾连,增加中转环节,抹去真正的货源地址和产商联系方式等基本信息,这种情况下即使被消费者举报,后续的侦查取证工作也存在较高的难度。

---

① 参见周元祝:《上海"老品牌"发展现状与创新转型策略研究》,《上海企业》2021年第7期。

四、检察机关依法平等保护各类市场主体知识产权的路径举措

(一) 检察机关平等保护各类市场主体知识产权的共同路径

1. 注重引导侦查,加大对各类知识产权的保护

检察机关要全面履行法律监督职能,把控案件质量,针对知识产权犯罪立案难、成案率低等问题,检察机关应当积极行使侦查监督权,深化检警合作。检察机关应提前介入疑难知产案件,如侵犯商业秘密、著作权等,建立健全技术调查官和专家咨询制度,引导公安机关及时固定关键证据、完善证据链条,共同解决司法办案中的技术难题,提高成案率。检察机关还应主动联系侦查机关建立长效联系机制,检警双方共同梳理近年来办理的知识产权刑事案件特点,对侦查取证中容易被忽视或遗漏的关键细节、证据收集固定的共性问题进行总结,并通过集中授课、讲座等形式解读学习如何进一步规范取证程序、提升取证质效。

2. 依法从严惩治各类知识产权犯罪,提高犯罪成本

《刑法修正案(十一)》对知识产权犯罪进行系统修订,完善了罪状表述,调整了入罪门槛,提升最高刑期至十年有期徒刑,彰显了我国刑法从严惩治侵犯知识产权犯罪的坚决态度。检察机关应当积极发挥"捕诉一体"的制度优势,从严打击各类知识产权犯罪,在对知识产权案件犯罪嫌疑人提出量刑建议时,应当考虑犯罪成本、再犯可能性等因素,不宜过度适用缓刑建议,同时要依法充分适用财产刑,提高侵权成本。

打击知识产权侵权犯罪是一项系统工作,公检法机关还应加强与市场监督管理局、知识产权局等相关监管部门的协作,建立健全线索通报、案件移送、信息共享等合作机制,做好知识产权犯罪线索的正向移送工作;对于经审查认定不构成刑事犯罪或构罪但免于刑事处罚的案件,做好行政处罚线索的反向移送工作,有管辖权的市场监督管理部门应当及时作出行政处罚决定。

3. 明确知识产权权利人的被害人诉讼地位,推动各类市场主体权利人实质性参与诉讼

我国当前理论界、实践界对于知识产权刑事犯罪中权利人的法律地位存在分歧:有观点认为,权利人在诉讼中系证人,可以向司法机关陈述有关事实并提交相关证据材料,作为证人可以出庭作证;[1]有观点认为,权利人在诉讼中系

---

[1] 林秀芹、陈俊凯:《知识产权刑事诉讼中权利人参与的制度检视及完善》,《知识产权》2021年第11期。

被害人,可以行使被害人的相关权利,如阅卷权、参与诉讼权,出庭与被告人进行对质和辩论等。① 本课题组赞同后一张观点,明确权利人的被害人诉讼地位,符合"从严打击知识产权犯罪、强化知识产权保护"的法治要求。立法层面上,应当完善相关法律法规的规定,明确权利人在参与知识产权刑事诉讼时的被害人地位;实践层面上,应加大对权利人的程序保障和支持力度,确保其在参与诉讼时能够得到充分的保护和救济。

(二)检察机关平等保护不同市场主体知识产权的个性举措

1. 针对科技创新企业的知识产权保护路径

(1) 提高商业秘密案件成案率

科技创新企业商业秘密遭侵犯立案难的问题主要基于侦查机关对涉案关键信息认定艰难,其本质仍是案件特性与专业壁垒之下的证据问题。解决这一问题可从完善证明力及重新分配举证责任两个角度切入。

其一,检察机关在此类案件前期介入、引导侦查的过程中,应第一时间引导侦查机关收集固定相关证据以免后续流失,特别对于能证实侵权人存在盗窃、电子侵入行为及证实权利人该项商业秘密成本、收益、市场占有率等关键信息的硬盘、移动存储介质中的数据等应予当场固定并采取相应的保护措施;同时应与侦查机关共同研究制定侵犯科创企业商业秘密类案证据标准与取证要求,提高规范化取证水平,为后续此类案件证据的提取、固定、审查等提供明确的实施细则;另外,还可探索建立与第三方平台的合作机制以攻破专业问题的掣肘,比如,针对互联网领域侵犯知识产权问题,浙江省公安厅和阿里巴巴集团共同组建情报作战室,从大数据研判入手,为打击侵犯知识产权犯罪提供了强有力的技术支撑,特别是对网络上恶意违法兜售权利人商业秘密的情报线索进行主动监测、归集,及时指定交办。② 这一聚焦于某类侵权行为出现频次较高的领域与头部企业开展合作的模式,也可为司法机关提高商业秘密成案率提供参考。其二,基于商业秘密电子化、易被销毁等特点,司法机关和权利人往往因客观原因难以悉数获取证明犯罪及"情节严重"的初步证据,故举证责任也较难完成,从而导致打击不力。而在商业秘密侵权的民事诉讼中,举证责任分配的范式却有所不同,权利人提供商业秘密被侵犯的初步证据后,举证责任便转移到涉嫌侵权人,由涉嫌侵权人证明不存

---

① 刘洋:《检察理念革新视阈下知识产权犯罪中被害人的权益保护》,《犯罪研究》2020年第5期。

② 浙江省商业秘密保护联合调研组:《侵犯商业秘密犯罪打防研究——基于浙江相关罪案的调研》,《浙江警察学院学报》2021年第1期。

在侵犯商业秘密的行为。① 因侵犯商业秘密罪属于法定犯,具有刑民交叉的属性,民事诉讼的举证责任分配对于刑事诉讼具有一定的参考意义,在非法获取手段、犯罪数额认定等方面适度的举证责任转移也是提高成案率的举措之一。

(2) 拓宽针对拟上市科创企业恶意诉讼行为的反制措施

从保护拟上市科创企业的角度出发,拓宽针对其恶意诉讼的反制措施需各方努力。建议拟在科创板上市企业提前做好专利侵权风险防控的"必修课",为正常推进 IPO 审核流程,企业应对自身的各项专利是否涉及关键核心技术、对持续经营能力产生影响程度等做好提前预估和证据准备,并事先组合上市规则和专利法以制定应对策略。后续一旦面对恶意诉讼,便可及时结合原告的诉讼请求充分衡量被判决停止侵权、丧失专利权、支付损害赔偿金等是否会实质影响上市进程,在能证明诉争专利不涉及核心技术、对应产品对发行人收入贡献率低、发行人已掌握替代技术方案或涉诉行业技术迭代周期较短而发行人持续研发能力强大等时,都可第一时间证明未决诉讼不会对发行人科创板上市造成影响;同时,也使企业在收到被诉信息可以及时地向国家知识产权局提出无效宣告请求甚至抓住机会提起反诉,将专利纠纷转化为科创企业反击的武器。

另外,为从根本上切断专利恶意诉讼的进路,建议法院暂缓受理以拟上市公司为被告的知识产权案件,以保证科创企业在相对宽松的司法环境中进行上市申请。暂缓受理制度应用于拟上市期间的企业并非开创司法审判的先河,我国法院就曾发布过大量"三中止"通知,对启动市场退出程序的金融机构暂缓受理、中止审理或者中止执行,待金融监管部门的先行行政处置程序后,再终结其退市程序或者转入司法破产程序。暂缓受理不等于拒绝司法,更非剥夺当事人诉权,其只是暂时产生特殊时期诉讼时效中止的效果,当拟上市公司完成上市程序后,当事人仍然可以选择继续起诉,法院也没有违反有案必立、有诉必理的要求。② 基于"理性经济人"的立场,暂缓受理制度的应用提高了恶意诉讼人的成本,降低了期望值,故能在根本上起到减少"专利碰瓷"现象发生之效。

2. 针对外资合资企业的知识产权保护路径

(1) 及时保障权利人诉讼知情权

为保障外资合资企业的知情权,畅通救济渠道,司法机关可以着重从以下几方面着手:一是完善诉讼告知程序及送达途径;确认知识产权权利人被害人

---

① 参见《反不正当竞争法》第32条。
② 2022年10月28日,上海市人民检察院、华东政法大学联合主办"秩序与创新:知识产权恶意诉讼的协同治理"论坛。在主旨发言中,华东政法大学于波教授提出了法院暂缓受理知识产权恶意诉讼的观点。

的诉讼地位,从公安机关立案开始,依法保障权利人对案件进展的知情权,对于在华设置了子公司或委托了诉讼代理人的外资合资企业,及时向其在华代理人送达诉讼告知文书,对于未在华设置子公司的外资合资企业,应主动通过外交渠道向权利人通报诉讼情况。二是加强与外商联络小组、外商投资会等组织的协作;通过参与外商联络小组、外商投资会组织的活动,司法机关能够以此为平台,向外资合资企业普及我国知识产权保护的相关法律政策,同时可以设置联络人机制,负责接收该组织内的外资合资企业知识产权被侵权的相关线索。三是为外资合资企业提供文书及程序便利;基于语言的障碍,应当为外资合资企业设置英文版本诉讼告知文书和资料,对于符合规定条件的外资合资企业,可以简化诉讼程序,如简化诉讼文书、缩短诉讼时效、采用电子送达方式等。

（2）加大对国际规则的研究与运用

从各类市场主体的角度看,关注国际知识产权规则的发展变化,能够从外驱动我国国内市场环境重视知识创新;从司法机关角度看,加大对知识产权国际规则的研究和运用,利用和解释知识产权国际保护标准,设定适合我国国情的具体立法、执法标准,能够有效提升我国知识产权法治建设水平。

作为外资合资企业,需要提高全球视野,了解不同国家和地区的法律制度,制定全面的全球战略,并积极参与国际合作,主动了解和研究知识产权保护方面的国际规则,在多种知识产权国际规则中选择和运用最有利于自身的规则,以应对伴随全球化经济机遇带来的各种侵权风险。[①]

作为检察机关,我们应当提供支持和帮助,提升知识产权案件办案团队的专业性,组织开展学习研究活动,加强对相关国际规则的研究,更好地理解和运用知识产权保护国际规则,从而提高自身履职能力,以最大范围内维护和救济外资合资企业的权益。例如,在办理涉外资合资企业的知识产权案件时,除审查该外资合资企业是否在我国境内注册申请知识产权,还应当审查该外资合资企业是否适用马德里领土延伸规则,是否在我国无须注册申请也享有知识产权保护。在办理涉平行进口抗辩的案件时,办案人员只有在充分理解进口国、销售国及第三方进购商所在国各自适用的知识产权国际规则后,才能继续对案件作出有效审查。

3. 针对本土老品牌及地理标志的知识产权保护路径

（1）提升相关企业知识产权维权意愿与能力

在新理念之下重新审视本土老品牌及地理标志的知识产权刑事保护困境,

[①] 范超:《区域贸易安排中的知识产权保护问题研究》,《财经问题研究》2014年第6期。

检察机关首先应在提升相关企业维权意愿与能力上对症施策。一是依托检察建议的形式,主动融入老字号及地理标志的知识产权建设。例如针对办理的涉老字号或地理标志侵权犯罪案件中发现的相关企业、非营利性组织及中间物流环节中的管理漏洞,通过制发检察建议的形式提出应对措施,并跟踪落实持续与相关企业的业务部、法务部对接,建立双向联络机制以实现检企良性互动,从而帮助老品牌企业全面构建知识产权保护体系及品牌战略。二是针对典型个案,扩大法治宣传。检察机关在办理涉老品牌企业或地理标志的知识产权犯罪案件后,应开展多渠道、多载体、多形式的法治宣传以充分发挥案件办理的辐射效应。

(2) 探索支持起诉、公益诉讼等新路径

相关数据显示,2022年全国检察机关起诉侵犯知识产权犯罪 1.3 万人,而办理知识产权民事、行政诉讼监督案件仅 937 件。[①] 刑事犯罪与民事、行政监督案件体量上的悬殊反映出知识产权四大检察发展的不均衡。在现如今融合履职的视域之下,检察职能应从过去的重打击犯罪转变为构筑起对市场主体知识产权的全方位保护。由于地理标志商标产品时常涉及相关区域的生态环境、资源保护等问题,而一些作为非物质文化遗产的老字号可能与广大消费者权益和社会公众利益息息相关,在对此类型市场主体的保护方面,诸如民事支持起诉、公益诉讼等检察履职新路径则有较大的适用空间。上海曾在"南汇 8424 西瓜"地理标志商标被侵权一案以民事支持起诉的方式对其涉及的公共利益进行司法保护,为摆脱弱势群体的自行维权困境提供了可推广的样本。具体而言,其应用场景与落实方式仍需进一步细化。首先,支持起诉或公益诉讼设置的宗旨在于保护社会公共利益,检察机关对于"公益性"的确认构成了公权力介入保护的必要性基础,而如果相关商标侵权行为的损害后果较小,权利人以民事诉讼或请求行政机关处理方式可以解决,则不应当被纳入检察民事、公益诉讼的范畴之内。其次,在检察机关支持起诉或提起公益诉讼的过程中,应明确案件管辖、准确把握时间节点、完善诉讼请求、在权利人无法自行取证的情况下协助收集相关证据,并分析相关涉案事实,提出保护权利人诉权行使的建议举措,以提振老字号、地理标志产业及从事生产、经营的人员品牌声誉保护的信心。[②]

(三) 更新理念与格局,推进知识产权检察全面协调发展

一是以系统性导向创新工作理念。知识产权治理涉及民事、行政、刑事各

---

① 姜昕:《知识产权保护与检察履职模式的探索与前瞻》,《人民检察》2023 年第 5 期。
② 参见应悦、汤志娟、王端端:《民事支持起诉保护地理标志集体商标案》,《中国检察官》2023 年第 4 期。

个领域，又关乎人民群众生活质量和创新激励，因此系统性的工作理念不可或缺。在传统的检察工作理念当中，不同检察职能在各自的法律领域内开展知识产权治理并不能很好的周延对于知识产权的保护，也不能在实践中进一步提升知识产权业务的专业水平，也使得检察机关在知识产权治理体系当中一直处于"边缘"地位，无法发挥重要作用。同时，在当前科学技术加速更新迭代，创新难度、成本不断加大的背景下，与知识产权相关的法律、社会、伦理等各方面问题不断增多，检察机关只有在检察职能的自我拓展与融合之中，才能在知识产权治理体系中突破、找准自己的定位。

二是以全类别导向创新工作理念。知识产权子权利的明细规定在了我国《民法典》第123条，是一个相对固定的分类，能够随着科学技术的发展进行无限拓展和延伸。在传统的检察履职理念当中，刑事检察始终占据履职的核心位置，但是刑事检察在知识产权领域只能覆盖到注册商标、著作权、商业秘密以及专利有限的领域，其中假冒专利罪主要打击仿冒专利号等行为，甚至与激励和保护创新的宗旨都无法产生实际关联。检察机关若始终困囿于以刑事检察为核心的传统检察理念当中，是无法在知识产权治理当中将检察机关的作用发挥到极致的，也无法满足知识产权检察高质量发展的客观需要，更会导致检察机关在日趋提升的知识产权保护国家整体战略布局当中有被"边缘化"的风险。因此，检察机关必需跳出既有的框架，不断思考和探索向知识产权全类别延伸的履职路径。

三是以全链条导向创新工作理念。知识产权全链条包括了创造、保护、运用、管理和服务五大环节，在传统意义上的"四大检察"履职概念当中，检察机关始终将知识产权保护环节作为工作重心，工作理念具有滞后性，缺乏整体性。检察机关往往只有在知识产权遭受到实际的侵权损害之后才能够介入，且知识产权在创造、运用等环节产生司法诉求之后，检察机关缺乏有效应对的方式方法。因此，检察机关需要在知识产权全链条的站位之上，审视自身的工作理念，在这五大环节中，分别做到精准定位、准确发力，才能在知识产权治理体系中发挥重要作用。由于知识产权治理的每道环节需求有所不同，同时不同的知识产权子权利对于五大环节也有着不同的侧重，检察机关与知识产权治理循环进行全链条衔接时，就需要在明确知识产权检察工作原则的基础上，更加注重个性化的差异，不断提升"量身定制""量体裁衣"的本领。

深度链接行为的违法性证成：
从侵权到犯罪[①]

谢 焱 马凯旋[*]

目 次

一、问题的提出及证成路径
二、深度链接行为的民事侵权认定
三、深度链接行为的入罪依据
四、深度链接行为违法性认定的具体要素
五、结语

摘 要：深度链接是一种兼具效率提升与侵权可能性的信息传播手段，对深度链接行为的侵权认定宜采用合法性丧失的路径。交互式传播的实质在于作品提供的稳定性，在流量经济背景下，深度链接可以吸纳稳定的流量并实现营利，因此落入信息网络传播权的规制范围。《刑法》中信息网络传播行为的认定要比《著作权法》严格，只有造成不可控损害的深度链接行为才具有刑事违法性。深度链接行为的违法性有"链接内容与经营模式的相关性""链接内容的质与量""链接对合法传播路径的变更程度"三个量化指标，三个指标共同决定违法性的大小。

关键词：深度链接；信息网络传播；复制发行；流量经济

[①] 本文系 2022 年上海市浦江人才计划 C 类项目"刑事诉讼领域的法律续造研究"（2022PJC114）阶段性研究成果。

[*] 谢焱，同济大学上海国际知识产权学院副教授，法学博士；马凯旋，中国海洋大学法学院博士研究生。

一、问题的提出及证成路径

"链接"在网络环境中指获取信息资源的数字化通道。以用户是否知晓自己浏览内容的来源为标准,可以将链接分为"普通链接"和"深度链接"。普通链接是指设链者标示了被链信息资源的来源,网络用户能够知道自己获取的信息资源来自被设链平台;深度链接是指设链者未标示被链接信息资源的来源,网络用户不知道设链者的平台与其他平台建立了链接。① 深度链接行为是否侵害《著作权法》(2020年修正)第10条规定的"信息网络传播权"存在争议,对此存在诸多认定标准。依据"使用者/侵权人"和"事实判断/规范判断"两个维度,我们可以将诸多标准分为四类(如表1所示)。(1)从使用者角度进行技术判断的"代码标准"认为,可以通过观察服务商网页源代码的编写方式来区分内容提供与技术支持,②属于内容提供的构成著作权侵权。(2)从使用者角度进行规范判断的"用户感知标准"认为,如果从用户的角度看来,设链行为起到了和"利用本地复制件进行传播"同样的效果,就构成著作权侵权。③(3)从侵权人角度进行技术判断的"服务器标准"认为,侵权人只有将作品置于的自己控制的服务器中,并以此为基础向公众提供内容获取服务,才有可能侵犯信息网络传播权。④(4)从侵权人角度进行规范判断,依侵权认定范围从小到大的顺序主要有"实质呈现标准""实质提供标准""间接提供标准"三种标准,三者之间在侵权认定范围和技术细节方面存在细微差别,其中较为折中的"实质提供标准"认为,只要设链网站在实质上代替了被链网站而向公众提供了作品,就构成信息网络传播权侵权。⑤

表1 深度链接的判断标准

	技术判断	规范判断
使用者角度	代码标准	用户感知标准
侵权人角度	服务器标准	实质呈现标准 实质提供标准 间接提供标准

---

① 参见许旭涛:《网络深度链接之侵权界定》,《人民司法》2010年第20期。
② 参见刘文杰:《信息网络传播行为的认定》,《法学研究》2016年第3期。
③ 参见刘银良:《信息网络传播权的侵权判定——从"用户感知标准"到"提供标准"》,《法学》2017年第10期。
④ 参见王迁:《论"网络传播行为"的界定及其侵权认定》,《法学》2006年第5期。
⑤ 参见蒋舸:《深层链接直接侵权责任认定的实质提供标准》,《现代法学》2021年第3期。

（一）问题根源：个人利益与整体效率的冲突

侵权的判断是对行为人之行为性质及其结果的判断，因此在侵权人角度上进行判断具有全面性。当前关于深度链接性质的判断标准之争主要是侵权人角度上的"服务器标准"与"实质提供标准"之间的分歧。两种观点各有其现实考量，服务器标准认识到"链接"具有技术中立性特征，将深度链接定性为侵权行为会妨碍信息传播效率。实质提供标准的侧重点在于，深度链接行为所造成的损害与通常信息网络传播行为所造成的损害之间具有等价性，因而落入著作权法的规制范围。上述两种对立观点反映出法律对深度链接行为进行规制的内在矛盾：如何兼顾信息网络的整体传播效率与著作权人的个人权益。

寻求对深度链接行为的规制路径，需要从"链接"这一技术的性质出发。"链接"与印刷技术、广播技术等传统的传播手段在"指向性"方面存在很大差异。以广播为例，广播权的行使依赖具体的电子信号频段，通过对广播的空间范围与时间范围进行大致的控制，电子信号可以指向特定范围内的受众，因此，在广播权人控制范围之外的广播行为会自然而然地落入专有权利的控制范围。① 在信息网络环境下，信息资源的传播具有交互性特征。交互式传播方式极大地提升了传播效率，然而，传播效率的提升并非没有代价。权利人借助链接实现了信息的交互式传播，由此所付出的必要代价就是失去了对作品定向传播路径的控制权。链接（包括深度链接）是信息网络的"基础设施"，也是交互性传播得以实现的基础，其在网络环境中具有天然的合理性。由此，我们不能将深度链接行为一概视为著作权法意义上的传播行为，否则会影响互联网运作的底层逻辑，使众多依托深度链接存在的商业模式丧失发展可能性。②

（二）证成路径：合法性丧失

传统的著作权法调整方式是将特定类型的权利行使方式纳入专有权能的控制范围，③从而排除其他人以此种特定方式对著作权的使用，同时侵权者可以通过合理性抗辩来排除侵权责任。传统的仅仅着眼于侵权行为本身样态的

---

① 参见崔国斌：《得意忘形的服务器标准》，《知识产权》2016年第8期。
② 此种情况与"甲骨文诉谷歌案"产生的争议颇有相像之处。美国甲骨文公司（Oracle）起诉谷歌公司（Google）未经授权在其安卓操作系统里使用的甲骨文公司的37个Java应用程序编程包（Application Programming Interface，API），侵犯了甲骨文公司的专利权和版权。API通常被用于操作系统与应用软件之间的通信，因此在软件行业中具有基础性作用，如果被认定为版权侵权，会极大地改变软件行业的生态现状。
③ 参见王迁：《论提供"深层链接"行为的法律定性及其规制》，《法学》2016年第10期。

侵权认定模式很难对深度链接产生的正外部效应(如促进互联网传输效率)和负外部效应(侵权损害结果)进行全面评价。对深度链接的规制需要与其所处的商业环境结合起来,将深度链接行为在具体情境中产生的外部效应纳入评价范围。因此,对深度链接的否定评价应该采取"合法性丧失"的个案评价思路,即在什么情况下这种默认的合法性会丧失。两者比较如表2所示。

表 2 传统著作权侵权与深度链接行为侵权的认定比较

	论 证 起 点	论 证 终 点
传统著作权侵权认定	被告行为的非法推定:未经授权对专有权能控制范围的侵犯普遍被视为非法。	合理性抗辩:由被告证明"自身侵权行为的合理性,如合理使用与法定许可"而免责。
深度链接行为侵权认定	被告行为的合法推定:被告实施的符合互联网一般行为模式的行为普遍被视为合法。	合法性丧失:由原告证明"被告符合互联网一般模式的行为"具有权利侵害性与行为非法性,从而否定其合法性。

依照合法性丧失的认定路径,全文对深度链接的违法性认定分为三个部分。第一部分探讨深度链接行为需要满足哪些条件才能构成民事层面的信息网络传播权侵权。在构成著作权民事侵权的基础上,第二部分探讨深度链接行为满足哪些条件会落入刑法的规制范围。第三部分结合具体案例,列举影响深度链接行为违法性的具体要素。其中前两部分侧重对深度链接行为的定性讨论,第三部分侧重对影响深度链接违法性因素的定量分析。

二、深度链接行为的民事侵权认定

要认定深度链接行为是否具备民事违法性,必须明确信息网络传播行为的何种特性使著作权人的利益受损,以此为基础判断具体的深度链接行为是否符合这种特性,具备这种特性的深度链接行为就可能落入信息网络传播权的规制范围。

(一)交互式传播的实质:链接的稳定性

信息网络传播的核心特征是交互式传播,而交互式传播的本质就是在传播者与受众之间搭建一条稳定的传输路径,使受众可以在其"选定的时间和地点"获得作品,相应地,对侵权行为的打击就应该致力于堵塞由侵权人所搭建的非法传输路径。

1. 传统环境与信息网络环境的稳定性对比

从著作权传播权能的本质来看,不管是在传统环境中还是在信息网络环境中,其权能设置的依据都是传输路径的稳定性。在传统环境中,复制、发行、出租等行为是通过诸如纸质书、光盘等有形的物质载体实现传输路径的稳定性,即只要传播者将载有作品的物质载体交至受众,传输路径就得以建立,并且除非维权者将物质载体追回或销毁,该传输路径就不会中断;展览、表演、放映等行为是通过一定的物质空间来实现传输路径的稳定性,也即传播者将受众聚集到一个有限的空间中,在这一空间内完成作品传播。在信息网络环境中,广播和信息网络传播的稳定性依赖于广播信号或网络信号(链接)在特定时间和空间内的稳定性,只不过后者延续的时间更长。信息网络传播与传统环境中复制、发行之间的等价性在于,传播者不依赖有形载体的转移而为受众提供了一种稳定的作品获取途径:受众可以据自己的需要随时获取作品,就像拿起手边的一本非法复制的纸质书一样方便。

2. 信息网络传播权的规制重点

站在维权者的立场上来说,既然侵权行为的实质是搭建了行为人与受众之间的稳定传输路径,那么著作权法就应该着重关注那些维持传播稳定性的环节,从而有针对性地增加重点环节的侵权成本。在传统环境中,传播过程包括生产环节(复制)和传输环节(发行、展览、表演、放映),这两个环节都是重点环节,因此著作权的保护既要从源头上减少盗版作品的流出(以复制权规制生产行为),又要在传输环节阻止盗版作品流向受众(以发行权、展览权、表演权、放映权规制书店、展馆、歌舞厅、影院等的行为)。不同于传统传媒领域中"一个生产行为只能对应一个传输行为(一本书只能卖一次)",在信息网络环境中,一个复制行为可以对应多个传输行为。如表3所示,侵权者借助既存的原件或复制件,只要搭建新的传输路径就可以向公众提供作品,这意味着生产环节的重要性相对降低了,传输环节本身就可以被视为一个完整的传播过程。为了规避风险,信息网络环境中的侵权产业链已经形成了完善的分工,生产环节与传输环节通常互相分离,载有盗版作品复制件的服务器也多置于国外。在这种背景下,查处违法服务器的难度远甚于查处实体生产作坊。一些侵权者也会刻意避免复制件的固定行为,充分利用既有的网络资源,这在降低了侵权成本的同时,也降低了被起诉的风险,因此,信息网络传播权的规制重点应该转向传输环节;退一步而言,至少应该承认传输环节的相对独立性,当单独的链接行为满足信息网络传播行为的稳定性特征时,就应该视为侵权。

表3　传统环境与信息网络途径传播过程的区别

	传播过程		
	生产环节		传输环节
传统环境	既有的原件或复制件	复制行为	发行行为：发行的数量与前一环节的复制件数量相对应
信息网络环境	既有的原件或复制件		信息网络传播行为：无须与复制件数量对应，可以依托既有的原件或复制件无限发行

（二）深度链接传输稳定性的实现

基于上述分析，我们仅仅为规制深度链接提供了一种可能，这种可能性不代表深度链接行为侵权的成立。要证成深度链接行为的民事违法性，还需证明，传播者在没有将作品复制件固定在有自己掌控的服务器上的情况下，是如何"稳定地"向公众提供作品的。

1. 信息网络环境下商业模式的核心：流量聚合

在传统环境下，著作财产权的实现遵循"作品→版权→版权费"的路径，也即作品与版权费一一对应的对价获取方式。相应地，传统的著作权保护方式是对作品进行点对点的保护。在信息高速流动的互联网时代，市场竞争的本质是流量的竞争。① 单一作品虽然具有吸引流量的作用，但不能满足大规模吸引用户以创造流量的需求。平台的经营是基于大量单一的作品形成"作品群"，通过对作品群的运营获得竞争优势。深度链接存在的争议也与此种商业模式有关，在对正版作品进行深度链接情形下，不同于传统侵权会造成原作品平台读者量减少的情况，深度链接本身就创造了双份的访问量（设链者和被设链者各得一份）。然而，从根本上来说，深度链接破坏了原平台流量聚合的可能性，从而对原平台的营利链条产生冲击。基于低成本的深度链接行为，设链者反而可以对信息网络上既有的作品进行整合，这是对流量所创造的商业价值的窃取。因此，传统的点对点的著作权保护方式难以满足新的营利模式提出的保护需求，信息网络传播权的引入以及对传输路径"稳定性"的重新界定则可以弥补传统保护方式的缺陷。

2. 流量聚合商业模式下稳定性的界定

稳定性是一个相对的概念，稳定性并不是说传播者与受众之间的传输路径

---

① 参见熊琦：《移动互联网时代的著作权问题》，《法治研究》2020年第1期。

绝对不受干扰,而是说传播者所构建的传输路径大致可以支撑侵权目的的实现,且传播者借此谋取了一定的非法利益。信息网络传播稳定性的实现有两种方式。一种是由传播者自己同时掌控源头的盗版资源和传输路径,或者通过不同侵权者之间的相互协作来实现源头资源和传输路径的整合。例如,侵权人通过与上游资源拥有者合作来获取稳定的链接供给,以此为基础向受众提供作品。根据这种模式对稳定性界定会有两个弊端,一是由于链接行为本身缺乏独立性,侵权的认定需要依据共同侵权理论来完成,认定难度较高;二是当被链接的作品属于正版内容时,无法根据共同侵权理论进行规制,导致适用范围有限。另一种是在流量聚合的商业模式下,传输稳定性的界定有别于传统环境,该模式下的传输稳定性不依赖于单一作品传播的稳定性,而是由众多作品形成的作品群所决定。在这种集群效应下,即便某一作品由于不可控因素被切断,作为经营依托的作品群也没有受到过多影响,并且可以被持续补充,从而维持稳定的流量吸引力。总结而言,在信息网络环境下,单一作品的传输稳定性被作品群的整体稳定性取代,这样就意味着侵权人完全可以借助这种稳定的流量攫取著作权人的利益。

三、深度链接行为的入罪依据

深度链接行为在民事层面的侵权认定问题已经解决,但是,《著作权法》中的"信息网络传播"与《刑法》中的"信息网络传播"是否等价？从直觉上来说,刑法意义上的信息网络传播所产生的危害性应该更大,其认定也应该更为严格。我们需要继续探究,在民事层面的深度链接行为需要进一步满足什么条件才能成为《刑法》中侵犯著作权罪的实行行为。

(一)侵犯著作权罪的法益侵害性

在刑事层面,对信息网络传播行为的规制曾面临一个难题:1997年《刑法》第217条仅将"复制发行"列为侵犯著作权罪的实行行为,这也就意味着通过信息网络传播盗版作品的行为无法入罪。2004年,我国司法解释采用扩张解释的方式将信息网络传播吸收进"复制发行"中。[①] 2020年,《刑法修正案(十一)》

[①] 《最高人民法院、最高人民检察院关于办理侵犯知识产权刑事案件具体应用法律若干问题的解释》(法释〔2004〕19号)第11条:……通过信息网络向公众传播他人文字作品、音乐、电影、电视、录像作品、计算机软件及其他作品的行为,应当视为《刑法》第217条规定的"复制发行"。

正式以立法的方式将"信息网络传播"列为侵犯著作权罪的实行行为。虽然信息网络传播行为的入罪在立法上已经不存在障碍,但是该行为进入立法的过程给我们提供了一种理解其刑事违法性本质的视角。从2004年到2020年很长一段时间里,信息网络传播行为一直都被视为复制发行行为而得以规制,这意味着刑法上的信息网络传播行为与复制发行行为共享同一套解释原理,一个信息网络传播行为若要成为刑法上的实行行为,至少应该与复制发行行为造成的法益侵害相当。《刑法》中最早规定"复制发行"是在1997年,这里的"复制发行"对应着1991年《著作权法》第10条"使用权和获得报酬权,即以复制、表演、播放、展览、发行、摄制电影、电视、录像或者改编、翻译、注释、编辑等方式使用作品的权利"中的"复制、发行"。显然,刑法并没有将所有侵犯著作权的行为列为犯罪,而是选取其中危害程度较大的纳入刑法规制范围。根据进入刑法规制范围的有限几种侵权类型来看,我们可以将这种危害概括为"损害结果不可控"。

(二)"损害结果不可控"的实现

在传统环境中,损害结果不可控表现在两个方面。第一,"侵权状态存续时间长"。侵犯著作权罪中的"复制发行"存在着复制件的增加以及作品有形载体的转移,这意味着使用者取得了对侵权作品的完全掌控。同时,对侵权复制品的发行具有匿名和不易追踪的特性,侵权复制件可以在受众之中继续保存及流通。相对来说,出租则意味着侵权成本的提高,同一原件或复制件需要多次出租才能收回成本;存在租借记录,匿名性差。以此来看,出租行为确实不应该纳入刑事规制范围。但如果是长期出租,一次出租就可以收回成本,相当于以出租之名行销售之实,则应当认定为发行。第二,侵权成本低且对侵权行为的打击难度较高。"复制发行"依托规模化生产和产业链分工可以实现大规模侵权,同时,生产和销售的分散化意味着很难通过打击某一个生产点或销售点实现遏制大规模侵权的目的。相反,展览、放映、表演等行为的组织成本较高,场地的租借与工作人员的招募都需要花费较高的成本,且其侵权特性导致隐秘性很差,使得该类侵权行为的"抗风险能力"很低,如果某一侵权点被打掉以后很难短时间内恢复。

在信息网络环境中,损害结果不可控以大致相同的方式实现。首先,信息网络传播的侵权成本极低,且几乎没有地域限制,可以在短时间内实现大规模侵权。其次,传播过程的服务器支撑和内容传输是相对分离的,服务器存储端往往通过跨省市乃至跨国来隐藏,由此产生的执法时间差极大降低了被查处的风险,内容传输链条即便被切断也可以通过网址变动来重新搭建,这意味着信息网络传播行为的侵权状态也可以长时间存续。同样作为远距离传输手段的

"广播"则不具备上述特征,无法实现交互式传播,①因而一般不需要刑法介入。通常来说,作为一种非典型的信息网络传播行为的"深度链接"并不满足损害结果不可控这一要件,因为设链人并没有控制载有作品原件或复制件的服务器,尤其是设链人链接的都是正版内容时,权利人可以通过断开链接的方式实现自力救济。要使深度链接行为具备与复制发行或常规信息网络传播大致相等的法益侵害性,还需要增加另一个限制条件:被侵权内容具有时效性。在这种情况下,虽然损害结果不具有可持续性,但是被侵权内容具有很强的时效性,只要侵权发生,侵权结果就可以即时实现,这就使深度链接行为产生的损害结果同样具有不可控的特性。如果设链人所链接的内容都是一些较为老旧的内容,其设链行为不会对权利人的权益造成严重损害,在这种情况下没有动用刑事手段的必要。表4根据侵权所处环境的差异与持续时间的长短对传播行为进行了分类,其中标注下画线的部分表示被纳入刑事规制范畴的行为。

表 4 传播行为的分类

传播环境\传播过程	生产环节	传输环节	
		侵权状态持续时间长	侵权状态持续时间短
传统环境	<u>复 制</u>	<u>发 行</u>	出租、展览、放映、表演
信息网络环境		<u>信息网络传播</u>	广 播
		深度链接	
	既有的原件或复制件	<u>侵权作品具有时效性</u>	侵犯作品不具有时效性

需要说明的是,"损害结果不可控"要件并不能直接证成"深度链接"的刑事违法性,该要件仅仅意味着深度链接行为满足了信息网络传播行为的表观特征,至于最后是否构成侵犯著作权罪,还要进行定量分析以证明某一具体的深度链接行为所造成损害程度达到了刑事违法水平。

四、深度链接行为违法性认定的具体要素

前文对深度链接行为特征的界定提供了将其认定为民事侵权以及犯罪的

---

① 参见王迁:《著作权法中传播权的体系》,《法学研究》2021年第2期。

可能性。在这一部分,我们将深度链接行为置于复杂的商业活动背景下,进一步探究哪些具体因素影响着深度链接行为的违法性认定。通过对这些具体要素进行量化,可以为司法实践提供参照标准。

(一)链接内容与经营模式的相关性

链接内容与经营模式的相关性是指,深度链接指向的作品与设链人经营模式的营利点的关联程度,一个直接的审视标准就是看对深度链接的运作是不是单纯对他人利益的截取,以及设链人有没有自己的增量创造。如果设链行为仅仅是利用被链内容本身的价值来吸引受众,此时链接内容与经营模式的相关性最高,设链行为的合法性丧失,构成著作权直接侵权。① 如果设链的目的是筛选信息、节省信息检索成本,设链人也正是靠这种信息整合作为其营利点,那么设链行为的违法性就会极大地降低。违法性的降低有两点依据:其一,链接内容不构成设链人的主要营利点,设链行为对作品价值的减损较小;其二,合法营收在设链人的经营模式中占比较高,也就意味着即便发生深度链接侵权,设链人也有一定的能力赔偿著作权人的损失。最高人民法院就信息网络传播权民事纠纷出台的司法解释即对此种类型的链接进行了"豁免"。②

在"袁腾飞诉上海第九城市信息技术有限公司侵害作品信息网络传播权纠纷案"(以下称"袁腾飞诉第九城市案")中,被告提供网络搜索接口服务,用户输入关键词可以进行全网电子书搜集,并获取相应的链接。③ 与直接通过深度链接提供受著作权保护的作品的行为相比,该案件中深度链接只是作为被检索的对象存在,且不在检索服务提供者的控制范围内,被告仅为检索软件的使用者提供了一种获取链接内容的途径,用户需要自行输入关键词寻找相应的链接。在该案中,被告的营利模式与深度链接行为的关联性很小,被告的行为不构成著作权侵权。在"上海幻电信息科技有限公司与北京奇艺世纪科技有限公司侵害作品信息网络传播权纠纷上诉案"(以下称"爱奇艺诉 Bilibili 网站案")中,经营者(Bilibili 网站)为设链者(直接侵权人)提供了网络存储服务,但其并非深度

---

① 参见蒋舸:《深层链接直接侵权责任认定的实质提供标准》,《现代法学》2021 年第 3 期。
② 《最高人民法院关于审理侵害信息网络传播权民事纠纷案件适用法律若干问题的规定》(法释〔2020〕19 号)第 4 条:有证据证明网络服务提供者与他人以分工合作等方式共同提供作品、表演、录音录像制品,构成共同侵权行为的,人民法院应当判令其承担连带责任。网络服务提供者能够证明其仅提供自动接入、自动传输、信息存储空间、搜索、链接、文件分享技术等网络服务,主张其不构成共同侵权行为的,人民法院应予支持。
③ 参见陈惠珍、叶菊芬:《手机阅读软件搜索接口服务的性质认定及法律责任》,载张斌主编:《浦东法院知识产权精品案例集》,法律出版社 2016 年版,第 39 页。

链接及其所链内容的直接提供者,而是作为存储平台以供用户上传内容。①Bilibili 网站的营利模式不具有对深度链接的直接依赖关系,设链内容仅仅作为 Bilibili 网站运营模式的一种可能形式。但与袁腾飞诉第九城市案相比,该案中链接内容与经营模式的关联程度略高,法院判决 Bilibili 网站构成间接侵权。

上述案件也反映了文章开头提出的技术困境:深度链接与其他诸如检索、存储技术结合提升了信息利用效率,但也不可避免地为侵权发生提供了土壤。袁腾飞诉第九城市案虽然免除了被告的侵权责任,但这只是在现有的技术手段和司法能力下的妥协。创新必然伴随着新的运营模式的探索和新技术手段的运用,在这一过程中,法律需要为创新留有一定的空间。但同时,创新带来的效率提升会掩盖合法与非法之间的界限,该界限一旦消除,所有有助于生产力增长的(即便是短暂的),都会被评价为合法。由此一来,秩序便被侵蚀,长期的创新与生产力增长便不再可能。这也是商业模式与技术中立主张本身蕴含的一种风险。有风险就要有化解风险的规范,以创新为借口而放任风险的发生将使社会丧失规避风险的自觉性与警惕性。② 在条件允许的情况下,法律需要依据行为人和权利人的风险承担能力赋予其不同的责任,避免技术中立原则下对技术伦理的漠视。③ 如果存在其他同样可行的且负面作用较小的经营模式或技术,或者,在采用某种明显存在负面作用的经营模式时可以同时采取可行的预防措施,那么现有经营模式的合法性将会下降。

(二) 链接内容的质量与数量

设链行为对流量破坏的严重程度是判断行为违法性程度的依据,流量的破坏程度由"质"和"量"两个指标来衡量。其中,"质"的方面主要表现为被链作品的热度。被链作品的热度越高,设链行为给权利人造成的利益损失就越大。被链作品的热度主要依据其在原网站的点击量来确定,并以第三方网站的讨论度为佐证。"量"的方面主要表现为被链作品的数量,数量越多,产生较高流量剥夺效应的可能性就越大。综合看来,流量的破坏程度由"质"和"量"共同决定。下面列举三种情况说明作品的质与量如何影响设链行为的违法性大小。第一,

---

① 参见陆凤玉、刘乐:《深度链接行为是否构成信息网络传播权侵权》,载张斌、单晓光主编:《知识产权案例精选(2015—2016)》,知识产权出版社 2020 年版,第 10 页。该案中,Bilibili 网站中有用户上传了爱奇艺某一热播综艺的播放链接,该链接点开后显示的是原网站的网址,故爱奇艺起诉 Bilibili 网站侵犯其著作权。
② 参见北京知识产权法院民事判决书,案号(2017)京 73 民终 1194 号。
③ 参见[美]罗伯特·P. 莫杰思:《知识产权正当性解释》,金海军等译,商务印书馆 2019 年版,第 469 页。

设链人并没有刻意链接高热度作品,而只是对既存的网络资源进行分类整理,其中不乏利用率较低的一些作品。在这种情况下,设链人对利用率较低的资源进行了整合,提升了信息的价值,尽管可能涉及侵权风险,但总体来说违法性较低。如果被链内容分散程度较高,要求设链人与每一个权利人进行谈判的交易成本很高,甚至可以免除设链人的侵权责任。第二,设链人链接了热度较高(单一作品价值较大)的作品,但是数量不多。在这种情况下,首先,设链人没有进行大规模侵权,因而总体损失较小;其次,被侵权主体数量少,单一权利人的受损金额较大,可以避免民事诉讼的搭便车以及激励不足的问题。因此,这种情况下一般仅构成民事侵权。第三,在有的案件中,设链人的设链内容在质和量层面都达到了一定规模。以"李金波等侵犯著作权案"为例,该案侵权人利用一种定向抓取相关网页资源的聚焦爬虫,只要一线文学网站有内容更新,仅过半小时左右,"爬虫"便可以攫取到更新后的信息。[①] 在这一案件中,侵权人的行为符合了质的要求(设链内容都是最新的作品)、量的要求(网站盗版作品数量多),同时侵权人能够以较低的成本在较短时间内实现损害结果(利用爬虫自动抓取),因而符合入罪条件。

(三)设链手段对权利人预期传播路径的改变程度

通常来说,权利人会根据其作品的价值及特性采取相应的价值实现方式,例如有些价值较低、同质性较高的作品会完全公开用来引流,有些价值高、可替代性低的作品采用单独销售或会员制的方式进行变现。深度链接是通过攫取本属于权利人的利益来实现营利的,而攫取利益的方式就是改变权利人原本采取的传播方式以及设定的传播范围,改变程度越大,深度链接行为的违法性越大,反之则越小。我们可以根据改变程度的大小将深度链接分为三类。第一类是对正版内容设置的深度链接,这类深度链接仅仅改变了权利人设定的传播范围以及受众获取作品的入口。在"央视国际网络有限公司诉新传在线信息技术有限公司不正当竞争纠纷案"中,被告利用直播浏览器播放央视原网址的奥运赛事节目,法院认为被告的行为损害了央视国际公司通过授权其他网络平台而获得经济利益的潜在可能性,构成不正当竞争。[②] 在这种情况下,深度链接行为的违法性较低,因为作品的公开状态意味着权利人对该作品传播范围的改变

[①] 参见冯祥、王玉倩:《运用聚焦爬虫技术内置搜索引擎侵犯著作权的认定》,《人民司法·案例》2017年第23期。

[②] 参见北京知识产权法院民事判决书,案号(2019)京73民终2989号。

有一定预期,权利人具备风险抵抗能力;并且,深度链接损害的是权利人一种潜在的授权利益,但是不会对作品本身的经济价值产生冲击;另外,尽管深度链接改变了权利人设定的传播范围,但也起到了对正版资源的推广作用。第二类是对盗版作品设置的深度链接。盗版作品本身就代表着权利人对这种传播状态的否定,设链行为除攫取了本该属于权利人的流量外,也可能窃取了权利人通过销售该作品获得对价的权益。在"虾滚电影网案"中,行为人对国外视频网站上的 7 000 余部影视作品设置了深度链接,并在虾滚影视网上供用户在线浏览,设链人的行为构成侵犯著作权罪。① 行为人设链的影视作品皆来自国外网站,裁判文书中没有交代这些电影在国外网站上的法律状态如何,但是根据知识产权的地域性原则,即便这些电影作品在国外属于正版,当被告将其设链呈现于国内时,这些电影作品已经处于未授权状态。与之相比,在"袁腾飞诉第九城市案"中,法院认为涉案作品并非由被告直接提供,除非其明知或应知其提供的搜索接口很大可能会导致用户用来获取盗版资源,否则不构成侵权。第三类深度链接虽然指向正版内容,但是权利人采取了一些技术措施以避免他人未经授权对其作品的使用,设链人为获取作品规避了权利人的技术措施。这是对权利人所设定传播方式的直接改变,违法程度最高。

总体而言,上述影响深度链接行为违法性的三个要素往往相互交织在一起发挥作用,共同决定着某一深度链接行为对前文所述的"损害结果不可控性(时效性)"的大小。就这三个要素的关系来说,其中一个要素的违法性高不代表总体的违法性高,违法程度高的深度链接行为则有较大可能涉及多个要素。目前少有的深度链接入刑案件(如"虾滚电影网案")都涉及三方面的违法要素:首先,设链内容与经营模式中的营利点直接相关,且由设链内容创造的营收占整个经营收入的绝大部分;其次,链接的作品往往热度很高,通常处于首播阶段,且设链人采取一定的技术手段能够在短时间内大量更新;最后,设链行为往往严重扭曲了权利人设定的作品传播方式和传播范围,使权利人遭受了预期之外的利益损失。

五、结语

在流量经济的背景下,深度链接行为满足了交互式传播的实质要件,落入信息网络传播权的规制范围。在构成民事侵权的基础上,只要特定类型的深度

---

① 参见江苏省徐州市中级人民法院刑事判决书,案号(2015)徐知刑初字第 13 号。

链接行为造成的损失具有不可控的特征,就属于侵犯著作权罪的实行行为。影响深度链接行为违法性高低的具体因素可以归结为三个:一是链接内容与设链人经营模式的相关性,二是链接内容的质量与数量,三是设链手段对权利人设定的作品传播模式的改变程度。从长远看来,深度链接仅仅是著作权领域可能出现的众多新型侵权的一种,我们将来除了要对各种新型侵权进行分散讨论外,还需对整个著作权的权利体系进行逻辑梳理,使之对未来可能发生的新型侵权具备更强的解释力。试举一例,在第三部分对"设链手段对权利人预期传播路径的改变程度"这一要素的分析中,我们区分了三类深度链接,当前立法及司法实践对第二类深度链接往往采用共同侵权理论进行认定;对第三类深度链接则另辟蹊径转向对规避技术措施,《著作权法》第49条以及《刑法》第217条都将规避技术措施的行为进行单独规制。如果著作权的权利体系得到系统梳理,完全可以在既有的立法框架下解决上述两类深度链接的定性问题,而不必频繁诉诸立法。这一梳理过程可以分为两个层次展开:第一,从横向上对著作权的权能类型进行梳理,尤其是要厘清在传统环境和信息网络环境二分下不同权能类型的适用关系;第二,在纵向上对《著作权法》与《刑法》相关条文的对应关系进行梳理,构建起民事和刑事相衔接的著作权保护体系。

金融**犯罪**研究

经济刑法
Economic Criminology

数字金融刑法解释规则的体系化建构[①]

童德华　刚青卓玛[*]

> **目　次**
> 一、问题提出
> 二、数字金融刑法解释规则的目标预设
> 三、数字金融刑法解释具体规则
> 四、结语

摘　要：数字金融是数字时代金融转型的发展方向，然而，数字金融隐藏的巨大利诱性刺激着数字金融犯罪的滋生。数字金融刑法解释实践中存在规范内涵不清、构成要件碎片化、多重风险交叉集聚、金融创新自由与金融监管有效难以平衡的问题，究其实质，在于数字金融刑法解释具有明显的外部性，影响金融稳定与金融发展。为此，应当以金融法等"第一次法"领域中的法治经验为基础，吸纳金融发展规律与数字技术规则，建构数字金融刑法解释体系。立足于数字金融的普惠性、风险性、创新性三大本质特征，数字金融刑法解释体系以保护人民利益导向、能动主义导向、维护金融安全导向为预设目标，将穿透规则、行业规则、审慎规则、动态规则作为具体解释规则，释放数字金融刑法解释体系的正外部性。

关键词：数字金融；解释规则；体系化；企业犯罪治理

[①]　本文系2024年中央高校基本科研业务费项目"数字金融安全的挑战及重大风险问题的刑事治理"（项目编号：2722024AK005）的阶段性研究成果。

[*]　童德华，中南财经政法大学刑事司法学院教授、博士生导师，中南财经政法大学廉政研究院副院长；刚青卓玛，中南财经政法大学博士研究生。

《中华人民共和国国民经济和社会发展第十四个五年规划和2035年远景目标纲要》第五编以"加快数字化发展 建设数字中国"为题，指出要在数字时代进行数字化转型，打造数字经济新优势。数字经济的勃兴势不可挡，中国人民银行《金融科技发展规划（2022—2025年）》强调要"以加快推进金融机构数字化转型为主线……加快健全适应数字经济发展的现代金融体系"。2021年10月，《证券期货业科技发展"十四五"规划》全文紧扣"推进行业数字化转型发展"与"数据让监管更加智慧"两大主题。2022年1月，《中国银保监会办公厅关于银行业保险业数字化转型的指导意见》突出了"以数字化转型推动银行业保险业高质量发展，构建适应现代经济发展的数字金融新格局"的总体要求。可以看出，数字经济背景下，数字金融正成为有效激活数字经济活力，推进经济业态创新的强心剂。[①] 然而，数字金融在发展的集聚了大量数字风险、金融风险、数字金融刑事风险，风险的叠加集聚刺激数字金融犯罪滋生。数字技术风险与金融风险的叠加共振对刑法解释论提出了新要求。数字金融刑法解释具有明显的外部性效应，合理的解释体系在促进金融创新、保障金融高质量层面具有正外部性，而违背金融发展规律、忽视数字技术适用规则的解释体系则对数字金融发展具有负外部性。传统刑法解释论拘泥于刑法视角，难以契合金融发展规律、数字技术规则，导致数字金融刑法解释在规范内涵明确、构成要件明晰、风险有效防控、金融创新界限划定等实践领域出现适用障碍。法教义学的核心在于形成体系性思考，避免出现因人而异的问题。[②] 本文以数字金融刑法解释规则的体系化构建为突破点，关注刑法解释的外部性，将金融道理、技术规则融入数字金融刑法解释体系，从数字金融的本质特点出发预设解释价值目标，吸纳金融领域技术规则，以期完善数字金融刑法解释规则体系。

一、问题提出

数字金融背后的巨大利诱性刺激着数字金融犯罪的滋生，法律的滞后性使得"补漏型"立法模式在数字金融犯罪规制中显得捉襟见肘。如何建构数字金融刑法解释规则体系，成为治理数字金融犯罪的重要难题。

---

① 郭钏、黄娴静、覃子岳：《数字经济与数字金融耦合协调发展研究》，《现代财经》2023年第5期。
② 杜治晗：《两小无猜非儿戏——一条司法解释的法教义学解释》，《清华法学》2020年第4期。

（一）外部表征：数字金融刑法解释中的实践难题

依托数字技术，数字金融实现了金融业的全流程全要素革新。然而，数字金融的外延模糊性、架构复杂性、风险复合性、业务涉众性等特征引发了一系列的数字金融刑法解释实践难题。

1. 数字金融规范内涵不清

科技创新的日新月异带动了金融业的革命性变局，但实践中却存在互联网金融、金融科技、数字金融三个较为相似的概念，甚至存在概念混用的情形。区分上述三个概念的规范内涵成为数字金融刑法解释的首要难题。

关于数字金融、金融科技与互联网金融三者的关系，包含说认为互联网金融属于广义的数字金融范畴，二者之间区分度最大、显示度最高的本质特征在于区块链的介入以及由此引发的范式革命；①进阶说认为，数字金融是互联网金融与金融科技的进阶产物；②同质说主张互联网金融属于金融科技的过渡阶段，数字金融与金融科技存在多方面的同质性，其概念内涵正在逐渐趋同，在本质上均是金融。③ 区分三者的概念本质与规制重点，对于数字金融刑法解释具有前提性意义。

2. 犯罪链条化引发构成要件碎片化

传统金融采取以核心企业的风控能力与信用水平为核心，为上下游小微企业提供金融服务的"1＋N"（1个核心企业＋N个上下游企业）的服务模式。数字金融在去中心化背景下将上下游小微企业作为独立个体，延长产业链形成"N＋1＋N"（N个上游供应商＋1个核心企业＋N个下游分销商）的服务模式。④ 产业链的不断延展导致关联犯罪不断增加，金融犯罪拓展至非法获取计算机信息系统数据罪等"与金融业务存在某种关联规范的犯罪，上下游犯罪形成闭环链条"。⑤ 数字金融犯罪的精细化、碎片化发展导致此类犯罪不仅在横向上拓展为多个犯罪环节，在纵向上更是演化为上下游犯罪，导致构成要件的

---

① 丁晓蔚：《从互联网金融到数字金融：发展态势、特征与理念》，《南京大学学报（哲学·人文科学·社会科学）》2021年第6期。
② 许多奇：《论数字金融规制的法律框架体系》，《荆楚法学》2021年第1期。
③ 黄靖雯、陶士贵：《以金融科技为核心的新金融形态的内涵：界定、辨析与演进》，《当代经济管理》2022年第10期。
④ 赵志军、颜翀：《数字金融高质量发展问题研究》，《理论学刊》2023年第2期。
⑤ 高鸿、宁昊：《金融犯罪的预防和控制分析》，《银行家》2023年第6期。

碎片化,引发犯罪竞合、共犯等解释难题。①

3. 金融风险、刑事风险、技术风险交叉重叠

总体国家安全观视野下,数字金融安全保障不再局限于金融管理秩序的稳定,各类风险的交叉叠加突出了风险防控的必要性。其一,数字金融难以突破其金融本质,传统金融风险依然是数字金融风险防控重点。其二,数字技术是数字金融发展的基本动因,却也带来了大量技术风险:一是"算法歧视"的隐忧。算法技术内含一定的价值判断,可能形成内生性算法歧视,信息收集的不完整性同样可能导致歧视性结论。二是"数字鸿沟"的阻碍。"数字金融的运行依然要以地理空间为依据,数字金融对地理空间的穿透效应只是相对的穿透",②数字金融服务的获得、质量同样展现出区域异质性。三是"信息茧房"的束缚。基于大数据的收集,金融消费者的消费需求、决策被信息提供者操纵,反而加剧了信息不对称的情况。其三,数字金融突破时间与空间限制,打破分业经营、分业监管的金融格局,提供跨越银行、证券、保险等不同类别的"金融超市"模式金融服务。综合性业务模式下,数字金融犯罪以业务关联性犯罪(如非法吸收公众存款罪)与职务关联性犯罪(如违法发放贷款罪)为两大核心风险点集中,③刑事风险范围拓展。

4. 提高金融效率与有效金融监管难以平衡

金融创新在缓解融资约束、革新金融服务、提升交易安全性方面的重要作用不容忽视,是我国突破金融压抑困局、提高金融效率、推进数字金融高质量发展的重要手段。然而,金融科技的不断革新致使现有的监管制度时常呈现出监管空白,甚至滋生监管套利行为,形成网络黑灰产业。P2P平台创立早期的监管套利行为就为其后期的频繁"爆雷"埋藏了隐患。合理平衡数字金融发展空间与风险防控之间的限度,科学划定刑法的介入范围,成为保障数字金融健康发展的重要难题。

(二)根本原因:数字金融刑法解释规则体系化的缺失

上述数字金融刑法解释面临的实践难题,在根本上源自外部性视角的缺失。数字金融刑法具有极强的专业性、融合性,金融视角与技术视角的缺失,使

---

① 姜涛:《数字经济时代的刑事安全风险及其刑法防控体系》,《四川大学学报(哲学社会科学版)》2023年第6期。
② 靳文辉:《数字金融公平价值的实现路径研究》,《中国法学》2023年第4期。
③ 高鸿、宁昊:《金融犯罪的预防和控制分析》,《银行家》2023年第6期。

得数字金融刑法解释难以构建体系化规则。

数字金融在本质上仍是金融,金融是数字金融刑法解释的基本立足点。2017年最高人民法院发布《关于进一步加强金融审判工作的若干意见》强调,金融审判工作应当遵循金融规律,"以金融服务实体经济为价值本源,依法审理各类金融案件"。数字金融刑法解释对金融稳定与金融安全具有重大影响,为此,不能拘泥于刑法学理,特别是用形式解释理论发展数字金融刑法解释论,应当提倡合理的实质解释论。① 基于实质解释论,则需要拓展金融法规范、数字金融发展规律、数字技术规则等外部视角。其一,以刑法立法本意对数字金融犯罪进行规制显然已经捉襟见肘。数字金融在技术加持下具有发展迅猛的特征,以大数据等数字技术为驱动,以集成电路芯片为支撑,在摩尔定律②预测的技术轨迹下,数字金融的功能速率增长极快,新型数字金融行为模式层出不穷。以稳定币为例,作为随着区块链技术与金融的结合而形成的新兴产物,难以通过语义解释对其进行准确定性。其二,刑法立法难以及时规制数字金融犯罪。法律具有滞后性,在数字金融犯罪呈现出隐蔽性强、技术性高、传播速度快、跨界趋势明显等特征的背景下,难以通过立法及时应对数字金融犯罪的多元变化。其三,刑法与金融法之间规定上的不匹配一直是金融刑法规制难以解决的难题。基于金融活动内容多变、形式多样的特点,为保障刑法典的相对稳定性,金融犯罪刑事立法采取大量空白罪状的方式,造成刑法解释与金融法规定不匹配的难题。"对于任何一个法律而言,只有将其置于整个法律体系之中,才能对其正确理解并合理适用。"③

故而,有必要在逻辑推理基础上,整合刑法学理、金融道理、技术原理,将刑法治理、技术治理有机结合,在预设解释目标的基础上,构建具体解释规则,重塑数字金融刑法解释体系,实现数字金融刑法的公共性理解。

二、数字金融刑法解释规则的目标预设

充分关注外部性的数字金融刑法解释体系化构建,将解释视角拓展至金融、技术领域,立足于数字金融发展的本质特征,结合金融领域的独特价值理念与技术领域具体规则,为数字金融刑法解释提供价值引领。

---

① 罗世龙:《形式解释论与实质解释论之争的出路》,《政治与法律》2018年第2期。
② 摩尔定律,即集成电路上可以容纳的晶体管数目在大约每经过18个月到24个月便会增加一倍。
③ 陈兴良:《刑法教义学中的体系解释》,《法制与社会发展》2023年第3期。

数字金融具有科技与金融双重属性，其内涵与外延不同于互联网金融与金融科技。2017年7月，《关于促进互联网金融健康发展的指导意见》将互联网金融定义为"互联网技术和信息通信技术实现资金融通、支付、投资和信息中介服务的新型金融业务模式"。随着技术的不断更替与数字经济的悄然兴起，数字金融与金融科技的表述逐渐代替了互联网金融。数字金融泛指"传统金融机构与互联网公司利用数字技术实现融资、支付、投资和其他新型金融业务模式"，[①]学界普遍将2013年余额宝的开张视为中国的数字金融元年。数字金融的发展离不开"技术驱动的金融创新"，即金融科技。[②]

从实质上来看，互联网金融是以互联网为平台开展的金融业务，金融科技与数字金融则是以数字经济为背景，利用智能技术开展的新型金融业务。互联网金融与金融科技都强调用新兴技术为金融服务的发展提供解决方案，强调科技与金融的连接发展。[③] 数字金融则兼具金融与科技双重属性，[④]既涵盖互联网金融的交易功能，又彰显了金融科技的技术导向的金融模式。[⑤] 也就是说，数字金融具有双重面向，其规范内涵既有以数字技术为支撑创新金融服务发展的侧面，又有传统金融以数字技术赋能金融服务的侧面，其概念更为中性，涵盖面也更为广泛。双重属性背景下，数字金融展现出普惠性、风险性、创新性的本质特征。数字金融刑法解释体系的构建，应当立足于数字金融的本质特征预设价值目标。立足于普惠性特征，数字金融应当以集体法益为出发点，[⑥]以保护人民利益为导向；立足于风险性特征，应当构建能动主义导向的解释体系；立足于创新性特征，应当提倡维护金融安全导向。

（一）基于普惠性特征的人民利益保护

我国的金融建设坚持"以人民为中心"的价值取向，人民性是我国社会主义制度下金融工作的本质特征，金融业的高质量发展只有在与满足人民群众美好生活需要实现有机融合后才能得到稳步推进。数字金融以普惠性为本质特征，应当以保护人民利益为导向构建数字金融刑法解释体系。

数字金融有效激活了数字经济，更是引发了一场普惠金融革命。传统金融

---

① 黄益平、黄卓：《中国的数字金融发展：现在与未来》，《经济学（季刊）》2018年第4期。
② 该定义来源于中国人民银行印发的《金融科技发展规划（2022—2025年）》。
③ 谢平、刘海二：《金融科技与监管科技》，中国金融出版社2019年版，第7—9页。
④ 赵志军、颜翀：《数字金融高质量发展问题研究》，《理论学刊》2023年第2期。
⑤ 韦颜秋、邱立成：《数字金融、资产规模与商业银行风险承担》，《贵州社会科学》2022年第6期。
⑥ 李冠煜：《论集合法益的限制认定》，《当代法学》2022年第2期。

业发展存在"二八定律"：20%的金融客户占有了80%的金融需求量，并创造出80%的金融业利润。高度集中化、精英化的发展模式下，传统金融服务与社会投资需求之间形成了一定的空档。其一，从融资来看，以资产抵押为贷款前提的融资模式导致我国约80%的银行贷款流向了国有企业与上市公司。然而，难以获得贷款的20%非国有非上市企业恰恰是我国经济增长与雇佣多数劳动力的重要力量[1]。其二，从投资来看，投资者同时面临交易前的逆向选择风险与交易后的道德风险，难以找到适配理财产品。其三，从金融服务覆盖面来看，偏远地区的金融网点稀少、金融服务单一。因此，在传统金融供给不足矛盾突出的背景下，数字化成为普惠金融的重要转型方向。

普惠金融又被称为包容性金融，强调要建立能有效、全方位的为社会所有阶层群体提供可持续性金融服务的金融体系。以人民银行现行普惠金融指标为指导，[2]数字普惠金融展现出三个维度的价值：第一，强化金融服务可得性。依托智能设备，数字金融摆脱了对实体金融网点的依赖性，有效发挥科技平台的"长尾效应"。截至2017年3月，支付宝的农村市场用户就已突破1.63亿。以大数据替代抵押资产进行风险评估，有效解决中小企业的融资难题。第二，提供多样且适当的金融产品。数字金融提升了金融消费者的可负担性，依据"数字足迹"为其提供个性化的金融服务，如将数字支付与证券、基金等投资理财产品或"蚂蚁花呗"等在线信贷服务相结合。第三，凸显商业可行性与可持续性。数字金融与传统金融之间呈现出互补特征，不仅催生了一批新兴的金融科技公司与服务，还刺激了传统金融机构的数字化转型。

数字金融刑法解释体系的构建，应当以保护人民利益为导向，在坚持金融人民性的基础上有效发挥法益保护机能与保障人权机能。一方面，以法益保护原则为导向维护金融安全。数字金融的"草根"特性显著缩小了城乡间的多维性差异，促进了包容性增长，其普惠特征与人民美好生活需求相契合。但与此同时，数字金融犯罪的涉众性、隐蔽性、技术性特征使得其社会危害性更趋严重，法益侵害性明显扩散，需要发挥刑法的法益保护机能维护金融安全。以保护人民利益为导向，数字金融刑法解释体系应当置于总体国家安全观视域下，以金融安全为抓手，在系统性思维指引下规范数字金融发展，在大安全框架下维护数字金融安全。对于有效降低交易成本、推进普惠金融、依法依规开展的

---

[1] 郭雳：《中国式影子银行的风险溯源与监管创新》，《中国法学》2018年第3期。
[2] 中国人民银行金融消费权益保护局：《中国普惠金融指标分析报告(2021)》，第1页。

新兴数字金融交易模式,应当依法予以保护。但对于以数字金融为幌子,私设资金池、诱骗社会公众投资等犯罪行为,应当坚决打击。例如,赵某等人在未取得金融管理部门相关许可的情况下,公开宣传对其公司的普洱茶进行资产数字化运作,发行具有资产绑定的"普洱币"。经查证,该普洱币的价格由专员通过投资款操盘,并在P2P平台上发布"代币茶票""数字资产""上市茶票"三款融资产品以吸引投资人进行投资。① 此类行为以数字金融为幌子,实际上是在未经依法批准的前提下,虚构出并未与实际资产绑定,也并没有实际价值锚定的投资产品,通过人为操纵价格的方式诱骗社会公众投资,以实现非法集资目的的犯罪行为,应当予以坚决打击。另一方面,应注重金融消费者的合法权益保障。我国金融刑法规范以维护金融管理秩序为主要目的,展现出明显的"压制型法"特征,金融消费者的投资利益保护被弱化。保护人民利益导向下,应当将金融消费者权益保障作为解释的重要基点,发挥刑法的工具性价值,积极对接前置法中关于金融机构建立健全消费者权益保障全流程管控机制的内容,形成综合治理结构,打破算法歧视、信息鸿沟、信息茧房等技术壁垒,保障金融领域的公平、公正、诚实交易。

(二)基于风险性特征的能动主义应对

"防范化解金融风险特别是防止发生系统性金融风险,是金融工作的根本性任务。"②数字金融系统性刑事风险在数字金融犯罪中高度集聚与现实化,风险防控正是金融法与刑法同向性的关键体现。③ 在风险为本的本质特征下,数字金融刑法解释体系应当坚持能动主义导向,积极防范化解风险。

传统金融业务模式内含了金融风险的生成机制:其一,金融业务模式本身呈现出高负债经营、资产负债期限上的不匹配、信息不对称的特点;其二,信贷模式附带的道德危机加剧了金融业的不稳定性;其三,金融领域个体理性与合体谬误并存;其四,金融机构间在业务上、信息上具有极强的关联性,呈现出金融波动溢出效应,增强了金融风险的传染性。

数字金融业务模式在本质上仍是金融,数字技术的介入加强了金融的高杠杆性,传统金融风险与数字金融风险叠加共振。④ 也就是说,数字技术的结合使得金融风险触点增多,风险更具有复杂性、易变性、内生性,数字风险、传统金

---

① 广东省高级人民法院刑事裁定书,案号(2021)粤刑终630号。
② 习近平:《深化金融供给侧结构性改革 增强金融服务实体经济能力》,《人民日报》2019年2月24日。
③ 王海桥:《信息化背景下金融犯罪的治理结构转变》,《中州学刊》2021年第5期。
④ 高惺惟:《传统金融风险与互联网风险的共振机理及应对》,《现代经济探讨》2022年第4期。

融风险、数字金融叠加风险并存。① 其一,流动性风险依然严峻。数字金融的普惠特性虽拓展了金融消费者对象,但其客户群体以具有风险厌恶特征的电商企业、小额投资者为主,挤兑赎回、期限错配等流动性风险依然严峻。其二,信用风险持续放大。纯信用担保模式相对加剧了交易主体身份、交易真实性等交易活动信息验证难度,对信用风险具有放大效应。其三,系统性风险逐步凸显。数字金融的跨界属性与极快的交易速度已将系统性风险由"大而不能倒"发展为"太互联而不能倒""太快而不能挽救"。

传统金融风险与数字金融风险"双风险"共振背景下,应当以能动主义为导向,实现数字金融刑法解释体系的能动转向。我国的金融体系正在由管制体系向监管体系转型。管制体系下,金融活动以国家为主导,以行政手段为特殊主体提供特殊保护,尤其表现在市场准入阶段的严格管制;监管体系则更突出市场的主导性地位,通过对市场主体行为的有效规范,确保信息能够透明、公开。随着金融监管体系的转型,我国的数字金融刑法解释体系也应当向能动主义解释体系转型。受我国早期计划经济体制影响,我国金融刑法规定呈现"压制型法"特征,②从权力本位出发,以维护国家金融管理秩序为主要目的。压制型金融刑法导致我国金融风险防控过度依赖刑法强制力,呈现出"泛刑化"趋势,非刑罚制裁措施被虚置。数字金融背景下,金融市场创新化、自由化发展趋势明显,数字金融风险更加突出,呼吁灵活性的监管手段。党的二十大报告强调,"依法将各类金融活动全部纳入监管,守住不发生系统性风险底线"。数字金融刑法解释体系应当坚持能动主义导向,充分体现将法律作为社会控制机制的灵活性与开放性,③将刑法手段与非刑法制裁措施相结合,以刑罚手段为数字金融风险防控的"最后手段",积极探索替代性规制手段,有效在刑法介入之前防范化解风险,提升维护金融安全的能力。

(三)基于创新性特征的金融安全维护

根源于发展中国家落后的经济基础,国家不得不通过市场准入、干预限制存贷款利率等手段推动经济增长,进而导致抑制储蓄增长、资源配置效率低下

---

① 韩贺洋、周全、韩俊华:《数字经济时代数字金融"双风险"演变机制分析》,《科学管理研究》2023年第3期。
② 梅传强、张永强:《金融刑法的范式转换与立法实现——从"压制型法"到"回应型法"》,《华东政法大学学报》2017年第5期。
③ 邓建鹏、张夏明:《区块链金融司法治理的困境及其化解——以稳定币相关司法文书为视角》,《武汉大学学报(哲学社会科学版)》2023年第2期。

的金融压抑困局。[①] 以金融创新为主要手段的数字金融积极破解金融压抑困局,推动金融高质量发展。然而,金融创新应当在维护金融安全导向下推进,把握金融创新与维护金融安全的合理平衡。

我国的金融压抑困局源于严格的特许制度审批与利率管制。一方面,金融服务只能由金融机构提供,或者在经监管机构批准的金融市场中开展。另一方面,我国的银行存贷款业务受到利率管制,只能在央行规定的基准利率范围内上下浮动。由于中国人民银行确定的基准利率较市场利率更低,在总体上就形成了金融压抑的局面。在此背景下,我国的投资需求与融资需求皆未能得到良好满足。金融创新丰富金融层次、发展生态化混业经营,借助数字技术有效破解我国的金融压抑困局:其一,提供低门槛性、草根性的金融服务,拓宽融资渠道;其二,增加资金供给规模、降低对银行信贷的压力;其三,全方位创新金融产品、场景、数据,缓解信息不对称性,提供精确、个性化、高质量的金融服务;其四,革新算法工具,借助区块链技术的分布式账本优势加强抗风险能力,提升金融运行效率与交易安全性。

金融创新是破解金融压抑困局的一把利器,却也可能成为危害金融安全的一大威胁。金融安全"是一国能够抵御各种内外冲击、保持金融制度和金融体系正常运行的一种状态或能力"[②]。一方面,不得不承认,金融创新确实存在反向增强金融脆弱性、拓展金融风险传染性的特性;另一方面,法律规制相较于金融创新具有滞后性,补漏型的刑法规制更多表现为事后追责与惩治,极易形成规制真空地带,放纵新型违法犯罪,难以对违规金融创新有效预警。

数字金融刑法解释的体系化构建,既要突出数字金融的创新性特征,又要贯彻维护金融安全导向,在安全导向下推进金融创新。一方面,坚持鼓励金融创新的基本方针政策。中国人民银行《金融科技发展规划(2022—2025 年)》强调,"金融科技作为技术驱动的金融创新,是深化金融供给侧结构性改革、增强金融服务实体经济能力的重要引擎"。刑法作为补充法,在面对金融创新时不应过度介入。在金融创新产品尚未得到准确定性,或者因金融制度缺陷导致金融创新领域出现一定的管理混乱情形时,不宜轻易动用刑法手段。可以采取渐进性的制裁措施,待对其进行准确定位后,先行借助民事、行政手段进行处理,为金融创新留置合理的自由发展空间。以第三方支付业务为例,随着淘宝网等购物平台的兴起,第三方支付业务量迅速增长。然而,由于缺乏统一资金清算

[①] 曹龙骐主编:《金融学》,高等教育出版社 2019 年版,第 393—395 页。
[②] 廖峥嵘:《总体国家安全观视野下的中国金融安全:挑战与思考》,《国家安全研究》2022 年第 2 期。

平台,滋生了大量资金流向不透明、资金结算违规等问题。我国监管部门并未直接否定第三方支付模式,在宽松化的监管模式下对其进行科学分析并开展"断直连"工作,将网联平台作为银行与支付机构的中介平台,实现网络支付资金清算业务规范化、透明化、集中化发展。目前,我国网联清算平台支付业务量已由2018年的1 284.77亿笔增长至2021年的6 827.60亿笔,支付金额由2018年57.91万亿元增长至461.46万亿元。[①] 另一方面,坚持金融安全与技术安全并重,在总体国家安全观视角下积极应对数字金融犯罪。传统金融犯罪仍然是数字金融刑法的打击重点,但数字技术造成的新型数字金融犯罪同样是数字金融刑法的打击对象。金融创新以数据为主要生产要素,金融科技公司在创新过程中掌握大量公民个人信息数据,在算法技术的支持下,大量数据的累积对于金融安全甚至是国家安全具有重要意义。因此,应当对金融创新中涉及的收集、利用、交易、泄露数据的行为进行全面规制。既包括利用信息数据实施的情报信息类犯罪,也包括为获取、利用、破坏信息数据等采取的信息系统类犯罪。

三、数字金融刑法解释具体规则

数字金融具有知识体系的专业性、融合性,对数字金融刑法解释体系的构建不得不关注其外部性因素。"仅仅从解释学的内在哲学方法论上寻找突破,而不关注刑法适用的外部因素及其影响,可能还不足以找准网络时代刑法解释论向前发展的方向。"[②]以金融法等"第一次法"领域中的法治经验为基础,作为相应行为进入刑法领域后的参考基础,不仅利于对新兴数字金融犯罪行为予以准确定位,还有利于维护法秩序的统一性,合理构建数字金融解释体系。

(一)穿透规则

穿透规则作为金融法律法规中的常用规则,从本质上来讲,是要发挥"事实发现"这一核心功能,通过刺破金融服务的主体架构与产品特质,解码复杂金融产品与糅合的经营主体。如《国有金融资本出资人职责暂行规定》第14条要求,财政部门应当"对所出资国有及国有控股金融机构实施资本穿透管理"。

穿透规则遵守"实质重于形式"原则,其中的实质是指金融实质,形式则是

---

① 中国人民银行金融稳定分析小组:《中国金融稳定报告(2022年)》,第112页。
② 王华伟:《网络时代的刑法解释论立场》,《中国法律评论》2020年第1期。

法律形式。① 也就是说,在对金融活动进行判断时要以其金融实质而不是其表面的法律形式为依据。数字金融业务带有明显的复合性特征,部分数字金融平台更是采取综合性"金融超市"模式,业务架构复杂。在对数字金融犯罪主体、犯罪模式解释中都需要运用穿透规则,准确判定犯罪事实,合理进行数字金融刑法解释。

一方面,运用穿透规则在前置法阶段防范化解风险,守住不发生系统性金融风险底线。在金融监管中进行主体穿透与产品穿透,在主体上穿透至所有有关的金融参与主体,将产品的性质而非发行产品的金融机构作为是否纳入监管的依据,② 有效提升金融市场透明度,在前置阶段降低发生内幕交易、操纵证券、期货市场等金融犯罪的机会。例如,证券市场大量运用算法选择投资策略、传送指令或时机进行程序化交易的背景下,多层嵌套或利用技术遮盖特点的违法违规行为大量涌现。③ 需要借助穿透规则对传统程序化交易模型与关联交易进行实质判断,确定交易中是否存在证券欺诈、恶意操纵等行为。但应当注意,穿透规则的融入具有公权力的色彩,肆意行使不利于金融法律秩序的确立,有损金融服务提供者与消费者的利益。应当对穿透规则的适用范围予以限制,借助比例原则等对其进一步合理限缩。

另一方面,将穿透规则融入数字金融刑法解释体系,作为数字金融犯罪认定、取证的具体规则。第一,借助穿透式认定实现"事实发现"。对于复合性强的数字金融犯罪,尤其是以金融创新为名规避监管、掩盖风险进而实施制度套利的金融违法违规行为,应当对其实际法律关系进行穿透,确定该金融行为的实质效力与各方权利义务关系,破解构成要件碎片化难题。例如,对金融科技产品,应当将其资金来源、中间环节以及最终投向进行穿透,以穿透后的业务性质认定其是否符合数字金融犯罪的构成要件。第二,将穿透规则融入调查取证过程。④ 一是资金穿透,即对资金的来源与去向进行追溯,厘清资金的往来链条与资金网络结构。二是股权穿透,即穿透股权代持等幌子而确立实际股权控制人与股权结构,明确犯罪主体与最终受益人。三是网格穿透,即穿透涉案数字金融服务提供者网站或数字金融犯罪嫌疑人访问的层层网页等数据,获得其犯罪模式或实施犯罪的相关证据。除此之外,还有一系列穿透数据以调查取证

---

① 任怡多:《金融科技穿透式监管的逻辑机理与制度构建》,《苏州大学学报(法学版)》2022年第2期。
② 宋寒亮:《风险化解目标下互联网金融监管机制创新研究》,《大连理工大学学报(社会科学版)》2022年第2期。
③ 吕桐毅:《程序化交易穿透监管:问题检视与路径优化》,《南方金融》2023年第4期。
④ 刘品新、唐超琰:《穿透式取证:涉众型经济犯罪的法律应对》,《法律适用》2022年第1期。

的"穿透式取证"方式,在绘制数字金融犯罪架构、计算犯罪数额等方面具有重要实践意义。

(二)行业规则

数字技术的融入,颠覆了金融业的发展模式,也刺激金融犯罪产生异化。数字金融犯罪视域下,行业规则具有纳入刑法解释具体规则的必要性:其一,数字金融犯罪是典型的法定犯,其不法构成的判定依赖于前置法规定。在数字金融犯罪的复杂性、多变性背景下,相关刑事立法多采取宽泛性的规定,需要借助数字金融领域的规范标准确定构成要件行为标准。其二,数字金融犯罪干预的早期化与刑法"第二次调整法"的定位相抵触。数字金融犯罪行为方式多样化,危害结果严重化且扩散化,传统金融风险与数字金融风险更是呈现出"共振效应"。对此,出于秩序维护或是舆论平息等政策性理由,刑法以干预早期化方式进行了积极应对。如《防范和处置非法集资条例》第23条第2款规定"行政机关对非法集资行为的调查认定,不是依法追究刑事责任的必经程序"。然而,此类规定与刑法的从属性存在矛盾,不利于金融创新发展。将行业规则纳入数字金融刑法解释体系,可以有效缓解上述矛盾。

第一,以金融监管理念指引刑法规范适用。受立法技术限制,数字金融刑法规定具有规范性与概括性特征,加之数字金融领域的专业性限制,数字金融刑法的禁止性内容既依赖于刑法规定,又离不开金融法律法规与企业内部自律准则基于金融监管的规定。金融监管所提供的风险预防模式指明了刑法的适用路径,尤其是在数字化背景下,更需要树立行业规则优先理念,依赖企业犯罪治理的关联制度确立刑法的干预风险限度,明确违规行为与犯规行为之间的界限。

第二,推广合法经营文化,创设法治化营商环境。将行业规则融入刑法解释,重要价值之一在于形塑企业合法经营文化,以内化的自律机制控制外部风险,借助完善市场准入规则等措施强化金融市场公平竞争机制,优化营商环境。如《财政部关于进一步加强国有金融企业财务管理的通知》指出,金融企业不良资产对外转让应当坚持依法依规、公开透明、洁净转让、真实出售等原则。

第三,以企业自律监管预防数字金融犯罪。数字金融的创新性、普惠性凸显了其发展中的风险性,"补漏型"的刑事法律规定难以风险防范需求。因此,数字金融背景下,金融中介机构将面临越来越多的信息披露刑事合规风险,需要加强企业内部犯罪治理制度的建设、执行。企业犯罪内部治理促使企业在经营过程中及时、主动发现违法犯罪行为并进行自我净化,以低成本、低负担、高效率的方式防范化解金融风险。如《金融机构反洗钱和反恐怖融资监督管理办法》第 26 条指出,"中国人民银行及其分支机构可以采取监管提示、约见谈话、监管走访等措施",有效预防洗钱犯罪、非法集资犯罪的发生。企业犯罪内部治理实现了由消极特殊预防向积极特殊预防的转向,通过激励企业积极构建内部犯罪治理治理机制,推进国家与企业的共同治理,预防、减少金融领域企业及其员工的刑事风险。

第四,对数字金融犯罪的刑法扩张化趋势予以适当限缩。在数字金融刑法干预早期化、归责扩大化、处罚严厉化的背景下,企业内部治理等预防性手段有助于金融机构的自我保护,企业犯罪治理可以被解释为防止刑事可罚性的保护盾牌。借助企业内部治理规则与内部治理措施的执行,降低企业及相关人员的违法可能性,建立依法依规的企业文化,树立工作人员的法信仰,影响责任刑与预防刑的裁量。

(三) 审慎规则

审慎规则以防范化解风险为根本目的,益于实现金融稳定与金融服务实体经济双重职责的有机统一。将审慎规则作为数字金融刑法解释规则,在划清刑法介入界限、重申保护人民利益导向方面具有重要意义。

审慎规则在金融法律法规中的规定主要包含两个面向:一是宏观审慎管理。宏观审慎监管着眼于防范化解金融体系内在的周期特征对实体经济周期波动的放大效应以及金融风险的传染性,采取自上而下的监管措施。党的十九大报告指出,应当健全货币政策与宏观审慎政策"双支柱"调控框架。2021 年 12 月 31 日,中国人民银行以"宏观、逆周期、防传染"理念为指引发布《宏观审慎政策指引(试行)》,进一步增强防范化解系统性风险能力。二是微观审慎监管。微观审慎监管更注重单个金融机构稳健运行的重要性,引导问题金融机构及时恢复至符合监管要求的运营水平,以自下而上的监管方式有效维护金融消费者的合法利益。① 虽然审慎规则的两个面向在工作重点、任务要求等方面存在差异,但二者都以防范化解风险目标为根本目的,不仅风险监管工具存在兼容性,而且其政策要求是相辅相成的。也就是说,稳定有效的金融市场体系应当同时满足系统性风险可控与个体金融机构运行稳健的双重条件。审慎规则的根本内涵与刑法金融犯罪规范相契合,刑法设专节规定了破坏金融管理秩序罪,凸显了保障金融秩序稳定的重要意义。例如,我国对金融机构的设立设置

---

① 范从来、林键、程一江:《宏观审慎管理与微观审慎监管:金融监管政策协同机制的构建》,《学术月刊》2022 年第 9 期。

了严格的市场准入机制,擅自设立金融机构罪的设置就是以刑法手段保障金融市场稳定的方式之一。将审慎规则融入数字金融刑法解释体系,应当着眼于其双重面向的内在一致性,防范化解风险、维护金融安全。

第一,划定刑法介入金融科技创新的界限。2020年中国支付清算协会发布的《商业银行及非银行支付机构金融科技业务发展情况调查报告》指出,已有60％的银行制定金融科技业务发展规划并开展相关实践。然而,以金融科技创新为名实施的数字金融犯罪也频频发生。宽松化监管政策对我国金融科技的健康发展固然重要,但其背后隐藏的数字金融犯罪风险更是不容忽视。将审慎规则融入刑法解释体系,进一步明确刑法的"第二次调整法"属性,为刑法介入金融科技创新划定界限。在宏观审慎与微观审慎并重前提下,赋予金融科技灵活发展空间。对有违审慎规则,创设重大刑事风险的数字金融犯罪,以刑法手段保障金融稳定。《中华人民共和国银行业监督管理法》第46条强调,"严重违反审慎经营规则的","构成犯罪的,依法追究刑事责任"。对于严重违反审慎规则,危害个体金融机构稳健运行、创设系统性风险,符合犯罪构成要件的犯罪行为,应当予以坚决打击。

第二,重申数字金融刑法的保护人民利益导向。我国的金融以人民性为本质特征,审慎规则内含着人民性要求,以保障人民群众的根本利益、保障人民群众共享稳定金融体系为重要内容。① 数字金融刑法解释要充分吸收审慎规则中的人民性内涵,坚持金融为民理念。不仅应当关注国家与金融机构、金融市场间的纵向管理法律关系,还要重视平等金融主体之间的金融关系,在保障金融安全、维护人民群众的根本利益指向下实现数字金融刑法治理。

(四)动态规则

动态规则在金融法律规范中不仅作为具体规则广泛运用,更是作为一种价值理念贯通金融管控全过程,灵活监管与适度监管就是动态规则在监管领域适用的重要体现。数字金融兼具科技与金融双重属性,引发了金融业的多层次、全流程革新,更呼吁动态规则的适用。在能动主义解释导向下,动态规则在数字金融刑法解释体系中的适用主要体现在与宽严相济刑事政策的结合之中。

一方面,当严则严,及时规制新型数字金融犯罪。数字金融犯罪行为方式新颖,在数字技术高传播速率加持下,受害群体广泛,社会危害性严重。以数字技术为支撑,以数据为主要生产要素,数字金融犯罪已囊括故意泄露国家秘密

---

① 刘志洋、马亚娜、岳琳琳:《宏观审慎监管对财富分配不平等的影响研究——兼论金融监管与共同富裕的关系》,《金融监管研究》2022年第12期。

罪、破坏计算机信息系统罪等衍生性犯罪。为实现有效应对，需要在数字金融产品的不同发展阶段对其动态定性，结合穿透规则把握其在不同发展阶段的业务实质。例如，以太坊经过升级之后，诚实节点质押以太币将会获取区块链系统奖励收益这一新型分红模式，使得以太币"不仅具有功能型代币性质，还将具有理财或投资属性，其法律属性可能由虚拟商品向证券转化"。①

另一方面，当宽则宽，为数字金融留置合理发展空间。数字金融产品处于不断发展创新之中，故数字金融业务的性质并非静态的，而是随着其业务模式的发展而变化。传统静态监管体制难以对其有效应对，数字金融监管应当突出灵活性、长效性，融入科技手段实现智能动态监管，实现金融安全与金融效率的最大化。② 例如，《金融机构反洗钱和反恐怖融资监督管理办法》将非银行支付机构、网络小额贷款公司等数字金融机构纳入监管范围，就是对反洗钱与反恐怖融资监管的动态调整。再如，人民银行自2020年以来积极建构银行风险监测指标体系，从扩张性风险、同业风险、流动风险、信用风险、综合风险五个方面构建风险监测体系，对银行业风险实施动态监管，在抓早抓小"治未病"方针引领下动态性构建预警银行纠偏机制。数字金融治理应当坚持系统观点，建设囊括银行业风险预警指标体系、公募基金流动性压力测试、保险业稳健性评估、重点区域风险压力测试等多方面多层次的系统性风险监测评估机制，对数字金融风险及时纠偏，防范化解金融风险。在法秩序统一性指引下，刑法应当坚持从属性原则，在尚未对数字金融产品或业务进行准确定性之时，不应盲目介入，为数字金融的健康发展留置自由空间。

四、结语

金融是现代经济的核心，数字金融是激发数字经济活力、推进经济业态创新的重要手段。合理的数字金融刑法解释体系构建具有打击数字金融犯罪、保障金融稳定、维护金融高质量发展的重要战略意义。数字金融刑法解释的外部性要求将金融道理、数字技术规则纳入解释体系，在遵循金融发展规律、数字技术特征的基础上，体系化构建数字金融刑法解释规则，防范化解数字金融刑事风险，完善数字金融刑事治理。

---

① 邓建鹏：《区块链的法学视野：问题与路径》，《学术论坛》2023年第3期。
② 张晓燕、姬家豪：《金融科技与金融监管的动态匹配对金融效率的影响》，《南开管理评论》2023年第1期。

洗钱共同犯罪规制研究

李 睿 闵逸伦[*]

目 次

一、问题的提出
二、洗钱共同犯罪中对"明知"的认定
三、洗钱罪中"通谋"的界分与共同犯罪的认定
四、洗钱共同犯罪正犯与共犯的区分
五、洗钱共同犯罪的主从犯区分认定
六、结语

摘 要：随着社会经济的高速发展以及洗钱犯罪手段的不断更新,洗钱共同犯罪的规模与涉案金额愈加庞大,逐渐成为扰乱国家金融秩序的一大重点犯罪,反洗钱的立法规制成为维护国家金融安全与整体秩序的重要工作。在自洗钱入罪后,洗钱犯罪的案件数量并未如期出现井喷式增长,原因在于司法实践中的洗钱共同犯罪认定的主客观困境尚未被释明。对于主观要件,洗钱罪条文中"明知"的删除并不影响其仍是故意犯罪,区分"洗钱通谋"与"上游犯罪通谋"应当以通谋的实质内容为标准,并且建立一套洗钱共同犯罪适用的犯罪参与体系,准确区分洗钱共同犯罪中的正犯与共犯、主犯与从犯,实现对洗钱罪打击力度的增强与打击范围的扩大,维护我国金融秩序的安全。

关键词：洗钱罪；共同犯罪；明知与通谋；正犯与共犯；主犯与从犯

---

[*] 李睿,上海财经大学法学院副教授,博士生导师；闵逸伦,上海博和汉商律师事务所律师,法律硕士。

一、问题的提出

《刑法修正案（十一）》对洗钱罪的构成要件进行了修订与完善，在客观构成要件和主观构成要件方面分别删除了"协助"与"明知"的原有表述，这一修正扩充了洗钱行为模式与洗钱犯罪主体的范围，为自洗钱的入罪铺平了道路，但同时也为洗钱共同犯罪的认定带来了新的挑战。因此，基于修改后洗钱罪构成要件的增减、洗钱主体的增加、洗钱客观行为方式的变化，有必要对洗钱共同犯罪可能会面临的刑法适用困境进行研究。

（一）洗钱共同犯罪中对"明知"的认定

在共同犯罪的认定中，各犯罪人的共同故意是评价其是否构成共犯的重要主观要件。① 具体来说，在《刑法修正案（十一）》后，"明知"的删去不仅意味着自洗钱的入罪，还触及洗钱罪的主观要件是否会发生变化的难题。在洗钱共同犯罪由"他洗钱人之间的共同犯罪"扩张为"自洗钱人与他洗钱人""自洗钱人与自洗钱人""他洗钱人与他洗钱人"均有可能成为共犯的前提下，对于他洗钱人的主观"明知"是否仍旧需要证明、若需证明则其证明标准是否会随之降低存在争议。

（二）洗钱共同犯罪中对"通谋"的区分

以往的司法判例显示，判断行为人是构成上游犯罪的共同犯罪还是洗钱犯罪的依据往往是形式层面的"事前/事中有无通谋"，鲜有洗钱罪司法适用的空间。② 将"通谋存在与否"作为区分上游犯罪与赃物犯罪的标准，无须关注对通谋内容的具体区分是此前司法实践的操作共识。③ 自洗钱入罪后，一味遵循原有的上游犯罪共犯化的既往评价标准则可能遗漏评价双方针对洗钱共同犯罪的通谋行为，传统赃物犯罪的共犯优先认定规则④已不再适用于《刑法修正案（十一）》后的洗钱罪。

---

① 《中华人民共和国刑法》第 25 条第 1 款：共同犯罪是指二人以上共同故意犯罪。
② 参见徐弘艳、逄政：《自洗钱行为的认定及刑事规制》，《人民检察》2021 年第 20 期。
③ 参见王新：《自洗钱入罪后的司法适用问题》，《政治与法律》2021 年第 11 期。
④ 《最高人民法院关于审理掩饰、隐瞒犯罪所得、所得收益刑事案件适用法律若干问题的解释》第 5 条规定：事前与盗窃、抢劫、诈骗、抢夺等犯罪分子通谋，掩饰、隐瞒犯罪所得及其产生的收益的，以盗窃、抢劫、诈骗、抢夺等犯罪的共犯论处。

（三）洗钱共同犯罪正犯与共犯的区分

洗钱共同犯罪作为一种不法形态，解决的问题是将二人以上实施的不法行为之结果在客观不法层面作出评判，将其归属于哪些犯罪参与人的问题。① 在共同犯罪的场合，多数情况下各个犯罪参与人触犯的是相同的罪名，但在部分情境中也存在分别定罪的可能性。洗钱共同犯罪中共犯与正犯的身份发生了变化，在区分行为人究竟是上游犯罪共犯还是洗钱罪正犯时存在认定困境，需要根据共犯基础理论的指引探寻洗钱共同犯罪正犯与共犯的区分路径。

（四）洗钱共同犯罪的主犯与从犯的区分

传统财产共同犯罪中，洗钱行为对上游犯罪的依附关系是司法机关将洗钱人的共犯地位认定为上游犯罪从犯的主要原因，导致洗钱犯罪与上游犯罪之间的量刑失衡问题。自洗钱独立成罪后，自洗钱人（洗钱本犯）在共同犯罪中的身份地位究竟应当被评价为洗钱共同犯罪的主犯（或从犯）还是上游犯罪的主犯（或从犯）？评价与上游犯罪本犯共同实施洗钱行为的其他犯罪参与人在共同犯罪中的地位与犯罪参与程度时，是否有可能会出现主从作用的"颠倒"——他洗钱人构成洗钱罪主犯、自洗钱人反而成为从犯的情况？因此，有必要在现有的主从犯认定基础上进一步明确洗钱共同犯罪中各行为人的参与程度与犯罪地位的认定标准。

二、洗钱共同犯罪中对"明知"的认定

在传统赃物共同犯罪的认定过程中，共同故意的判断需要依托于认识因素与意志因素的外部表现，并结合共犯故意的意思联络综合考量，并结合分则各罪条文中对共犯要求的进一步规定作出认定。《刑法修正案（十一）》将洗钱罪中的"明知"删去后，在洗钱共同犯罪中各个行为人的共同故意将要如何认定，针对自洗钱人与他洗钱人共同洗钱犯罪的情况是否还有必要认定"明知"的存在，是认定洗钱共同犯罪的重要问题。

（一）洗钱罪中"明知"的删除与共同故意的认定

1. 没有分则个罪中的"明知"不影响洗钱罪的主观要件

"明知"在刑法中共计出现46次，除去刑法总则中第14条对犯罪故意的规

---

① 参见张明楷：《刑法学（第六版）》，法律出版社2021年版，第495页。

定(笔者将在下文中简称"总则'明知'")外、其余45个"明知"均出现在分则的规定(以下简称"分则'明知'")之中,共计40个罪名规定了"明知"要件,因此有学者将"明知"定义为一个跨越刑法总则与分则的概念。① 对分则明知之性质与作用的判断,坚持一致说的学者认为分则"明知"的性质类似于一种注意规定。② 持"区分论"的学者在对于总则"明知"与分则"明知"的区分层面上也存在不同的观点:根据形式区别说的理论,"分则明知只是总则明知的前提"③,总则"明知"是对行为对象事实以及行为社会危害性的认识、分则"明知"是对特定事实的认识,④总则"明知"的认识较为抽象、分则"明知"的认识针对具体事实⑤;根据实质区别说的理论,二者的区别在于总则"明知"只能体现主观故意的情形,⑥而分则"明知"兼容了故意与过失,因为在分则中过失犯罪的构成要件要素中也规定了"明知"。⑦

首先,一致说的观点错误地忽视了总分则"明知"之间的差异,否定了分则"明知"的独特价值与独立地位。其次,针对实质区别说的观点,从《刑法》第14条的法律文本理解出发,故意犯罪的行为人一定具有"明知",行为人具有"明知"却不一定会构成故意犯罪,明知是故意的必要非充分条件。因此,笔者较为赞同形式区别说的观点。但对于其中"分则明知是总则明知的前提"这一论断,笔者认为也有待商榷。对这一观点有力的反驳是,刑法分则中总共规定的罪名共计486项,除去明确在法条中规定"明知"的45项罪名,以及刑法分则中特别规定的16项过失犯罪,剩余的425项罪名的条文中既没有规定明知要件也没有特别规定为过失犯罪,但却不影响该类罪名的主观要件中"明知"的成立。综上所述,总则"明知"是刑法规定的故意中认识因素的表现,也即"故意的一般因素"⑧,与此相对分则"明知"则是对特定个罪条文中行为客体的认识,是额外的"故意的特定因素"⑨。洗钱分则"明知"的删除仅是简化了认定他洗钱时的特殊、具体的证明规定,并未根本上改变洗钱罪的主观要件,也没有改变洗钱罪是

---

① 参见刘艳红:《洗钱罪删除"明知"要件后的理解与适用》,《当代法学》2021年第4期。
② 参见温文治、陈洪兵:《刑法分则条文中"明知"的证明责任及其立法评析》,《甘肃政法学院学报》2005年第1期。
③ 郑健才:《刑法总则》,台北三民书局1982年修订再版,第96页。转引自张明楷:《刑法学(第六版)》,法律出版社2021年版,第347页。
④ 参见于志刚:《犯罪故意中的认识理论新探》,《法学研究》2008年第4期。
⑤ 参见龚培华:《刑法法条关系研究》,上海交通大学出版社2011年版,第93页。
⑥ 参见邹兵建:《"明知"未必是"故犯" 论刑法"明知"的罪过形式》,《中外法学》2015年第5期。
⑦ 参见刘艳红:《洗钱罪删除"明知"要件后的理解与适用》,《当代法学》2021年第4期。
⑧ 参见张明楷:《刑法学(第六版)》,法律出版社2021年版,第347页。
⑨ 参见张明楷:《刑法学(第六版)》,法律出版社2021年版,第347页。

故意犯罪的根本特性。因此,不管是在自洗钱或是他洗钱的认定过程中,司法机关仍然需要根据洗钱行为人是否同时具有主观上的认识因素与意志因素,以此判断行为人的主观故意,防止客观归罪。

2. 洗钱共同犯罪中"明知"的作用与影响

在分析洗钱共同犯罪中"明知"的作用与影响之前,首先要结合"明知"在刑法条文与司法解释中的规定进行分析以明确本罪中"明知"的含义。从体系解释的角度,为"明知"单列解释条款的司法解释共有10篇,其中在2009年之前出台的5篇司法解释中,立法机关统一将"明知"解释为"知道或应当知道",而自2009年颁布的《最高人民法院关于审理洗钱等刑事案件具体应用法律若干问题的解释》(以下简称《洗钱罪司法解释》)开始,立法机关对"明知"的解释表述改变为"应当结合……进行认定/予以综合判断",这样的转变被陈兴良教授认为是司法解释对明知规定的重大转折,①这一观点也得到了《洗钱罪司法解释》起草人的支持与认同,最高人民法院的刘伟波法官指出,以往司法解释对"明知"是"知道或应当知道"的解释并不严谨,因为"应当知道"实际上包含了过失的情形,但故意犯罪不可能将过失涵盖在内。② 并且从刑法分则的条文表述上来看,《刑法》第219条第2款出现了"明知或者应知前款……"的表述,确立了"应当知道"并不是"明知"之下位概念的立场。刑法条文的表述将"应当知道"与"明知"置于同一层级描述行为人的主观心态,也是对以往司法解释将"应当知道"归属于"明知"之下这一错误观念的有力反驳与及时纠正。

对于传统洗钱犯罪,囿于法律规定的上游犯罪行为人实施自洗钱行为的不可罚性,能够构成传统洗钱共同犯罪的唯一情况是洗钱人之间有组织、有联络的共同犯罪。洗钱罪分则"明知"删除扩张了洗钱共同犯罪的情形,在认定他洗钱人的主观故意时应当采取推论方法取代以往"通过已知事实通过推导得出特定事实"③的推定方式。推定方式的弊端在于其本质上是对证明之责任的转移,在推定的过程中并不存在"论证"这一重要步骤,只要与待证的特定事实具有关联性的"基础事实"达到一定的证明责任标准要求,那么便直接认定待证事实的存在。④ 推论方法与推定不同,比起"推"更注重"论"的特性,是基于现有

---

① 参见陈兴良:《刑法分则规定之明知:以表现犯为解释进路》,《法学家》2013年第3期。
② 参见刘为波:《〈关于审理洗钱等刑事案件具体应用法律若干问题的解释〉的理解与适用》,载最高人民法院编:《刑事审判参考》第72辑,法律出版社2010年版,第125页。
③ 参见郭晶:《刑事推定的构造与"应当知道"的认定——以推定之逻辑构造为基础》,《中国刑事法杂志》2012年第8期。
④ 参见孙万怀、刘宁:《刑法中的"应知"引入的滥觞及标准限定》,《法学杂志》2015年第9期。

的间接证据,通过逻辑推演与演绎推理的方法进行论证,①可以说推论实质上是与《刑事诉讼法》中运用间接证据进行证明的逻辑是相一致的,强调的是运用主客观证据链条的综合运用进行认定。

（二）洗钱罪中掩饰、隐瞒犯罪所得目的之辨析与认定

关于洗钱罪是否属于目的犯的论题目前在学界尚有争议,有学者认为"掩饰、隐瞒……"实质上是对刑法列举的洗钱行为模式的概括与总结,②是客观行为而非主观目的。笔者认为洗钱罪是目的犯。从目的犯的定义出发,即只有行为人客观上实施了侵害法益的洗钱行为,且主观上具有作为犯罪构成要件的掩饰、隐瞒犯罪所得来源与性质目的,才构成洗钱犯罪,否则若其主观上不具有特定目的,便不构成犯罪。若认为洗钱罪不是目的犯,那么无论行为人是否主观上具有"掩饰、隐瞒……"目的,只要其客观上实施了危害行为的一律构成洗钱犯罪的结论将使洗钱罪的认定陷入客观归罪的泥潭。

因此,面对共犯人中既包括自洗钱人又包括他洗钱人的情况,认清"为掩饰、隐瞒……"的性质有助于洗钱共同犯罪的认定。事实上在司法实务中,任何主观目的都不是凭空猜测的,均是需要依靠外在的客观事实将内在的主观要素显现出来,在认定"为掩饰、隐瞒……"目的时同样可以采取直接证明与刑事推定（或是综合认定）的方式相结合予以证明。对于他洗钱行为人,证明重点仍在认定其主观"明知"。针对帮助犯的情况,一旦能够证明其认识到赃款或赃物的来源是特定的七类上游犯罪,并在客观上实施了协助转移、切断财物来源的转化行为,便自动地将自身与上游犯罪关联起来。针对亲自实施协助行为的他洗钱人,证明主观"明知",便已证明了其认识到自身的协助转移、转换行为具有社会危害性,无须额外证明其掩饰、隐瞒目的。③ 但对于自洗钱行为人,其对财产来源的主观明知证明难度较低,甚至可以被涵盖在对于其上游犯罪的证明中,但对其掩饰、隐瞒的目的的证明难度则相反,④自洗钱人往往会抗辩自己的转换现金、转账转移资金等行为仅是日常生活行为,主观上不存在掩饰、隐瞒上游犯罪所得收益的目的。因此,对于非日常的经济活动行为在原则上司法机关可以将其认定为洗钱行为,但由于行为性质上不具有严重的违法性,应将小额的

---

① 参见陈兴良:《刑法分则规定之明知:以表现犯为解释进路》,《法学家》2013年第3期。
② 参见陈兴良:《协助他人掩饰毒品犯罪所得行为之定性研究——以汪照洗钱案为例的分析》,《北方法学》2009年第4期。
③ 参见郭军:《毒品"自洗钱"主客观要件研究》,《中国检察官》2021年第16期。
④ 参见周宜俊:《涉走私洗钱犯罪司法适用问题研究》,《青少年犯罪问题》2022年第1期。

日常消费情形排除在自洗钱认定之外。针对行为人实施的具有日常行为外观、但数额明显不属于日常消费使用的情形，司法机关应当收集调查有关自洗钱人行为的异常性与非日常性的证据，以此推论得出行为人主观的掩饰、隐瞒财物来源与性质的目的。另一种存在分歧意见的情况是在单位洗钱犯罪中的掩饰、隐瞒目的的认定，由于单位犯罪的行为模式（单位成员依附于单位这一犯罪组织）与刑事责任分担模式（单位与其成员承担刑事责任具有独立性）的特殊性质，是否能够将单位实施了七类上游犯罪、而后使用单位成员账户的情形认定为其具有掩饰、隐瞒的洗钱目的，在实践中存在争议。① 原则上单位犯罪后，单位利用员工账户与公司账户的独立性进行转账、"洗白"资金的可能性较大，但在例外情况下，如单位利用员工账户进行营业收款已形成一种经营交易习惯，员工账户实质上本就是公司账户的一部分，或是出于避税的动机，将员工账户与公司账户混同使用等，针对此类情况，不宜轻易认定单位将具有营业款项外观的赃款转入单位内部成员的账户，便是具有掩饰、隐瞒、切断赃款来源的目的，在司法机关对掩饰、隐瞒目的进行推论的过程中应当特别注意上述两种情形的认定。

三、洗钱罪中"通谋"的界分与共同犯罪的认定

传统共同犯罪中的"通谋"内涵随着《刑法修正案（十一）》的出台与自洗钱的入罪发生了相应的变化，"通谋"内涵的扩大意味着不能将与上游犯罪本犯有通谋的洗钱行为人一概认定为上游犯罪共犯，以往的传统认定标准——依据"行为人与上游犯罪人是否有通谋"判断其是否为上游犯罪共犯的界分标准已不再适用。与上游犯罪本犯事前通谋的洗钱行为人既可能构成上游犯罪的共犯，也可能构成洗钱共同犯罪的共犯，目前的司法实践中尚未有统一的认定标准，在学界对此的区分标准也存在不同程度的分歧，有必要在新的法律语境下重新明确"通谋"的内涵并进一步作出界分，从而更好地帮助洗钱共同犯罪的认定。

（一）自洗钱入罪后"通谋"内涵的变化与影响

以往的司法判例显示，一般只要有证据证明洗钱行为人存在与上游犯罪行

---

① 参见刘晓光、金华捷：《洗钱罪的犯罪认定问题研究——以上游犯罪和洗钱罪构成要件的联系为切入》，《青少年犯罪问题》2022年第1期。

为人的通谋行为，便直接认定其构成上游犯罪的共犯，鲜有洗钱罪的司法适用空间。① 但自洗钱入罪后，存在上游犯罪共同犯罪与自洗钱共同犯罪同时存在的情形，以往的通谋评判标准已不具有区分作用，通谋的内涵随着自洗钱的入罪产生了新的变化。

通谋条款的规范性质是注意规定，因此在认定行为人构成何罪时仍应当严格遵循罪名的构成要件以及通谋的实质内容进行区分。即便行为人与上游犯罪人以商谈的形式对上游犯罪赃物的收买价格、数量或地点作出了约定，也只有在行为人具有实施上游犯罪的共同故意，并且在上游犯罪的商议内容中区分了上游犯罪实行行为与处理赃物的事后销赃行为的情况下，才能认定其构成上游犯罪的共同犯罪；若事前双方仅对上游犯罪的赃物的处置问题进行协商分工或犯意沟通，则仅构成洗钱罪一罪。需要指出的是，尽管通谋与明知是两个不同的概念，但笔者认为通谋在自洗钱的情况下可以在一定程度上包容评价明知。有观点认为，针对上游犯罪本犯仅将犯罪所得交由他犯实施洗钱行为，双方并未就大致的行为方式进行共同商议，上游犯罪本犯对洗钱罪他犯实施掩饰、隐瞒犯罪所得的具体行为方式也不明确知晓的情形，应当仅就实施掩饰、隐瞒行为的他犯单独构成洗钱罪定罪处罚，否则就混淆了明知与通谋、自洗钱与他洗钱的界限。② 笔者认为该观点狭义地理解了"通谋"的内涵，通谋在大部分情况下都是具有双方互动、往来性质的积极行为，但在上游犯罪本犯自洗钱的情况下，也可以是自洗钱人单方面的告知、教唆他洗钱人实施洗钱的行为。对于上述观点假设的情形，笔者认为可以分两种情形讨论：第一，上游犯罪行为人具有洗钱的故意，告诉他人"处理一下"赃款赃物的行为，但并未对掩饰、隐瞒赃款赃物的具体方式与手段作出明确指示，其自身也不明知他人将会采取何种手段。若他人在处理赃款赃物时采取的手段是物理性的窝藏，那么上游犯罪既不构成洗钱罪共同犯罪中的教唆犯，也因其事后窝藏行为具有不可罚性而不构成掩饰、隐瞒犯罪所得罪；他人因不符合洗钱罪的构成要件，而不构成他洗钱犯罪，仅构成掩饰、隐瞒犯罪所得罪。第二，前提条件与上文完全一致，但他人在处理赃款赃物时采取的手段是掩饰、隐瞒赃款赃物性质的"黑钱洗白"行为，切断了赃款赃物的来源，此时他人构成洗钱罪的实行犯、上游犯罪行为人同时构成自洗钱的间接正犯与他洗钱罪的教唆犯的想象竞合犯，二人构成洗钱罪的共同犯罪。在此种情形中，不能将上游犯罪行为人的教唆"处理"赃物行为简单认

---

① 参见徐弘艳、逄政：《自洗钱行为的认定及刑事规制》，《人民检察》2021年第20期。
② 参见徐弘艳、逄政：《自洗钱行为的认定及刑事规制》，《人民检察》2021年第20期。

定为单方告知、他人的被告知是明知,上游犯罪人的行为实质上可以理解为一种概括的通谋故意,存在认定双方满足通谋要件并构成共同犯罪的可能。

(二)以通谋内涵的差异重构洗钱共同犯罪

1. 依照通谋内容的差异分别确定上游犯罪与洗钱共同犯罪

洗钱罪作为连累犯,构成洗钱共同犯罪的洗钱行为人与上游犯罪的共犯(一般容易造成混淆的主要是上游犯罪的帮助犯)的区分本质上是二者主观故意的不同以及客观行为要件的分离。在主观上,洗钱行为人与上游犯罪共犯持有的故意不同,洗钱行为人具有的是对犯罪所得及其收益掩饰、隐瞒其来源与性质的"漂白"故意,上游犯罪共犯持有的是意欲与其他上游犯罪共犯共同参与犯罪、实现上游犯罪目的、结果的故意;在客观上,洗钱罪的行为对象是七类上游犯罪所得及其收益,行为方式具有事后性与独立性,上游犯罪共犯的行为对象则随着具体实施罪名的不同而各不相同,行为方式与上游犯罪的其他本犯的行为模式基本保持一致、相互发生作用。显然,是否具有事前通谋不足以区分上游犯罪共犯与洗钱共同犯罪,但通谋的内容却是犯罪行为人真实意思的表露与意志因素的显现,因此有必要依据通谋内容的差异进一步区分"上游犯罪通谋"与"洗钱通谋"。

2. 洗钱共同犯罪的司法适用

具体而言,在区分认定洗钱共同犯罪或是上游犯罪时应当遵循"两步走"的判断逻辑。首先仍要坚持"是否存在通谋"的既往判断标准,因为通谋作为行为人共同故意的认识因素与意志因素的外在表现,依旧是判断各行为人之间是否构成共同犯罪的最基本的标准,若不存在通谋则共同犯罪无从谈起,若确实存在通谋,其次应当进行第二层次的判断——依据通谋的具体内容为标准进行划分。第一种情形,若双方存在通谋,通谋的内容有关上游犯罪的实施、行为手段、时间或分工,且行为人实施了符合《刑法》第191条洗钱罪构成要件行为的,那么行为人构成上游犯罪的共犯而非洗钱罪。针对此种情形不存在适用上的争议,认定上游犯罪共犯遵循了传统赃物共同犯罪的认定标准。[①] 此时,双方存在的是"上游犯罪通谋",便将上游犯罪与洗钱行为做整体化评价,一方面洗钱行为人为上游犯罪本犯提供了愿意共同实施犯罪的犯意表示,产生了心理性帮助与贡献;另一方面洗钱行为人实施洗钱行为属于上游犯罪的分工不同,在客观方面为上游犯罪的实施提供了物理性帮助,因此可以认定为上游犯罪的共犯。

第二种情形,若双方存在通谋,通谋的具体内容有关洗钱罪的实施、行为手

---

① 参见王新:《自洗钱入罪后的司法适用问题》,《政治与法律》2021年第11期。

段、时间或分工,且行为人实施了符合《刑法》第191条洗钱罪构成要件行为,那么行为人构成洗钱罪而非上游犯罪的共犯。需要特别释明的是,针对非法集资犯罪等持续时间较长、犯罪过程跨度较大的罪名,例如"边吸边洗"的行为性质如何认定存在普遍疑问。有观点认为非法集资犯罪的特征便是资金的多次、复杂的划转操作,"提供资金账号"等行为方式属于非法集资犯罪链中的一个环节,此时行为人实施的是非法集资行为而不是洗钱行为,因此仅成立上游犯罪一罪。还有观点认为应当构成洗钱罪的共同犯罪,因为非法集资犯罪实际上是由数个可以独立评价的非法吸收资金行为连续组成的一个整体集合行为,在非法集资的过程中每一次资金的非法吸收行为与后续的提供银行账户、转账、取现等洗钱行为属于相互独立的上下游犯罪行为,应当单独评价。① 笔者认为第二种观点的理解更为妥当,并且由最高检与央行联合发布的典型案例雷某、李某洗钱案②也证实了这一观点,最高检在典型案例的评析中指出,上游犯罪的结束与否与行为人是否构成洗钱罪之间不存在必然的联系,行为人在上游犯罪实施终了之前着手实施转移犯罪所得收益行为的,若符合《刑法》第191条规定与构成要件的,应当认定为洗钱罪③。

第三种情形,若双方存在通谋,通谋的具体内容既有关上游犯罪的实施,又有关洗钱罪的实施、行为手段、时间或分工,且行为人实施了上游犯罪行为与符合《刑法》第191条洗钱罪构成要件行为的,此时对上游犯罪本犯与洗钱行为人的共同犯罪认定情况较为复杂。上游犯罪本犯先后实施了两个危害行为,侵害了两个不同的法益,应当认为其构成上游犯罪与洗钱罪两罪,数罪并罚。而对洗钱行为人该如何评价尚无定论,最高法与最高检也正在研究诸如此类的情况是从一重认定还是直接认定为洗钱罪,④但笔者认为从一重罪的认定模式更为妥当,因为既然洗钱行为人与上游犯罪本犯针对上游犯罪与洗钱罪两种犯罪行为均进行了通谋,就会存在对其在两罪中的分工不同,可能会出现洗钱行为人是上游犯罪的主犯,但又是洗钱罪从犯的情况,此时若一概认定为洗钱罪,按照洗钱罪帮助犯定罪量刑的,则会遗漏评价其在上游犯罪主犯的犯罪地位与造成的危害结果,同样也不符罪责刑相适应原则;

---

① 参见罗曦:《关于最高人民检察院、中国人民银行联合发布惩治洗钱犯罪典型案例的解析》,《人民检察》2021年第20期。

② 参见浙江省杭州市中级人民法院刑事判决书,案号(2020)浙01刑终18号。

③ 参见罗曦:《关于最高人民检察院、中国人民银行联合发布惩治洗钱犯罪典型案例的解析》,《人民检察》2021年第20期。

④ 参见罗曦:《关于最高人民检察院、中国人民银行联合发布惩治洗钱犯罪典型案例的解析》,《人民检察》2021年第20期。

若为了防止此种"重罪轻判"的现象,而将行为人以洗钱罪主犯的地位予以定罪量刑,同样不符合法理。似乎只有承认洗钱行为人构成想象竞合犯择一重罪处罚才是目前较好的处理方式,应当先分别根据洗钱行为人在上游犯罪与洗钱罪中所处的犯罪地位分别定罪量刑,再根据两罪认定的刑罚与想象竞合原理从一从重处罚。

四、洗钱共同犯罪正犯与共犯的区分

自洗钱独立入罪后,洗钱共同犯罪的主体增加为自洗钱人与他洗钱人,势必会为洗钱共同犯罪的正犯与共犯的认定带来新的变化,在自洗钱人与他洗钱人共同实施洗钱犯罪时,他洗钱人究竟是上游犯罪共犯还是洗钱罪正犯?自洗钱人是洗钱罪正犯还是洗钱罪共犯?目前在我国刑法学界对于共同犯罪的犯罪参与体系存在适用之争,因此有必要逐一检视洗钱共同犯罪在各个体系中的适用情况,以试图寻求最佳的犯罪参与体系解决洗钱共同犯罪的认定难题,为明确界定洗钱正犯与共犯建立一个具有可行性的判断标准。

(一)自洗钱入罪后共犯与正犯身份的变化与影响

对于传统洗钱行为与上游犯罪之间的紧密联系,共犯基本理论与共犯从属性原理主要考察的是行为人是否参与了上游犯罪或洗钱犯罪的策划,是否实施实行(正犯)或帮助、教唆(共犯)行为,对共同犯罪的实行有无影响。如果洗钱行为对上游犯罪的犯意形成、犯罪实施没有影响或者影响较小,宜认定为洗钱,反之为上游犯罪共犯。但司法实践中,司法人员在办理非法集资等上游犯罪案件时,认定涉案行为人构成上游犯罪共犯抑或洗钱罪存在争议,特别是在上游犯罪实施过程中,上游犯罪组织或者集团内部人员实施了提供资金账户、转账或者将吸收所得资金用于公司投资项目的行为,是否必然排除洗钱罪的适用,而是一律认定为上游犯罪的共犯?在自洗钱入罪后如何把握自洗钱人与他洗钱人同时参与洗钱时的行为类型?自洗钱人与他洗钱人两类行为主体在共同犯罪的认定中应当区分认定还是一体认定?如何在自洗钱独立成罪后建立起一套适应洗钱共同犯罪、能够有效区分上游犯罪共犯与洗钱正犯的判断标准是一个值得探讨的问题。借由共犯基础理论可以为洗钱共同犯罪中正犯与共犯的区分提供理论依据,明确正犯与共犯的概念有助于洗钱共同犯罪中各参与人的地位识别,并且依据共同犯罪的最佳认定路径,可以较容易地判断洗钱共同犯罪中的参与地位,因为在"以正犯为中心"的认定路径下,正犯的实行行为与危害结果之间具有直接、明确的因果关系,正犯结果的归属是容易判断的,只需对正犯在不法层面的识别先得出肯定的结论,然后再讨论其他参与人是否对正犯造成的不法结果具有贡献,以此判断是否构成共犯。由此,对于共犯的认定也更加方便,只需在正犯成立的基础上讨论帮助犯与教唆犯的成立条件即可。面对我国的犯罪参与体系仍处于争议之中的当下,有必要对分别检视在各犯罪参与体系的语境下的洗钱共同犯罪正犯与共犯的判断路径,以此确立我国认定洗钱共同犯罪正犯与共犯的基本立场与最优路径。

(二)洗钱共同犯罪的适用与解读

目前对于我国对共同犯罪的立法模式究竟属于何种犯罪参与体系共有三种不同的学说,分别是单一制立法体系①、区分制立法体系②与不同于区分制和单一制的第三种立法体系③。在洗钱共同犯罪的场合,若仍适用单一正犯体系认定各犯罪参与人的共同犯罪地位,则任何一个洗钱参与人,无论是自洗钱人或是他洗钱人、是教唆犯还是帮助犯,均会具有洗钱主犯的地位,从而导致洗钱行为着手时间点的难以确认与洗钱罪适用范围的过度扩张。④ 若认为应当适用传统区分制立法体系认定洗钱参与地位,则存在根据共犯从属性理论,正犯在不法层面能够被非难是共犯认定构罪的前提。但根据洗钱罪的规定,自洗钱人与他洗钱人均是洗钱行为主体,即便正犯在不法层面不构成犯罪,共犯仍可以根据洗钱构成要件独立成立自洗钱或他洗钱的正犯实行行为。传统区分制立法体系在洗钱共同犯罪中的适用与作为其理论根据的共犯从属性原理存在适用上的矛盾。至于部分学者提出的不同于区分制和单一制的第三种立法体系,仅仅是论述了我国对共同犯罪的立法与认定体系与传统区分制与单一制体系的不同,注重的是对区分制的"再改进"或"中国化",但并未提出一条明确清晰的符合中国特色实践的共犯认定路径,因此,笔者无法借助第三种体系的具

---

① 单一制立法体系也被称为单一正犯体系,正如其名称所表达的那样,该体系坚称我国共同犯罪中的参与地位仅有正犯一种,无须加以区分。在具体的主张中又可以分为三种学说,分别是形式的单一正犯体系说、功能的单一正犯体系说以及二元的形式单一正犯体系说。
② 区分制立法体系认为应当对共同犯罪中各犯罪参与人的地位予以区分,但各自所持的具体主张又有差异,分别为"传统区分制说""归责区分制说"和"双层区分制说"。
③ 此种观点认为,我国既不是主张参与人地位性质相同的单一正犯体系,也不同于将犯罪参与人区分为正犯与共犯的区分制体系,而是一种全新的、具有自己特色的独立体系。
④ 汪恭政:《自洗钱入罪后洗钱罪共同犯罪的认定——以犯罪参与体系为切入》,《河南财经政法大学学报》2022年第3期。

体理论判断洗钱共同犯罪人各自的犯罪参与地位。

笔者认为,双层区分制说或许可以回答传统区分制与单一制立法体系面临的难题,也是对我国共同犯罪基本立场的最佳概括。根据我国刑法对共同犯罪的规定,保持构成要件在联结的规范与事实之间保持平衡①是完全有可能实现的。一方面,笔者在梳理了我国刑法总则与分则的规定后发现,尽管条文中并未直接出现"正犯"的字眼,但刑法中却出现了与"正犯"一词相对应的"共犯"的称呼②,并且条文中不乏大量有关于正犯与共犯的规定,具体来说,在刑法分则中一一列举的罪名即正犯罪名,而具体罪名的构成要件行为则指向的是实行行为,也称为正犯行为。如果认为刑法分则中规定的构成要件行为包括了实行行为与帮助、教唆等非实行行为,那么就无法解释分则中另行特别说明的有关帮助行为、教唆行为正犯化的特别规定了,③因为从刑法整体的上下文理解与语义解释出发,只有在分则中构成要件行为不包括帮助行为与教唆行为的情况下,才有必要对二者正犯化作出一个类似法律拟制的特别规定,否则没必要对此进行特别提示,提醒司法工作人员在实践中特别注意适用实属多此一举。另一方面,在我国的刑法总则部分,在规定了正犯与共犯的同时,还具有对主犯与从犯的规定,主犯侧重于认定参与人在共同犯罪中对犯罪构成要件的实现起到的支配、主要作用,从犯则表现为其在犯罪构成要件实现中的辅助、次要作用,这就为在判断共同犯罪时从形式上区分正犯与共犯、从实质上区分主犯与从犯,以及保持犯罪构成要件在其所联结的规范与事实之间保持了良好的平衡。

综上所述,坚持双层区分制立法体系的适用,在犯罪构成要件的实行情况层面,根据是否实施了实行行为区分正犯与共犯,在犯罪构成要件的实现作用层面,根据作用大小区分主犯与从犯,④是我国依据刑法认定共同犯罪的基本立场。在具体认定洗钱共同犯罪时,区分洗钱正犯与共犯的标准即犯罪参与人是否实施了符合洗钱构成要件的实行行为,即对犯罪行为人在不法上根据其行为是否符合犯罪构成要件,以及对犯罪构成要件的符合性大小进行评价,至于对犯罪构成要件的符合性判断则应当严格遵循主客观相一致原则,并且按照先评价客观、后评价主观的逻辑顺序,如果跳过审查客观构成要件符合性的前提

---

① 参见汪恭政:《自洗钱入罪后洗钱罪共同犯罪的认定——以犯罪参与体系为切入》,《河南财经政法大学学报》2022年第3期。
② 如《中华人民共和国刑法》第156条便规定了走私共犯:与走私罪犯通谋,为其提供贷款、资金、账号、发票、证明,或者为其提供运输、保管、邮寄或者其他方便的,以走私罪的共犯论处。
③ 参见张明楷:《共同正犯的基本问题——兼与刘明祥教授商榷》,《中外法学》2019年第5期。
④ 参见汪恭政:《自洗钱入罪后洗钱罪共同犯罪的认定——以犯罪参与体系为切入》,《河南财经政法大学学报》2022年第3期。

性判断,直接审查参与人是否符合主观构成要件则会陷入主观归罪的误区。因此,客观构成要件的前置审查至关重要,若参与人不符合客观构成要件,不存在可能侵害的法益及侵害法益的客观行为,那么根本没有必要进入下一步对主观构成要件的判断。对于共犯的成立条件,应当始终坚持限制从属性说,正犯与共犯是不法层面的区分,因此洗钱罪共犯以洗钱正犯的实行行为符合洗钱犯罪构成要件并且违法为成立前提。

五、洗钱共同犯罪的主从犯区分认定

根据原《刑法》规定,由于自洗钱人的洗钱行为被认为是事后不可罚行为,传统洗钱犯罪中仅需辨析在他洗钱行为中何人起了主要作用、何人起了辅助作用,以此认定各行为人的犯罪地位。自洗钱入罪后,洗钱共同犯罪的主从犯认定发生了变化,这就会导致洗钱罪与上游犯罪之间可能存在量刑失衡的问题。洗钱犯罪独立定罪,使其不再具有与上游犯罪之间的依附关系,原主从犯的认定基础也发生了变化;此外,针对其他与上游犯罪的本犯共同完成洗钱行为的人,存在共同洗钱犯罪中地位作用有可能比他洗钱的本犯更重、成为主犯的情况,因此有必要对洗钱共同犯罪的主从犯具体认定加以研究。

(一)洗钱共同犯罪主从犯区别认定的基本原则

1. 上游犯罪与洗钱犯罪的独立认定原则

坚持上游犯罪与洗钱犯罪的独立认定原则,根本上是坚持洗钱罪与上游犯罪的法益侵害以及构成要件的评价关系。从法益侵害来看,上游犯罪与洗钱罪保护法益不同,在法益保护的范畴内前者既不能直接包容后者,认定仅构成上游犯罪一罪;二者之间也不存在较高的重合度以至于前者法益能够包容评价大部分后者法益,并根据牵连犯的理论从一从重处罚,对于未被包容评价的部分则作为从重处罚情节。同时,出于对全面评价原则的遵循,牵连犯的概念作为刑法中的例外情况应当被缩限适用。若数个犯罪行为仅仅具备形式上的牵连关系,但在实质上并不具备必然的内在联系,且不存在法条规定与判例支持,原则上应将数个行为认定为独立的数罪而非牵连犯。① 从构成要件来看,洗钱罪与上游犯罪的构成要件也完全不相同。犯罪构成要件是区分一个危害行为罪与非罪、此罪与彼罪的重要标准。若行为人与他人达成上游犯罪通谋与洗钱通

---

① 参见陈兴良:《刑法总论精释(下)》,人民法院出版社2016年版,第717页。

谋,既实施符合上游犯罪构成要件的行为,又实施符合洗钱犯罪构成要件行为的,应分别认定其构成上游犯罪与洗钱罪的共同犯罪;行为人与他人事前达成洗钱通谋,并实施符合洗钱犯罪构成要件行为的,应认定其与他人构成洗钱罪共同犯罪。

2. 以对犯罪构成的实现作用界定主从原则

《刑法》第 26 条[①]、27 条[②]明确了共同犯罪中的主从犯概念认定与其相应的刑事处罚,即根据在共同犯罪行为实施过程中各行为人起到的"主要作用、次要或辅助作用"判断其在共同犯罪中的犯罪地位,《刑法》第 5 条[③]规定了罪责刑相适应原则,也通常被认为是共同犯罪主从犯及其刑罚处理的内在法理与法条依据。至于如何具体认定主要作用、次要或辅助作用,法律并没有做出进一步的规定。有学者对"主要作用"的认定作出了解释:所谓主要作用,就是评判该行为人的共同犯罪意思的形成在整个共同犯罪中的作用大小,评判在共同犯罪过程中其对正犯构成要件行为及犯罪进程的控制,以及帮助行为对犯罪行为造成的侵害后果的原因力大小。[④] 具体到洗钱共同犯罪的认定,要根据行为人对洗钱犯罪构成的实现作用界定共同犯罪中的主从犯。构成要件的实现作用指的是行为人有罪责地实现犯罪构成要件时起的作用,[⑤]本质上就是考察不法层面与罪责层面的轻重程度,其中不法层面考察的是行为人实施的危害行为是何种犯罪,若行为人是实行犯则判断其对该犯罪构成要件的实行情况,若行为人是其他犯罪参与人(如帮助犯、教唆犯等),则判断各自的共同犯罪参与行为对于正犯结果的作用大小;罪责层面考察的是行为人的非难、谴责程度。

(二)洗钱共同犯罪主从犯的界定标准

1. 从不法层面整体判定行为对危害结果的作用力大小

不法在共同犯罪中解决的是将客观上的不法事实归属于哪个或哪些共同

[①] 《中华人民共和国刑法》第 26 条:组织、领导犯罪集团进行犯罪活动的或者在共同犯罪中起主要作用的,是主犯。 三人以上为共同实施犯罪而组成的较为固定的犯罪组织,是犯罪集团。 对组织、领导犯罪集团的首要分子,按照集团所犯的全部罪行处罚。 对于第三款规定以外的主犯,应当按照其所参与的或者组织、指挥的全部犯罪处罚。

[②] 《中华人民共和国刑法》第 27 条:在共同犯罪中起次要或者辅助作用的,是从犯。对于从犯,应当从轻、减轻处罚或者免除处罚。

[③] 《中华人民共和国刑法》第 5 条:刑罚的轻重,应当与犯罪分子所犯罪行和承担的刑事责任相适应。

[④] 参见张明楷:《刑法学(第六版)》,法律出版社 2021 年版,第 247 页。

[⑤] 参见汪恭政:《自洗钱入罪后洗钱罪共同犯罪的认定——以犯罪参与体系为切入》,《河南财经政法大学学报》2022 年第 3 期。

犯罪参与人的行为,即解决的是共同犯罪的客观归责问题。共犯理论扩大了犯罪结果的归属范围与可罚行为的范围,使得如教唆洗钱、帮助洗钱等原本无法被评价为独立的洗钱构成要件的行为被纳入刑法的评价范围。①

判断不法层面上行为人具体犯罪行为对危害结果的作用力大小的评价标准有二:一是作为实行犯的行为对洗钱共同犯罪构成要件的实行情况,二是各共同犯罪参与人在共同犯罪中的参与行为作用于洗钱正犯结果的程度大小。"在刑法不法的领域,共同归责所指向的对象是构成要件之实现"②,笔者认为共同犯罪实质上是数个行为人共同构成一个犯罪构成要件。③ 在刑法理论中讨论的不法实际上就是构成要件的不法,也就是说各犯罪人针对共同犯罪的实行行为应当被整体性判断,在实行阶段中的任何一个单独的行为片段若无刑法的特别规定,那么原则上其不能够被作为归责对象被独立评价。尽管实施共同犯罪的行为个体有多个、各自实行的犯罪参与行为有数个,但其共同指向的是一个犯罪行为,只存在一个犯罪构成要件,那么客观上存在的只有一个不法,而不是若干个,④是各犯罪参与人的犯罪参与行为的原因力的结合,于是各犯罪参与人的行为均与共同犯罪的结果之间具有因果关系,这也正是共同犯罪与单独犯罪的区别所在。需要明确的是,犯罪实行行为实际上并未被狭义限定在"实施直接造成法益侵害的犯罪行为"的范围之中,洗钱行为的手段、程序的复杂性,在洗钱共同犯罪中的犯罪参与人往往人数众多,各自在相应洗钱环节上实行的洗钱行为则有若干,因此,针对犯罪参与人对洗钱构成要件的实行情况应当对洗钱行为整体进行评价。

在洗钱共同犯罪的认定中,应根据不法层面上各行为人实施的洗钱犯罪行为对金融管理秩序法益与司法正常活动法益侵害的作用力大小,认定洗钱参与人对洗钱构成要件的实现作用大小。对于洗钱共同犯罪中的正犯(直接正犯与共同正犯)实施了符合洗钱罪构成要件的实行行为,由于其对正犯结果的发生具有直接的因果关系,在不法层面的程度较重。对于未直接实施实行行为的洗钱共同犯罪中的共犯(包括帮助犯、教唆犯、共谋共同正犯、犯罪团伙头目等其他犯罪参与人),应当根据具体的不法程度区分认定:针对共谋共同正犯、犯罪团伙头目等犯罪参与人,尽管其未直接实行洗钱构成要件的行为,但由于其对

---

① 参见张明楷:《刑法学(第六版)》,法律出版社2021年版,第495页。
② 何庆仁:《共同犯罪归责基础的规范理解》,《中外法学》2020年第2期。
③ 参见杨兴培:《论共同犯罪人的分类依据与立法完善》,《法律科学(西北政法学院学报)》1996年第5期。
④ 参见何庆仁:《归责视野下共同犯罪的区分制与单一制》,《法学研究》2016年第3期。

洗钱正犯结果的因果关系具有较强的支配力,不法程度较重,对洗钱构成要件的实现作用较大;针对帮助犯、教唆犯等犯罪参与人,由于其未直接实行洗钱构成要件的行为,且只能间接导致洗钱正犯结果的发生,支配力较小,不法的程度较轻,对洗钱构成要件的实现作用较小。

2. 从罪责层面判定对构成要件实现的心因力轻重

罪责,也称为责任或有责性,指的是作为犯罪成立要件之一的、符合犯罪构成要件的不法行为的非难可能性,是针对不法事实所进行的责任的不法关联性。[1] 根据行为人不法、罪责的大小与程度轻重综合评价其对洗钱罪构成要件实现的作用大小,这也是罪责刑相适应刑法基本原则在刑法分则罪名判断中的具体适用。

在共同犯罪中判断罪责轻罪的要素(也称为"责任要素")包括罪责故意(包括故意、过失,有的犯罪中还需要满足特定的目的与动机)、责任能力、违法性认识的可能性与期待可能性。[2] 因此,在从罪责层面判定对洗钱共同犯罪构成要件实现的心因力轻重时,应当从以上四个要素分别评价,洗钱共同犯罪中哪个犯罪参与人对于洗钱正犯结果的认识更明确、对洗钱危害结果的主观追求态度越积极、对行为违法性的认识更清晰、不具有期待可能性实施犯罪行为的概率越大,那么谁的罪责就越重,[3]对洗钱构成要件实现的心因力就越重,反之则该洗钱参与人在共同犯罪中的罪责就越轻,对洗钱构成要件实现的心因力就越轻。

客观的不法是罪责的前提,如果能够在不法层面根据"不法轻重"分清各洗钱参与人的实现作用力大小的,那么就只需要考虑罪责存在的有无,而无须进入罪责轻重的判断界定共同犯罪中的主从犯。[4] 只有在不法层面各洗钱参与人的不法轻重的程度难以区分,无法判断各自对洗钱构成要件的实现作用力大小时,才需要根据各行为人罪责的轻重进一步判断。例如共谋共同正犯、犯罪团伙头目等犯罪参与人,由于其对洗钱正犯结果的因果关系具有较强的支配力,不法程度较高,因此可以认定为洗钱共同犯罪中的主犯;针对帮助犯、教唆犯等犯罪参与人,由于其只能间接导致洗钱正犯结果的发生,不法的程度较轻,因此认定其为从犯。在共同正犯的场合,若各洗钱行为人均是洗钱正犯,均实

---

[1] 参见张明楷:《刑法学(第六版)》,法律出版社2021年版,第316页。
[2] 参见张明楷:《刑法学(第六版)》,法律出版社2021年版,第324页。
[3] 参见周啸天:《正犯与主犯关系辨正》,《法学》2016年第6期。
[4] 参见汪恭政:《自洗钱入罪后洗钱罪共同犯罪的认定——以犯罪参与体系为切入》,《河南财经政法大学学报》2022年第3期。

施洗钱行为并与正犯结果的发生之间具有直接的因果关系,无法区分各行为人客观不法的作用大小,此时需要结合其罪责轻重予以区分认定主从犯,罪责重的正犯是主犯,罪责轻的正犯是从犯。

综上所述,面对自洗钱入罪后洗钱共同犯罪主从犯认定基础发生的变化,以及洗钱行为从上游犯罪附带行为的脱离,有必要坚持两罪独立认定与以对犯罪构成的实现作用界定主从地位的基本立场,以不法与罪责的轻重作为判断主从犯地位的基本标准。在一般情况下直接正犯通常被认定为主犯,因为其对于洗钱罪侵害的双重法益具有直接的因果关系,在不法层面程度较重,若其具有罪责的,则应当认定为主犯。对于共同正犯,罪责重的正犯是主犯,罪责轻的正犯是从犯;对于间接正犯、共谋共同正犯、犯罪集团的头目,在不法层面对法益侵害的正犯结果具有直接的强支配力,有罪责的同样应当认定为主犯;对于教唆犯,应当对其教唆洗钱的行为进行不法区分,若教唆行为足以达到间接正犯或是支配洗钱结果发生的程度时,有罪责的可以认定为主犯,若只是一般的教唆行为,与洗钱正犯结果的发生只具有间接因果关系的,且有罪责的,则一般认定为从犯更为恰当;对于帮助犯,一般情形下应当以从犯认定,因为帮助行为并不是直接的实行行为,只是促进而非导致了犯罪结果的发生,帮助犯起到的是一个辅助的推力作用,也鲜有帮助行为支配实行行为的情况,但在例外情况如帮助行为是洗钱实行行为中一个具有关键性作用的环节,是洗钱实行行为中起决定性的重要犯罪节点时,洗钱帮助行为人是有罪责的,可以认定其为主犯。

六、结语

洗钱罪构成要件的重塑与完善、自洗钱的入罪对洗钱共同犯罪的认定带来了新的挑战,洗钱共同犯罪的认定不再完全适用以往传统赃物共同犯罪的认定模式,应跳脱出事后不可罚的思维,将自洗钱人作为犯罪主体重新考量洗钱共同犯罪的认定标准。对于主观要件,洗钱罪条文中"明知"的删除并不影响洗钱共同犯罪的主观要件仍需遵循刑法总则的规定将其认定为共同故意,区分"洗钱通谋"与"上游犯罪通谋"应当以通谋的实质内容为标准。对于客观要件,亟须建立一套洗钱共同犯罪适用的犯罪参与体系,以准确区分洗钱共同犯罪中的正犯与共犯的认定。针对洗钱共同犯罪的主从犯认定,则应当遵循上游犯罪与洗钱犯罪独立认定的原则,并根据洗钱罪构成要件实现作用的大小界定主从犯,具体可以从不法与罪责两个方面进行判断:从不法层面整体判断行为对危害结果的作用力大小,从罪责层面判定对构成要件实现的心因力轻重。

笔者查阅文献资料,发现截至目前对于洗钱罪的讨论更多集中于"自洗钱"的入罪认定,鲜有对洗钱共同犯罪的认定变化的进一步研究。本文试图结合最高法、最高检发布的最新典型案例整理和国内外文献收集,基于共同犯罪的基本理论、在与传统赃物共同犯罪的对比研究中着眼于洗钱共同犯罪进行分析,以求探究在自洗钱入罪后有别于传统赃物犯罪的洗钱共同犯罪的认定标准与具体司法适用路径。

自洗钱犯罪行为模式与司法适用分析

樊华中　曹瑞璇[*]

目　次

一、问题提出
二、自洗钱行为入罪后与"自掩隐"的界分问题
三、自洗钱行为入罪后类型化分析
四、自洗钱行为入罪后竞合问题

摘　要：自洗钱行为入罪是我国反洗钱、反恐怖融资、反腐败等顶层设计履行相关国际公约和国际承诺要求，顺应国际立法潮流的现实回应。自洗钱入罪改变了洗钱罪犯罪构成，但不能得出传统赃物犯罪也被修改存在自掩隐。在具体行为解释论上，自洗钱涉及的提供资金账户可以分两种类型：提供自己的资金账户；提供他人的资金账户。相比于提供资金账户，更应理解为使用资金账户，即通过转账或者其他支付结算方式转移资金的自洗钱行为方式。跨境转移资产的自洗钱行为方式，可区分为跨境转移资产指令、跨境转移资产行为两种类型综合分析。将财产转换为现金、金融票据、有价证券的，需排除一些必然要转化为现金的经济规律行为，在理论上可以解释为事后不可罚行为。作为兜底性的自掩饰式的自洗钱仍要符合上述行为类型分析。自洗钱行为入罪后竞合问题，既要考虑到不可罚的行为理论，也要考虑到全面评价原则。在司法解释未出台的情况下，自洗钱行为

---

[*] 樊华中，法学博士，上海市奉贤区人民检察院第三检察部四级高级检察官，上海市青年法学法律人才；曹瑞璇，法学博士，上海市奉贤区人民检察院第六检察部检察官助理。

是否要定罪处罚,要审慎评价,防止刑罚程度过度。

关键词:自洗钱;行为类型分析;竞合;量刑均衡

一、问题提出

2021年3月1日起施行的《中华人民共和国刑法修正案(十一)》(以下简称《刑法修正案(十一)》)删除了洗钱罪罪状表述中有关"明知""协助"等措辞,标志着自洗钱行为被纳入刑事打击范畴(本文将实施上述掩饰、隐瞒的上游犯罪行为人称为"自洗钱行为人""本犯")。自洗钱行为入罪,一方面是基于我国反洗钱、反恐怖融资、反腐败等顶层设计要求,是贯彻落实总体国家安全观的具体表现,另一方面也是我国履行相关国际公约和国际承诺要求,顺应国际立法潮流的现实回应。[①] 尽管自洗钱行为入罪对于保护国家金融秩序和个人财产安全具有重大意义,但随之也引发对洗钱罪、赃物类犯罪等罪名的适用关系、构成要件行为类型分析、与上游犯罪关系、量刑均衡等一系列司法适用问题等。洗钱犯罪体系、自洗钱相关犯罪评价问题是否科学合理,与是否能在赃物类犯罪定罪体系中达到拾遗补阙作用等息息相关。因此,有必要在观察我国国内法体系中赃物类犯罪的立法体系设置、国际公约及其他国家相关立法比较的基础上,对自洗钱相关罪名适用范畴、行为类型研究、竞合关系以及量刑均衡等若干问题进行考察分析,并提出针对性意见建议。

二、自洗钱行为入罪后与"自掩隐"的界分问题

洗钱行为过程包括将犯罪所得"由黑到白"、由非法变为"貌似"合法的系列过程。我国《刑法》第191条对完整洗钱过程中的具体行为作了典型性、概括性归纳。自洗钱行为入罪后,自洗钱究竟是指我国《刑法》第191条规定的洗钱罪中的自洗钱,还是第312条掩饰、隐瞒犯罪所得、犯罪所得收益罪中的自洗钱存在争议。通说认为,除我国《刑法》第191条规定的洗钱罪法定七类上游犯罪外,第312条规定的掩饰、隐瞒犯罪所得、犯罪所得收益的行为属于广义的洗钱行为。此外,刑法立法者没有同时修改赃物犯罪的构成要件,自洗钱入刑是否

---

① 何萍、殷海峰:《〈刑法修正案(十一)〉视域下自洗钱入罪的理解与适用》,《青少年犯罪问题》2022年第1期。

意味着赃物犯罪被修改存在自掩、隐藏？这些问题有待进一步体系化解释。

（一）自洗钱入刑是否意味着赃物犯罪被修改存在"自掩隐"

我国《刑法》第312条掩饰、隐瞒犯罪所得、犯罪所得收益罪（以下简称"掩隐罪"）通常被称为传统的赃物犯罪。自洗钱入罪后，对于七类犯罪之外的其他上游犯罪行为人，如果自行实施掩饰、隐瞒犯罪所得及其收益的来源和性质的行为的，同样构成自掩饰、隐瞒。毕竟《刑法修正案（十一）》修改洗钱罪犯罪构成要件后，使得二者的构成要件更具有趋同性。对于构成要件类同的，应当作出相类似的解释。因此，有观点认为，在文义层面，自洗钱行为按照洗钱罪定罪处罚后，自洗钱独立定罪也适用于掩饰、隐瞒犯罪所得、犯罪所得收益罪，两者并不存在冲突。① 也有观点认为，我国《刑法》第191条、第312条规定的洗钱犯罪的上游犯罪包含所有犯罪，自洗钱能够单独定罪。② 此种观点似乎从洗钱罪罪名体系设置的角度解释，认为上游犯罪行为人对实施法定七类上游犯罪以外的犯罪所得，进行转换、转移等亦可单独定罪。③ 构成掩饰、隐瞒犯罪所得、犯罪所得收益罪与上游犯罪数罪并罚。还有观点沿此逻辑，建议从立法层面明确，掩饰、隐瞒犯罪所得、犯罪所得收益罪的上游犯罪适用洗钱罪的法定七类上游犯罪外的所有犯罪的"自洗钱"行为，或者将洗钱罪的上游犯罪范围扩大到逃税、赌博、电信诈骗等经济类犯罪。④

（二）自洗钱入刑并不意味着存在赃物犯罪"自掩隐"

本文认为，自洗钱入罪不能得出自掩饰、隐瞒入罪。第一，《刑法》第191条洗钱罪与《刑法》第312条掩隐罪分章节设置，在形式解释上不能得出同一结论。《刑法修正案（十一）》对洗钱罪条文修改，不能得出刑法也对掩饰、隐瞒犯罪所得及其收益罪作了修改。自洗钱存在于《刑法》191条的洗钱罪讨论范畴，自洗钱问题并不能当然地推导出"自掩隐"问题。第二，《刑法》第191条洗钱罪与《刑法》第312条掩隐罪在构成要件表述上有趋同，但还存在明显差异。虽然我国《刑法》第191条与第312条均包含"掩饰、隐瞒"等趋同，但前者掩饰、隐瞒

---

① 许永安主编：《中华人民共和国刑法修正案（十一）解读》，中国法制出版社2021年版，第144—145页。
② 2020年10月13日，十三届全国人大常委会第二十二次会议上，全国人民代表大会宪法和法律委员会副主任委员周光权作的关于《中华人民共和国刑法修正案（十一）（草案）》修改情况汇报。
③ 王爱立：《中华人民共和国刑法立法精解》，中国检察出版社2021年版，第480—481页。
④ 罗海妹、张建兵："'自洗钱'行为入刑的理解与司法认定"，《中国检察官》2021年第24期。

的是七类上游犯罪所得及其收益的来源和性质,后者掩饰、隐瞒的是犯罪所得及其收益本身,以及犯罪所得及收益的来源和性质。① 《刑法》第191条洗钱罪列举的具体行为与《刑法》第312条中列举的具体行为也有明显的差异。这些差异行为体现出行为特质及可能达到的危害程度。第三,《刑法》第191条洗钱罪与《刑法》第312条掩隐罪体现了不同的立法目的、立法精神。《刑法》中的每一罪名、每一条文均不是立法者的肆意妄为、心血来潮,而是有着审慎的打击、保护对象,目的与层次。洗钱罪有特别的上游犯罪行为类型、犯罪对象、犯罪方式,这些区别性的立法内容体现了立法者在设置不同罪名时,有多重的利益考量。比如,洗钱罪的上游犯罪行为类型均属于对社会、国家某些管理秩序方面更为严重的破坏,行为方式上更集中于资金、资产等,一旦构罪其对应的犯罪金额要远超普通犯罪给社会、国家带来的损失,因此对自洗钱行为要打击,对其损害的利益要特别保护。传统赃物犯罪涉及盗窃、诈骗、抢夺等财产犯罪的金额通常不大,因此对应传统赃物犯罪的数额一般也不是特别巨大。但是,毒品犯罪、走私犯罪、腐败犯罪等犯罪分子聚敛了大量钱财,涉及日趋严格的财务、税务、金融管理制度等,这些钱财在社会上不容易流通,大多时候只能通过拆分交易的方式存放于金融机构或者通过地下钱庄、通过现金密集型行业、拍卖行、赌场等机构进行掩饰或者隐瞒。第四,《刑法》第191条洗钱罪与《刑法》第312条掩隐罪在论理解释上也要做出保护法益、犯罪构成区别性解释,否则会混淆刑法罪名之间的区别。比如,在保护法益上二者就有明显的区别。在解释罪与罪之间的区别之时,法益发挥着重要的解释机能。有学者认为,洗钱罪侵害的法益主要是金融管理秩序,掩隐罪侵害主要是司法秩序。② 换言之,当犯罪本质是对司法机关的正常活动的侵犯,而不是破坏金融管理秩序,即适用《刑法》第312条认定的赃物犯罪,而不论其行为方式。③ 在构成要件的具体表述内容上,《刑法》第191条洗钱罪多以"资金""资产""金融票据""有价证券""支付结算"等,但《刑法》第312条认定的赃物犯罪显然不是如此,二者罪状差异背后体现法益、行为类型等更为明显。综上,自洗钱行为构成洗钱罪,并不能当然认为"自掩饰、自隐瞒"构成掩饰、隐瞒犯罪所得及其收益罪(即赃物犯罪)。

---

① 张明楷:《自洗钱入罪后的争议问题》,《比较法研究》2022年第5期。
② 张明楷:《自洗钱入罪后的争议问题》,《比较法研究》2022年第5期。
③ 张明楷:《自洗钱入罪后的争议问题》,《比较法研究》2022年第5期。

三、自洗钱行为入罪后类型化分析

我国《刑法》第 191 条洗钱罪的构成行为方式样态较多,涵涉面较广,较为复杂。根据行为构成越复杂、越需细分讨论的基本规律,自洗钱行为如何评价需要结合构成要件进行类型化分析。根据《最高人民法院关于审理洗钱等刑事案件具体应用法律若干问题的解释》第 2 条,洗钱行为分为"转移"和"转换"犯罪所得及其收益两种类型。从刑法条文来看,自洗钱通常包括资金、资产转移类和财产转化类两种不同类型。例如我国《刑法》第 191 条第 1 款①中的(一)(三)(四)规定的是转移资金或财产的行为,(二)规定的是转换财产性质的行为,(五)兜底条款则既可能是资金、资产"转移"行为也可能是财产"转换"行为。探讨自洗钱行为定罪量刑需要以资金、资产转移类与财产转换类性质为脉络,对自洗钱与上游犯罪的处断问题展开类型化讨论。

(一)资金、资产转移类的自洗钱行为方式

资金、资产转移类的需要探讨的自洗钱行为方式主要包括:

一是提供资金账户中的自洗钱行为方式。《刑法》第 191 条第 1 款(一)规定"提供资金账户的",可分为:自己为自己提供自己的资金账户;自己为自己提供他人的资金账户;他人为自己提供资金账户;他人为他人提供资金账户;让他人为自己提供他人的账户;让他人为他人提供资金账户。自洗钱涉及的提供资金账户可以分两种类型:自己为自己提供自己的资金账户;自己让他人为自己提供他人的资金账户。由于提供资金账户本身并无实际的转移意义,有学者认为,可先以司法解释或者指导性案例形式,将"提供资金账户"的行为外延扩展到"存入资金账户"。② 本文赞同,因为"提供"本身属于帮助的范畴,提供之后被帮助人是否使用、如何使用尚不得而知。如果未使用,根据结果无价值的基本刑法理论,不宜予以评价。本文认为,根据洗钱行为人的最终目的,自洗钱

---

① 《中华人民共和国刑法》第 191 条:"为掩饰、隐瞒毒品犯罪、黑社会性质的组织犯罪、恐怖活动犯罪、走私犯罪、贪污贿赂犯罪、破坏金融管理秩序犯罪、金融诈骗犯罪的所得及其产生的收益的来源和性质,有下列行为之一的,没收实施以上犯罪的所得及其产生的收益,处五年以下有期徒刑或者拘役,并处或者单处罚金;情节严重的,处五年以上十年以下有期徒刑,并处罚金:(一)提供资金账户的;(二)将财产转换为现金、金融票据、有价证券的;(三)通过转账或者其他支付结算方式转移资金的;(四)跨境转移资产的;(五)以其他方法掩饰、隐瞒犯罪所得及其收益的来源和性质的。"

② 何萍、殷海峰:《〈刑法修正案(十一)〉视域下自洗钱人的理解与适用》,《青少年犯罪问题》2022 年第 1 期。

更值得关注的是提供账户后如何使用的评价问题,而这就牵涉到《刑法》第191条第1款第(三)项的规定。

二是通过转账或其他支付结算方式转移资金的自洗钱行为方式。第一种,自己为自己提供自己的资金账户,即本犯将钱存入自己提供的账户,或在自己的多个账户之间进行划转。此种情况下,是否破坏金融管理秩序？行为人在自我的多个账户间频繁转移资金,貌似有可能妨碍司法机关的追查,但实际上仍然是对自己犯罪所得在自己名义下的自我转移,或者可理解为"物理上"对犯所得或收益占有的持续。在司法实践中,非法财产的持续占有是予以保护的,比如对于行为人盗窃、抢劫等而来的财产,他人不得再次盗窃、抢劫,否则构成新的盗窃、抢劫。对于自洗钱而言,上游犯罪人依靠自身行为获得的犯罪所得本身是非法的,存在自己的多个账户里,在金融管理的名义上仍然是属于上游行为人的。根据非法财产的占有保护精神,自己为自己提供自己的资金账户不具有洗钱的非法性和洗钱的行为性。① 第二种,自己让他人为自己提供他人的资金账户,并将钱款转入他人账户后进行使用,或者利用他人的资金账户间进行频繁划转的。本文认为,如果行为人利用非自己的(他人的)支付结算账户进行资金之间的相互划转,显然破坏了金融管理秩序当中的账户实名制度,也妨碍了司法机关的追查,具有自洗钱的行为性。这属于典型的自洗钱行为,实践中并无争议。但是,对于自己让他人为自己提供他人的资金账户,并将钱款转入他人账户后进行使用,则要进一步区分情形。如果在实施上游犯罪过程中,在上游犯罪资金等尚未取得时,上游犯罪人让他人为自己提供他人的资金账户,并将钱款转入该账户,应当视为上游犯罪的犯罪所得过程一并评价,不宜评价为自洗钱。如果自己让他人为自己提供他人的资金账户,并将钱款转入他人账户后进行使用的,则要进一步看使用的方式。如果是进行日常的消耗性使用,则不宜评价为自洗钱。如果是进行金融性质投资、挥霍性消费、频繁性转移,则可能推定犯罪嫌疑人具有掩饰、隐瞒的犯罪意图,可结合其主观内容、客观行为综合认定。

三是跨境转移资产的自洗钱行为方式。跨境转移资产根据主客观标准,可以分为跨境转移资产指令、跨境转移资产行为。具体是否构成犯罪仍然要予以根据情形区分:如果跨境转移资产指令是在境内作出,并且在境内进行指令操作的(如通过翻墙的形式登录国外银行或非银行资产平台,并发出交易指令),

---

① 樊华中:《贪污贿赂犯罪自洗钱行为与事后不可罚行为界定》,载魏昌东、顾肖荣主编:《经济刑法(第22辑)》,上海社会科学院出版社2023年版,第165页。

因为其发出指令行为在中国,跨境转移资产在国外,仍然可以理解其利用网络实现跨境转移资产,属于跨境转移资产的自洗钱。如果跨境转移资产指令是在境外作出,并且在境外进行指令操作的,但资产从国外转移到国外,显然也属于跨境转移资产的自洗钱。如果其发出指令行为在国外,资产本身就在境外,根据指令资产在境外之间相互转移的,本身不存在跨境问题,也不具有洗钱的行为性。

(二)财产转化类的自洗钱行为方式

《刑法》第191条第1款(二)规定将财产转换为现金、金融票据、有价证券的,自洗钱在此种情形中如何存在?刑法中的财产既有可以指有形财产、还可能指无形财产(财产性利益),有形财产中可能本身就包括现金、金融票据、有价证券。本文同样认为宜区分情形,准确定性。

首先,如果财产本身即为现金(如人民币),将现金转化为另一种现金(如英镑、欧元、美金)的,如无正当理由,显然宜认定为自洗钱。因为本币转化为外币,在正常的金融体系内本身就意味着对犯罪所得来源和性质的转化。如果是通过非正常的金融体系,更意味着对犯罪所得来源和性质的转化。

其次,如果财产本身为实物的(如黄金、古董、字画),将实物转为现金,是否需要处罚则值得商榷。现金是一般等价物,黄金、古董、字画等实物则是财产的特殊形态,根据经济学中货币的一般演化规律,物物交换最终必然演变为物与一般等价物的交换。本文认为,黄金、古董、字画等实物要实现其效用,必然要转化为现金。黄金、古董、字画等实物转化为现金这一转化的行为,无法也无须评价为洗钱行为,不具有洗钱的行为性。同样,对于不动产、土地使用权、违禁品、银行卡内财物、金融票据、有价证券等其他实物、财产性利益、物质资产的,根据常情常理,这些资产也必然要转化成为"一般等价物",即现金。因此,这一转化的行为,无法也无须评价为洗钱行为,不具有洗钱的行为性。但是,如果将初次的犯罪所得转化为金融票据、有价证券之后再次转换其他金融票据、有价证券的,则要根据票据及有价证券的法律类别、归属主体确定是否构成洗钱。比如,将获得的股权在市场上进行质押,或者再融资等,显然就具有妨害司法追赃秩序,破坏金融管理秩序,具有自洗钱的行为性。①

最后,如果财产本身就是金融票据、有价证券的,转化为另一种金融票

---

① 樊华中:《贪污贿赂犯罪自洗钱行为与事后不可罚行为界定》,载魏昌东、顾肖荣主编:《经济刑法(第22辑)》,上海社会科学院出版社2023年版,第166页。

据、有价证券的,上游犯罪人从票据贴现中获得现金收益的,其实这一过程是金融票据、有价证券转化成为"一般等价物"现金的必然逻辑,与上述第二点理由相似,这一转化的行为,无法也无须评价为洗钱行为,不具有洗钱的行为性。

(三)其他自洗钱行为方式

《刑法》第191条第1款(五)规定以其他方法掩饰、隐瞒犯罪所得及其收益的来源和性质的自洗钱行为方式,既可能是资金、资产"转移"行为,也可能是财产"转换"行为。例如,数字经济时代,行为人借助网络跑分、虚拟货币、二维码等新形式"自洗钱"也需要结合具体情况进一步类型化分析,重点关注其是否资金、资产的转移或者财产的自然转化,避免重复评价问题。具体判断方法,如本文上述观点。

四、自洗钱行为入罪后竞合问题

近两年研究及实务观点可以总结为,自洗钱行为与上游犯罪之间究竟属于不可罚的事后行为,还是并罚的事后行为,抑或是牵连犯、想象竞合之间的竞合关系,意见尚不统一。理论意见不统一致使定罪说理、处理结果、权利保障均相差甚远。

(一)自洗钱与上游犯罪在定罪时要处理的两种关系

在关联行为判断中,前后行为属于前一犯罪构成要件能够涵盖的范围,应当作为事后不可罚的行为进行处断。如前后行为具有必然联系的情形,应当作为构成要件意义上的一行为,认定为想象竞合犯,再如行为人基于同一犯罪故意或目的实施数个存在必然联系的行为的,应认定为牵连犯。无论何种理论,均是为了避免对同一行为重复评价。

本文认为,处理自洗钱行为与上游犯罪的定罪关系,以法益、行为、主体作为要素进行教义式研究,体现定罪过程性。自洗钱行为与上游犯罪行为具有关联关系。对关联行为评价时,既要考虑禁止重复评价,又要考虑全面评价。事后不可罚行为、牵连犯理论基础均在于贯彻禁止重复评价原则,笼统将自洗钱行为视为重复评价,容易忽略对定罪量刑的全面评价。犯罪构成的行为类型分析基础则在于对犯罪行为的全面评价,笼统地将自洗钱行为过程的所有行为均予以评价,脱离刑法中各罪构成要件之间的关系,容易导致对犯罪行为过分处罚。如贪污贿赂等涉财物交付的犯罪,利用他人提供的账户接收上游犯罪所得,是犯罪目的实现的过程,属上游犯罪的评价范围,不宜另行评价洗钱行为。但接收犯罪所得后进一步的转账、取现等掩饰隐瞒行为,可以另行评价为洗钱行为。如果是自行组织他人通过互联网跑分、虚拟币交易等形式进行取财的,因边取财边掩饰犯罪所得性质,也可以评价为洗钱行为。

如果上游行为不构成犯罪,自洗钱行为不构成洗钱罪。如果行为人将七类上游犯罪违法所得用于日常使用及消耗型生活消费的、依照财物通常效能使用且未转换形态的,不宜认定为自洗钱。即使时间太长,致使金额较大,也不宜认定为自洗钱。如果构成其他犯罪的,以其他犯罪论处。

如果自洗钱者依照财物通常效能使用且转换形态的(大额、奢侈品、稀有类的财物形态转换,将黄金、古董、字画等转换为现金的)、实施转移类行为的,应作为上游犯罪量刑情节,在量刑幅度内从重处罚;构成其他犯罪的,以其他犯罪论处。

综上,在司法解释未出台的情况下,自洗钱行为是否要定罪处罚,要综合考量、审慎评价,防止刑罚过度;发挥刑罚预防机能,防止出现轻微行为遭受严厉处罚,大众同情受罚人,对刑事法律信仰和认同感受损状况出现。尤其是目前司法解释对第191条、第312条构成情形均未作数额要求情况下,检察机关要慎用司法处断权(即公诉权)。

(二)自洗钱与他洗钱共同犯罪时依各参与人对洗钱罪的构成要件实行情况、实现作用进行判断

自洗钱行为入罪后,自洗钱者和他洗钱者均是洗钱罪的行为主体。由此会引发自洗钱者与他洗钱者共同犯罪问题:如何把握自洗钱者和他洗钱者共同参与洗钱时的行为?如何处罚自洗钱者和他洗钱者在实施上游犯罪时通谋,事后又共同洗钱的行为?不同情形下,自洗钱者和他洗钱者的共犯独立性、共犯从属性问题,亦亟待研究。

我国刑事立法对共同犯罪采取了二元分离体系,即正犯与共犯的形式化区分;主犯与从犯的实质化区分。二元分离体系能够立足构成要件让自洗钱者和他洗钱者在规范与事实之间保持评价平衡。自洗钱者和他洗钱者共同犯罪,以洗钱罪构成要件的实行情况区分正犯与共犯;以洗钱罪构成要件的实现作用区分主犯与从犯。具体案件中以自洗钱者还是以他洗钱者为主进行共犯认定,可依据各参与人对洗钱罪不法、罪责等构成要件实行情况、实现作用的大小来判断。洗钱行为人与上游犯罪本犯就上游犯罪通谋,实施洗钱行为,应认定为上

游犯罪的共犯。洗钱行为人与上游犯罪本犯就洗钱犯罪通谋,实施洗钱行为,应认定为洗钱罪的共犯。洗钱行为人与上游犯罪本犯就上游犯罪和洗钱犯罪通谋,既实施上游犯罪又实施洗钱行为,上游犯罪本犯应当数罪并罚,洗钱行为人应在禁止重复评价原则下定罪处罚。①

综上,《刑法修正案(十一)》将自洗钱行为入罪实现了对洗钱罪修订的重大突破,对我国打击反洗钱、反恐怖融资、反腐败、反逃税等犯罪,以及履行相关国际公约和国际承诺要求,顺应国际立法潮流具有重要现实意义。在司法适用上,本文就自洗钱改革洗钱罪犯罪构成是否会引起相关罪名变化、自洗钱类型分析、竞合关系、量刑均衡等问题进行初步分析并提出适用建议,但可以预见的是自洗钱行为如何定罪量刑、如何理解其犯罪构成、如何处理其与上游犯罪的关系,实现罪刑均衡仍然是一个持续争议的过程。

---

① 王新:《自洗钱入罪后的司法适用问题》,《政治与法律》2021年第11期。

网络平台私募基金之刑事风险预控与规制①

杨 猛 谢宇恒*

目 次

一、背景与问题提出
二、网络平台私募基金运作模式及其关联性监管困境
三、网络平台私募基金刑事风险检视
四、网络平台私募基金刑事法律风险预控体系构建
五、结论

摘 要：伴随信息技术飞速发展，信息技术金融领域的应用不断扩展，网络平台在证券市场交易中的作用日益突显，而网络平台私募交易规模的不断扩大，也导致网络平台私募基金问题愈发严峻。本文在研析网络金融平台私募基金的运作特点和现行影响基础上，探讨以内幕交易、私募诈骗、私募洗钱等犯罪形式为主的刑事风险，并同时从行刑衔接角度提出规制路径：一是前置法领域，从加强规范性审查、完善市场准入与监管执法、引入新兴技术等方面加以规制；二是刑事法角度，主要以内幕交易、金融诈骗和洗钱犯罪为三大切入点进行刑事风险预控，进而有效规制网络平台私募基金犯罪，保护投资者利益，维护证券市场的健康发展。

关键词：网络平台；私募基金；形式风险；规制路径

---

① 本文系上海市哲学社会科学一般项目"衍生性数据犯罪的动态刑事风险与类型化规制"（2022BFX008）、中央高校基本科研业务费专项资金资助（项目号 22120230354）《交通运输系统数字化转型之刑事风险与类型化规制研究》的阶段性研究成果。

* 杨猛，同济大学法学院人工智能社会治理协同创新中心副研究员，刑事法研究中心执行主任、刑事法律诊所负责人，上海市杨浦区人民检察院第六检察部副主任（挂职）；谢宇恒，同济大学法学院 2022 级学生。

一、背景与问题提出

私募基金作为一种新型发展起来的金融形式,具有不可否认的积极作用,但也因其发展之迅猛,以及互联网时代下的信息化技术的飞速进步,现存法律基于自身的滞后性难以做到完全适配解决新型金融问题,从而使得我国私募基金在操作过程中蕴藏着刑事违法风险,同时私募基金信息不透明、监管缺位等规范性问题在我国的私募市场中占据着相当大的比例,因此存在对其进行刑事规制的必要性。

我国目前有关证券市场交易平台的法律法规包括2020年3月1日起施行的《证券法》等。其中第一条明确规定立法目的在于"规范证券市场交易行为以及保护证券市场投资人的合法权益和社会公共利益";而第50至54条的规定,则对内幕交易不同方面进行了规制。至于其他诸如《中国证券监督管理委员会关于规范境内上市公司所属企业到境外上市有关问题的通知》对信息披露体制的完善和补充,再如2023年7月9日国务院颁布的《私募投资基金监督管理条例》重点规定的包括私募基金适用范围、私募基金管理人和托管人的义务要求、资金募集和投资运作规范等,也都能对私募基金行业起到相应的规范作用。

但不难看出,目前我国《证券法》等法律规范存在明显问题,即首先微观构成要件层面,内幕信息认定不够全面以及内幕人员范围相对较窄;其次中观立法层面,网络平台私募基金立法及相关解释空缺助长了犯罪势头;最后宏观法律体系层面,规范私募基金的法律属性大多为"通知""办法"等,其法律等级效力较低,难以抑制新型的网络平台数据化的私募犯罪。因而,在网络平台数据领域对私募基金进行刑事犯罪风险的评估、预控以及规制就显得尤为重要。

二、网络平台私募基金运作模式及其关联性监管困境

(一)网络平台私募基金的运作模式及特点

1. 运作模式

私募基金属于投资工具,通常由有限合伙人共同投资,由专业的基金管理人管理。中国证券监督管理委员会2014年颁布的《私募投资基金监督管理暂行办法》规定,私募基金是指在中国境内以非公开方式向投资者募集资金设立的投资基金[①];

---

① 《私募投资基金监督管理暂行办法》,中国证券监督管理委员会网,http://www.gov.cn/gongbao/content/2014/content_2758502.htm。

国务院2017年颁布的《私募投资基金管理暂行条例(征求意见稿)》对私募基金的投资对象进行了详细规定,把私募基金的投资对象限定为私募股权基金和私募证券基金。① 结合以上规范性文件以及网络平台的特点,可以说网络平台私募基金是指获得合法网络金融经营牌照,以非公开发行的方式向特定投资者募集资金,投资于基金、股权、证券及其衍生品以及其他符合规定的投资品种的投资基金。

私募基金的运作模式通常以"募集—投资—管理—退出"为一个闭环,贯穿私募基金运作的整个过程。私募基金运作模式是否规范恰当,主要的判断要素在于以下几点:是否变相自融、是否向社会公开宣传、承诺资金不受损失或者最低收益、是否向合格投资人之外的单位和个人募集资金,以及单支私募基金投资者累计人数是否超过规定人数。② 但是,网络的开放性等特点,使得以上传统基金管理的闭环产生裂痕:

第一,在募集阶段,由于网络的无国界性、开放性,使得私募基金更加多元化,合法与非法的资金都会融入基金管理平台。第二,在投资环节中,由于P2P以及网络平台关联性使得投资的渠道更加多元化,监管的不透明性使得投资的去向难以追踪,产生更多运行风险。第三,在管理阶段,由于网络平台的介入,私募基金的内部监管、外部监管都处于半真空状态,也就是说内部的管理层很难形成理想的管理结构,对于外部结构而言又很难穿透到私募基金层层设置的阻挡层中,很难进行有效监管。第四,对于投资人如果想退出基金获得本金收益,在退出环节也很难有较为便捷的渠道。会因为平台的退出机制问题,或者退出的验证问题,投资者在退出运行闭环的过程中产生资本风险。

2. 特点研析

(1) 便捷性与高效性:网络平台私募基金犯罪多涉及私募基金欺诈、非法募集、违规操作等行为,通常是基于网络系统赋予信息传播的便利性,信息在网络上得到更加广泛、快捷的传递,加剧信息外泄可能。网络平台私募基金通过互联网平台进行募资,投资者通过在线平台提供快速交易,可随时随地进行买卖,无须等待开市或进行烦琐的交易程序。而行为人则可以在网络上隐匿自己的真实身份,伪造数据,加之平台私募基金管理人员若故意模糊或隐瞒有关基金信息,就会使追踪和打击违规私募的犯罪行为变得更加困难。同传统证券、

---

① 《私募投资基金管理暂行条例(征求意见稿)》,国务院法制办网,http://zqyj.chinalaw.gov.cn/readmore?id=2061&listType=1&from=timeline&isappinstalled=0。

② 昝秀丽:《最高人民检察院:发行销售私募基金不得突破底线》,《中国证券报》2023年6月13日。

股权类犯罪相比,网络平台私募基金的便捷性与高效性更加剧了犯罪的隐蔽性和扩散性。

(2) 低准入标准:网络平台私募基金通常对投资者的门槛较低,相较于传统私募基金,网络平台通常允许投资者以相对较低的金额参与,这大幅降低了准入门槛。低准入标准吸引了大量寻求高回报的小额投资者,但同时也为不法分子提供了欺诈的空间。行为人往往通过虚假宣传和夸大承诺吸引投资者,然后将其资金挪用或以高额手续费方式获取利润,因为信息资源缺位、信息获取不平衡等交易劣势,加之小额投资者的权利限缩效应,一方面使得投资者往往缺乏足够的信息来识别某些私募行为的非法性,另一方面也使得其难以进行金融维权,从而导致网络平台私募基金犯罪更加复杂。

(3) 高风险与高回报率:虽然网络平台私募基金提供了低准入投资机会,但通常也伴随更高风险,行为人往往以提供异常高的回报率投资机会为诱饵,吸引希望实现财富短期增长或寻求快速致富的投机者。然而,以上私募基金可能投资于风险较高、收益不稳定的资产类别,如创业公司、新兴市场投资等,使得私募基金处于投资渠道模糊、退出机制失灵、成本收益严重失衡的高风险状态。此外,监管和披露要求可能相对较弱,这也在一定程度上增加了投资风险,即行为人通常涉及难监管的投资领域,包括虚拟资产、数字货币、庞氏计划或其他不透明的金融活动,由于缺乏监管或信息透明度,投资者难以真正了解投资领域及其相关风险。不法分子通过将投资资金挪用、欺诈或崩盘,最终导致投资人遭受不可挽回的损失。

(4) 监管不可控性高:网络平台私募基金的监管相对较为复杂,容易引发监管风险。其一,网络平台私募基金的投资者主体广泛,包括大量风险承受能力较低的低准入的小额普通投资者,整体的平台私募环境较为脆弱,使得监管难度较大;其二,在信息披露方面不如传统金融机构透明,投资者难以获取足够的基金信息以及有关这些平台的准确信息,包括其法人结构、财务状况、规范性情况和运营实践,加之网络交易缺乏有效的风险提示,得投资者更容易成非法私募的受害者;其三,与传统金融市场不同,网络平台私募基金通常受到监管的限制较少,监管机构往往难以及时监督平台的私募金融活动,犯罪分子可以在不受干扰的情况下操作,不受监管机构的严密审查。

(二) 网络平台私募基金关联性监管困境检视

互联网作为虚拟空间,不同于现实空间,当传统犯罪从现实空间转移到网络空间,传统犯罪的网络异化现象便会大量出现,其犯罪构成、犯罪形态产生新的表现形式,也使得传统的刑法理论和法律规则体系处于相当尴尬的境地。①当下我国有关私募基金行业平台的监管存在着私募基金监管体系不完备、监管制度不完善、事后保护惩戒机制不健全等问题,这些问题都阻碍了我国对私募基金有关规范的落实和对相关行业的管制。

监管体系不完备:当前我国私募基金的监管体系存在三点滞后因素:一是平台各监管机构分散易造成职责不清、协调不足之问题。如保险、信托、证券以及银行等资金设立的私募基金分别由保监会、银监会、证监会监管,涉及外资的私募基金由商务部监管,私募投资上市企业由证监会审批,私募基金投资非上市公司股权由发改委审批。这种多头监管,造成对私募基金监管的混乱和漏洞。② 二是平台创新投资渠道导致监管风险。网络金融市场发展,私募基金不断创新投资策略,监管机构难以及时应对新的风险和挑战,私募基金的多样性和创新性使得一些投资策略和业务模式难以被现有监管框架覆盖。三是平台私募系统性监管风险。截至 2018 年,我国已登记私募基金管理人达 23 559 家,已备案基金 72 500 只,基金管理规模达 12.48 万亿元,私募基金规模的迅速增长,对我国金融市场的影响越来越大,加之我国的债融类基金项目经常在私募基金种类统计中出现空缺,使得国家监管机构对此类产品的监管出现了缺口,极易引发私募基金管理人的信息公开或披露不及时、不准确的情况,从而造成监管套利的结果,严重威胁私募基金市场稳定性,潜在风险性较大。

监督交互信息不对称:投资者与平台之间在私募基金的监管信息获取和透明度方面存在差异,导致投资者难以获得准确、全面的信息,从而在做出投资决策时面临风险。信息不对称可能会导致投资者误判风险和回报率弱化,甚至被不法分子利用进行欺诈,以上都与信息披露漏洞、投资门槛低、虚假宣传打击不足等存在密切关系。对此,虽然我国相关规定明确了私募机构应当向协会报送敏感高危信息,协会推出了私募基金登记备案系统,作为私募机构报送信息的平台,私募基金信息报送初步实现了信息化,但监管信息报送的强制性、针对性、全面性不足,③仍旧难以满足投资者需要。

中小投资者保护监督不充分:当前基金市场中,中小投资者风险防范意识差、风险管理能力弱的现象仍未得到有效改观。④ 机构平台根据《证券投资基

---

① 陈兴良:《网络犯罪的刑法应对》,《中国法律评论》2020 年第 1 期。
② 刘翔峰:《私募基金监管的国际经验》,《中国金融》2013 年第 10 期。
③ 刘瑜恒:《我国私募基金风险及监管对策研究——基于美国的比较分析》,《金融监管研究》2023 年第 4 期。
④ 茚荣华、单素华等:《私募基金纠纷法律适用问题研究》,《法律适用》2023 年第 8 期。

金销售管理办法》第35条规定：不得有预测基金的证券投资业绩；违规承诺收益或者承担风险；夸大或者片面宣传基金等行为，但对于中小投资者以上规定仍然无法避免"道德"风险。比如，针对中小投资者的虚假信息宣传往往会导致融资风险，而网络平台私募基金缺乏事后投诉机制，受害者无法做到合法维权。对于违法违规行为，监管机构应该采取严格的处置措施，以减少针对中小投资者的违规私募行为。

监管难度大、精确打击困难：网络平台的利用使得原本就难以追溯证据办案的内幕交易更加隐蔽，大大加剧了有关部门的办案难度以及对网络平台私募基金的监管难度。网络平台的匿名性、广泛性和高速性使得不法分子可以更容易地进行信息传播、交易和合谋，从而增加了监管机构追溯和打击违法行为的难度。

三、网络平台私募基金刑事风险检视

（一）内幕交易刑事风险检视

内幕信息是指尚未公开披露的、与特定证券或期货合约相关的重要信息。内幕交易使信息向知情人倾斜，对市场竞争产生不利影响；加剧股票交易过程中的信息不对称[1]；公司内部人交易导致信息披露延迟问题突出，扭曲了内部人交易日至信息披露日之间的公司股票价格[2]……以上种种皆会影响金融市场运行效率，破坏市场秩序的稳定与公平。

1. 网络平台私募基金易导致内幕交易犯罪外溢扩散

内幕信息泄露将直接助长网络平台内幕交易犯罪。内幕信息的重要性体现在其信息内容通常与证券或期货的价格、经营状况、收益等关键因素直接相关，足以影响市场参与者的决策；另外，内幕信息通常涉及交易市场的实质性变化，例如重大合同、业绩预期变动、领导层变动等，这些变化可能会导致投资者做出不同的投资选择。

内幕信息一旦外溢泄露，少数持有内幕信息的个体在交易中占有不公平的优势，剥夺了其他投资者基于公平信息做出投资决策的机会。通过不正当手段获取内幕信息并从中获利，导致市场的不稳定性进一步加剧。这不仅扰乱了市

---

[1] 史永东、蒋贤锋：《内幕交易、股价波动与信息不对称：基于中国股票市场的经验研究》，《世界经济》2004年第12期。

[2] 曾庆生：《上市公司内部人交易披露延迟及其经济后果研究——来自上海股票市场的经验证据》，《财经研究》2011年第2期。

场的正常秩序,导致市场的信息不对称更加严重,助长投资者之间的不公平竞争,进一步削弱市场的透明度和公信力,还可能引发连锁反应,造成市场价格的异常波动,最终损害投资者的利益。

2. 网络平台加速内幕信息获取、使用与传播

网络平台为获取内幕信息提供便利。获取内幕信息的渠道有诸多种,一般情形下是通过公司高管、董事、员工等公司内部人员,或者通过公司的供应商、合作伙伴等,或者通过分析师和研究机构以及意外泄露,但是在网络平台的加持下,以上路径都基于网络平台而加速其非法犯罪的整体进程。尤其是行为人通过窃取平台数据从而获取内幕信息的行为,可以绕过内幕信息持有人的信息壁垒,排除网络平台防火墙阻碍,进而加速内幕信息泄露扩散,为犯罪分子提供更多便利。另一方面,网络平台扩大内幕信息传播之风险。私募平台的内幕信息涉及证券以及股权市场的公平性、透明度以及投资者权益保护等重要问题。近年来网络平台使信息传播速度极大加快,使得未公开信息更容易被传播,从而导致更多行为人参与内幕交易。再者,网络平台的匿名性和加密技术使内幕交易更加隐蔽,难以被监管部门追踪和发现,同时基于网络信息的难追溯性和技术手段的复杂性,监管机构将难以精确监测和打击网络平台上的内幕交易行为,这进一步扩大了内幕信息的传播风险。

3. 网络平台私募基金内幕交易具体刑事风险举要

(1) 伪造篡改提供虚假证据

内幕交易违法性判断的核心问题在于证明是否存在非法的信息交易行为。然而,由于平台内幕信息的敏感性和隐蔽性,数据信息可能受到时间因素、电子数据难以追溯等因素的影响,使得证成内幕交易的刑事违法性存在证明不能的风险。主要涉及实质与形式两方面的判断:

首先在实质层面,对于内幕信息内容需要进行实质判断,即内幕信息需要考虑信息的重要性和是否能够对市场产生影响。然而,如何准确判断信息的重要性和未公开性,以及是否构成内幕信息之内容,涉及价值判断,价值判断的不确定性可能导致解释异化和产生争议。实际上判断某项信息是否为内幕信息,要考虑多方因素:一是主观推断,从侧面反映信息的重要性;二是信息来源判断;三是信息的确定性;四是证券市场的反应。①

其次在形式层面,对于内幕信息的非法取得行为需要进行形式判断。内幕交易信息的非法获取属于违法行为,但如何确定信息的来源是否合法,以及是

---

① 余萍:《内幕交易犯罪定罪难点分析》,《河北法学》2010年第2期。

否属于被授权的信息获取,需要在违法性的形式判断边界中进行。主要制约因素是内幕交易违法行为的法律界定可能存在模糊性,根本原因在于信息保护和隐私权的平衡。对于内部信息的合法持有以及非法获得,需要在相关立法中进行合法性确证与违法性追索。也就是说即使我国相关数据信息立法关于内幕信息的合理使用范围、使用方式和途径都有明确规定,但是在使用过程中如何避免内幕信息的过度使用,以及涉及人身属性内幕信息,如何避免触碰数据信息保护的法律底线,就需在形式违法性判断方面,对相关立法进行明确界分,才能在利用与保护之间做出平衡和选择。

(2) 内幕交易共犯风险

公开募集基金从业者和私募基金从业者如果利用公开募集基金从业者的职业便利,掌握未公开资讯,从而在股票、期货交易方面违规操盘,就构成利用未公开信息交易罪的共同犯罪。该行为对证券市场的公平交易秩序造成严重破坏,其社会危害性和对证券市场秩序的侵害程度应当以所有趋同交易的成交数额和违法所得数额来进行评估。另外,对于私募基金平台管理人而言,应当设定针对私募基金投资人以及私募基金营销人员的监管机制,如果私募基金平台没有履行相关的监管责任和义务,甚至放任以上人员的违法行为发生,那么可能会具备相应的共犯参与性。尤其是在平台管理人具备特别认知的情况下,那么可能具备相应的私募基金共犯风险。所以,这也对私募从业人员的职业道德和法律意识提出了更高要求,平台私募应当进一步强化规范性操作,避免共犯参与的刑事风险。

(二) 金融诈骗刑事风险检视

1. 网络平台增强私募基金金融诈骗的欺骗性

网络平台滋生私募诈骗主要表现在以下几个层面:一为网络平台匿名性与隐蔽性,网络空间为诈骗者提供了虚拟环境,使行为人更难被追溯和制止;二为网络平台的虚拟性与跨境性,网络是完全开放的虚拟世界,行为人可以不受时间与空间的诸多限制,便会导致网络金融犯罪,犯罪的时空跨越性、抽象性较为明显[①];三为网络平台的复杂性与误导性,平台私募犯罪行为人往往具有较高的计算机犯罪手段,会利用防穿透技术伪造虚假证据,制造虚假交易记录,使投资者难以辨别真假。所以,私募平台已成为金融诈骗犯罪高发领域,其中虚假宣传与夸大收益颇为突显。诈骗者通常通过网络发布虚假的投资项目信息,吸引无辜投资者关注。虚假宣传的方式往往使投资者误以为可以轻获得高额回报,然而虚

---

① 殷宪龙:《我国网络金融犯罪司法认定研究》,《法学杂志》2014年第2期。

假宣传误导了投资者,导致私募证券以及股权的财产损失风险。另外,为获得投资者信任,行为人甚至伪造交易记录,夸大投资业绩,也包括假冒合法基金、高压销售以及引诱资金汇款等诈骗手段,都对私募基金的安全构成严重威胁。

2. 网络平台私募基金金融诈骗具体刑事风险举要

第一,借助私募网络平台进行金融诈骗。主要分为两个层面:一个层面是主体层面。一是正规的私募平台需要监管机构依法批准并获得金融牌照,但是若没有获得批准抑或超越审批权限范围进行私募融资,那么在非法程序中所进行的金融活动很大程度上都有集资诈骗的风险。二是若私募平台通过合法程序设定,但是设立后从事非法的金融诈骗活动。行为人往往以非法占有为目的向社会不特定对象筹集资金,为掩饰其非法目的,犯罪分子与投资人(受害人)签订合同,伪装成正常的生产经营活动,并承诺在一定期限内给出资人还本付息,最终骗取被害人资产。另一层面是对象层面。私募基金对象一般是指股票或者是股权投资,那么对于融资产品的欺骗包装,就会诱发特定私募群体投融资行为。比如在股权私募方面,主要以股权重整、股权激励等方式作为投资宣传,但如果进行不实包装、过度宣传,例如以虚拟财产、虚拟货币以及元宇宙等新兴产业的前沿内容作为包装,来诱导特定群体融资,以上内容都有融资诈骗风险。

第二,以发行私募基金为名实行非法集资。私募平台非法集资主要集中在非法吸收公众存款领域。《刑法》第 176 条规定非法吸收公众存款罪是非法吸收公众存款或者变相吸收公众存款,扰乱金融秩序的行为。最高人民法院针对高发的非法集资行为发布《关于审理非法集资刑事案件具体应用法律若干问题的解释》对该行为特征概括为非法性、公开性、利诱性和社会性,成为当前司法实践中认定非法集资行为的基本构成要件要素,[①]也完全适用于利用网络平台私募基金融资的犯罪行为。一旦私募基金运营方式涉及非法吸收公众存款,即以虚构的理财产品、高额回报等手段吸收他人存款而未经法定程序,就可能构成非法吸收公众存款罪。

私募平台的非法集资行为主要涉及非法吸收公众存款罪。但实际上,对于涉及非法吸收公共存款罪的私募基金来说,其在各个环节都存在相关的非法集资风险,即"募、投、管、退"各环节私募管理人运营私募不符合私募基金的管理规定和运行规律,都有变相吸收公众存款之风险。例如,私募基金的营销过程中本来是针对特定群体的私募也变相公开营销、许诺固定收益、提供资金保障、

---

① 孙树光:《私募股权基金管理人非法集资行为的定罪机制研究》,《上海金融》2020 年第 4 期。

向不特定不合格投资人出售产品、未落实风险报告义务等行为;在投资和管理环节,实质上存在自融、"资金池"运作、挪用私募基金财产、未按约定用途投资、投资项目虚假、管理人未履行管理义务以及披露虚假信息等情形;在基金退出环节上,"发新还旧"、刚性兑付等行为。这类私募基金型非法集资犯罪,在行为的"非法性、公开性、利诱性、社会性"认定过程中,与普通非法集资犯罪的认定有所不同,需要司法机关认真研判、甄别。

(三)洗钱犯罪刑事风险检视

传统的洗钱犯罪多为银行交易、恶意套现、货币兑换等方式,而网络平台的瞬时性、跨域性、隐蔽性、虚拟化、多方平台交互洗钱阻碍了传统侦查取证,①加之平台私募资金流动数据化与侦查滞后性之间存在尖锐矛盾、信息不对称等,均加剧了洗钱犯罪的追责难度。②

1. 私募平台增强洗钱犯罪隐蔽性

随着金融活动的数字化和在线化,洗钱犯罪行为人得以利用私募基金平台隐蔽其非法行为。

首先,网络平台的匿名性可以隐藏真实交易,基于私募平台,犯罪行为人得以隐藏身份进行资金的区域性流动。使用第三方平台进行支付时,行为人可随意设置提现金额,甚至将账户用于网络上的多个虚假账户,增加了追踪的难度。另外,网络账户的非唯一性增加了监测资金的困难。客户注册账户时提供的信息通常是虚假的,无法通过面对面交流方式准确核对账户信息。即便要求实名制,仍频繁出现假身份证问题。而且,一些网络平台接受虚拟货币支付,复杂的虚拟代币技术进一步加大了资金流动的不透明性,使得追踪资金来源更加困难。

其次,私募平台跨境性为行为人提供了难以被追踪的交易环境。也就是说网络平台的跨境交易特性使得国际范围内的私募基金洗钱更加难以被监管。利用不同国家间金融体系的差异,犯罪分子可以快速在多个国家之间进行资金转移,挑战了监管部门的边界和法律制约。这种灵活性让追踪和打击跨国洗钱行为成了一项极具挑战性的任务。另外,虚拟货币也成为私募基金洗钱的理想工具。虚拟货币在不同国家有不同的监管政策,利用监管空隙,在某些国家接受虚拟货币支付的平台进行私募,并完成资金流转,不仅为洗钱提供了便利渠

---

① 夏炳楠:《区块链背景下互联网金融洗钱犯罪的侦查对策研究》,《上海法学研究(集刊)》2021年第15卷(数字经济法治文集)。

② 王志勇:《洗钱犯罪刑事规制研究》,《公安研究》2022年第11期。

道,也加大了监管部门追踪虚拟货币交易的难度。最后,技术手段的应用进一步增加了洗钱行为的隐蔽性。犯罪分子可以运用先进的技术手段伪造、篡改交易记录,以掩盖资金流向,混淆视听,使得追踪变得更加复杂和困难。

2. 网络平台私募基金洗钱犯罪具体刑事风险举要

第一,以虚构交易混同资金进行洗钱犯罪。一般来说私募平台虚构交易是以倒卖的个人信息、金融电子账户来进行的,将非法资金注入到虚构的经济活动中,通过复杂的交易路径和虚假账目,并以证券、股权等方式进行转染出售,使其被伪造成合法收入。例如,通过黑客获取企业客户的财务数据,然后在虚构的交易中将非法资金混入合法交易中,这便是完整的洗钱犯罪链。或者通过窃取、泄露、非法篡改平台数据库中客户身份信息和交易记录等手段,对真实交易进行局部修改和掩饰,都对反洗钱监管部门日后调查客户身份、追踪资金流向带来难度。①

另外虚构私募基金交易的洗钱手段行为还存在多方面的交叉竞合,包括侵犯个人隐私、窃取商业机密、违反数据保护法规等,可能涉及多客体犯罪行为。首先,倒卖信息行为侵犯了个人隐私权。犯罪分子通过非法手段获取他人的个人身份信息、联系方式、金融记录等隐私数据,然后在网络平台上倒卖给他人。这不仅严重侵犯了个人的隐私权,还可能导致个人信息被不法分子滥用,给受害者带来巨大的财物和精神损失。其次,倒卖信息行为涉及窃取商业机密。在私募基金领域,一些机构和个人拥有有价值的投资策略、客户信息、交易数据等商业机密。犯罪分子可能试图非法获取这些机密信息,然后以高价倒卖给竞争对手,导致不正当竞争和市场秩序的混乱。此外,倒卖信息行为违反了数据保护法规,包括《刑法》第219条侵犯商业秘密罪等。

第二,洗钱犯罪共犯风险。首先,网络平台私募基金洗钱犯罪往往需要共同策划、组织并实施犯罪行为,也就是在洗钱行为人和私募管理人之间形成上游犯罪人和洗钱行为人的共犯关系。私募管理人往往为获取洗钱佣金而以洗钱的手段行为参与其中。平台私募洗钱的共犯参与人往往是金融专家以及网络技术专家,以技术手段绕过反洗钱监管,操控虚拟交易等洗钱活动。其次,在私募基金洗钱共犯中,也会形成不同层次的共犯关系。私募平台洗钱可能涉及多个账户、多个平台之间的资金流动,这些账户的持有人、操作者以及所涉及的网络平台管理人之间可能存在共谋,共同参与资金转移,或提供帮助隐匿赃款,以掩盖资金的真实来源和去向,进而形成具体的私募平台洗钱的主犯、从犯、帮助犯等。最后,存在一定的特殊情况即在私募平台管理人对敏感或者虚构交易

---

① 孔繁琦:《互联网金融反洗钱监管的难点与建议》,《中国商论》2022年第1期。

存在特别认知的情况下,仍不进行私募的控制和管理放任相关洗钱犯罪发生,那么仍可能构成洗钱犯罪的共犯。

四、网络平台私募基金刑事法律风险预控体系构建

(一) 前置法规范性体系构建

1. 明确准入规则

强化准入规范性义务需关注多个方面,包括基金管理人的合法资质、经验背景、诚信记录等。审查时应考虑基金管理人的过往从业经历,是否有过违规行为记录,以及是否存在与刑事犯罪有关的行为。首先,应设定私募平台准入门槛,确保参与网络平台私募基金的基金管理人具备必要的资质和经验。准入门槛的设立有助于防止无资质、不良从业记录的基金管理人进入市场,从源头上减少刑事犯罪的机会,具体标准可以包括监管机构认可的从业资格、投资经验等。其次,基金管理人应建立完善的内部管理制度,明确运作流程、风险控制措施等,确保基金运作稳定、透明。内部管理制度的规范有助于防范潜在的刑事犯罪行为,降低违规风险。再次,应建立信息共享平台,及时更新基金管理人的资质、历史记录等信息,有助于监管机构更准确地判断基金管理人是否符合准入要求,增强审查效果。最后,监管机构在规范性审查中扮演着重要角色。应加强监管机构的监督与指导,确保审查的严谨性和有效性。

2. 完善监管审查制度

一方面在监管原则上,"穿透式监管"原则可以理解为监管主体通过核查私募基金产品或者类似业务性质的表面形态,明确开展的业务属性和行为性质,把最终资金来源、资金投向与中间环节层层穿透结合起来,按照"实质重于形式"的原则,秉承"市场透明度"的理念,实现对私募产品或者类似业务进行有效的全程动态监管时所应遵循的原则。① 穿透性原则可以适用于私募基金的多层嵌套私募产品,甚至在检查投资者合格性、资产适配性等方面也能起到独到的作用。但在实际适用过程中,对"穿透性监管"原则应当予以"度"的把控,从监管成本与监管收益的平衡、监管底线范围等因素考虑。根据《资管业务指导意见》的规定,实行穿透式监管,向上是为确认最终投资者是否是合格投资者,向下是为确认底层资产是否符合投资范围等规范性要求,只有把控好"度"的合

---

① 郭艳芳:《穿透式监管的定性与适用——基于私募基金监管视角》,《现代经济探讨》2019年第6期。

理设定,才能有效协调与金融创新、金融效率、金融安全、金融公平之间的关系。① 另一方面在具体制度上,应采用注册备案制,注册备案制是指私募基金在设立之时,向相关监管部门注册备案,让法律监管适度地介入自由的私募基金设立和运作,使国家的干预能够恰到好处,这是私募基金的立法监管必须区别于公募基金的宗旨。② 同时设置合理的退出机制也是关键,允许投资者在合理的时限内申请退出基金,避免长期封闭基金引发流动性风险。最后,定期评估和改进准入制度,根据市场发展和监管实践进行必要的调整,保持制度的灵活性和适应性,以推动网络平台私募基金市场健康发展。

3. 引入区块链等新兴技术

网络平台私募基金犯罪不同于传统私募基金犯罪其关键要点就在于技术的大规模介入。区块链技术以其不可篡改、分布式的特点,为金融行业带来了新的解决方案。在规制网络平台私募基金刑事犯罪中,区块链技术可以用于确保交易信息的安全、透明性和可追溯性。其信息保护有三大特性:一为安全性,区块链技术可以保障交易信息的安全性,防止信息被篡改或窃取,私募基金的交易信息可以被安全地记录在区块链上,保护投资者和交易的利益不受侵害;二为透明性,区块链技术的分布式特性意味着交易信息可以公开透明,任何参与者都可以查看交易的状态和历史,这有助于减少不法行为的发生,投资者能够更好地监督基金的运作;三为可追溯性,区块链技术可以追踪交易的来源和流向,确保交易的真实性和合法性,在疑似刑事犯罪行为发生时,可以通过区块链技术溯源相关交易,为执法提供重要证据。

新型技术手段与基金信息披露制度结合可以更大程度防范融资风险。私募基金最主要的特征在于以私募方式设立,其投资者必须为具有自我保护能力的合格投资者且不得超过一定数量;不得以广告、公开或变相公开方式发行,应根据发行人与劝诱对象之间是否存在"既存的实质联系"来判断发行方式是否构成公开,③为此,便需要信息披露制度。对于内容,私募基金在网络平台上应提供全面准确的信息披露,包括风险提示、业绩历史等。通过区块链技术可以充分地向投资者展示相关基金的全面信息,有选择地抓取重要信息,使投资者更准确地了解项目的风险和收益,从而做出明智的投资决策,进而最大可能防范卷入金融犯罪的风险。网络平台私募基金应当在平台上充分披露项目的关

---

① 郭艳芳:《穿透式监管的定性与适用——基于私募基金监管视角》,《现代经济探讨》2019 年第 6 期。
② 赵意奋、邱吉:《论我国私募基金市场准入制度》,《宁波大学学报》2011 年第 6 期。
③ 李赛敏:《论对私募基金的法律规制》,《法律科学》2008 年第 5 期。

键信息,包括但不限于基金的投资策略、风险评估、管理人背景、过往业绩等。这些信息有助于投资者全面了解基金,降低投资风险。

(二)刑事法律体系构建

1. 网络平台内幕交易犯罪之刑事规制

网络平台私募基金存在的内幕交易风险存在罪与非罪、此罪与彼罪的区分。首先,在罪与非罪层面,主要是以如何认定私募基金的内幕信息作为判断标准,也就是说何种信息才能够构成平台私募基金的内幕信息。平台私募基金是针对部分投资者进行的特定融资,所以对内幕信息的解释比其他领域的内幕信息的范围要更加收紧,也就是说关于内幕信息的解释在网络私募平台这个领域要更加限缩,仅限于私募基金所指向的特定私群体内部所形成的相关证券股权投资的相关内幕信息。因此,网络平台私募基金管理人如果利用相关内幕信息,可能构成内幕交易罪。但是如果特定私募群体之外的二级市场的其他投资者利用相关内幕信息,那就要实质上考察行为人有没有具体地参与到特定的私募基金活动当中。其次,在此罪与彼罪层面,基于内幕信息与其他信息的比较分析,应当区分内幕交易罪与利用其他信息交易罪。重点的区别在于二者犯罪对象不同:前者是指法律、行政法规所规定的内幕信息,后者是指内幕信息以外的其他未公开信息。另外,二者的信息来源不完全一样,前者包括因正常的工作流程获得,也包括采取非法手段获取,而后者只包括利用职务便利获取。最后,在司法实践中认定内幕信息应当注意以下问题:一是考察内幕信息的途径。可以考察内幕信息所涉及的证券(期货)品种和交易时间记录等以证明内幕信息实质内容;还可以调查行为人的职务权限和内幕信息流转轨迹等以证明内幕信息来源。二是结合内幕信息的特点。私募平台内幕信息犯罪的隐蔽性特点决定了行为人无须知晓并了解内幕信息的全部内容,只要证明行为人知悉了其拥有价值信息且不公开,并实施了交易行为,就可以认定行为人"利用"了内幕信息。至于行为人对内幕信息的主观认知程度,并不影响行为定性。

2. 网络平台金融诈骗之刑事规制

主要分为以下几个方面:一是私募平台的设立就是为了进行金融诈骗。通过伪装成私募基金平台的方式,在平台主体违规设立的情况下,以非法占有投资人资产为目的,未获得监管机关金融牌照就进行了相关融资活动,那么这种情形就可以认定为金融诈骗犯罪。二是私募平台成立之初具备相应的金融牌照,符合法定程序,也存在内控与监管,但是在运营过程当中,出现了平台私募的金融风险,却没有通过私募平台及时进行规划调整,那么此时就会产生金融风险。不过不能因此就简单认定平台涉及金融诈骗,如果仅仅是因为客观经济环境下行导致还款不能、募集失败,属于不可抗力范畴,是可接受的融资风险,尤其是平台私募管理人积极筹措资金弥补客户损失的,更不宜认定为金融诈骗。但是如果在风险运营过程中,为了弥补先前的融资损失进而夸大宣传非法融资,那么可能构成非法吸收公众存款,如果具备非法占有之目的那么构成金融诈骗。三是以被害人实际损失作为平台私募是否构成融资诈骗的实质标准。在司法实践当中,如何实质把握平台私募融资诈骗,还要看是否在本质上造成了投资人的资金损失以及是否造成了严重的社会危害。那么映射到具体的形式法规范中,对于利用私募平台进行金融诈骗犯罪的认定,可以大致从损失数额价值等客观要素进行考察。无论是传统的金融诈骗犯罪,还是大数据时代下新型金融诈骗犯罪,其直接侵害的法益不仅是社会主义市场经济秩序,该类犯罪规制主要保护的是金融市场运作机制中涉及防范逆向选择现象的组成部分,这是其核心法益,并附随着金融机构的财产权益,[①]但是毋庸置疑,数额依旧是反映社会主义市场经济秩序受侵害程度的重要指标,也是金融诈骗犯罪重要的构罪标准。[②] 所以私募平台金融诈骗社会危害性的认定应当以被害投资人的股权期权、投资成本的损失数额作为基本数额的认定依据,但是机会成本不能作为价值判断的依据。至于定罪标准,包括最高人民检察院、公安部《关于经济犯罪案件追诉标准的规定》所规定的 5 000 元票据诈骗罪、金融凭证诈骗罪以及信用卡诈骗罪等金融诈骗犯罪的入罪标准可以作为私募平台金融诈骗的认定标准。

3. 网络平台洗钱犯罪之刑事规制

我国的反洗钱立法在与国际反洗钱规范同步完善的同时,刑事立法方面相对薄弱,只有洗钱罪单一罪名,没有形成反洗钱刑事法律规制体系,在金融科技改革创新的平台金融中,很多原有法律规定没有涉及的新兴领域也逐渐成为洗钱犯罪的离岸天堂。故而应当不断加大反洗钱工作力度,根据国际反洗钱形势发展及国内实践需要,加强反洗钱顶层法律制度建设,建立既与国际标准接轨又具有中国特色的反洗钱法律制度体系。[③] 因此,需要结合私募平台洗钱风险现状对现有洗钱罪罪名进行解释适用。

一是扩展洗钱行为类型。利用私募平台进行洗钱的资金流转方式非常多

---

① 劳东燕:《金融诈骗罪保护法益的重构与运用》,《中国刑事法杂志》2021 年第 4 期。
② 石志卿、严磊:《大数据时代金融诈骗构罪标准的缺陷与修正》,《安徽警官职业学院学报》2019 年第 1 期。
③ 巢克俭:《构建与国家治理相适应的反洗钱体系》,《中国金融》2022 年第 15 期。

元,比如设置虚拟账户、构建虚拟交易或者是设置影子平台多头开户、拆分交易,等等,这就使得传统的关于洗钱方式的法律法规过于落后,难以适用于网络平台。且根据《刑法》规定,洗钱罪的上游犯罪为毒品犯罪、黑社会性质的组织犯罪、恐怖活动犯罪、走私犯罪、贪污贿赂犯罪、破坏金融管理秩序犯罪、金融诈骗犯罪七种罪行,虽然传统洗钱犯罪经过《刑法修正案(十一)》修订,包括了金融诈骗,但是网络平台的介入,尤其是私募基金平台的隐蔽性使得金融诈骗的手段行为更加多样化,传统金融犯罪范围狭窄,难以做到上游犯罪的高程度涵盖,对洗钱犯罪的抑制作用正逐步削弱。因而,对于利用私募平台融资的洗钱犯罪,可以借鉴《联合国禁毒公约》《打击有组织犯罪公约》以及《反腐败公约》等国际条约中的对洗钱手段的规制模式,一方面将获取、占有和使用行为纳入洗钱罪的行为对象之中,另一方面也应扩展洗钱罪的上游犯罪,使得利用网络平台非法融资的行为也可以作为洗钱罪上游犯罪得以规制。

二是私募平台洗钱手段行为的竞合处理。由于私募平台的洗钱手段是通过虚构交易、篡改身份,进行数字化伪装,将赃款进行清洗,那么势必会涉及相应的洗钱手段和洗钱行为本身,即手段行为和目的行为的竞合。在手段行为方面,可能涉及非法获取数据信息、非法侵入计算机信息系统、非法获取商业秘密,甚至包括非法获取公民个人信息,以及企业的内幕信息等犯罪。通过以上手段行为进行虚构交易,将赃款与正常资金融合在一起,进而完成目的行为即洗钱。所以,一般来说涉及手段行为、目的行为的竞合,应当择一重处罚。而且在正常情况下,对于洗钱罪的上下游犯罪,我们会只认定为洗钱罪一罪,不再进行数罪并罚,但是,由于利用私募基金的行为是手段行为而并不属于上游犯罪,作为洗钱行为本身之外的手段行为,也侵害了新的法益,对这种情况应当进行数罪并罚。

三是洗钱共犯的认定。对于私募平台的管理人员与洗钱行为人共谋进行洗钱犯罪势必形成洗钱罪的共犯。但是,如果私募平台的管理人员基于特别认知,放任洗钱发生而参与到相应的洗钱犯罪之中,如何认定其行为的违法性,还需要进行详细判断。

首先,应考察私募平台管理人员的渎职行为是否明显升高了洗钱犯罪的现实化风险,在客观上促进了相对人犯罪生成。也就是说在客观上起到了实质的帮助作用,这种现实化的风险符合客观归责的风险升高理论。不可否认的是风险升高理论是当代社会高度职业化结果判断基础。洗钱罪主要涉及的法益是金融管理秩序,其与金融流程相关联,而反洗钱 KYC(Know Your Customer)规则依赖金融行业高度的职业性,涉及多重的金融流程和经办关系,私募平台的监管人员渎职行为一旦与特别认知产生关联,就会对相应的犯罪结果产生推进和助力作用。概言之,已经特别认知到犯罪因果流程的现实可能性,却仍然渎职,显然会对结果的发生以及现实化产生实质的促进作用。所以在结果上其符合客观归责风险升高理论,可以被视为法不允许的风险。

其次,这种实质化的判断模式依据在于平台私募基金的管理人员具备相应的专业背景和甄别技能,对于高风险的洗钱数据,具有可控性和可预测性。比如可以通过风险预控机制调查,以及通过相关职业经验积累所形成的风险类比名单,第一时间识别到相关洗钱风险数据。所以私募平台的管理人员相较于一般人有高度的特别认知可能性,以及对洗钱犯罪有高度的职业敏感性。从特别认知的对象内容就能反推出其风险现实化可能性程度的大小,对因果流程具有强有力的印证作用,从而就可以认定其洗钱犯罪的共犯参与性。

五、结论

随着社会金融方式的多样化发展以及大众经济财富的增长,私募资金凭借其高效资金利用、高收益率以及对社会需求和供应端的连接畅通作用,在金融市场中逐渐占据重要地位。现行法律制度用以应对传统私募基金犯罪仍具有有效性,但网络平台私募基金犯罪涉及内幕交易、融资诈骗以及平台洗钱等多元犯罪形态,需要对以上罪名进行体系化的详细解释。既不能偏离传统的犯罪论体系,需要在既有的犯罪构成该当的范畴之内,进行要件化、要素式的违法性评价,也应顺应平台私募基金的隐蔽性、科技性、数字化等特点,融合前置法对于既有罪名做出更新解释,包括手段行为、目的行为及其二者形成的竞合关系,甚至对平台私募进行犯罪过程中形成的共犯关系的解读,都需要在体系化的逻辑下进行实质判断。也就是说,对于平台私募犯罪应从犯罪构成该当要素到犯罪论总体逻辑体系,从行政法规到刑事立法的刑行衔接,一切都应当着力于现实刑事风险而解释调整,同时也应具备适当前瞻性,如此才能保障我国金融市场平稳健康运行。

诈骗**犯罪**研究

经济刑法
Economic Criminology

利用口头合同实施诈骗行为的定性问题研究

陈庆安　赵剑英[*]

> **目　次**
> 一、问题的提出
> 二、利用口头合同诈骗的司法认定困境
> 三、合同诈骗罪中"合同"的实质、保护法益与形式
> 四、口头合同在合同诈骗罪中的认定与适用
> 余论

摘　要：对于利用口头合同实施诈骗行为的定性问题，我国刑事理论和司法一直存在争议。争议的产生在于我国《刑法》对此没有予以明确的界定，理论界的认识也不一致。合同诈骗罪中"合同"的理解，不应局限于口头或者书面，而应当紧紧围绕其商事交易性合同的实质，对合同主体、客体等方面进行解释。对于利用口头合同实施诈骗的行为，可以认定为合同诈骗罪。

关键词：口头合同；合同诈骗罪；诈骗罪；商事交易领域

一、问题的提出

口头合同，通常理解为通过口头形式所订立的合同。"所谓口头形式，是指当事人只用口头语言为意思表示订立合同，即以说（对）话表达缔约的意思或以

---

[*] 陈庆安，上海社会科学院法学所研究员、博士研究生导师；赵剑英，上海社会科学院法学所刑法学硕士研究生。

说(对)话订立合同。"[①]随着当前信息科技的发展,通过即时通信软件进行文字对话与传统意义上的书信交流相比具有较大的随意性,从某种角度来说这种交流方式与日常生活中的当面对话已别无二致,那么通过即时通信软件的语音发送功能进行交流、通过语音电话进行交流所订立的合同是口头合同还是书面合同,是首先需要明确的问题。对此,《中华人民共和国民法典》(后文简称《民法典》)有明确的规定。

《民法典》第469条第3款对以特殊的书面形式订立的合同作出了规定:"以电子数据交换、电子邮件等方式能够有形地表现所载内容,并可以随时调取查用的数据电文,视为书面形式。"此处的"数据电文",根据《电子签名法》第2条第2款"本法所称数据电文,是指以电子、光学、磁或者类似手段生成、发送、接收或者储存的信息"可知,即时通信软件中的文字聊天这类数据电文因能够在任意时间查看和采集同时可以将其所承载的信息通过有形的方式表现出来而可以被"视为书面形式";电话、即时通信软件中的语音电话及语音发送功能等形式由于不符合"能够有形地表现所载内容"这一条件,因此不能被"视为书面形式",通过此类方式订立的合同,应当认定为口头合同。随着我国市场经济的逐渐成熟,市场主体之间基于长期合作或者相互了解的信任关系,为了提高交易效率、节约交易成本,通过口头形式订立合同已经是一种比较常见的现象。但是,口头合同因为证据无法固定,合同细节缺少证据证明,一旦出现利用口头合同实施诈骗的行为,因其中的口头合同既有诈骗罪的特征又包含合同诈骗罪的特征,究竟是判定为合同诈骗罪还是诈骗罪,在司法实务中具有较大的分歧。

二、利用口头合同诈骗的司法认定困境

(一)典型案例

2007年5月至6月,得知钴精矿供不应求且利润丰厚,洪某万、王某刚和刘某荣三人欲用硫矿假冒钴精矿实施诈骗。其后三人以100元每吨的价格购买了60吨硫矿,此外购得纯钴粉等准备实施诈骗。2007年10月,三人得知江苏省某有色金属新材料有限公司急需钴精矿的消息后,被告人洪某万化名为吕某胜,向该公司谎称有60吨精钴矿准备低于市场价出售,出售价格为每吨24万元(售价按含钴量计算)。10月16日,江苏省某有色金属新材料有限公司前往被告人处对三人准备好的"钴精矿"抽取样品,随后洪某万等寻找机会将所购纯

---

① 朱广新:《书面形式与合同的成立》,《法学研究》2019年第2期。

钴粉混入抽取的样品当中,使得检测出的样品含钴量达到10%。10月18日,该公司与被告人商定价格为22万元每吨,并于当天将货物运走,后分两次付清全部货款115.3万元。江苏省某有色金属新材料有限公司在生产过程中对购得的"钴精矿"再次检测时,发现该矿石实际含钴量低于0.01%。

案发后,公安机关追缴赃款113.3万元并发还给该公司。公诉机关对三人以合同诈骗罪向一审法院提起公诉。一审法院审理认为公诉机关指控的犯罪事实成立,但指控的合同诈骗罪的罪名有误,遂对三人均以诈骗罪判处十年以上有期徒刑。一审判决后,公诉机关以法院定罪不当、应定合同诈骗罪为由提起抗诉。二审法院裁定驳回抗诉,维持原判。其理由为:"原审判决认定三原审被告人的行为构成诈骗罪,抗诉机关认为构成合同诈骗罪,均有一定的理由,但无论定何罪,对本案被告人的法定刑是相同的,原审以诈骗罪对三被告人定罪并无明显不当,据此,本院决定维持一审判决对三被告人的定罪。"①本案中,审判机关与公诉机关就洪某万三人的犯罪行为构成合同诈骗罪还是诈骗罪产生了重大分歧,而导致控审双方产生分歧意见的重要原因在于洪某万三人与江苏省某有色金属新材料有限公司交易过程中并没有签订书面合同,所有交易细节均为口头约定,因而一审法院与二审法院均将该案件认定为诈骗罪。

(二)案例分析

本案首先引起的思考是,洪某万三人与江苏省某有色金属新材料有限公司之间是否存在合同?根据《民法典》第469条规定:当事人订立合同,可以采用书面形式、口头形式或者其他形式。所以,本案中应当认定双方之间存在形式上的口头合同。而根据《中华人民共和国刑法》(后文简称《刑法》)第224条的规定,合同诈骗罪是指以非法占有为目的,在签订、履行合同过程中,骗取对方当事人财物的行为。因此,本案中控审双方的争议焦点可以进一步明确为:犯罪嫌疑人利用口头合同实施诈骗的犯罪行为是构成合同诈骗罪还是诈骗罪?

此类案件的认定,不仅关乎定罪,还与量刑密切相关。根据最高人民法院、最高人民检察院印发的《关于常见犯罪的量刑指导意见(试行)》,合同诈骗罪与诈骗罪量刑起点虽然完全一致,②但是,合同诈骗罪和诈骗罪在犯罪成立数额、

---

① 洪某万等合同诈骗案,浙江省湖州市中级人民法院(2008)湖刑终字第29号刑事判决书。
② 均为:(1)达到数额较大起点的,在一年以下有期徒刑、拘役幅度内确定量刑起点。(2)达到数额巨大起点或者有其他严重情节的,在三年至四年有期徒刑幅度内确定量刑起点。(3)达到数额特别巨大起点或者有其他特别严重情节的,在十年至十二年有期徒刑幅度内确定量刑起点。依法应当判处无期徒刑的除外。

量刑数额的认定上,却并不完全一致。对于诈骗罪数额的认定,司法解释已有统一的标准,①而对于合同诈骗罪定罪数额与量刑数额的认定上,"两高"均未规定统一的认定标准,而是由各地方高院、省检自行规定本辖区内合同诈骗罪的数额认定标准。而在"北大法宝"平台以"数额"与"合同诈骗"为关键词进行检索得出的现行有效的地方司法文件中,除江西省、山西省规定"合同诈骗罪的具体数额标准参照诈骗罪确定的数额标准"外,其余9个省、市规定的合同诈骗罪定罪和量刑数额标准均高于诈骗罪。如《浙江省高级人民法院关于部分罪名定罪量刑情节及数额标准的意见》规定:"合同诈骗数额在2万元以上不满20万元的,属于'数额较大',处三年以下有期徒刑或者拘役,并处或者单处罚金。合同诈骗数额在20万元以上不满100万元的,属于'数额巨大',处三年以上十年以下有期徒刑,并处罚金。"由此可见,合同诈骗罪和诈骗罪在定罪数额和量刑数额上与诈骗罪有很大的区别。因此,对利用口头合同实施诈骗的行为究竟是认定为合同诈骗罪还是诈骗罪,对于案件的定罪量刑有较大的影响,利用口头合同实施诈骗行为的定性不明,将导致此类案件合同诈骗罪与诈骗罪的适用混乱、对被告人的量刑出现严重误差,进而造成同案不同判的现象,这不仅会严重损害被告人的合法权益,更是对罪责刑相适应原则的背离,不利于实现"让人民群众在每一个司法案件中感受到公平正义"的目标。

(三)利用口头合同诈骗的司法认定困难之原因分析

对利用口头合同实施诈骗行为的定性之所以产生争议,是因为《刑法》对此并没有予以明确,理论界对此问题也存在较大的争议。

1.《刑法》对此缺乏明确规定

关于合同诈骗罪,《刑法》第224条规定了典型情形、行为方式、主观方面等构成要件,而对于合同的形式,即客观上是否需要签订书面合同则并没有明确的界定。我国最高司法机关对于合同诈骗罪中合同的形式也没有相关的司法解释。那么,能否从《刑法》第224条的规定中得出对合同形式的合理解释?对此,有学者指出,《刑法》第224条规定的"在签订、履行合同过程中"的"签订"一词,从文理解释上与"订立"同义,即经过协商以书面形式确定下来。② 有学者

---

① 根据《最高人民法院、最高人民检察院关于办理诈骗刑事案件具体应用法律若干问题的解释》第1条规定:"诈骗公私财物价值三千元至一万元以上、三万元至十万元以上、五十万元以上的,应当分别认定为刑法第二百六十六条规定的'数额较大''数额巨大''数额特别巨大'。"

② 参见郭庆茂:《略论合同诈骗罪的形式要件——对口头合同可以构成合同诈骗罪的质疑》,《法律适用》2003年第4期。

则认为,"在签订、履行合同过程中"的"签订"和"履行"属于并列关系,而法律并没有对此处所履行的合同形式作出规定,被履行的合同既可以是书面形式也可以是口头形式。① 所以,《刑法》第 224 条规定的"签订、履行"从不同角度可以做出不同的理解,根据《刑法》第 224 条的规定,不能界定出合同诈骗罪中的合同是否包括口头合同。立法规定不明确,是利用口头合同实施诈骗行为定性产生争议的最主要原因。

2. 刑法理论研究的指导性不足

关于合同诈骗罪在客观方面的表现形式,理论上有多种学说观点,根据对合同形式范围的界定,有学者将其归纳为三种学说,分别为扩张说、限制说和有限扩张说,②但本文认为这三种学说均有一定的不足,以下将一一展开。

扩张说。该学说认为无论何种形式,凡是原《合同法》所规定的合同,均可以用于界定合同诈骗罪中的"合同"。依据该学说,可以得出利用各种类型的口头合同实施诈骗的行为均有可能构成合同诈骗罪的结论。如莫洪宪教授认为,人为缩小合同诈骗罪的适用范围在法理层面行不通,因而主张"只要行为人以签订、履行合同的形式"实施诈骗行为,达到法定数额标准,就可以构成合同诈骗罪。③ 本文认为,此说将会导致过分扩大合同诈骗罪的适用范围,如当下社会中普遍存在的自然人之间的借贷行为就属于我国原《合同法》第十二章(现《民法典》第三编第十二章)中规定的借款合同。而无论是我国理论通说中的观点还是司法实践中的判决,行为人以非法占有为目的向亲朋好友等自然人以口头形式借款,数额较大的,以诈骗罪定罪处罚已经是普遍的共识。由此可见,扩张说过分扩大了合同诈骗罪的适用范围,会导致诈骗罪与合同诈骗罪界限不清、适用混乱。

限制说。该学说认为利用口头合同实施诈骗的行为不构成合同诈骗罪,合同诈骗罪中的"合同"应当限制解释为书面合同。如肖中华教授曾提出,口头合

---

① 参见喻美奇、陆晓伟:《利用口头合同诈骗如何定性》,《法律适用》2002 年第 5 期。
② 参见郭庆茂:《略论合同诈骗罪的形式要件——对口头合同可以构成合同诈骗罪的质疑》,《法律适用》2003 年第 4 期。
③ 参见莫洪宪、曹坚:《论合同诈骗罪的几个问题》,《中国刑事法杂志》总第 47 期。类似的观点还有喻美奇、陆晓伟:《利用口头合同诈骗如何定性》,《法律适用》2002 年第 5 期;沙君俊:《试论合同诈骗罪的合同》,《国家检察官学院学报》2003 年第 11 卷第 1 期;徐兴俊:《合同诈骗罪中的"合同"认定探析》,《湖南财经高等专科学校学报》2006 年 2 月第 22 卷第 99 期;范红旗:《合同诈骗罪解析——以法益的解释论为视角》,《政治与法律》2007 年第 4 期;党颖:《浅析合同诈骗罪中的合同形式》,《商场现代化》2008 年第 8 期;殷玉谈、丁晶:《合同诈骗罪的司法认定》,《中国刑事法杂志》2009 年第 1 期;郭大磊:《论合同诈骗罪与诈骗罪的区分标准》,《西安石油大学学报(社会科学版)》2011 年第 20 卷第 4 期;王颖欣:《合同诈骗罪之"合同"的界定》,《太原师范学院学报(社会科学版)》2015 年 11 月第 14 卷第 6 期。

同在诉讼程序中举证较难,口头形式的合同不应成为合同诈骗罪中的"合同"。① 然而,以证据的客观可见性为由限制合同诈骗罪的适用范围,未免有本末倒置之嫌。在刑事司法实践中,证据的采集和认定是刑事诉讼程序中的重要内容,我国《刑事诉讼法》第 1 条就规定了刑事诉讼法的目的之一就是为了保证刑法的正确实施,因为采证困难就人为将本应认定为合同诈骗罪的行为判定为诈骗罪,显然违背了罪刑法定原则。况且,对利用口头合同实施诈骗行为的事实认定也并非只有口头合同这一项证据,如果还有其他证据相互印证形成完整的证据链,同样可以准确认定案件事实。因此,本文认为,将口头合同一概排除在合同诈骗罪的合同形式之外的做法缺乏理论依据。限制说的理由是否具有说服力暂且不论,但是其结论无论如何都是站不住脚的。

有限扩张说。该学说主张,原则上口头合同不能认定为合同诈骗罪中的合同,但在特殊情况下可以例外地将利用口头合同实施诈骗的行为认定为合同诈骗罪。如有学者认为一般情况下不应将利用口头合同实施诈骗的行为认定为合同诈骗罪,但由于口头合同同样规定于原《合同法》,如果行为人所利用的口头合同是在经济往来过程中订立的,且在合同的签订、履行过程中骗取财物,则应在从严把握的前提下,将该诈骗行为中利用的合同视为合同诈骗罪中的合同。② 而对于何为"经济往来过程中",究竟应当如何"从严把握",该学说则没有给出清晰的答案。因此,本文认为,虽然此说不单纯以合同的表现形式作为认定合同诈骗罪的合同形式,而是将合同的内容和存在领域纳入考虑的范围,具有一定的实质合理性;但是该说仍未能明确地界定出何种口头合同可以构成合同诈骗罪的形式要件,对于利用口头合同实施诈骗行为的定性问题并未提出实质性的解决方案。要解决这一问题,则需从"合同"的实质与形式以及合同诈骗罪的保护法益等角度进行深入分析,明确界定合同诈骗罪的形式要件中口头合同的具体范围。

---

① 参见肖中华:《论合同诈骗罪认定中的若干问题》,《政法论丛》2002 年第 2 期。类似的观点还有蔡刚毅:《析合同诈骗罪之合同》,《人民检察》2000 年第 3 期;郭庆茂:《略论合同诈骗罪的形式要件——对口头合同可以构成合同诈骗罪的质疑》,《法律适用》2003 年第 4 期;喻贵英:《〈合同法〉与合同诈骗罪之"合同"》,《河北法学》2004 年第 22 卷第 6 期;张盼:《合同诈骗罪之"合同"界定》,《新西部(理论版)》2014 年第 21 期。

② 参见赵竹韵:《合同诈骗罪认定中的若干问题》,《人民法院报》2002 年 5 月 13 日,第 3 版。类似的观点还有陶信平、郭宝平:《合同诈骗罪之合同的再思考——性质、类型和形式》,《长安大学学报(社会科学版)》2010 年 3 月第 12 卷第 1 期;舒洪水:《合同诈骗罪疑难问题研究》,《政治与法律》2012 年第 1 期;朱宏伟:《合同诈骗罪表现形式的思考——口头合同也可构成合同诈骗罪》,《市场周刊(理论研究)》2012 年第 8 期;胡世伟:《论合同诈骗罪中合同的界定——兼探讨与诈骗罪在合同上之区分》,《辽宁公安司法管理干部学院学报》2019 年第 5 期;慕锋:《刑民交叉视野下合同诈骗罪中"合同"含义的省思》,《西部学刊》2022 年 6 月上半刊(总第 164 期)。

三、合同诈骗罪中"合同"的实质、保护法益与形式

(一) 合同诈骗罪中"合同"的实质分析

谈及合同诈骗罪中"合同"的实质问题,则不得不了解合同更早出现的民法领域对该问题的规定,我国"合同"这一概念最早出现于民事法律关系中,而从刑法立法渊源来看,1979年《刑法》仅规定了诈骗罪,并未规定合同诈骗罪,1997年才将合同诈骗罪写入《刑法》。在当时的立法背景下,现行《刑法》第224条关于合同诈骗罪的规定主要来源于1996年最高人民法院发布的《关于审理诈骗案件具体应用法律的若干问题的解释》第2条的规定,[①]即"利用经济合同诈骗他人财物数额较大的,构成诈骗罪"。值得注意的是,现行《刑法》将该司法解释中的"经济合同"替换为"合同",由此可见,立法者有意将合同诈骗罪中的"合同"从民事法律意义上的"经济合同"这一有限范围内扩展到包含更多领域的刑法意义上的"合同"。

此处对《民法典》合同编与《刑法》合同诈骗罪之"合同"的理解涉及法秩序统一与刑民交叉问题,而对"合同"的解释等涉及概念判断的问题,刑法和民法则相互具有独立性,对同一概念作不同解释并不违反法秩序统一性原理。如有学者所指出的,"对于同一概念,刑法对民法可以作穿透性、实质性的解释,其相对于民法可以限缩也可以扩张"。[②] 典型例子如《刑法》虐待罪中的"家庭成员"与《民法典》婚姻家庭编之"家庭成员"的解释,前者已超出了后者定义的家庭成员的范围,但二者并未因此在法秩序统一问题上出现任何矛盾,刑法上对于家庭成员的扩大解释并不妨碍民法上固守其对家庭成员的传统定义和范围界定。

因此,《民法典》合同编与《刑法》合同诈骗罪之"合同"范围并不完全一致。虽然我国法律对合同的规定最早出现于民事法领域中,但由于刑法和民法所规范的法律关系不同,刑事法领域中对合同诈骗罪中的"合同"的认定既不能仅考虑刑法上维护社会秩序和经济秩序的需要,也不能完全唯民事法领域对合同的判断"马首是瞻",而应在加以选择和衡量的基础上界定出刑法领域中合同诈骗罪之"合同"范围。在此基础上,本文认为,分析某一合同是否属于合同诈骗罪

---

① 参见喻贵英:《〈合同法〉与合同诈骗之"合同"》,《河北法学》2004年第22卷第6期。
② 车浩:《法秩序统一与刑民关系》,华东师范大学法学院"法秩序统一与刑民交叉问题"研讨会论文,2023年6月16—17日(上海)。

的"合同",即分析刑事案件中的具体合同是否符合合同诈骗罪中的"合同"的构成要件要素,其判断标准应当为合同诈骗罪这一罪名所保护的具体法益。

(二)合同诈骗罪所保护秩序性法益为商事交易性合同管理秩序

对于合同诈骗罪所保护的法益,当前我国刑法学界的通说为该罪保护的是秩序性法益与公私财产所有权这两种法益,而对于前者的界定,则分为市场经济秩序、市场秩序和合同管理秩序三种观点。① 市场经济秩序、市场秩序这两种观点,又分别与《刑法》第三章和《刑法》第三章第八节的章罪名和节罪名即"破坏社会主义市场经济秩序罪"和"扰乱市场秩序罪"相吻合。然而,由于在章罪名或节罪名下还规定有其他具体罪名,认为合同诈骗罪所保护的秩序性法益为市场经济秩序或市场秩序其范围太过宽泛,无法体现出合同诈骗罪与同章或同节其他罪名所保护法益的区别。第三种界定,即合同管理秩序虽在一定程度上限缩了合同诈骗罪秩序性法益的范围,但如前所述,该界定仍无法有效区分《民法典》中的合同与《刑法》合同诈骗罪中"合同"范围的界限。所以,应当在"合同管理秩序"的基础上进一步限缩范围,将此处的合同解释为需要刑法介入进行保护的体现市场秩序的合同。

综上,本文认为,合同诈骗罪所保护的法益为商事交易性合同管理秩序和公私财产所有权。原因在于:首先,民法上所规定的合同范围极为广泛,显然不能将民法上的所有类型的合同都纳入刑法的管辖范围,比如赠与合同等与市场秩序关联性不大的合同。其次,合同诈骗罪在《刑法》章节中的体系位置体现了立法者对合同范围的本意,即合同诈骗罪中的"合同"要与市场秩序紧密联系,利用该类合同诈骗,原则上应当能够达到扰乱正常的市场秩序的程度,要符合这一条件,则要求该类合同包含财产流转或交易行为;最后,通常的财产流转与交易行为的主体包括商事主体和民事主体,②而一般的自然人等民事主体之间在民间经济往来过程中签订的合同具有辐射范围小和偶然性的特点,通常难以影响到市场秩序,商事主体之间以及商事与民事主体之间的商事经济交易则涉及的数额较大,包括生产、交换、分配等领域,通常足以影响正常的市场秩序。因此,《刑法》合同诈骗罪之"合同"应当解释为商事交易性合同。

---

① 参见范红旗:《合同诈骗罪解析——以法益的解释论为视角》,《政治与法律》2007年第4期;鞠佳佳:《合同诈骗罪与诈骗罪的双层界分》,《中国刑事法杂志》2013年第6期;沙君俊:《试论合同诈骗罪的合同》,《国家检察官学院学报》2003年第11卷第1期。

② 参见肖海军:《民法典编纂中商事主体立法定位的路径选择》,《中国法学》2016年第4期。

(三) 合同诈骗罪中合同的形式问题

我国民法领域对于合同的形式在原则上采用形式自由主义,①其在法律规定中的体现,在于《民法典》第469条已删去了原《合同法》第10条中:"法律、行政法规规定采用书面形式的,应当采用书面形式。当事人约定采用书面形式的,应当采用书面形式。"的规定,仅在特定类型合同的特定情形下规定"应当采用书面形式订立相应的合同"。可见《民法典》对于合同形式在原则上采用形式自由主义,仅在少数合同类型中的特定情形下规定必须采用特定形式。因此,一般情形下只要具备合同的基本要素,口头合同同样被民事法律规范所认可。

我国《刑法》在立法上并没有对合同诈骗罪的合同形式加以规定,这侧面反映了立法者注重的是合同的实质,对合同形式并不需要作过多限制。虽然有的学者从历史解释角度出发,认为根据我国《刑法》修订的历史,1997年前后的民法领域有效施行的合同相关法律为《经济合同法》《技术合同法》和《涉外经济合同法》,而最早规定合同诈骗罪则是1997年修改的《刑法》,刑法领域将合同纳入保护范围,应该是由于民法领域出现了合同后又出现利用合同实施严重违法行为的乱象,而仅依靠民事法律对此难以规范的前提下,刑事法律方才介入加以规范。因此,立法机关设立合同诈骗罪时本意应与该三部合同法一致,即都强调合同应当采用书面形式。② 但是,本文认为,刑法与民法所规范的法律关系和法律行为范围不同,刑法有其独立的品格,在合同的形式上同样如此,刑法的解释固然要适当参考民法的规定,但并不能完全唯民法的规定马首是瞻。退一步讲,即使合同诈骗罪中的合同形式应当参考民法的规定,那么随着现行《民法典》已经承认口头合同的合法形式,刑法领域同样不应该再坚持所谓的合同应当采取书面形式的说法。

四、口头合同在合同诈骗罪中的认定与适用

本文认为,对于利用口头形式的合同实施诈骗的行为,在当事人之间所订立的合同为商事交易性质的合同前提下,应当认定其行为符合合同诈骗罪的构成要件,达到数额较大的情形则应以合同诈骗罪定罪处罚。

---

① 参见杨代雄:《合同的形式瑕疵及其补正——〈合同法〉第36条的解释与完善》,《上海财经大学学报》2011年第6期。

② 参见郭庆茂:《略论合同诈骗罪的形式要件——对口头合同可以构成合同诈骗罪的质疑》,《法律适用》2003年第4期。

(一)口头合同同样体现合同诈骗罪的保护法益

本文认为,对合同诈骗罪中的合同形式进行限制在法理上并不具有正当性。原因在于,只要具备《民法典》规定的合同要件,口头合同同样是依法成立的合同,与书面合同在实质上并无区别,二者间只是形式不同,口头合同同样体现了合同诈骗罪商事交易性合同管理秩序和公私财产所有权的保护法益。因此,口头订立的合同同样应当受到《刑法》第 224 条合同诈骗罪的保护。虽然商事交易中,书面合同是较为常见的形式,口头合同只有在少数情况下才会出现,但利用口头合同实施诈骗的行为同样会扰乱市场交易秩序和合同管理秩序。甚至从某种角度来讲,利用口头合同实施诈骗对合同管理秩序的妨害更为严重。有民法学者指出,要求当事人对订立的合同要严格遵守,体现出法律所保护的是当事人对交易活动的信赖。① 在此前提下,合同管理秩序一定程度上所维护的也是合同双方对交易活动的信赖,而双方当事人进行商事交易时愿意签订口头合同,足以说明当事人之间相互的信赖程度更高。那么在相同情形下,利用口头合同诈骗与利用书面合同诈骗的行为相比,对交易双方信赖关系的侵害程度更加严重,案件性质更加恶劣,更需要刑法介入加以保护。

(二)口头合同构成合同诈骗罪的客体要件之司法实务验证

关于利用口头合同实施的诈骗行为可以认定为合同诈骗罪,在我国的司法实践中已经出现了判例,部分地区也出台了相关的司法文件。例如,在 2015 年 12 月 4 日最高人民法院公布的 11 起诈骗类犯罪的典型案例中,其中的"李某强合同诈骗案"就是典型的利用口头合同实施的合同诈骗罪。具体案情为,2008 年某日,夏某生与以昆明市某公司名义从事业务的李某强电话约定购买钢材后,夏某生转账 21 万余元货款至李某强处,收受货款后李某强即逃往境外。法院判决被告人李某强犯合同诈骗罪,判处有期徒刑三年,缓刑五年,并处 5 万元罚金。此外,浙江省、河南省等地司法机关也先后制定了关于合同诈骗罪的会议纪要,明确了利用口头合同实施诈骗也可以认定为合同诈骗罪的情形。② 如河南省司法机关于 2020 年发布的《关于办理合同诈骗刑事案件若干问题的座谈会纪要》明确规定:"合同诈骗罪中的'合同'包括书面合同、口头合同和其他形式。"③ 以

---

① 参见崔建远:《论合同严守原则》,《法治社会》2023 年第 3 期。
② 浙江省人民检察院《诈骗类犯罪案件专题研讨会会议纪要》(检诉〔2005〕20 号)。
③ 河南省高级人民法院、河南省人民检察院、河南省公安厅《关于办理合同诈骗刑事案件若干问题的座谈会纪要》(豫检会〔2020〕9 号)。

上案例与司法文件可以说明,将利用口头合同诈骗认定为合同诈骗罪在司法实践中完全可行且被中央和一些地方司法机关所认可。

（三）合同诈骗罪中口头合同的适用范围

首先,合同诈骗罪中口头合同的适用范围应限定在商事交易领域。如前文所述,合同诈骗罪所保护的法益为商事交易性合同管理秩序和公私财产所有权,合同诈骗罪中"合同"的实质为商事交易性合同。当前,多数学者认为合同诈骗罪中的"合同"应存在于合同诈骗罪的客体领域内,即应当体现市场秩序,①因此,合同诈骗罪中"合同"的范围应限于商事交易领域,口头形式的合同当然同样如此。此处对商事交易领域的界定,应当分别从对"商事"与"交易"的理解展开。"商事"是指"一切以营利为目的的经营活动的总称",商事的范围则"几乎包括各种以营利为目的的商品交换以及与此相关的其他活动"。② 本文所指"交易"则是指能体现资金往来与物品交换的活动。"商事交易"则是排除了普通民事主体之间以营利或非营利为目的进行的民事活动,如普通的民间借贷与租赁等活动。综上,本文所述"商事交易领域"是指民事主体与商事主体之间、商事主体与商事主体之间以营利为目的进行的经营活动。

其次,利用口头合同实施合同诈骗行为的主体范围应当限定为商事主体。通常的财产流转与交易行为的主体包括商事主体和民事主体。③ 商事主体存在的目的即为进行生产经营活动从而获取利润,其作出的行为也大都发生在商事交易领域,所以商事主体毫无疑问属于合同诈骗罪中口头合同的主体范围,其以商事交易为目的与其他商事主体或民事主体签订的合同,也都属于商事交易性合同,因而构成合同诈骗罪中的"口头合同"。而一般的自然人等民事主体之间的民间经济往来过程中签订的合同,即使具有财产流转关系或营利目的,但因不具有规模性和持续性通常难以影响到正常的市场秩序,而不属于商事交易性合同,也不构成合同诈骗罪中的"口头合同"。所以,民事主体只有在与商事主体进行商事交易活动这一特定情况下才属于合同诈骗罪中口头合同的主

---

① 例如,肖中华教授就明确指出,"合同诈骗罪中的'合同'必须存在于合同诈骗罪客体的领域内""该罪中所谓的'合同'必须是能够体现市场秩序的"。肖中华:《论合同诈骗罪认定中的若干问题》,《政法论丛》2002年第2期。喻贵英教授认为"合同诈骗罪中之'合同'必须存在于合同诈骗罪复杂客体的领域内,其'合同'必须是能够体现动态的财产流转市场秩序之'合同'"。喻贵英:《〈合同法〉与合同诈骗罪之"合同"》,《河北法学》2004年第22卷第6期。

② 赵旭东等主编:《商法学(第3版)》,高等教育出版社2015年版,第3页。

③ 参见肖海军:《民法典编纂中商事主体立法定位的路径选择》,《中国法学》2016年第4期。

体范围。综上,可以得出结论:商事主体与商事主体之间以及商事主体与民事主体之间订立的口头合同,属于合同诈骗罪中的"口头合同"。

余论

根据上文分析,对于利用口头合同实施诈骗行为的认定问题已得到解决,接下来的问题是,对于利用口头合同实施诈骗之行为人的刑事责任应作如何判断?本文认为,从合同诈骗罪所保护法益角度来讲,利用口头合同实施诈骗对合同管理秩序的妨害更为严重。如前文所述,合同管理秩序所维护的利益包含当事人对交易活动的信赖,而双方当事人进行商事交易过程中选择签订口头合同说明当事人对交易活动的信赖程度较签订书面合同更高,在此情形下,当事人签订口头合同更利于节约交易成本、提高市场运作效率。那么在相同情形下,利用口头合同诈骗与利用书面合同诈骗的行为相比,前者对诚信原则的违背和对合同信赖利益的侵害程度更加严重,对交易习惯和社会风气的破坏更加恶劣,行为人的罪行更重。因此,行为人利用口头合同实施诈骗的行为之社会危害性和主观恶性较利用书面合同更严重,司法机关应当对其追究更为严格的刑事责任,唯有如此,才能在合同诈骗罪适用过程中坚持罪责刑相适应原则。

电信网络诈骗中帮助取款行为的刑法定性

欧阳孜玥[*]

目　次

一、问题的提出
二、帮助取款行为客观要素的厘清
三、帮助取款行为主观因素的厘清
四、结论

摘　要：司法实践中，对于电信网络诈骗中帮助取款行为的刑事责任认定存在的分歧，司法机关相继出台了一些司法解释，但仍然有一定的模糊之处。帮助取款行为的准确定性，应当围绕客观与主观两个层面的刑事责任评价要点展开：在客观层面，以犯罪既遂时点为界，犯罪既遂后只能构成掩饰、隐瞒犯罪所得罪；犯罪既遂以前参与犯罪的，还应当判断帮助取款行为与诈骗罪的既遂结果是否存在促进作用以明确因果关系的成立与否；在主观层面，应当区分不同主观因素在内涵上的差异，其认定则应结合实践中其他客观因素综合判断。在面对复杂的情况时，司法机关应当遵循从客观到主观的判断思路，以准确地对具体行为进行正确的刑法定性。

关键词：电信网络诈骗；帮助取款；诈骗罪；掩饰、隐瞒犯罪所得罪

---

[*] 欧阳孜玥，华东政法大学博士研究生。

一、问题的提出

社会生产分工逐步细化、产业链的延伸以及科技应用的不断普及，使违法犯罪出现了"结构性升级"，传统犯罪手段逐步异化，向网络滋生蔓延，电信网络诈骗等新型犯罪成为当下犯罪的主流形态。在刑事案件整体发案率逐年下降的大背景下，电信网络诈骗犯罪却呈现逆势上升的趋势，犯罪手段不断升级。有关数据显示，检察机关在2021年度累计起诉利用电信网络实施的犯罪28万余人，同比上升98.5%，[①]其中电信网络诈骗成为突出难题，是人民群众最深恶痛绝的问题之一。

在电信诈骗犯罪案件中，除了网络诈骗集团的组织者、领导者以外，还存在帮助取款人这一角色，负责诈骗案件的"收尾"工作。在现实中，取款人不仅有可能是犯罪集团的一分子，同时也可能是具有独立性的"职业取款人"。帮助取款人对电信网络诈骗犯罪起着重要作用，取款行为违反了刑事法律规范，对该行为做出准确评价与精准打击有利于遏制电信网络诈骗犯罪。

从法律规范来看，2011年，最高人民法院、最高人民检察院出台了《关于办理诈骗刑事案件具体应用法律若干问题的解释》（以下简称《解释》）以明确关于诈骗案件中的争议。其中，第7条规定："明知他人实施诈骗犯罪，为其提供信用卡、手机卡、通讯工具、通讯传输通道、网络技术支持、费用结算等帮助的，以共犯犯罪论处。"在该《解释》出台以后，即有司法机关依据此条规定，将帮助取款人认定为诈骗罪共犯[②]。2016年，最高人民法院、最高人民检察院以及公安部（以下简称"两高一部"）联合发布了《关于办理电信网络诈骗等刑事案件适用法律若干问题的意见》（以下称《诈骗意见》），其中规定了"明知是电信网络诈骗犯罪所得及其产生的收益，以下列方式之一予以转账、套现、取现的，依照刑法第三百一十二条第一款的规定，以掩饰、隐瞒犯罪所得、犯罪所得收益罪追究刑事责任""实施上述行为，事前通谋的，以共同犯罪论处"；2021年，在"两高一部"发布的《关于办理电信网络诈骗等刑事案件适用法律若干问题的意见（二）》（以下简称《诈骗意见（二）》）中再次重申了《诈骗意见》中的规定，除了对具体客观行为进行了一定完善以外，并未做出其他实质性改变。纵观法律规范沿革，《解释》与《诈骗意见》中有关帮助取款行为规制的表述既相似又有一定的区分，

---

① 《2022中国法律年鉴》，中国法律年鉴社2022年版，第330页。
② 广东省肇庆市鼎湖区人民法院刑事判决书，案号(2016)粤1203刑初第66号。

但在这些细微区别模糊不清时,两者对于帮助取款行为的刑法定性完全不同,进而引发争议。从表述上看,在主观均为"明知"的前提下,前者认定为诈骗罪的共同犯罪,而后者则将该行为认定为掩饰、隐瞒犯罪所得罪。从司法实践来看,不同地区的司法机关对取款人的行为定性同样存在一定分歧:有司法机关将帮助取款人的行为定性为诈骗罪中的组成部分,即帮助取款人为诈骗罪共犯;①也有司法机关将该行为定性为诈骗罪的下游犯罪,即掩饰、隐瞒犯罪所得罪。②

为避免持续出现对电信诈骗中帮助取款行为人同案不同判的现象,有必要对该行为的刑法定性认定思路进行梳理。本文从电信网络诈骗中帮助取款行为本身入手,分别从客观层面与主观层面出发,厘清现存争议,并就帮助取款行为定性的认定思路加以归纳,试解决司法实践中对该行为的定性困境。

二、帮助取款行为客观要素的厘清

正如上文所述,尽管《解释》与《诈骗意见》中都有关于帮助取款行为的客观方面的相关表述,但是仍然有所区别。面对实践中纷繁复杂的客观事实,如何进行合理区分以选用合适的规范进行规制,笔者认为主要应厘清以下两个问题:第一,取款人参与诈骗犯罪时点对其刑事责任产生的影响;第二,如何理解取款行为对整个诈骗行为所起到的作用。

(一)取款人参与时点的厘清

对于帮助取款人的取款行为的刑事定性主要包括两种意见:一为构成诈骗罪帮助犯,一为构成掩饰、隐瞒犯罪所得罪,取款人参与犯罪时点的不同会对其行为定性产生决定性的影响。

依据共同犯罪的基本理论,共同犯罪应当是各共同行为人形成一个统一的犯罪整体,③也就是说若取款人是在诈骗行为人已经独立完成犯罪后实施取款行为,显然无法成立诈骗罪共犯,此处的"完成"指的是犯罪的既遂形态。目前,学界就诈骗罪的既遂标准应当如何认定尚未达成统一意见,主要包括"失控说"

---

① 广东省广州市中级人民法院刑事判决书,案号(2019)粤01刑终第2109号。
② 辽宁省大连市甘井子区人民法院刑事判决书,案号(2017)辽0211刑初第383号。
③ 参见张明楷:《刑法学》,北京法律出版社2016年版,第41页。

"控制说""占有说"等争论。第一种观点"失控说"是指当被害人丧失对财物控制之时,诈骗罪既遂。该学说的核心观点认为,诈骗罪的设立是为保护他人的财产所有权,当财产权受到侵害时,自然就可以认定为既遂。① 第二种观点"控制说"则要求只有当行为人能够实际支配诈骗财物时,才能认定诈骗罪的既遂,②相较于"失控说",该学说推迟了既遂的时点。第三种观点"占有说"则要求行为人实际占有财物时,诈骗才既遂。"占有说"与"控制说"不同的是,后者并不要求行为人实际占有财物。③ 显然,既遂判断标准的不同会影响对取款行为是否能够构成承继的共犯的判断结果,进而影响对该行为的定性。应当明确的前提是,电信诈骗只是诈骗罪的一种犯罪情形,不同类型的诈骗犯罪的既遂认定应当采取同一标准,④不应对电信诈骗情形的既遂标准单独讨论。

笔者认为,对于诈骗罪的既遂判断标准应当采取"失控说",理由如下:第一,在理论层面,关于我国刑法分则的立法模式,笔者认为是以犯罪既遂的形态为基准。我国刑法总则关于犯罪形态并没有"既遂犯"的内容,但是对于其他特殊犯罪形态却存在"比照既遂犯从轻处罚"等表述,因此从逻辑上不难得出,刑法分则中规定的是针对既遂犯的法定刑,自然对于罪状的描述也应当是对犯罪既遂的表述。我国刑法对于诈骗罪的表述为"诈骗公私财物的"而非"骗取公私财物的",因此不应采取"控制说"。第二,从合理性来看,若采取"控制说"作为诈骗罪既遂的判断标准,那么实践中若发生行为人令受骗人将骗取财物放置某地,但迟迟未取,即一直未取得控制,那么在此种情况下就始终无法认定行为人构成诈骗罪的既遂。这导致了对犯罪形态的走向认定取决于行为人对诈骗财物的处理方式,显然不符合一般观念。例如,在"以诈骗手段故意破坏财物"的情形中,便只能认定行为人故意毁坏财物罪,在数额巨大的情况下,为行为人逃避受到与其罪行相适应的刑罚提供了争辩空间,可能导致罪刑失衡的情况发生。第三,从刑法保护法益来看,诈骗罪保护的是社会公众的财产权。显然受骗人的法益受到损害并非从诈骗行为人取得财物时开始计算,而是自其失控时,损害就已经产生。第四,从司法实践导向来看,我国司法实践也体现出对"失控说"的倾向。2016年,最高人民法院、最高人民检察院、公安部、工业和信息化部、中国人民银行、中国银监会联合下发的《关于防范和打击电信网络诈骗犯罪的通知》中规定,被害人的转账只有在经过24小时后才会被电信诈骗行为

---

① 参见王志祥、韩雪:《论诈骗罪基本犯的未遂形态》,《法治研究》2012年第7期。
② 参见王晨:《诈骗犯罪研究》,人民法院出版社2003年版,第46页。
③ 参见黎全阳:《关于诈骗罪认定若干争议问题的探讨》,《法学家》1996年第2期。
④ 参见孟红艳:《诈骗罪中"取得财产"的教义学阐释》,《法学》2023年第9期。

人控制,进而有学者提出:在"新政"以后,自受害人将钱财汇出后经过24小时,电信诈骗才可认定为既遂。① 事实上,该规定是通过技术手段延迟了受骗人对财物"失控"的时间。依照"新政"前的实践情况,受骗人汇出钱财时已经丧失了对钱财的控制,但是现在受骗人失去对钱财的实际控制是汇出钱财以后24小时,24小时后自动转移至诈骗行为人账户中时,受骗人彻底丧失对该金钱的控制可能性,电信诈骗既遂。因此,根据该"新政"来看,对诈骗罪的既遂认定倾向于采纳"失控说"而非"控制说"。

综上,在明确诈骗罪的既遂判定标准为"失控说"后,意味着帮助取款人若在受骗人已经实际丧失对诈骗钱财的控制后实施帮助取款行为(不存在事前通谋),则不可能成立诈骗罪的共犯,而仅可能构成掩饰、隐瞒犯罪所得罪。

（二）取款行为在电信诈骗中的作用的厘清

影响对取款行为刑法规制路径的因素除了帮助取款人参与时点以外,还应当明确的一个问题是:帮助取款行为在电信诈骗这一完整的犯罪链条中扮演着何种作用时,才会被评价为诈骗罪共犯?

依据通说理论,共同犯罪行为指的是各个共犯人之间相互协作、相互补充,共同构成一个同一的犯罪活动整体,进而造成损害后果。作为犯罪活动整体的组成部分,每个成立共同犯罪的行为均应当与造成的损害结果之间具有一定因果关系,这也是共同犯罪"一人既遂,全部既遂"理论成立的客观基础。② 在电信网络诈骗中,当帮助取款行为与电信网络诈骗犯罪造成的危害后果之间存在因果关系时,帮助取款人才有可能成立诈骗罪的共犯。此处的因果关系主要指的是帮助取款行为对电信网络诈骗犯罪的损害后果的产生具有一定的促进作用。

对于促进关系的内涵与认定,学界存在不同的观点。首先,对于帮助行为促进作用的对象,除了上述中阐述的应当对损害后果的发生具有促进作用,还有观点主张帮助行为应同时对正犯的实行行为具有促进作用。③ 反对该观点的学者称帮助犯不同于教唆犯,其无须引起正犯的实行行为,只需要为实行行为创造便利条件即可。④ 笔者认为,帮助行为应当对诈骗实行行为和犯罪的既遂结果均存有关联,才得以成立。帮助犯同正犯一起组成了共同犯罪这一完整整体,两者之间必然不会是相互割裂的关系,帮助犯名称的来源正是因为其为犯罪提供了间

---

① 参见黎宏:《电信诈骗中的若干难点问题解析》,《法学》2017年第5期。
② 参见沈琪:《共同犯罪的司法认定》,中国人民大学出版社2023年版,第1页。
③ 参见刘宪权、魏彤:《电信诈骗"外围"帮助行为的刑法定性》,《犯罪研究》2022年第4期。
④ 参见陈兴良:《共同犯罪论》,中国人民大学出版社2017年版,第260页。

接的促进、帮助作用。帮助犯与教唆犯有所区分的是,促进作用并不等同于引起正犯犯意,前者是加强,后者为诱发。其次,如何认定帮助行为对损害结果的发生具有促进作用的内涵?此处的促进既可以是物理上的帮助,也可以是心理上的帮助。之所以认可对"心理上的帮助"也可以构成帮助犯,是由于在实践中,会出现这样一种情形:帮助取款人首次成立掩饰、隐瞒犯罪所得罪后,意识到行为人在从事诈骗,但未明确向行为人确认,却发出类似"你不用担心"的承诺。笔者认为,在此种情况下,帮助取款人的言语显然是对诈骗行为人进行下一次诈骗提供了心理上的帮助,使其无须担心"收尾"工作。尽管尚未提供实际上的物理上的帮助,也并没有形成"共谋",但是仍然可以将其认定为诈骗罪的共犯。

那么,当帮助取款人的行为满足前述客观条件时,帮助犯的成立时点应当如何认定呢?德国通说理论认为,依据承继的共犯理论,尽管诈骗罪已经既遂,但在未实质性终了时,即犯罪结果尚未得到保障以前,只要提供帮助,均可以认定为成立共同犯罪。与此相反的是,我国多数学者认为若成立帮助犯,则其提供帮助的时间应当在构成要件尚未完全该当、损害结果出现以前。① 笔者赞同后一种观点,首先,德国通说理论中对于"实质性终了"的判断标准难以把控,可能使对帮助取款人的刑事责任认定掺杂更多司法工作人员的主观意志。其次,若在尚未研究充分时即采取德国理论解决我国现存的电信诈骗问题,会导致与我国掩饰、隐瞒犯罪所得罪的矛盾,虚置后者。因此,若成立帮助犯,则其参与共同犯罪的时间节点应当在构成要件该当的过程中。

三、帮助取款行为主观因素的厘清

综观我国刑法对共同犯罪主观构成层面的要求以及《解释》《诈骗意见》中对主观方面的规定,不难发现规范中的表述纷繁复杂。因此,为了对帮助取款行为进行准确定性,应当对帮助取款行为的主观构成要件的内涵予以梳理。

(一)帮助取款行为主观构成条件内涵的厘清

1."共谋"内涵的厘清

在我国刑法传统理论中,要求构成共同犯罪的主观层面达到"共谋"的标准。所谓共谋,即指共同谋划,依据"三特征说","共谋"要求各个共同犯罪人意

---

① 参见于冲、赵小涵:《电信网络诈骗帮助取款行为刑事责任评价》,《常州大学学报(社会科学版)》2021年第5期。

识到自己不是在独立犯罪、能够预见到共同犯罪的行为性质并且一般而言希望危害结果的发生,①在共同犯罪中,主观层面最重要的是各个共同犯罪人之间具有主观联络,这是区分构成共同犯罪与同时犯的重要划分标准。

在电信网络诈骗犯罪中,"共谋"意味着帮助取款人主观应当与诈骗正犯具有意思联络,明确两人(或以上)构成了一个诈骗犯罪团伙,为完成犯罪共同协商、谋划。

2."明知"内涵的厘清

在《解释》第7条关于构成电信诈骗共犯的规定中,对主观层面构成要件的要求为"明知",相较于共犯传统理论中的"共谋"更强调单向性,同时在《诈骗意见》中也有关于"明知"的主观要求的表述,但是两者却指向不同的规制路径,前者认定为诈骗罪共犯,后者则要求判处掩饰、隐瞒犯罪所得、犯罪所得收益罪。因此,如何认定主观"明知"的内涵是在电信网络诈骗中判定帮助取款人是否构成共犯的关键,同时也应当对两个不同规范中"明知"加以区分以便更准确地对帮助取款行为进行刑事上的定性。

对于帮助行为若成立共犯,其主观"明知"应达到的程度要求,学界目前主要存在三种观点:第一种观点认为行为人成立帮助犯是因为其对特定的犯罪提供了帮助,因此应当同时知晓其帮助的犯罪类型以及犯罪细节。② 在电信网络诈骗中,要求帮助取款人明确其取款行为属于诈骗罪的组成部分,并且能够认识到其所帮助取款的上游犯罪(诈骗罪)的具体细节;第二种观点认为帮助犯仅仅知道其所帮助的犯罪大概为何种类型即可,也即在电信网络诈骗犯罪中,帮助取款人只需知道其所帮助取款的犯罪为诈骗罪,而无须同时详尽地确认诈骗罪的具体细节;③第三种观点则认为帮助犯仅需具有概括的故意,也即知道他人犯罪即可。④ 在电信网络诈骗犯罪中,帮助取款人仅需要知道其行为对象属于犯罪所得,无须知道是否该犯罪所得来源于何种犯罪。笔者认为,应当采取第二种观点。第一种观点对帮助犯要求过于严苛,在实践中若要求所有帮助犯均需要对犯罪链条的细节全部知悉才有可能构成帮助犯,会导致帮助犯的认定范围过窄,一方面不利于从严打击电信网络诈骗,另一方面也会为司法实践认定造成较大困难。第三种观点则对于帮助犯的成立范围认定过于宽泛,依据此观点,帮助犯成立的罪名与自己的主观认识相互割裂,如何定罪仅仅取决于

---

① 参见马克昌、罗平:《论共同犯罪的概念和要件》,《政法论坛》1985年第4期。
② 参见俞小海:《电信诈骗犯罪中帮助取款行为的罪名判定》,《人民司法》2015年第19期。
③ 参见李会彬:《电信诈骗帮助取款行为的共犯认定》,《国家检察官学院学报》2017年第1期。
④ 参见高铭暄、马克昌:《刑法学》,北京大学出版社、高等教育出版社2022年版,第197页。

正犯最终施行了何种行为,可以说忽视了传统刑法理论中对各个犯罪人构成共犯整体的"主观联系"的要求。事实上,第三种观点恰恰符合的是掩饰、隐瞒犯罪所得罪的主观要求。

综上所述,对于《解释》第 7 条规定中的"明知"的内涵应当采纳第二种观点更为合理,即帮助取款人只需要知道其帮助的实行行为属于何种类型的犯罪即可,若明知,则可以认定行为人能够以共犯论处。《诈骗意见》中同样采取了"明知"的表述,并且对"明知"的内容做出了更进一步的解释,即"电信网络诈骗犯罪所得及其产生的收益",正验证了"明知"无须知道犯罪的细节,也不能仅仅具有概括的故意。《诈骗意见》中的"明知"与《解释》不同的是,《解释》中"明知"的对象是其所帮助的犯罪为何种类型,而《诈骗意见》中"明知"的对象重点在其取款的对象是否属于"赃物",其认知的重点有所不同。两个文件表面上看,得出的是矛盾的刑事责任认定路径,但笔者认为这是由于《诈骗意见》中并未对客观行为实施的时点进行说明所导致的,也就是说《诈骗意见》是对诈骗罪既遂后的"转账、取现、套现"的帮助行为的规制予以重申,以防止司法实践人员滥用《解释》中的规定,引起定性错误、罪刑失衡的情况。

3. "事前通谋"内涵的厘清

除了"共谋""明知"以外,《诈骗意见》与《诈骗意见(二)》中关于主观因素的表述还有"事前通谋"。正确认定"事前通谋"也是区分诈骗罪共同犯罪和掩饰、隐瞒犯罪所得罪的关键点。

首先,应当正确理解"事前"这一时间条件。有学者认为,可以将"事"解释为诈骗罪正犯着手实施犯罪行为,但同时又提出此处的"事前"不能直接理解为在正犯着手实施犯罪行为以前,[①]这显然是矛盾的。笔者认为此处的"事前"应当理解为诈骗罪既遂以前,也就是说,《诈骗意见》中的规定是重申了在电信网络诈骗犯罪既遂前通谋的,以共同犯罪论处,这也与本文前述的论述相呼应。其次,应当明确的是,尽管"通谋"与"共谋"极为相似,但是两者并不能等同,"通谋"的成立条件要略低于"共谋"。具体而言,"共谋"强调的是彼此之间相互筹谋、协商,共同行动,而通谋无须存在"协商、商议",仅仅彼此之间相互知晓即可。[②] 由于两者之间的差异较小,并且不存在太大的主观恶性的区别,因此在司法实践中,大多数情况下无须对两者进行如此细致的区分。

---

① 参见王洪涛、宁丹誉:《电信网络诈骗中帮助取款行为的定性问题研究》,《黑河学院学报》2023 年第 8 期。

② 参见张明楷:《电信诈骗取款人的刑事责任》,《政治与法律》2019 年第 3 期。

（二）帮助取款行为主观构成条件的认定

对于"明知""通谋"等主观构成要件的认定往往是以当事人供述为主要依据，同时行为是内心的外化，因此除了口供以外，也可以通过行为人的客观行为进行推定。

1."通谋"的认定

根据刑法通说，"通谋"主要指的是各个共同犯罪人之间通过语言或者书面沟通的方式，完成对犯罪目标、实施手段、地点等犯罪细节的谋划。需要说明的是，"通谋"的完成形式不仅可以是明示，也可以是默示，甚至可以通过沉默完成，以防止有共同犯罪人为逃避法律追究而故意不通过语言、文字的方式完成共同犯罪的谋划。因此，在司法实践中，对于"通谋"的认定不应当局限在具有语言、文字，更多需要的是司法实践工作者根据具体案件的情况具体分析。

2."明知"的认定

与"共谋"不同的是，"明知"是一种单向的犯意，不存在犯意联络，因此对该主观内容的认定难度远高于"通谋"，在司法实践中主要通过犯罪的客观情形进行推定。通常情况下推定的标准是从社会一般人的认知出发，也即如果社会一般人结合客观情况能够认识到，则可以推定取款行为人主观上为明知。在司法实践中考察的内容包括调查帮助取款人与委托取款人之间是否存在亲缘关系、是否具有超出正常范畴的获利、是否在短时间内存在大量取款行为等。[①] 例如，在司法实践中，帮助取款人往往可以划分为三种人：诈骗犯罪集团的组成人员、职业取款人和偶然取款人。显然当帮助取款人属于诈骗犯罪集团的组成人员时，应当构成诈骗罪的共同犯罪；当帮助取款人为职业取款人，无法证明其存在通谋时，可以通过考虑该取款人是否是首次为该诈骗正犯提供帮助取款服务进行判断，若为多次，则大概率可以认定该取款人具有概括的故意，有可能成立诈骗罪的共犯；当帮助取款人是首次实施该行为，则属于没有明显的非常态特征，应当结合其他客观情况共同判断。一般而言，帮助取款行为可以划分为两种类型：一种为持有并使用自己的银行卡帮助取款，另一种则是使用诈骗正犯提供的银行卡完成帮助取款行为。那么，在前一种情况下，在未受到欺骗的情况下，其大概率对诈骗正犯的行为存在概括的故意，成为电信诈骗犯罪的组成部分，应当以诈骗罪的共犯论处；而第二种情况则需要结合持卡的时间节点等其他情况综合判断。

[①] 参见魏静华、陆旭：《电信网络诈骗共同犯罪的司法认定》，《中国检察官》2018年第3期。

一言以蔽之,应当重点关注行为人在取款过程中显示出的一些较普通人进行金融交易活动时的异常行为,对这些行为特征的明确是推定行为人主观是否属于"明知"的基础,除非有明确的反向证据。①

四、结论

回归到司法实践中,在上文明确了一些基础理论问题后,为了准确对帮助取款行为进行定性,实践中应当遵循从客观到主观的认定思路。结合前文相关理论,在诈骗罪既遂标准采取"失控说"的前提下,帮助取款人的行为定性认定如下:

帮助取款人与诈骗实行人之间共谋的,构成诈骗罪的共同犯罪。在此情形下,若通过口供或其他客观情况,能够认定帮助取款人与诈骗正犯之间存在共谋的,则意味着帮助取款人与诈骗正犯之间已然形成一个犯罪团伙,帮助取款人自然构成诈骗罪。此时,由于两人存在事前共谋行为,诈骗正犯既遂时,根据共同犯罪基础理论,"一人既遂,全部既遂",哪怕帮助取款人尚未实施取款行为,仍要以诈骗罪既遂论处。

帮助取款人与诈骗实行人事前通谋的,构成诈骗罪的共同犯罪。如前文所述,"事前通谋"与"共谋"并不等同,此时无须两者对犯罪全程的进展进行谋划,只要能够推定帮助取款人与诈骗正犯之间存在双向知晓的意思即可。例如,实践中存在一些"职业取款人"与不同的诈骗正犯之间形成了稳定的"合作"关系,但并未对如何实行诈骗提供意见,即不能认定为"共谋",而属于此处的"通谋"。

事前无通谋,帮助取款人明知他人实施诈骗行为仍然提供帮助的,构成诈骗罪的共同犯罪。此种情况更强调意思的单向性,在《解释》中存在相应的表述。一方面,该规定是片面帮助犯理论在网络犯罪中的实际运用;另一方面,此规定也在一定程度上体现了从严打击电信诈骗的导向。在实践中,此情形主要表现在一些尚未同诈骗团伙形成稳定"合作"关系的"职业取款人"的案件中,部分"职业取款人"会以不存在"通谋""共谋"作为理由,要求司法机关认定其构成的是掩饰、隐瞒犯罪所得罪或者帮助信息网络犯罪活动罪。事实上,只要其明知"合作伙伴"属于诈骗罪,即应当以共犯论处。需要强调的是,此处"明知"的意思形成时点应当在"事前",也即诈骗罪既遂以前。

事前无通谋,帮助取款人明知其套现、取现的财物属于违法所得,仍然帮助

---

① 参见张建、俞小海:《电信诈骗犯罪中帮助取款人的刑事责任分析》,《法学》2016年第6期。

取款的,构成掩饰、隐瞒犯罪所得罪。该规定存在于《诈骗意见》中,笔者认为此规定的完整表述应当为:事前无通谋,事后帮助处理诈骗罪违法所得的,构成掩饰、隐瞒犯罪所得罪。该情形与第三种情形的区别在于,主观意思形成时点的不同,依据此理解,《解释》与《诈骗意见》并不冲突。

最后,值得说明的是,在《诈骗意见(二)》中规定"同时构成其他犯罪的,依照处罚较重的规定定罪处罚",在电信网络诈骗犯罪中,帮助取款行为同时有可能构成帮助信息网络犯罪活动罪,对此笔者认为无须再进行细致的区分,仅需要依照较重处罚即可。

"隐瞒第三方责任"型医保诈骗案件之司法适用
——基于典型案例的展开

罗海妹 阚鑫君[*]

目 次

一、"隐瞒第三方责任"型医保诈骗案件的数额认定
二、"隐瞒第三方责任"型医保诈骗案件的程序选择
三、"隐瞒第三方责任"型医保诈骗案件的刑罚配置

摘 要：近年来,"隐瞒第三方责任"型医保诈骗案件日益进入司法视野,但是相较于其他类型医保诈骗案件,尚未引起足够关注。"隐瞒第三方责任"型医保诈骗案件的数额认定,包括将医保机构结算的全部金额认定为犯罪数额、将原本应由第三方承担的责任份额认定为犯罪数额两种,其中后者更为合理;该类案件的程序选择,应当坚持"实质影响＋高效决策"原则,同时注意该类案件的实体影响;该类案件的刑罚配置,应当结合案件社会危害性和行为人人身危险性加以考量,符合条件的可在量刑方面适当从宽。

关键词：诈骗罪；隐瞒第三方责任；医保诈骗

医保基金是老百姓看病就医的"钱袋子",但也同时成为别有用心之人的"摇钱树"。近年来,医保诈骗手段层出不穷,过度医疗、挂床住院、串换药品、超限用药等医保诈骗行为引起了社会高度关注。除了上述典型医保诈骗行为,笔

---

[*] 罗海妹,江苏省南通市通州区人民检察院党组书记、检察长；阚鑫君,上海社会科学院法学研究所刑法学硕士研究生。

者在近期办案过程中,发现存在投保人隐瞒第三方责任骗取医保基金的情况,遂以"医疗保险""第三方""诈骗"为关键词,在"中国裁判文书网"上进行类案检索,①得到相关一审刑事判决书共计47份。该47份判决书始于2014年,共涉及13个省份的47件诈骗案件,其中河南13件,浙江10件,云南、湖南各5件,甘肃、四川各3件,黑龙江2件,贵州、山西、辽宁、宁夏、重庆、江苏各1件。从涉案省份分布情况来看,案件地域分布广泛;从时间分布来看,案件在2020年之后进入高发阶段。由此可见,隐瞒第三方责任骗取医保基金的诈骗犯罪案件已经初具规模,然而实践中该类案件尚未得到充分重视。因此,笔者从相关典型案例梳理入手,探讨"隐瞒第三方责任"型医疗保险诈骗案件的数额认定、程序选择、刑罚配置等关键问题。

一、"隐瞒第三方责任"型医保诈骗案件的数额认定

根据2011年人力资源和社会保障部《社会保险基金先行支付暂行办法》第2条的规定,在第三人侵权行为造成伤病的场合,医疗费应当由第三人按照确定的责任大小依法承担,超出第三人责任部分的医疗费用,才属于基本医疗保险基金承担的范围。② 上述规定表明,存在第三方责任主体的场合,应当先行对责任的承担进行分配,医保基金仅承担超出第三方责任的部分。但在"隐瞒第三方责任"型医疗保险诈骗犯罪中,行为人隐瞒了第三方责任的事实,导致医保机构误认其所应承担责任的比例而进行费用结算。对于该类诈骗案件的犯罪数额如何认定,存在"全盘认定"和"部分认定"两种方式。

(一)将医保机构结算的全部金额认定为犯罪数额

案例一:2018年4月,被告人李某骑自行车与万某电动车发生交通事故导致李某受伤,道路交通事故认定书认定李某负主要责任,万某负次要责任。李某住院共计花费28 851.91元,在起诉万某未果的情况下,李某伙同他人虚构自己的伤情系骑车摔到道牙所致、无第三方责任,两次共计骗取医保资金

---

① 案例检索日期为2023年8月15日。
② 《社会保险基金先行支付暂行办法》第2条规定:"参加基本医疗保险的职工或者居民(以下简称'个人')由于第三人的侵权行为造成伤病的,其医疗费用应当由第三人按照确定的责任大小依法承担。超过第三人责任部分的医疗费用,由基本医疗保险基金按照国家规定支付。 前款规定中应当由第三人支付的医疗费用,第三人不支付或者无法确定第三人的,在医疗费用结算时,个人可以向参保地社会保险经办机构书面申请基本医疗保险基金先行支付,并告知造成其伤病的原因和第三人不支付医疗费用或者无法确定第三人的情况。"

19 633.91 元,法院将此数额认定为李某的犯罪数额。①

本案中存在第三方责任,且有事故认定书的主次责任认定在先,但是判决书中对于诈骗金额采取全盘认定的方式,即将医保机构支付结算的全部金额作为犯罪数额。经统计,上述 47 件诈骗案件中,涉及交通事故损害赔偿的 23 件、占比 48.9%,其中对于诈骗金额采取全盘认定的 19 件、占比 82.6%;在其他隐瞒雇主责任或者是人身损害赔偿责任的 24 件中,采取全盘认定的 23 件,占比 95.83%,可见"全盘认定"是该类诈骗案件认定犯罪数额的主要方式。

(二) 将本应由第三方承担的责任份额认定为犯罪数额

案例二:2015 年 8 月,被告人项某驾驶无牌两轮摩托车与阙某驾驶的两轮电动车发生碰撞,造成二人不同程度受伤,道路交通事故认定书认定二人负同等责任。后项某、陈某(项某之妻)共同虚构本案无第三方责任的事实,骗取医保资金 12 624.71 元。经查明,项某若如实填报可以获得的医保统筹支付为 6 312.355 元,其余 6 312.355 元原本应由阙某承担,法院将此数额认定为项某、陈某的犯罪数额。②

案例三:2017 年 10 月,被告人潘某驾驶电动车与缪某驾驶的电动车发生碰撞,造成潘某受伤、两车不同程度受损,随后潘某被送医治疗。同日,潘某在接受医保核查时,隐瞒发生交通事故的事实,导致次日医保机构将其本次受伤产生的医疗费纳入医保支付范围,其中职工医保基金统筹支付 35 917.58 元。根据其后作出的道路交通事故认定书,潘某负次要责任,上述 35 917.58 元中的 25 744.31 元本应由第三方承担,法院将此数额认定为潘某的犯罪数额。③

案例二、案例三与案例一案情相似,均系行为人与第三人发生交通事故后,虚构无第三方责任,进而骗取医保基金结算。但在上述两起案件中,法院结合道路交通事故认定书认定的责任比例,仅将本应由第三方承担的责任份额认定为本案的诈骗犯罪数额。

(三) 诈骗犯罪数额以第三方原应承担责任份额为限的合理性分析

对于"隐瞒第三方责任"型医保诈骗案件中犯罪数额的认定,笔者认为应当"分开认定",即仅将本应由第三方承担的责任份额作为犯罪数额更为合理。我

---

① 河南省南阳市宛城区人民法院刑事判决书,案号(2020)豫 1302 刑初 600 号。
② 浙江省龙泉市人民法院刑事判决书,案号(2017)浙 1181 刑初 144 号。
③ 浙江省龙泉市人民法院刑事判决书,案号(2018)浙 1181 刑初 195 号。

国刑法对于诈骗罪的罪状表述仅为"诈骗公私财物",但是为了避免刑法处罚范围过于宽泛,通说认为诈骗罪的基本行为结构是:被告人使用虚构事实、隐瞒真相的方法,使得他人产生认识错误,由此交付财产,而使被害人遭到财产损失。① 诈骗罪是财产犯罪,财产乃是诈骗罪的保护法益,一旦财产遭到损失,就意味着法益遭到了侵害乃至犯罪的既遂。可见,财产损失是诈骗罪不成文的构成要件要素,财产损失的数额实际影响了诈骗罪的成立与既遂。② 财产损失的认定依据诈骗罪的类型而有所不同,普通的诈骗案件往往存在对价给付的关系,对于此种情况下的财产损失,我国刑法理论通说认为只需要比较财产处分前后的整体财产状况,如果整体财产价值减少,便构成财产上的损失。③ 在此种普通型诈骗中,由于存在对待给付的关系,财产损失的认定一般较为清晰。但是单方给付型诈骗中,比如较为典型的募捐诈骗,被害人在给付财产之时便明知其给付行为不会给自己带来经济利益,仍然出于一定社会目的而自愿馈赠。对此,德国刑法理论提出了社会目的实现理论,认为被害人的给付是出于一定的社会目的的实现,如果知道自己的目的会落空则不会为这样的捐赠,成立认识错误,构成诈骗罪。④ 对此,只要受骗人就交付财产的用途、财产的接受者存在法益关系的认识错误,且数额达到相关标准的,都应当认定为诈骗罪,如此处罚符合刑法规定和刑事政策需求。

医保基金的支付是国家行政机关依法履职的表现,医保基金的支付范围、支付比例都有事先规定,医保机构依照行政相对人的申请材料对照相关规定进行支付结算。在"隐瞒第三方责任"型医保诈骗案件中,医保机构支付的医保基金由两部分组成:一部分是医保机构按照相关规定应当承担的份额,另一部分是原本应由第三方承担的责任份额。尽管医保基金是通过用人单位和个人缴费的方式建立,但在核算阶段其性质属于经济补偿款,且不要求申请人在该阶段给予对待给付,本质上系单方给付。医保机构根据行政相对人提供的无第三方责任的申请材料进行结算,其支付目的在于补偿当事人遭受的损失。但是案件存在第三方责任时,当事人的部分损失可以由其他责任主体承担,医保机构因对财产接受者的法益关系认识错误而超额承担的,属于基于认识错误而给付财产;对于原本属于行政相对人承担的责任份额,在此范围内医保机构予以结

---

① 陈兴良:《规范刑法学(第五版)》,中国人民大学出版社2023年版,第1046页。
② 蔡桂生:《论诈骗罪中财产损失的认定及排除——以捐助、补助诈骗案件为中心》,《政治与法律》2014年第9期。
③ 陈兴良主编:《刑法学关键问题》,高等教育出版社2007年版,第637页。
④ 张明楷:《论诈骗罪中的财产损失》,《中国法学》2005年第5期。

算时并未产生错误认识,也未造成新的损失。诈骗罪保护的法益是权利人的财产损失,原本应予支付的不属于财产损失,因此在认定犯罪数额时予以扣除更为合理。因而,"隐瞒第三方责任"型医保诈骗案件中,诈骗数额应以第三方本应承担责任份额为限。

二、"隐瞒第三方责任"型医保诈骗案件的程序选择

"隐瞒第三方责任"型医保诈骗案件中包含两类法律关系:一是被保险人与第三人之间人身损害赔偿的民事法律关系;二是隐瞒第三方责任骗取医保基金超额结算的刑事法律关系,属于典型的民刑交叉案件。关于民刑交叉案件的处理,我国司法实践中形成了"先刑后民"的惯例。有学者认为"先刑后民"属于一项司法原则,[①]也有学者认为就刑事诉讼法和民事诉讼法的规定来看,却并没有所谓"先刑后民"原则的规定。[②] 在民刑交叉案件中,除了需要厘清"先刑后民"是否系案件处理基本原则,还需明确具体适用情形。一般认为,"先刑后民"主要包括以下情形:其一,不同性质的案件由同一个审判机构合并主管的情形,又可分为传统的刑事附带民事诉讼以及涉及知识产权的不同性质案件合并审理;其二,实体层面的"先刑后民",即同一行为或案件事实既涉及刑事犯罪又涉及民事争议时,应先解决刑事犯罪还是民事争议问题;其三,在民事诉讼中发现刑事犯罪的情形,应先启动刑事诉讼程序,民事诉讼则被驳回或中止。[③]上述观点,基本主张基于同一法律关系产生了民事诉讼和刑事诉讼的竞合。但是,笔者认为民刑交叉,应当是指基于同一民事法律与刑事法律涵摄的事实关系,无论是在民刑程序的适用顺位还是在事实认定上都存在竞合。在处理民刑交叉案件时,需要从程序和实体两个方面考虑。笔者认为,在"隐瞒第三方责任"型医保诈骗案件的程序选择上,应当摆脱"程序中心主义"桎梏,不仅局限于讨论民事、刑事诉讼程序的选择先后,而是坚持"实质影响+高效决策"原则,在进行程序选择时,判断民事诉讼的争点是否对刑事诉讼的行为定性产生实际影响,以及程序安排上能否保障争端的及时有效化解。

(一)"隐瞒第三方责任"型医疗保险诈骗案件的程序选择

通过案例梳理可以发现,"隐瞒第三方责任"型医保诈骗案件高发于存在机

---

① 陈兴良等:《关于"先刑后民"司法原则的反思》,《北京市政法管理干部学院学报》2004年第2期。
② 张卫平:《民刑交叉诉讼关系处理的规则与法理》,《法学研究》2018年第3期。
③ 张卫平:《民刑交叉诉讼关系处理的规则与法理》,《法学研究》2018年第3期。

动车交通事故责任与雇主责任的场合,但是上述两类"第三方责任"的认定方式并不相同,在刑民程序的安排上也呈现差异。《道路交通安全法》第76条规定了机动车交通事故的责任承担,明确机动车之间发生交通事故的,由有过错的一方承担赔偿责任;双方都有过错的,按照各自过错的比例分担责任。机动车与非机动车驾驶人、行人之间发生交通事故,对方没有过错的,由机动车一方承担赔偿责任;机动车一方没有过错的,承担不超过百分之十的赔偿责任。但是该规定仅在机动车一方具有完全责任或者无过错的场合方可援引适用,在双方均有过错的场合,一般需要根据道路交通事故认定书明确双方责任划分比例。道路交通事故认定书由公安交警部门作出,当事人之间可以根据认定书确定的责任比例主张赔偿。因而,存在道路交通事故认定书时,处理"隐瞒第三方责任"型医保诈骗案件应当坚持刑事诉讼程序先行,理由在于:一是此种情形下,不同主体之间应该承担的责任份额已经确定,案件处理过程中可以根据交通事故责任分配比例与当地医保机构的具体支付办法,直接确定应由第三方承担的份额,事实认定方面没有疑问;二是此种情形下,当事人提起民事诉讼并非为了重新确权,而是为了要求履行相关责任,民事诉讼结果不会对刑事诉讼程序产生实质性影响,民事责任的履行也无法与刑事诉讼程序合并,此时就应先行进行刑事诉讼解决相关问题。因此,即使基于同一事实产生了民事诉讼、刑事诉讼竞合,但是只要民事诉讼的争点不影响刑事案件的处理,而且民事诉讼的诉求旨在实现权利而非确权,就应先行处理有争议的刑事问题。

有别于存在道路交通事故认定书的机动车交通事故责任,雇主责任中并不存在关于责任的事先认定。根据《民法典》第1165条规定,行为人因过错侵害他人民事权益造成损害的,应当承担侵权责任;根据《民法典》第1173条规定,被侵权人对同一损害的发生或者扩大有过错时,可以减轻侵权人的责任。可见雇主责任中,立法并未对行为人承担责任比例进行预先分配,当事人之间对于承担责任份额有争议的,可以通过和解、调解或者诉讼等途径解决。民事诉讼的首要任务是确认民事权利义务关系,在侵权责任的场合就是确定责任承担主体以及承担份额;而刑事诉讼的首要任务则是准确、及时地查明犯罪事实,在医保诈骗案件中就是查明行为人的行为是否符合诈骗罪的构成要件。因而,医保诈骗案件进入刑事程序之前,当事人已就人身损害赔偿提起民事诉讼的,刑事诉讼可以同步进行,可以就犯罪事实认定部分先行审理,也可以等待民事诉讼程序终结后再行开展;医保诈骗案件进入刑事诉讼程序后,当事人不愿提起民事诉讼请求确认责任比例的,基于民事诉讼遵循不告不理的原则,刑事诉讼程序可能陷入停滞,此种情况下笔者认为可以借鉴"三审合一"的诉讼模式,①开展民事诉讼、刑事诉讼的"二审合一"。民刑交叉案件当中,法院不同审判组织需要面对相同的事实、证据开展重复性审查,程序繁琐、诉讼低下,民事诉讼中可能导致当事人权利难以救济,刑事诉讼中可能限制当事人人身自由。而"二审合一"能够避免相同事实、证据的反复审查,有效提升诉讼效率。但是需要明确,"二审合一"是审判组织的合一,不是诉讼程序的合一,应由同一审判组织就案件事实证据按照民事诉讼、刑事诉讼各自要求进行审判。

考察两类最为典型的"隐瞒第三方责任"型医保诈骗案件,可以发现并非所有的民事纠纷都会影响刑事案件的定罪量刑。因而基于"实质影响＋高效决策"原则,笔者认为在民事诉讼争点对于刑事诉讼没有影响时,可以采取先刑后民或者是刑民并举;当民事诉讼争点会对刑事诉讼产生实质性影响时,应当在"二审合一"的模式下先行就各方责任承担比例进行民事确认,之后再进行定罪量刑,以此确保诉讼程序高效运行、矛盾纠纷顺利化解。

(二)"隐瞒第三方责任"型医保诈骗案件的实体影响

"隐瞒第三方责任"型医保诈骗案件中存在第三方责任,根据上述《社会保险基金先行支付暂行办法》第 2 条的规定,由于第三人的侵权行为造成伤病的,其医疗费用应当由第三人按照确定的责任大小依法承担,超出第三人责任部分的医疗费用的部分,由基本医疗保险基金按照国家规定支付。而无论是由当事人主动提起民事诉讼,请求确认各自承担责任的份额,还是法院先行对责任承担份额进行认定,责任分摊本质上属于民事纠纷。当事人在民事诉讼的过程当中,可以达成和解、调解,也可以通过自认处分自己的民事权利。但在"隐瞒第三方责任"型医保诈骗当中,当事人之间的民事和解、调解、自认会对刑事案件处理产生实体法上的影响,当前司法实务中已经出现相关案例。

案例四:2020 年 2 月,被告人冯某经房某雇用于某驾校从事拆墙作业时,被掉落的砖块砸伤,后送到医院进行治疗。同月,为通过医疗保险报销费用,冯某虚构自己在家中干活受伤的事实,并安排妻子联系房某前往村委会开具其在家中干活受伤的证明,共计骗取医保基金报销费用 47 620.07 元,法院将此数额认定为冯某、房某的犯罪数额。② 本案刑事诉讼程序终结后,2023 年 5 月,冯某就人身损害起诉房某,后双方在民事诉讼过程中达成和解,冯某自认对于事故发

---

① 田宏杰:《合作共治:行政犯治理的路径选择》,《法律科学(西北政法大学学报)》2022 年第 5 期。
② 江苏省南通市通州区人民法院刑事判决书,案号(2023)苏 0612 刑初 187 号。

生负有全部责任,房某自愿对冯某进行一定补偿,后法院制作调解书予以确认。

案例四中,双方当事人就人身侵权损害赔偿达成和解,被侵权一方自认对事故承担全部责任,并由法院调解书确认。这里需要注意的问题是:如果当事人获得民事调解书之后申请医保基金支付,此时医保基金所应承担的份额如何计算?案件正式进入刑事诉讼程序前,如果行为人提起人身损害赔偿诉讼并且双方当事人达成和解,行为人自认承担全部责任,此时医保诈骗是否仍然成立?刑事诉讼程序终结之后,行为人就人身损害赔偿达成和解并自认承担全部责任,是否会对已有相关刑事判决产生影响?在事故责任承担份额对刑事案件定罪量刑产生实体影响的情况下,当事人和解或者自认达成的责任分配是否对刑事诉讼具有约束力?

民法的诚实信用原则赋予当事人自认强大的约束力。根据民事诉讼法的禁止反言原则,当事人在自认之后,除非有证据证明自认是基于欺骗、胁迫或重大误解等法定情形作出的,否则当事人不能撤回自认,且在自认范围内免除对方当事人的举证责任。自认除了对当事人具有约束力,原则上也对法院产生约束力,该约束力被认为是民事诉讼辩论原则的体现。但是当自认的事实可能涉及第三方利益,且当事人之间恶意串通,一方当事人以损害案外第三人合法权益为目的,对于对方主张的虚假事实予以承认的,法院应就自认事实依职权进行调查核实。有鉴于此,在后续可能存在医保基金支付结算的人身损害赔偿纠纷案件中,如果民事诉讼过程中出现诸如诉讼对抗性弱化、当事人和解、当事人自认责任等情形,鉴于医保基金的支付结算与社会公共利益密切相关,根据《最高人民法院关于适用〈中华人民共和国民事诉讼法〉的解释》第92条规定,①人民法院应当依职权调查案件事实,不适用当事人自认的规定,对于当事人自认的事实与依法查明的事实不符的不予确认,从而确保民事裁判的准确性。同时,根据《人民检察院民事诉讼监督规则》第37条的规定,②检察机关在履职过程中发现上述案件中当事人存在此类带有虚假诉讼性质的妨害司法秩序行为的,应当依职权主动启动监督程序。如此,能够有效防止出现医保基金支付难题以及错误支付等现象,也能杜绝不法行为人钻法律漏洞,防止损害关联刑事裁判的公信力。

---

① 《最高人民法院关于适用〈中华人民共和国民事诉讼法〉的解释》第92条规定:"一方当事人在法庭审理中,或者在起诉状、答辩状、代理词等书面材料中,对于己不利的事实明确表示承认的,另一方当事人无须举证证明。 对于涉及身份关系、国家利益、社会公共利益等应当由人民法院依职权调查的事实,不适用前款自认的规定。 自认的事实与查明的事实不符的,人民法院不予确认。"

② 《人民检察院民事诉讼监督规则》第37条规定:"人民检察院在履行职责中发现民事案件有下列情形之一的,应当依职权启动监督程序……(三)当事人存在虚假诉讼等妨害司法秩序行为的……"

三、"隐瞒第三方责任"型医保诈骗案件的刑罚配置

我国刑法条文中存在 407 处关于情节的规定,其中刑法分则部分占到 392 处,可见情节在我国刑法体系中的地位。关于情节在刑法中的作用,存在定罪情节和量刑情节两种区分,而有关于二者的关系也是争论已久,多数学者认为定罪情节就是量刑情节,或者至少与量刑情节之间存在交叉。① 更有学者指出,从目前刑法和司法解释对结果犯的规定来看,结果犯的结果并不是一个点,而是表现为一定的轮廓,只要在这个轮廓之内,犯罪就得以成立。但在事实层面,犯罪的结果必然是确定且唯一的点,而将这个点固定下来的情节就兼具了定罪和量刑的双重属性。② 笔者也赞同这一观点,对于刑法分则罪状描述中规定了情节的情况下,犯罪成立与否以及量刑如何选择上都应充分考虑情节的作用。

经对刑法分则罪状表述的梳理,当前刑法中关于情节犯的描述包括了单一情节犯、复合情节犯以及多情节复合情节犯。③ 单一情节犯就是在刑法仅规定"罪状描述＋情节严重",将情节严重作为法定刑的升格条件,比如叛逃罪。④ 复合情节犯是指刑法把情节的严重程度作为危害行为构罪的必备条件之一,与其他具体情节一起作为独立或者选择性的犯罪成立要件;诈骗罪就是典型的复合情节犯,该罪罪状包括"数额巨大或者有其他严重情节""数额特别巨大或者有其他特别严重情节",此时满足相关数额或者情节要求之一构成犯罪,而且数额本质上也是情节的表现之一。多情节复合情节犯是在把情节按照严重程度拆解之后,还在罪状中特意列举了具体表现,作为类比判断的标准予以参考,其中以非法经营罪最为典型,⑤除了明确规定扰乱市场秩序情节严重的构成犯罪外,还对情节特别严重的情形规定了更高的法定刑档次。

当前诈骗罪采用了"数额较大""数额巨大或者有其他严重情节""数额特别巨大或者有其他特别严重情节"的规定。除了认定诈骗罪是否成立时采取硬性的数额标准,即必须达到"数额较大"程度才能入罪,在法定刑升格当中则采取择一的

---

① 徐宗胜:《犯罪成立条件"情节严重"的解释规则》,《刑法论丛》2021 年第 4 卷。
② 苏永生:《我国刑法中的情节竞合问题研究——中国特色刑法教义学话语体系构建的一次尝试》,《中国刑事法杂志》2023 年第 4 期。
③ 张智辉、姜娇:《论作为犯罪成立要件的情节》,《政法论丛》2022 年第 6 期。
④ 《刑法》第 109 条第 1 款规定:"国家机关工作人员在履行公务期间,擅离岗位,叛逃境外或者在境外叛逃的,处五年以下有期徒刑、拘役、管制或者剥夺政治权利;情节严重的,处五年以上十年以下有期徒刑。"
⑤ 《刑法》第 225 条非法经营罪中,除了规定了"情节严重""情节特别严重"情形外,刑法条文还以开放式列举的方式,对"情节特别严重"情形进行了举例说明。

判断标准。情节应当充分发挥指导定罪量刑的作用,情节所包含的具体内容在不同类型的犯罪中有所区别,往往需要司法工作人员结合具体案例进行分析研判。

案例五:2016年4月,郑某在为同村被告人林某家修建房屋时不慎摔伤,后林某作为该村卫生室的医生,在明知存在有第三方责任的情况下,伙同他人开具了无第三方责任的虚假证明,骗取国家医疗合作资金95 540.53元。检察机关指控认为被告人林某诈骗资金系医疗合作资金,可对其从重处罚;因其诈骗资金确用于治病,可对其从轻处罚。①

案例六:2015年11月至2016年8月,被告人陈某、郑某等人交叉结伙,冒充政府工作人员,以发放贫困学生助学金、购房补贴为名,以高考学生为主要诈骗对象,拨打诈骗电话累计2.3万余次,骗取他人钱款共计56万余元,并造成被害人徐某死亡。法院审理认定,被害人因接听诈骗电话被骗取钱款后出现不良精神和心理状态,发生心源性休克并继发多器官功能衰竭而死亡,其死亡结果与诈骗行为之间具有因果关系。被告人犯罪数额巨大,且多次实施诈骗,并造成一名被害人死亡,应当从重处罚。②

案例五中,检察机关认为行为人骗取医疗合作资金,损害国家利益,应当从重处罚;但由于所骗金额实际用于治病,可以从轻处罚。案例六中,法院认定行为人多次实施电信诈骗并致一名被害人死亡,属于从重处罚情节。上述案例中的损害国家利益、多次实施诈骗行为、被害人因诈骗行为死亡均系非数额情节,是非数额情节帮助定罪量刑的实务证明。

情节往往与危害行为的规模、危害行为造成的后果、危害行为侵害的法益类型以及危害行为表征的人身危险性相关联,但是上述考量因素并非在案件中均会出现,因而发挥情节的定罪量刑机能有赖于司法工作人员的个案判断。从犯罪动机上看,医保诈骗案件中多数行为人因向第三人追偿无果,而本身无力承担医药费而产生骗取医保基金的故意,并且所骗取医保基金的确用于诊疗,相较于单纯的财物侵占主观恶性较小。从法益侵害上看,医保诈骗案件侵害的财产法益属于可恢复性法益,当事人在案发后能够主动退赃退赔,填补财产法益的损失。

至于案例五当中,检察机关认为医保诈骗案件的行为人因诈骗医疗合作资金、损害国家权益,应当从重处罚,笔者认为并不恰当。刑法在财产保护上一直存在公共财产的保护力度强于私有财产的特征,典型如职务侵占罪与贪污罪在犯罪认定和刑罚配置上均存在明显区别,这与长期形成的刑法理念有关。但从

---

① 云南省彝良县人民法院刑事判决书,案号(2019)云0628刑初298号。
② 山东省临沂市中级人民法院刑事判决书,案号(2017)鲁13刑初26号。

《宪法》《民法典》的相关规定来看，合法的私有财产应与公共财产受到法律平等保护；实行社会主义市场经济也要求保障一切市场主体的平等法律地位与发展权利。[①] 当前，应当坚持刑法平等原则，平等保护公私财产，对性质相同的犯罪行为实行同罪同罚。[②] 具体到医保诈骗案件中，侵犯公共财产不应成为相较于侵犯私有财产的加重处罚情节。因为从社会危害性角度来看，医保基金诈骗的受害人是医保机构而非自然人，相较于电信网络诈骗不会造成受害人人身伤亡等严重后果；在电信网络诈骗以被害人死亡等严重后果为从重处罚情节的背景下，[③]医保诈骗的潜在社会危害性相对较低。从人身危险性角度来看，实践中医保诈骗案件行为人多少并非以骗保为业，案发之后往往存在如实供述或者自首情节，对于自己行为的危害性有正确认识并积极悔过，与电信网络诈骗案件相比，再犯可能性相对较低。综上所述，实践中医保诈骗案件行为人相较于其他诈骗案件行为人往往更具改造可能性，因而在量刑方面一般可以采取相对宽缓的处理方式，在认定构罪情况下综合考量相关量刑情节，可以在相应法定刑幅度内从轻处罚，存在特殊情况的也可以减轻处罚或者免除处罚。

[①] 《宪法》第 12 条规定："社会主义的公共财产神圣不可侵犯。国家保护社会主义的公共财产。禁止任何组织或者个人用任何手段侵占或者破坏国家的和集体的财产。"《宪法》第 13 条规定："公民的合法的私有财产不受侵犯。国家依照法律规定保护公民的私有财产权和继承权。国家为了公共利益的需要，可以依照法律规定对公民的私有财产实行征收或者征用并给予补偿。"《民法典》第 206 条规定："国家坚持和完善公有制为主体、多种所有制经济共同发展，按劳分配为主体、多种分配方式并存，社会主义市场经济体制等社会主义基本经济制度。国家巩固和发展公有制经济，鼓励、支持和引导非公有制经济的发展。国家实行社会主义市场经济，保障一切市场主体的平等法律地位和发展权利。"《民法典》第 207 条规定："国家、集体、私人的物权和其他权利人的物权受法律平等保护，任何组织或者个人不得侵犯。"

[②] 祈若冰、单华东：《刑法平等保护公私财产的理性思考——以职务型侵财犯罪为视角》，《法律适用》2010 年第 10 期。

[③] 《关于办理电信网络诈骗等刑事案件适用法律若干问题的意见》第 2 条第 2 项规定："实施电信网络诈骗犯罪，达到相应数额标准，具有下列情形之一的，酌情从重处罚：1. 造成被害人或者近亲属自杀、死亡或者精神失常等严重后果的……"

骗取出口退税罪司法认定中的疑难与误区

——以苏某信、魏某福骗取出口退税案为例

王佩芬[*]

目　次

一、"骗取出口退税罪"司法解释的变化

二、苏某信、魏某福骗取出口退税案的认定疑难

三、苏某信骗取出口退税案难点分析

四、骗取出口退税司法认定中的几个误区

五、结论

摘　要：在司法实践中，对于骗取出口退税罪的认定，尤其是对于司法解释所列举的骗取出口退税具体情形的理解认定，存在诸多分歧。2024年3月"两高"出台新的司法解释，删除了2002年司法解释所列举的"骗取出口货物退税资格"和"以伪造的增值税专用发票或可用于出口退税发票骗取出口退税"的情形，并增加了三种新型的骗取出口退税手段。从苏某信、魏某福骗取出口退税案可以看出，对于"假报出口""骗取出口货物退税资格""冒用他人货物""增值税专用发票与用于出口退税发票的虚开"等骗取出口退税行为的认定是司法认定中的焦点和难点，存在将行为人正常组织货源的行为错误认定为"冒用他人货物"骗税的情形，将正常的农产品收购交易行为错误认定为"虚假交易"、因流程上的不规范而否认整个交易真实性等司法误区。

---

[*] 王佩芬，上海社会科学院法学研究所助理研究员，法学博士。

关键词：骗取出口退税罪；假报出口；冒用他人货物；骗取出口货物退税资格

刑法第 204 条规定的"骗取出口退税罪"，是指"以假报出口或者其他欺骗手段，骗取国家出口退税款，数额较大的行为"。2002 年 9 月最高人民法院《关于审理骗取出口退税刑事案件具体应用法律若干问题的解释》，通过分别列举"假报出口"与"其他欺骗手段"的四种具体情形，作为判断是否构成骗取出口退税罪的标准依据。但是在司法实践中，对于如何理解与认定司法解释所列举的具体情形，尤其是对于"假自营真代理""四自三不见""骗取出口货物退税资格"等相关情形，存在罪与非罪、一罪与数罪等诸多分歧。2024 年 3 月最高人民法院、最高人民检察院《关于办理危害税收征管刑事案件适用法律若干问题的解释》第七条，在对 2002 年司法解释进行增改删的基础上，列举了八种"以假报出口或其他欺骗手段"骗取出口退税罪的行为方式。值得探讨的是，司法解释的修改对于骗取出口退税罪的司法适用不可避免地产生了影响，比如，如何认定是否构成骗取出口退税犯罪，如何判断是否符合所列举的骗取出口退税的具体情形，如何避免司法适用中的种种误区。在此，我们以宝鸡苏某信、魏某福骗取出口退税案为切入点，结合其他骗取出口退税罪的典型案例，剖析骗取出口退税罪在司法认定中存在的疑难与误区。

一、"骗取出口退税罪"司法解释的变化

刑法第 204 条规定的"骗取出口退税罪"，是 1997 年刑法修订时，吸收 1992 年单行刑法《全国人大常委会关于惩治偷税、抗税犯罪的补充规定》而设立的罪名。出口退税政策是国家为了鼓励本国商品出口、增强国际竞争力、扩大外汇收入，对符合规定的出口货物在出口环节免征增值税、同时对进货环节中所含的增值税进项税额进行退付的一项税收优惠。但是，有不法分子却利用这一优惠政策，通过假报出口等各种欺骗手段大肆骗取国家出口退税款项，以牟取不法利益，严重破坏了国家的出口退税管理制度，造成国家财税款项的巨大流失。[①]

对于骗取出口退税罪的具体认定标准，最初适用 2002 年最高院《关于审理

---

① 王佩芬：《骗取出口退税犯罪立法问题评析——以刑法第 204 条第二款存废为中心》，载《海关与经贸研究》2015 年第 4 期。

骗取出口退税刑事案件具体应用法律若干问题的解释》(以下简称"2002年司法解释"),2024年3月"两高"《关于办理危害税收征管刑事案件适用法律若干问题的解释》(以下简称"2024年司法解释"),对骗取出口退税的认定标准进行了修正。梳理两次司法解释之间的变化及其修正原因,是准确理解与正确适用的重要前提。

(一)2002年司法解释对骗取出口退税认定标准的规定

2002年最高院《关于审理骗取出口退税刑事案件具体应用法律若干问题的解释》第一、二条分别列举了"假报出口"与"其他欺骗手段"的认定标准。具体包括:

第一条,刑法第204条规定的"假报出口",是指以虚构已税货物出口事实为目的,具有下列情形之一的行为:(1)伪造或者签订虚假的买卖合同;(2)以伪造、变造或者其他非法手段取得出口货物报关单、出口收汇核销单、出口货物专用缴款书等有关出口退税单据、凭证;(3)虚开、伪造、非法购买增值税专用发票或者其他可以用于出口退税的发票;(4)其他虚构已税货物出口事实的行为。

第二条,具有下列情形之一的,应当认定为刑法第204条规定的"其他欺骗手段":(1)骗取出口货物退税资格的;(2)将未纳税或者免税货物作为已税货物出口的;(3)虽有货物出口,但虚构该出口货物的品名、数量、单价等要素,骗取未实际纳税部分出口退税款的;(4)以其他手段骗取出口退税款的。①

第六条,有进出口经营权的公司、企业,明知他人意欲骗取国家出口退税款,仍违反国家有关进出口经营的规定,允许他人自带客户、自带货源、自带汇票并自行报关,骗取国家出口退税款的,依照刑法204条第一款、第211条的规定定罪处罚。

(二)2024年司法解释对骗取出口退税行为方式的规定

2024年3月"两高"《关于办理危害税收征管刑事案件适用法律若干问题的解释》第七条对刑法第204条规定的"假报出口或者其他欺骗手段"进行了补充完善,具体包括:(1)使用虚开、非法购买或者以其他非法手段取得的增值税专用发票或者其他可以用于出口退税的发票申报出口退税的;(2)将未负税或者免税的出口业务申报为已税的出口业务的;(3)冒用他人出口业务申报出口退税的;(4)虽有出口,但虚构应退税出口业务的品名、数量、单价等要素,以虚

---

① 喻海松编著:《实务刑法评注》,北京大学出版社2022年版,第819—820页。

增出口退税额申报出口退税的;(5)伪造、签订虚假的销售合同,或者以伪造、变造等非法手段取得出口报关单、运输单据等出口业务相关单据、凭证,虚构出口事实申报出口退税的;(6)在货物出口后,又转入境内或者将境外同种货物转入境内循环进出口并申报出口退税的;(7)虚报出口产品的功能、用途等,将不享受退税政策的产品申报为退税产品的;(8)以其他欺骗手段骗取出口退税款的。

(三)两次司法解释的修改变化

与2002年司法解释对"假报出口"与"其他欺骗手段"的认定情形进行分别列举的方式不同,2024年司法解释没有对二者进行区别解释,而是根据社会经济发展以及出口退税政策的变化,对骗取出口退税的行为方式进行了增删。主要包括:

删除了两项入罪的情形。一是删除了2002年司法解释第二条第(一)项中所列举的"骗取出口货物退税资格"的规定。二是删除了2002年司法解释第一条第(三)项中"以伪造的增值税专用发票或者其他可以用于骗取出口退税发票"的情形。

增加了三种骗取出口退税行为方式。一是"冒用他人的出口业务申报出口退税的"情形。二是"在货物出口后,又转入境内或者将境外同种货物转入境内循环进出口并申报出口退税的"情形。三是"虚报出口产品的功能、用途等,将不享受退税政策的产品申报为退税产品的"情形。例如杭州某公司在出口贸易中,将硅油纸、蜡纸、大规格防油纸等不能进行出口退税的纸张,故意以食品包装纸、厨房用纸等品名,以退税率为13%的海关商品编码向海关报关,蒙混过关骗取海关的查验后,将骗取的报关单、进项增值税发票、合同等相关资料提交国税局申请出口退税,骗取出口退税人民币184万余元。①

对相关表述进行修正。一是将2002年司法解释第二条第(二)项"将未纳税或者免税货物作为已税货物出口的"情形中的"未纳税"修改为"未负税"。二是将第二条第(三)项"虽有货物出口,但虚构该出口货物的品名、数量、单价等要素,骗取未实际纳税部分出口退税款的"修改为"虽有出口,但虚构应退税出口业务的品名、数量、单价等要素,以虚增出口退税额申报出口退税的"。

之所以进行上述修改,刑法专家解释为:(1)删除"骗取出口货物退税资格的"规定,是因为与二十多年前相比,现阶段我国的进出口贸易采取备案登记制度,手续简便、门槛较低,进出口经营权不再是少数企业的专有权利,中小型民

---

① 浙江省杭州市中级人民法院刑事裁定书,案号(2015)浙杭刑终字第1130号。

营企业均可在备案登记后,自主开展进出口贸易,无需通过骗取出口退税资格进行退税;近年来,实践中并未发现单纯以骗取出口退税资格的手段骗取出口退税的情形。另外,随着金税三期工程的完成和金税四期工程的推进,实践中基本不可能出现以伪造的发票骗取出口退税的情况。(2)将"出口货物"修改为"出口业务",将"货物出口"修改为"出口",是因为相比较于过去以货物出口为主的出口退税政策,当前已经发展成为自营出口业务、代理出口业务、加工补偿出口业务等多种类型,在表述上加以修正。将"未纳税"修改为"未负税",体现了出口退税在出口环节并不征税,而是对进货环节税负的退付,表达更为准确。(3)新增的三种入罪情形则是近年来税务机关、公安机关在查处骗税案件中发现的新型骗税手段,因此司法解释修改时将这些新手段予以明确,以加强裁判指引、统一裁判尺度。①

(四)司法解释方法的变化

在 2002 年司法解释中,采用的是对"假报出口"与"其他欺骗手段"分别进行解释的方法。对"假报出口"的定义,是指完全不存在货物出口的事实,但是不法分子却通过伪造或签订虚假合同、伪造或非法取得有关出口退税的凭证或单据、虚开、伪造或非法取得用于出口退税的发票等方式,无中生有、虚构已税货物出口的事实骗取出口退税。对"其他欺骗手段"的解释,则是指虽然存在货物出口的事实,但是由于不具备出口退税资格、出口货物因未税或免税不属于出口退税范围,或者是虚构出口货物的品名、数量、单价等骗取超过按照退税政策应当所退税款项的部分。2024 年司法解释则采取对实践中骗取出口退税的具体情形进行列举的方式,没有对"假报出口"与"其他欺骗手段"进行区分。由于出口退税的规定十分繁琐、细致、复杂,司法中难免会出现因对司法解释所列情形存在理解错误,或是将不规范的违规行为认定为犯罪情形,不考虑存在真实的货物出口事实而认定为假报出口等,从而导致新的分歧与疑难。

二、苏某信、魏某福骗取出口退税案的认定疑难

出口退税是一个极具专业性、综合性、复杂性、时效性的问题,在认定骗取出口退税罪的司法过程中,有赖于对司法解释的正确理解,以及对出口退税具

---

① 滕伟等:《"两高"〈关于办理危害税收征管刑事案件适用法律若干问题的解释〉》,载《法律适用》2024年第4期。

体规定的详细把握,才能做到司法认定于法有据、逻辑自洽。我们以苏某信、魏某福骗取出口退税罪一案为例进行剖析,探讨当前司法实践中对于骗取出口退税罪认定存在的难点与误区。

(一)基本案情

被告人苏某信系宝鸡同兴果品进出口有限公司(简称"同兴进出口公司")与宝鸡富兴果菜专业合作社(简称"富兴合作社")的实际控制人,同兴进出口公司在扶风县税务局进行了农产品出口备案,具有出口货物的资质。被告人魏某福原系宜昌市晓曦红进出口贸易有限公司法定代表人,后与苏某信合作,代表富兴合作社开展业务,并作为同兴进出口公司驻满洲里出口销售代表。富兴合作社在扶风当地向农民收购苹果之后销售给同兴进出口公司,再由同兴进出口公司销售至俄罗斯赤塔公司。随后,同兴进出口公司再通过提交报关单、结汇单、增值税专用发票等,向扶风税务机关申请出口退税。除了收购当地的苹果,富兴合作社还在新疆、满洲里口岸向多家口岸果商购买了大量的苹果、柑橘等出口至俄罗斯赤塔公司。

起诉书称:(1)苏某信、魏某福骗取出口退税的犯罪事实。2017年至2018年,被告人苏某信伙同魏某福为达到骗取出口退税款目的,冒用他人货物,以同兴进出口公司的名义分别在新疆口岸、满洲里口岸出口,获取出口报关单。之后,苏某信以宝鸡富兴合作社名义向宝鸡同兴进出口公司虚开与报关单对应的增值税专用发票796份,并安排赵某伪造货物出入库单据,用上述出口报关单和增值税专用发票以同兴进出口公司的名义在税务机关申报退税,共骗取出口退税款474万余元(已扣减在新疆地区真实退税金额12.59万元和满洲里地区真实退税金额1.13万元)。(2)苏某信、魏某福虚开用于抵扣税款发票的犯罪事实。2017年至2018年,被告人苏某信冒用扶风县农民身份,以富兴合作社名义开具增值税普通发票236份,价税合计1.76亿元,其中实际收购苹果146万余元,非法抵扣税款2000万余元。同时,苏某信、魏某福等人采取伪造购销合同、走虚假资金流等手段,在无真实货物交易的情况下,以富兴合作社的名义向宜昌市晓曦红进出口公司开具增值税普通发票60份,接受重庆鑫利合作社、牡丹江口水之源合作社等虚开的发票85份,非法抵扣税款90余万元。(3)苏某信、魏某福虚开增值税专用发票、用于抵扣税款发票的犯罪事实。苏某信、魏某福等人在无真实货物交易的情况下,采取走虚假资金流、伪造购销合同、货物出库单据等手段,以富兴合作社的名义向宜昌市晓曦红进出口公司、云南春天农果品公司、霍尔果斯精成公司等虚开普通发票21份,虚开增值税专用发票34份。

判决书认为,被告人苏某信、魏某福等人为谋取非法利益,虚构已税货物出口事实,以骗取国家出口退税款为目的,伪造、签订虚假买卖合同,虚开、伪造、非法购买增值税专用发票,走虚假资金流等,应认定为刑法第 204 条的"假报出口"的行为。其中,苏某信骗取出口退税数额特别巨大,判处有期徒刑 12 年;犯虚开增值税专用发票罪,判处有期徒刑 10 年;犯虚开用于抵扣税款发票罪,判处有期徒刑 12 年。数罪并罚,判处有期徒刑 20 年,并处罚金人民币 160 万元。魏某福犯骗取出口退税罪,判处有期徒刑 8 年;犯虚开增值税专用发票罪,判处有期徒刑 2 年;犯虚开用于抵扣税款发票罪,判处有期徒刑 10 年。数罪并罚,判处有期徒刑 14 年,并处罚金人民币 95 万元。①

(二)起诉书与判决书对犯罪事实认定中的疑点

比较起诉书与判决书的内容,可以发现二者对犯罪事实认定存在矛盾之处。(1)判决书认定苏某信、魏某福以"虚构已税出口货物的事实,假报出口"的方式骗取出口退税,但起诉书指控苏某信、魏某福"冒用他人货物出口,并取得报关单",显然并未否认货物出口事实的真实性。同兴进出口公司是否存在真实的货物出口行为?(2)判决书在没有新的犯罪证据与犯罪事实的情形下,否定同兴进出口公司货物出口的事实性,而认定为"无实际货物交易、走虚假资金流、伪造购销合同、货物出库单、货物运输单"的假报出口的依据是什么?(3)起诉书指控的"冒用他人货物"骗取出口退税,属于骗取出口退税罪司法解释规定的哪一种情形?他人是指何人?是认为属于"骗取出口货物退税资格"还是"冒用他人出口业务骗取出口退税"?(4)在货物出口真实存在的情形下,判决书认定苏某信等虚开发票的判断标准是什么?(5)本案应当认定为自然人犯罪还是单位犯罪?(6)通过虚开增值税专用发票与其他用于出口退税发票,以骗取出口退税罪,是应当从一重处罚还是数罪并罚?

三、苏某信骗取出口退税案难点分析

(一)判决书认定同兴进出口公司"假报出口"与起诉书指控事实相矛盾

该案判决书虽然支持了起诉书对苏某信、魏某福构成骗取出口退税罪的指控,但是在没有对起诉书中的犯罪事实与相关证据提出异议的情况下,判决书已然改变了起诉书中认定的有关事实,二者对犯罪事实的认定不相一致。

---

① 陕西省宝鸡市中级人民法院刑事判决书,案号(2021)陕 03 刑初字 1 号。

法院判决书认为,"苏某信、魏某福为谋取非法利益,以虚构已税货物出口事实,以骗取国家出口退税款为目的,以伪造、签订虚假买卖合同,虚开、伪造、非法购买增值税专用发票,走虚假资金流等手段,应认定为刑法第204条的假报出口的行为",因此构成骗取出口退税罪。但这一点与起诉书所认定的犯罪事实相矛盾。但是从起诉书指控"被告人苏某信伙同犯罪嫌疑人魏某福为达到骗取出口退税款目的,冒用他人货物,以同兴进出口公司的名义分别在新疆口岸、满洲里口岸出口,获取出口报关单"的内容来看,并未否认同兴进出口公司存在真实的货物出口事实,而是认为同兴进出口公司的货源存在"冒用他人货物"的问题。2019年海关对同兴进出口公司2015年至2018年的货物出口全部进行核查后,证明了存在货物出口的真实性。此外,除了海关在出具报关单时对出口货物进行了查验,同兴进出口公司账户也收到俄罗斯赤塔公司的货款,并换回外汇收入,都说明同兴进出口公司出口果蔬到俄罗斯,是客观存在的事实。

那么,判决书是如何在起诉书并未否认同兴进出口公司存在真实的货物出口的情况下,而认定其"以虚构已税货物出口事实,以骗取国家出口退税款为目的,以伪造、签订虚假买卖合同,虚开、伪造、非法购买增值税专用发票,走虚假资金流等手段,应认定为刑法第204条的假报出口的"?

(二)起诉书对犯罪事实的指控存在逻辑错误

起诉书指控称:"被告人苏某信伙同魏某福为达到骗取出口退税款目的,冒用他人货物,以同兴进出口公司的名义分别在新疆口岸、满洲里口岸出口,获取出口报关单。之后,苏某信以富兴合作社名义向同兴进出口公司虚开与报关单对应的增值税专用发票796份,并安排赵某伪造货物出入库单据,用上述出口报关单和增值税专用发票以同兴进出口公司的名义在税务机关申报退税,骗取出口退税款项474万余元(已扣减在新疆地区真实退税金额12.59万元和满洲里地区真实退税金额1.13万元)。"

从以上表述可以看出,起诉书并未否认同兴进出口公司存在真实的货物出口,并从海关获取了相应的报关单,以及已经收到外方货款并换回外汇收入的事实。但是,起诉书却认为,苏某信以富兴合作社名义向同兴进出口公司虚开与报关单"对应的"增值税专用发票796份,并伪造货物出入库单据,用上述出口报关单和增值税专用发票以同兴进出口公司的名义在税务机关申报退税。起诉书存在的逻辑错误为,既然认定同兴进出口公司存在真实的货物出口,就应当认可其存在真实的收购行为与入库行为,其取得的金额"对应的"发票也符合正常的交易状态。如果认为与出口货物"对应的"的796份增值税专用发票属于虚开,"对应的"货物入库单据属于伪造,如果只有货物出口的事实,却没有对应的增值税专用发票与对应的入库单据,那么同兴进出口公司出口的苹果柑橘从何而来?起诉书认定与出口货物相对应的796份发票以及入库单属于虚开、伪造的依据又是什么?

(三)起诉书中"冒用他人货物"的表述缺少法律依据

起诉书所称苏某信等人通过"冒用他人货物出口"的方式骗取出口退税,显然不属于2002年司法解释第一条"虚构已税货物出口事实、假报出口"的情形,那么能否对应第二条所列举的"其他欺骗手段"中的任一项情形呢?

1. 是否属于第二条第(三)项的情形

"冒用他人货物出口"的表述,显然不属于第二条第(三)项"虽有货物出口,但虚构该出口货物的品名、数量、单价等要素,骗取未实际纳税部分出口退税款的"的情形,起诉书中并未提到苏某信等人虚构出口货物的品名、数量、单价等要素的问题。

2. 是否属于第二条第(一)项"骗取出口货物退税资格"的情形

2002年司法解释第二条中对于"骗取出口货物退税资格的"规定,主要是针对骗取出口退税政策的企业资格而设置的。在出口退税政策实施之初,企业取得出口退税的资质需要获得审批。但根据《关于部分税务行政审批事项取消后有关管理问题的公告》的规定,取消了出口退(免)税资格的认定,由原来的审批制改为备案管理,基本不存在无法取得退税资格的情形。① 在司法实务中,这一规定往往被外化为"假自营真代理""四自三不见"等,作为认定骗取出口退税罪的标准。打击面过大难免会伤及无辜,这也是新的司法解释删除这一情形的原因所在。但是,本案中同兴进出口公司本身在当地税务机关已进行了出口备案,具有出口货物的资格,显然也不属于"骗取出口货物退税资格的"情形。

3. 是否属于第二条第(二)项"将未纳税或者免税货物作为已税货物出口的"情形

根据增值税的有关规定,农业生产者销售自产农产品免征增值税。如果企业向农户收购农产品,农业生产者不用缴纳增值税,收购农产品的企业可以根据农业生产者的信息自行开具。同时,根据《财政部、税务总局关于出口货物劳务增值税和消费税政策的通知》第六条的规定,外贸企业取得普通发票、废旧物

---

① 陈剑峰、杨曦:《"假自营真代理"骗取出口退税的司法认定》,载《中国检察官》2022年第14期。

资收购凭证、农产品收购发票、政策非税收入票据的货物适用增值税免税政策。因此,许多农产品进出口企业,如果直接向农户收购农产品,则因为免除增值税而不能享受出口退税政策。许多企业就采用像同兴进出口公司的方法一样,通过富兴合作社收购农户的苹果,为自己开具农产品收购发票,然后富兴合作社将收购的苹果销售给同兴进出口公司,向同兴进出口公司开具增值税专用发票并缴纳税款,同兴进出口公司向富兴合作社支付款项,就已经负担了购入环节的增值税。因此,同兴进出口公司出口的农产品属于已税货物,不存在将未纳税货物或者免税货物作为已税货物出口的情形。

其实,无论是出口苹果还是柑橘,无论是当地生产还是来源于其他地方,无论是谁销售给同兴进出口公司,只要是同兴进出口公司最终与外方签订了购销合同,将货物外销并实现了外汇收入,就是国家鼓励的出口行为,可以依法享受出口退税政策。因此,起诉书所认定的"冒用他人货物出口"的问题,其实质上是同兴进出口公司正常的组织货源的行为。

4. 以"款、货、票相一致"作为认定虚开的标准不科学

一般来说,如果存在真实的商品交易,其款项、货物、发票的流向以及与账簿的记载相一致,但对于虚构交易并虚开增值税专用发票的情形,则存在"款、货、票"不相一致的情形。因此,在税务检查或案件侦查过程中,往往以"款、货、票相一致"作为认定是否构成虚开的标准。如果发现所开具的增值税专用发票与账、款、货不相一致的情况,就认定为虚开。

虽然通常情况下真实、规范的商品交易表现为"款、货、票"相一致,但也存在例外的特殊情形,不能以此作为认定是否构成虚开的标准。试举两例加以说明。

案例1:A企业和C公司签有供货合同,常年向C公司供应铁矿粉。B企业为小规模纳税人,想以A企业的名义对C公司供货。A企业查看了B企业的相关证件后,询问其是否可以开具增值税专用发票,B企业答应可以通过税务机关代为开具。在得到肯定的回答后,A企业同意B企业以A企业的名义直接送货给C公司,C公司和A企业结算,B企业凭C公司的过磅单和A企业结算。双方还签订了正式供货合同对相关事情进行了约定,并加盖了企业合同章。于是双方按照约定开始做生意,每次结算A企业对B企业提供的增值税发票都很慎重,总是在本地税务部门认定是真票后,才和对方结算,并向税务部门进行进项税抵扣。

案例2:甲集团为了进行融资贷款而虚增营业额,找到与其有业务往来的乙公司,要求两家对开增值税专用发票。乙公司认为,两家对开痕迹太明显,提

出最好再找一家或两家企业参与进来,同时提出要将"交易"过程做得"真实、规范"。于是甲集团又找到同样想虚增营业额的丙企业,三家两两之间虚构金额为500万左右的购货合同与销售合同,为做得真实,三家还将货物进行了实际移转,入库单、出库单手续完备,款项流动与合同一致,账簿记载事项齐全,账账相符,账证相符,所开具的增值税专用发票也都进行了正常的缴纳与抵扣,也没有造成国家税款的流失。

在上述案例1中,A企业与B企业之间,存在真实、合法的商品交易,但交易形式上省略了某些环节,存在缺损,并不符合通常的正常交易所表现的"款、货、票相一致"的特点。但案例2的情况却正好相反。虽然甲乙丙三家企业的商品交易表现为"款、货、票"相一致的特点,形式上可以做到不存在瑕疵与缺损,但从其最终目的来看,这种交易是虚构的,其不具备正常交易所应当具备的交易目的。尽管这种虚构的形式并未造成国家税款的流失,但企业通过虚构交易虚增营业额的行为可达到骗取贷款等其他非法目的。

通过以上分析可以看出,如果按照"款、货、票"相一致的标准,案例1就会被认定为是"虚开",显然会伤及无辜,是不合理的。另一种情况则如案例2,虽然其在交易形式上"齐全完备",但由于从根本上其进行交易的目的就是虚构的,也是一种虚开的情形,如果以"款、货、票相一致"的标准,则不会被认定为"虚开",也会轻纵犯罪。

本案中同兴进出口公司与富兴合作社,虽然同属苏某信管控,二者之间并不存在实际的货物转移入库等问题,但两公司作为独立法人,从最后同兴进出口公司存在真实的货物出口可见,两公司签署的购买合同、购买发票、入库单据等都是真实的。

5. 自然人犯罪还是单位犯罪的问题

刑法第211条是对单位犯骗取出口退税罪的处罚规定。刑法第211条规定了骗取出口退税罪等危害税收征管的单位犯罪问题,刑法第30、31条也规定了单位犯罪承担刑事责任的范围与处罚原则。根据司法解释的规定:"个人为进行违法犯罪活动而设立的公司、企业、事业单位实施犯罪的,或者公司、企业、事业单位设立后,以实施犯罪为主要活动的,不以单位犯罪论处。"富兴合作社主要是将农户的苹果收购之后,再通过同兴进出口公司进行出口,同兴进出口公司作为当地的龙头企业,每年将1万余吨的扶风苹果出口至俄罗斯,为国家创收了巨额外汇,显然不属于不能以单位犯罪论处的情形。即使本案构成骗取出口退税罪,也应当是以单位犯罪而不是以自然人犯罪追究刑事责任。

6. 一罪还是数罪的问题

2002年司法解释第九条规定，实施骗取出口退税犯罪，同时构成虚开增值税专用发票罪等其他犯罪的，依照刑法处罚较重的规定定罪处罚。

为骗取出口退税而虚开增值税专用发票或用于抵扣税款的发票，其手段行为与方法行为之间存在牵连关系，应当适用牵连犯的处断原则，从一重处罚。因此，假如苏某信存在为骗取出口退税而虚开发票，依照刑法原则与司法解释的规定，都应当是择一重处，而非数罪并罚。

但是，2024年司法解释出台之后，在最高检与公安部联合发布的"依法惩治骗取出口退税犯罪典型案例"中，提出："对于骗取出口退税的同时又构成其他犯罪的情形，依法数罪并罚。"①这显然不符合刑法理论中对于牵连犯的处断原则，也与2002年司法解释的相关规定不相一致。

四、骗取出口退税司法认定中的几个误区

通过对上述疑难问题的分析可以看出，在司法适用中，对于骗取出口退税犯罪的认定往往会存在以下几方面的误区：

（一）将"存在真实货物出口的"情形错误认定为"假报出口"

"假报出口"的认定标准，是指完全不存在货物出口的事实，但是不法分子却通过伪造或签订虚假合同、伪造或非法取得有关出口退税的凭证或单据、虚开、伪造或非法取得用于出口退税的发票，或者通过其他方式无中生有、虚构已税货物出口的事实进行骗取出口退税。也就是说，因为实际上未发生货物出口的事实，所以用于申请退税的购销合同、增值税专用发票或用于申请出口退税的发票、海关单据或凭证，以及外汇结算等皆为虚假。最常见的犯罪手段是通过"买单""配票""买汇"等环节，虚构已税货物出口的事实进行骗取出口退税。例如，何某斌、黄某平骗取出口退税案。2014年3月至2019年6月，何某斌、黄某平等人为了骗取出口退税，以被告单位S公司等三家企业的名义，在没有实际货物交易的情况下，向他人购买货物出口的单证信息，伪造购销合同、资金回流，并指使被告人陈某江、张某鹏、梁某芬为被告单位S公司等三家企业虚开增

---

① 《最高检、公安部联合发布依法惩治骗取出口退税犯罪典型案例 全链条惩治犯罪，依法维护国家税收安全》，https://www.mps.gov.cn/n2254098/n4904352/c9708382/content.html（发布日期：2024年8月23日）。

值税专用发票,并通过何某斌的香港公司、黄某平的J公司等多种方式购买外汇虚假结汇。通过上述"买单""配票""买汇"环节,虚构被告单位S公司等三家企业已实际出口货物事实,骗取国家出口退税款项共计1.51亿余元。[①]

司法实务中,对于存在真实货物出口的情形,不能错误地将其认定为虚构货物出口事实的假报出口行为,而是应当考察出口退税是否满足以下四个要素:一是出口货物为应税已税货物、二是货物离境、三是确认销售、四是收汇并核销完毕,以此进行判断。

(二)将农产品出口企业与关联内贸企业之间的业务错误认定为虚假交易

这一情形在农产品出口企业中最为常见。由于《财政部、税务总局关于出口货物劳务增值税和消费税政策的通知》第六条规定,外贸企业取得普通发票、废旧物资收购凭证、农产品收购发票、政策非税收入票据的货物适用增值税免税政策。因此,许多农产品进出口企业,如果直接向农户收购农产品,则会因为免除增值税而不能享受出口退税政策。许多农产品外贸出口企业都通过先成立一个关联内贸企业,由内贸企业收购农产品并开具农产品收购发票,然后销售给外贸企业并开具增值税专用发票,再由外贸企业出口并取得报关单,收汇核销后并所取得的增值税专用发票申请出口退税。同兴进出口公司与富兴合作社就属于这一模式。但是司法中,两个企业之间的业务往来,往往被认定为不存在真实的货物交易,这也是为什么起诉书与判决书会认定苏某信等人"无实际货物交易,走虚假资金流,伪造购销合同、货物出库单、货物运输单"。由此也造成了判决书将同兴进出口公司存在真实货物出口的行为,错误认定为"假报出口"骗取出口退税的情形。

(三)将不符合规定的农产品收购发票一律认定为虚开

根据我国增值税相关规定,农产品收购发票是一种特殊的、由农产品收购企业根据农业生产者的信息自行开具的反向发票。但是,由于农产品收购企业因人员不足、需要节省收购时间等问题,不可能所有货物都是直接从每个农户处收购,往往是由村干部、种植大户或是中介、代买等先代为收购。这就可能出

[①]《最高检、公安部联合发布依法惩治骗取出口退税犯罪典型案例 全链条惩治犯罪,依法维护国家税收安全》,https://www.mps.gov.cn/n2254098/n4904352/c9708382/content.html(发布日期:2024年8月23日)。

现,农产品收购发票上的农户信息虽然正确,但是却远超出其自产量,被司法机关认定为虚开;或是因为农产品收购发票上的农户信息是中介或代买人,也被司法机关认定为虚开;或是因跨省收购农产品无法获取农户信息,而被认定为虚开。

因此,不能简单地将所有的农户信息不真实的农产品收购发票都认定为虚开,以发票形式上存在的瑕疵而否认真实农产品交易的存在,否则将对农产品对外出口造成极大的伤害。

(四)因企业流程上的不规范而否认其整个货物交易的真实性

应当承认,苏某信同时控有同兴进出口公司与富兴合作社两家公司,限于法律知识的局限,往往将两个公司混用,存在诸多业务流程不规范的问题,但这并不能改变其存在真实出口交易的客观事实。

从基本案情可以看出,富兴合作社与同兴进出口公司之间规范的业务流程是,富兴合作社向各果农收购农产品,支付收购款项,并开具农产品收购发票;然后富兴合作社将收购的散户水果销售给同兴进出口公司,并向同兴进出口公司开具增值税专用发票,同兴进出口公司向富兴合作社支付款项;同兴进出口公司再将富兴合作社开具的增值税专用发票、将水果运往口岸取得的运输发票报送海关,通过核验并取得出口退税。然而,苏某信不了解企业法人在法律上的人格独立性,反而认定同兴进出口公司和富兴合作社都属于自己的公司,因此经常出现两公司混用的问题,例如通过同兴进出口公司在收购时垫付了果农的款项、将境外外汇回款打入富兴合作社的账号等,但这些操作上的不规范,并不能改变同兴进出口公司存在真实出口业务的实质。

在这种规范的模式下,我们可以看出,富兴合作社给同兴进出口公司之间订立合同、开具发票,富兴合作社和同兴进出口公司作出入库单据,都是合法的、正常的业务行为,而不是如起诉书和一审判决书所认定的属于虚假签订合同、虚开发票、伪造入库单据等行为。不能因为表面上的、流程上的不规范,而否定实质的真实性。

五、结论

苏某信等人通过富兴合作社,无论是收购当地农户的水果,还是购买口岸果商的水果,再出售给同兴进出口公司进行出口,都是正常的、合法的组织货源的行为,不存在冒用他人货物的问题。货物实际出口之后收到外商货款,换回外汇,也应当依法享受税法所规定的农产品出口退税的政策优惠。起诉书指控的"冒用他人货物",以及判决书认定"虚开增值税专用发票,虚构货物出口事实等"均存在错误。这一案件波及9家民营企业与12人,只因司法中将正常的组织货源的行为错误理解为"冒用他人货物"骗取出口退税资格的行为、将企业存在流程不规范的表面错误认定为"骗取出口退税"的犯罪行为,就将原有的地方出口龙头企业与民营企业家们变成阶下囚,值得警醒。

我国作为农产品生产大国,农产品出口创汇对于鼓励和扩大出口、发展经济、增加国际竞争力的作用不可忽视。司法部门不仅要有打击犯罪的意识,也要有保护优秀民营企业的意识,真实的货物出口与外汇创收,都应当依法享受出口退税政策的优惠,依法受到司法部门的保护。

实务**热点**研究

经济刑法
Economic Criminology

涉案违法所得权属认定及程序问题研究

蔡永成　金士国[*]

目　次

一、问题提出及其意义
二、涉案违法所得权属认定及处置的难点问题
三、涉案违法所得权属认定的思路和建议

摘　要：涉案财物处置是新一轮检察改革的具体关注点之一，事关产权保护和法治化营商环境建设。但在实践中，存在主犯未到案从而违法所得认定难、违法所得成本扣除和投资收益没收存在争议等问题。应当坚持对物之诉的理念，来完善涉案财物公诉职责的定位，即明确违法所得认定不以主犯到案定罪为前提、聚焦的是犯罪事实与涉案财物间关联性，经营成本是否扣除视不同类型成本而定，违法所得投资收益没收应参照因果关系理论认定，并把握好违法所得权属认定的证明责任和证明标准等，以期不断完善涉案财物认定和处置规范化体系建设。

关键词：涉案财物权属认定；违法所得与犯罪关联性；经营成本扣除；投资收益判断；证明标准

一、问题提出及其意义

近年来，随着社会财富增长，刑事涉案财物的价值也越来越高。仅2022

---
[*] 蔡永成，武汉大学法学院刑法学博士研究生，浙江省人民检察院第十检察部主任，三级高检检察官；金士国，温州市永嘉县人民检察院党组副书记、常务副检察长，四级高级检察官。

年,我国公安机关成功侦破经济犯罪案件 8.4 万件,成功减少经济损失约 281 亿元。在庞杂的涉案财物处置过程中,不少受害人可能并不关注被告人被判几年,反而是更加关注被告人名下财产能否尽可能被查封、扣押、冻结,以挽回自己损失。故改变以往"重人身权、轻财产权"思想误区,加强对涉案财物权属和处置问题的研究,是保护当事人合法产权、优化法治营商环境的迫切需要。

这几年,司法机关从原来的更多注重入罪与否,到认罪认罚制度改革后需关注量刑准确与否,司法精准度进一步提升,但对涉案财物包括涉案违法所得的认定和处置还不够精细,不少环节存在争议。如,《刑法》第 64 条规定了追缴、没收、责令退赔等措施;"新刑诉法解释"规定了法庭审理环节应当对查封、扣押、冻结财物及其孳息的权属、来源等进行调查,并进行法庭辩论;但在案件办理阶段,由于网络支付手段的日益普及,特别是非法集资、电信网络诈骗、跨境网络赌博等案件所涉资金流转复杂、权属认定难,有的司法人员倾向于把更多精力投入对犯罪行为本身的认定和行为人的主刑判定中,对涉案财物的认定处理习惯性地采取躲闪态度;即使有加强对物的关注,也是因为该"物"的证据属性(因该物对于解决"人"的定罪量刑具有重要价值而被重视),即对"物"的权属认定和处置依附于对"人"的诉讼程序;不少司法人员系在庭后依据案卷径行在判决中予以终局性概括式处置,或留待执行环节再具体认定和解决。

因此,党的十八届三中全会、四中全会提出"规范查封、扣押、冻结、处理涉案财物的司法程序"。"中办""国办"也下发了《关于进一步规范刑事诉讼涉案财物处置工作的意见》。近期发布的最高检《2023—2027 年检察改革工作规划》指出,要"强化涉案财物公诉职责""加强对涉案财物处置的法律监督"。因此,准确认定违法所得权属,统筹研究好程序性问题,既是履行涉案财物公诉职责的重要切口,也具有重要的理论意义。

二、涉案违法所得权属认定及处置的难点问题

如何精准认定并处置违法所得,是关系犯罪嫌疑人、受害人利益的重要内容,也是司法机关打击犯罪、履行涉案财物公诉职责的需要。

(一) 认定涉案违法所得是否以行为人构成犯罪为前提存在争议

如【案例一】黄某某、孙某等人电信网络诈骗案。2018 年 11 月以来,主犯何某、吴某某(案发后逃至境外,均另案处理)等人从事网络高利借贷活动,共骗取人民币 10 354 万元,其间招揽被告人黄某某等人从事客服、后端维护、联络

网贷催收团队、提供资金支付结算账户等辅助工作。案发后,公安机关冻结涉案人员银行账户内资金1900余万元,其中在主犯何某、吴某某名下账户仅有200万元,绝大部分1280万元系在其他人名下。在对上述涉案财物是否认定为犯罪分子违法所得,存在两种观点:一审判决认为,因主犯在逃,就无法判定该涉案账户资金的违法性,故未作处理。但检察机关通过资金去向,证实主犯何某、吴某某银行账户内资金均来源于网络"套路贷"的诈骗资金回款,并经公安机关询问第三人账户持有人、登记人,证实均是无偿取得违法所得财物,故可以认定所冻结账户的金额均来自涉案App第三方支付平台,系赃款,认为应当予以追缴,故向温州市中级人民法院提出抗诉。亦即,本案的争议是:在主犯未到案未定罪的情况下,主犯及从犯名下的违法所得能否认定,或者说违法所得认定是否需要以行为人构成犯罪为前提?

(二)在计算违法所得时是否扣除经营成本存在争议

依照1998年最高法对非法出版物刑事案件的司法解释,其将获利金额作为违法所得的判断标准;2009年,国家工商总局在工商行政处罚案件的违法所得认定办法中,明确了将当事人非法生产和销售商品的全部收益减去经营活动的合理开支,作为判断违法所得的依据;2016年,"两高"对被告人逃逸、死亡案件的违法所得没收程序的司法解释规定,任何通过犯罪直接或间接产生、获取的财物,都被视为非法所得。即对违法所得是否应扣除生产成本,如何扣除成本,有不同规定,实践中也有不同观点。如【案例二】张某某污染环境案。被告人2014年11月以来将在生产水解蛋白粉过程中产生的废水从车间通过管道直接排放到公司南侧农田。"两高"在《关于处理环境污染刑事案件适用法律若干问题的解释》里,把非法获取或导致公司财产损失超过30万列为"严重破坏环境"的一个条款。一审法院认定当事人张某某构成污染环境罪,并根据其关于"在经营天某公司生产了500吨水解蛋白粉,销售价格是每吨3500元,共计1750000元"的供述,一并判决对其违法所得175万元继续予以追缴。河北某某中级人民法院在二审中认为,张某某非法排放污水对环境造成的污染行为,与其生产销售水解蛋白粉的行为是相互独立的,不能说蛋白粉生产销售行为构成非法行为,因此,应当扣除其犯罪成本,而不应该一并没收。[①] 亦即,对于正常经营成本证明标准如何把握,在违法所得中是否应予以扣除,一二审法院有不同认识。

---

① 参见元典智库:法律搜索引擎—案例研判—案例详情,chineselaw.com。

（三）投资收益是否可被认定为违法所得存在争议

如果说案例二所涉的案情是：作为手段行为的经营活动是合法的，但其附随产生的污染物是应否定的，故涉及前端生产经营成本是否应在违法所得中扣除的问题；那么本节所涉及的问题是，作为手段行为的行贿行为是违法的、应予以否定评价，但后续投资经营活动是合法的，其投资收益是否应被认定为违法所得？实践中对此有不同意见。如【案例三】王某乙、傅某某行贿案。王某甲利用职权，安排被告人王某乙利用中某公司资质，承包经营东莞分公司，经司法鉴定，确认承包经营净收益为 780 万元。在一审中，法院将这部分收益视为行贿获取的非法财产利益，并对已被扣押的 560 万元进行了没收。二审法院认为，虽然存在行贿行为，但要获得该经营收益，需要有经营行为，对利用犯罪获得的有利经营条件进行守法经营所获取的经营收益，与行贿等犯罪行为之间无实质性的紧密关联，且两者之间无必然的联系。故二审判决撤销一审判决第三项关于没收违法所得 560 万元的内容。然而，在【案例四】孙某涉嫌行贿违纪案中，其作为江苏省徐州市 B 县一家建筑公司的负责人，为获得该县的某个产业扶贫项目，向 B 县委书记李某提出请求并向其行贿 100 万元。根据李某指示，项目招标书基本按照孙某公司资格进行订制。随后，孙某公司成功中标，合同金额 3 500 万元。后通过评估鉴定，该项目的合理成本支出为 2 750 万元，合同获益的 3 500 万元减去 2 750 万元，减去同期银行存款利息 50 万元，故认定孙某公司获益 700 万元，以此对其进行追缴。① 亦即认为，行贿获得项目后合法经营获利也应予追缴。亦即，都是通过行贿手段获得相应的资质，在此基础上投资经营所得，为什么会有不同，值得分析。

（四）违法所得证明标准及处置方式存在争议

一是关于证明标准尺度。如涉案财物与违法行为的关联度证明到什么程度即可采信的问题。在民事纠纷裁判中采取的是优势证据标准，而刑事案件定罪量刑的证明标准是证据确实充分、排除合理怀疑。对于对物之诉的法律关系事实，需证明到什么程度，司法人员和心中无底，故常常仍套用一般刑事案件证明标准来论述。二是关于涉案财物"查扣冻"依据及范围。根据 2021 年最高法的《刑事诉讼法》司法解释第 342 条规定，财产保全的目的是"为保证判决的执

---

① 汪忠军、陈兰芳：《行贿获得项目后合法经营获利是否应予追缴》，中央纪委国家监委网站，ccdi.gov.cn（访问日期：2023 年 5 月 29 日）。

行",其效果在于提前限制财物流转,防止犯罪分子及其家属转移、隐匿涉案财物。但由于上述司法解释所创设的财产保全制度只适用于法院审判阶段,故侦查机关一般只能适用《刑事诉讼法》第141—144条证据保全的条款来进行财产保全,甚至进一步借用2013年《公安机关办理刑事案件适用查封、冻结措施有关规定》第2条,"根据侦查犯罪的需要"对涉案财物采取查扣冻措施,亦即导致财产保全的范围从"保证判决执行"演变为"与案件事实相关""基于侦查需要"等比较宽广的扣押范围。鉴于侦查人员在逮捕犯罪嫌疑人或扣留相关物品之后,对于哪些是非法获取的,哪些是与此案无关的财产,往往缺乏足够的时间去仔细分析,故更倾向于"一揽子"查扣冻,一并移送给检察机关,也导致了个人及其家庭成员财产被同时扣留、公司法人财产以及其他利益相关者财产也被同时冻结等问题,就可能使公司或其关联的企业、项目的运营面临困境。三是关于司法处置方案"笼统化"倾向。即使在有些大要案中,法院也提前介入,了解案情,但仍然是了解个大概。如,在一个涉案资产项目较为复杂的跨境网络赌博案件协商中,法院方面认为:区分具体资金性质极为复杂,且部分财产涉及案外人权利,需听取意见,刑事判决书主文部分只能笼统判处追缴,待后续移送执行时补充裁定明确具体金额。这种做法,实际上是将审定权转移给了执行庭,但也是无奈之举,本意是以时间来换空间。四是关于财产罚没存在变通嫌疑。有时在没收财物与犯罪行为的关联性问题确实难以查证的情况下,有的法院对照无法证实系违法所得的财产部分(即推定为合法的财产部分),课以一定的罚金刑,实际上是为了同样起到没收财产的作用,但意图减少在事实认定上的困难。[①] 这种情况也一定程度上导致涉案财产"查扣冻"容易,但解除相应措施却很难。

三、涉案违法所得权属认定的思路和建议

(一)违法所得认定不以行为人到案定罪为前提,聚焦的是犯罪事实与涉案财物间的关联性

定罪之诉和量刑之诉,都是以追究被告人刑事责任作为目的,在理论上可称为对人之诉。对涉案财物处置进行体系构建,有利于推动司法机关从对犯罪"人"的指控,延伸至对"物"的处置,既注重铲除犯罪分子经济基础,又注重保护被告人和被害人合法财产。故除已有的犯罪嫌疑人被告人逃匿或死亡的违法所得没收程序外,也要在被告人到场的案件中构建违法所得没收程序,这是完

---

① 向燕:《刑事经济性处分研究》,经济管理出版社2012年版,第230页。

善涉案财物追缴制度的必由之路。因此,最高检《2023—2027年检察改革工作规划》指出要"强化涉案财物公诉职责""加强对涉案财物处置的法律监督"。因此,要从对物之诉的定位出发,研究涉案财物公诉职责,明确涉案财物处置诉讼请求和审查要件。一是从程序设置上看。若利害关系人对检察机关申请追缴的涉案财物提出了权属争议,或者声称自己是善意第三方应该保护,则法院应就涉案财物追缴组织独立的法庭调查程序。若没有利害关系人提出异议的,法院可以通过统一的法庭调查程序,依法对犯罪事实、量刑情节和涉案财物系属违法所得及其孳息的事实,进行举证质证,并依法辩论,最后统一地评议和裁判。[1] 二是从诉讼请求和审查要件上看。坚持涉案财物处置的本质是刑事对物之诉,明确其诉讼标的是没收违法所得和其他涉案财物的诉讼请求,[2]不以行为人被判定为犯罪为前提条件,只以该违法所得被确认为违法即为已足。[3] 三是从构成要素的理解上看。犯罪所得之"犯罪"的含义,只要符合犯罪的客观要件即可,不以行为人构成犯罪为前提。这是由涉案财物对物之诉的特点决定的。

因此,在【案例一】中,已有证据证明在逃主犯和其他在案从犯名下的款项属于共同违法犯罪所得,不能因为主犯在逃,就认为无法判定该涉案账户资金的违法性。首先,从资金来源看。该查扣的账户资金都是来源于涉案App,故在确认了犯罪事实与涉案财物之间的关联性后,即应认定争议财产为赃款赃物。其次,从认定共同违法所得后的程序选择看。在认定违法所得的性质后,若是适用犯罪嫌疑人、被告人逃匿、死亡案件违法所得没收程序,则实际上也只能处理200万元涉案财物,对于剩余1 280万元还是无法处理。故针对大部分违法所得系在从犯名下的情况,还是在刑事案件中一并处理涉案财物为妥。最后,从程序效力看。若对涉案财物应认定而未认定、应处置而未处置的,应该根据最高检察关于刑事诉讼涉案财物管理规定,就财物处理部分提出上诉,涉案财物未处理应作为"人民检察院提出抗诉的理由"。实践中,温州永嘉检察院也针对部分涉企职务侵占案件中对被侵占的涉案财物应责令退赔而未作出责令退赔的遗漏判项事项提出监督意见,并将其作为抗诉点之一。

(二)违法所得中成本是否扣除,需区分本金类成本、消耗类成本后而定

在【案例二】中,关于在违法所得中是否扣除成本问题,这个与成本的类型

---

[1] 陈瑞华:《刑事程序的法理(上)》,商务印书馆出版社2021年版,第414、422、425页。
[2] 陈瑞华:《刑事程序的法理(上)》,商务印书馆出版社2021年版,第410页。
[3] 梁展欣:《论追缴》,载江溯主编:《刑事法评论:刑法的多元化》,北京大学出版社2021年版,第512—513页。

相关。另一方面,依据最高法对非法集资刑事案件的解释,行为人为了进行集资诈骗活动而支付的广告费、中介费、手续费、回扣,或者用于行贿、赠与等费用,都不会被扣除。即为了实现占有某财物的犯罪行为过程中所消耗的成本支出不予扣除,仍应认定为违法所得应予以追缴,其后续消耗系行为人的自行支配,仍由其负责。另一方面,经营性成本的合法性应予以认可和保护,应不等同于违法所得,应在违法所得中扣除。虽然对环境污染的行为被视为违法犯罪,但其前期的生产活动并不应被否定。张某某非法排放污水对环境造成的污染,其对应的生产和销售水解蛋白粉的行为是独立的,难以被视为非法,不应被一并没收。同样,在诈骗犯罪中,若行为人为骗取信任而先期给予被害人的少量定金的,属于形成反向给付,类似于本金类成本,应在违法所得中扣除。[①]

(三)违法所得投资收益没收,不应简单坚持"财产污染"论,而应参照刑法上因果关系理论

对违法所得投资收益常常概括式没收,其所谓理由在于"财产污染"论,即认为即使争议财产属于合法财产,但因已受到了"污染",故应对混合财产一并加以收缴。[②] 但从实践看,民营企业起步发展进程中,先前的违法所得往往发挥着"第一桶金"的效用,若按照"财产污染"论所坚持的理念,则其名下财产将一直被揪住"原罪",后续再怎么发展也翻不了身,这似乎也不妥。因为在证据法上,即使是非法证据问题,按照毒树之果理论,也不可一直否定下去,也会有限度。此外,根据中央的相关政策,我们需要妥当地处理历史上形成的产权纠纷,并以发展的视角客观地审视和依法妥善解决自改革开放以来,尤其是民营企业运营过程中出现的相关问题。[③]

根据学者分析,投资收益分为几种类型:一是银行利息、理财产品或固定资产收益等(如用违法资金购买的房屋转租产生的租金)。因为这类几乎不存在除原始违法所得以外的任何其他投入,且属于固定收益,此时增值部分延续了原始违法所得的"非法性",故应当一律没收。二是利用贪污财富购入公司的债务、股权,以及期权等商品而获得的利润。该类型投资利益具有一定风险,即盈利与否、盈利多少不确定。但行为人为选择金融产品所作的智力投入,无法切断资产增值与犯罪行为的联系,原始违法所得的财产性投入仍占据成本投入

---

① 郑毅:《计算诈骗犯罪数额时是否将犯罪成本扣除》,《检察日报(明镜周刊·实务版)》2022年8月9日。
② 向燕:《刑事经济性处分研究》,经济管理出版社2012年版,第131页。当然,某些办案机关热衷于对混合财产的全部没收,是因为可以省却——辨明财产来源的麻烦。
③ 见2016年中共中央、国务院发布的《关于完善产权保护制度依法保护产权的意见》中第4条内容。

的主体地位,故仍然应当一律没收。三是用赃款赃物投资实业,从事正当的生产经营活动,赚取利润。在这种情况下,若原始违法所得并非主要的生产要素,而劳动、技术、管理等生产经营要素才是维系企业生存发展关键的,此时若将此类资产增值认定为违法所得,抹杀了经营管理这一业务性活动对于资产增值(该资产价值可能比最初投资额增长了数倍或数十倍)的作用。因此,不能以投资初始资金的原罪性,就牵连认为合法经营大幅增长的资产都是犯罪所得。①

具体到【案例三】,王某乙、傅某某因湖南省某局原局长王某甲在被告人王某乙职务及岗位调整、利用中某公司资质对外开展业务中给予帮助,对王某甲进行行贿。但该行贿行为只是帮助王某乙与傅某某取得了企业经营资格,后来是因为公司经营行为,才使得获取巨额收益。故该经营行为应该是营业收入的主要因素,故该营业收入与前环节行贿行为不具有因果关系,不应作为违法所得没收。但具体到【案例四】,行贿行为是否是行为人获得利益的根本要素?尽管企业的资质、施工技能、劳务支付以及质量检验等因素都是实现项目利益的关键,但行贿对于项目收益的获取更为重要。也就是说,当行贿行为发生时,项目收益是可能实现和预见的,后期也能合理地获得实际利益。因此,其他中间插手的合法行为并不会影响行贿行为与非法所得之间的直接因果关系。故项目收益扣除合理项目支出、银行利息后,剩余收益作为违法所得被追缴。② 对此,有学者提出的"建立行贿罪的特别没收制度",对因行贿而获得的经济利益(即除违禁品、供犯罪所用的本人财物以及犯罪分子违法所得财物之外的其他经营收益)进行特别没收,也是限于"有证据证明行贿人所获经济利益直接源自行贿"③,即参照了直接因果关系的判断标准。

(四)违法所得权属认定的证明责任和证明标准,应注重平衡好铲除犯罪经济基础与保障合法产权之间的度

一是关于证明责任。对犯罪嫌疑人而言,违法所得的没收是一种惩罚,故检察机关作为控方,应承担举证责任,证明应没收的财物与犯罪行为之间存在关联性,或者说因为犯罪而获得财产;而且,对该事实的证明,应当以法定的证

---

① 杨湘粤:《刑事没收中违法所得认定若干问题研究》,硕士学位论文,华东政法大学,2022年,第47页。
② 汪忠军、陈兰芳:《行贿获得项目后合法经营获利是否应予追缴》,中央纪委国家监委网站,ccdi.gov.cn(访问日期:2023年5月29日)。
③ 刘艳红:《根本性阻断利益集团"围猎"的制度构建》,《国家治理》周刊2022年第14期,转自人民论坛网,http://www.rmlt.com.cn/2022/0804/653367.shtml(访问日期:2023年8月29日)。

据形式、法定的调查程序予以证明。① 二是关于证明标准。违法所得没收本质上属于对物之诉,不是一种刑罚,而是一种剥夺犯罪所得、防止行为人因犯罪而收益的手段。故对相关事实的证明,不直接照搬刑事定罪的证明标准。如在美国、英格兰与威尔士都采取了优势证据的标准。② 但在实践中,优势证据原则如何把握,司法人员心中无底,故常常仍套用一般刑事案件证明标准来论述。例如,二审法院的观点是,张某某在二审中对于其生产成本的供述,仅有自己的陈述,没有其他证据来证明他的违法所得数额。因此,这些证据并不能满足确实和充分的法定标准来确定张某某的违法所得数额。因此,我们认为,如果没收的非法所得是由国家作为公权力机构剥夺个人财产权,而非两个个人的经济争端,那么至少应当采取介于刑事证明标准和民事证明标准之间的证明标准。如果这个标准被视为刑事罪行的定量要素,那么也应当采取刑事证明标准。三是关于特定犯罪收益的推定。按照《办理跨境赌博犯罪案件若干问题的意见》的规定,如果在开设赌场的过程中,主要用于接收和转移赌资的银行账户内的资金,犯罪嫌疑人或者被告人无法提供其合法来源,那么这些资金就可以被视为赌资,并且应当依法进行追缴。《英国2002年罪行收益法》进一步扩展了这种推断的领域,包括洗钱罪、领导恐怖活动罪、伪造罪等。该法的第75条明确指出:可以依照被告人的"犯罪生活方式"准则,将相关财物视为犯罪所得并予以没收。相关制度经验,值得借鉴。③ 四是关于罚金刑制度的改进。参照国外立法,罚金刑一般可以分为有限额的罚金刑和无限额的罚金刑两种模式。故建议将刑法中原有的普通的没收财产应改造为有限额罚金刑或浮动罚金刑的模式,且应限于相对较重的侵财类经济类犯罪,这有利于防止因无法查证违法所得而随意转化为罚金刑,减少刑罚这一严重影响公民财产权的惩罚措施的不确定性。④

---

① 向燕:《形式经济性处分研究》,经济管理出版社2012年版,第157页。
② 何永福:《刑事诉讼涉案财物处置程序研究》,社会科学文献出版社2020年版,第211页。
③ 向燕:《刑事经济性处分研究》,经济管理出版社2012年版,第158页。同样,在"资本 + 生产要素"共同主导的"组合投资"收益是否没收的判断过程中,有学者也提出,对于先前的犯罪行为侵害的是下列法益类型,即属于严重践踏人性、违反伦理禁忌的恶性犯罪、法益不能被"恢复"的犯罪类型,即使最终的收益即便经由"组合投资"途径获取,也应该以追缴为原则,以不追缴为例外。下列犯罪包括:一是危害国家安全以及公职人员的职务廉洁性、社会公共安全和人身安全等法益;二是恐怖活动犯罪、涉黑恶势力犯罪和毒品犯罪等社会危害性极强、社会管控压力极大的犯罪。这类罪名的违法所得投资收益要一律没收。这与上述在以特定犯罪为职业案件中,推定行为人名下不合理收益均为违法所得的意见,内在逻辑和依据有类似之处。具体参见庄绪龙:《"犯罪所得投资收益"追缴的影响因素与判断规则》,《中国法学》2019年第5期。
④ 王平、何显兵:《论黑社会性质组织犯罪没收财产刑与特别没收的适用》,https://www.jylawyer.com/jinyaxy/zhouboshi/20180314/11653.html(访问日期:2023年5月29日)。

数据爬取行为的刑法归责原则研究：
以法益保护为视角

尹 琳 黄 捷[*]

> **目 次**
> 一、法益考量的缺失所导致的问题
> 二、数据爬取行为的类型归纳
> 三、法益保护视域下数据爬取行为刑法归责原则阐述
> 四、法益保护视域下数据爬取行为的归责路径
> 五、结语

摘 要：实务中对数据爬取行为的刑法规制，存在对象、行为、刑罚程度的偏差和归责模式的扁平化的情形，其原因在于对数据法益的认知和考量存在缺失。现象层面的数据爬取存在行为对象和行为样态类型的不同，且不同类型所征表的法益侵害也不同，因此在归责原则上应当有所区分。数据法益的核心为数据信息的三性，在结构上可以分为具体数据利益和抽象的数据安全利益。在归责原则上，应当根据具体数据利益进行罪名分流，根据"行为对象""行为手段"的二阶式分析模式，来判断数据安全法益受损程度，以明晰刑法对数据爬取行为的介入界限。

关键词：数据爬取；爬虫；数据法益；刑法归责

在大数据经济成为全球经济重要组成部分的今天，我国高度重视数据在经济社会发展中的作用。但是，有些企业或个人利用数据爬取技术，获取数据并

---

[*] 尹琳，上海社会科学院法学研究所副研究员，硕士生导师；黄捷，上海社会科学院刑法学硕士研究生。

进行处理,谋求巨额经济利益。因此,厘清数据爬取的不法边界,发挥数据的经济效益并且有效惩治恶意使用数据爬取技术所引发的犯罪行为,已经成为国家、网络产业和社会公众面临的重大发展命题。

一、法益考量的缺失所导致的问题

数据爬取技术,也称为"爬虫"技术。其运行逻辑为通过特定的程序,以访问、获取的模式,将互联网上的数据导入本地终端中并对其进行二次处理。目前,实务界与学界对于数据爬取行为的正当边界仍然存在认识不足与定位错误的现象。对法益考量的缺失,导致了在规范视角下,数据爬取行为在实务中入罪存在对象上、行为上的偏差,入罪限度不断扩大的情况。

(一) 对象上的偏差

司法实务中存在爬取公开信息的行为,被定性为非法获取计算机信息系统数据罪的情况。以晟某案为例[①],该案中甲公司人员采用数据爬取技术,爬取已在社会上公开的作品数据,且被害公司并未事先设置爬虫协议。然而,对于公开数据的爬取存在着以下两点疑问:首先,从法益侵害性的角度来看,由于数据的公开必然会消除数据的保密性,爬取行为难以构成严重的法益侵害。其次,从刑事政策的角度来看,以刑法手段介入公开数据领域,将导致越来越多的数据控制者公开信息的同时禁止公众下载和复制数据,从而侵犯公众获取信息的自由。

(二) 行为上的偏差

实务中存在对"非法侵入"认定的虚化的情况。在构成要件的描述上,刑法第285条规定了构成非法侵入计算机信息系统数据罪、非法获取计算机信息系统数据罪要具备"侵入"或者"采用其他技术手段"的情形。林某某案[②]中,林某某于2018年至2020年,利用网络爬虫程序,采用破解验证码等手段非法获取北京某信息技术有限公司的房产数据,之后被北京市朝阳区认定为构成非法获取计算机信息系统数据罪,本案中"采用破解验证码"的手段被认

---

① 参见北京海淀区人民法院(2017)京0108刑初2384号刑事判决书。
② 参见北京市朝阳区人民(2020)京0105刑初2594号刑事判决书。

定为"侵入"。李某某案①中,法院认为编辑"按键精灵"类软件模拟人工操作,编辑验证码自动识别输入,属于对系统的"侵入"。以上判罚都认为爬虫软件只要具备自动输入"验证码"的功能,即构成对信息系统的侵入,但对于这种观点存在以下疑问:

首先,验证码仅是防止爬虫的手段之一,而不能反过来认为设置验证码就是为了禁止爬虫行为。考察验证码的源起,验证码的产生是加强系统安全的产物,②系统的安全性涉及两方面:程序(数据)安全和网站服务器安全。③ 以上两个方面并未直接指向数据(被获取)的安全。如若认定通过模拟人工输入验证码来访问系统属于对系统的侵入,那么对于网页上公开数据的爬取,必然会因为机器自动识别、输入验证码而构成刑法上的"侵入"。而且不同网页所设置的验证码出现阈值不同,这种观点也容易造成"侵入"认定的恣意性。导致"侵入"的外延被扩大,"侵入"丧失了构成要件的明确性并由此虚化。

其次,刑法视角下通过机器输入验证码与人工输入验证码,在法益侵害性上并未不同。基于实质解释论的立场,必须坚持以保护法益为指导,来解释构成要件的具体含义。④ 非法获取计算机信息系统数据罪的法益是数据安全法益,从结果上看,以机器自行识别和人工自行输入验证码,对于数据安全的侵害性来说并没有区别,若人工自行输入验证码不构成侵入,则以机器自动识别验证码同样也不应当构成侵入。

(三) 刑罚程度上的偏差

"非法获取计算机信息系统罪"口袋罪的趋势,⑤有可能扩大刑法的适用,加重刑罚。例如,若以数据爬取的形式批量盗窃虚拟财产,却被认定为非法获取计算机信息系统数据罪的情况下,根据《最高人民法院、最高人民检察院关于办理盗窃刑事案件适用法律若干问题的解释》第1条中的规定,3万元至10万元属于数额巨大,处3年以上10年以下有期徒刑。但根据"两高"2011年《关于办理危害计算机信息系统安全刑事案件应用法律若干问题的解释》,非法所得2.5万元以及损失5万元,则属于非法获取计算机信息系统数据罪中情节特别

---

① 参见四川省德昌县人民法院(2018)川3424刑初169号刑事判决书。
② 参见贺强:《字符识别的相关方法研究》,硕士学位论文,江苏大学,2010年。
③ 参见许明:《验证码的识别与反识别》,硕士学位论文,南京理工大学,2007年。
④ 参见张明楷:《实质解释论的再提倡》,《中国法学》2010年第4期。
⑤ 杨志琼:《非法获取计算机信息系统数据罪"口袋化"的实证分析及其处理路径》,《法学评论》2018年第6期。

严重的情形,处3年以上7年以下有期徒刑。在非法所得2.5万元至5万元的情况下,若以非法获取计算机信息系统数据罪对盗窃虚拟财产的行为进行认定,则会对其处以至少3年以上的刑罚,但以盗窃罪的标准来认定,则会被处以3年以下的刑罚,不同的认定路径可能会加重刑罚,使得刑罚被扩张适用。

上述对象和行为上的问题,都指向了法益侵害考量缺失的情况。可以说,行为对象和行为手段的不同,则法益侵害性也不一样。然而目前对于数据爬取行为的法律规制,尚未依据行为手段与行为对象的不同而有所区分,这导致司法实践中不免陷入一种"数额/数量中心主义"[①]。换言之,法定犯时代下,"行为""对象"在法益侵害征表功能中的孱弱,使得刑法的归责不得不依赖于"数额",导致归责模式的扁平化,未能做到法的社会效果的达致。因此,法益保护视角下,应当根据数据爬取行为的对象与手段对法益侵害的不同,建立梯度式的刑法归责模式,那么对于现实中数据爬取行为规范类型的区分尤为必要。

二、数据爬取行为的类型归纳

沿着从现象到规范的教义学思维路径,[②]要对数据爬取行为在刑法上合理地规范评价,首先需要明确的是,在现象层面数据爬取行为可以分为哪些类型。本文拟从行为对象与行为样态两个方面进行展开分析。

(一)行为对象视角下数据爬取行为类型

依照行为对象的重要程度不同,本文将数据爬取行为分为公开数据的爬取、非公开核心数据的爬取、非公开重要数据的爬取、非公开一般数据的爬取。

1. 公开数据的爬取

公开数据,也称为开放数据[③],为互联网上向公众开放的数据信息,不论时间地点随时都能够获取。以新浪微博诉脉脉一案为例[④],法院认为"公开数据"本质上仍然是私人控制和管理下的数据,与"开放数据"的概念存在区别。法院

---

① 囿于自然犯与法定犯的格局变动,在法定犯领域,数额中心主义较为常见。参见魏昌东、尤广宇:《法益损害的"数额犯化"与量定标准重构》,《国家检察官学院学报》2021年第3期。
② 德国法哲学家阿图尔·考夫曼认为,"事实—规范"属于"实然—应然"的内容,法律的适用实际上是事实"等值"于规范的过程。参见郑永流:《法律判断形成的模式》,《法学研究》2004年第1期。
③ 学界对公开数据与开放数据之间的关系存在着争议,本文中二者采同义解释。
④ 参见北京知识产权法院(2016)京73民终588号民事判决书。

的观点认为:"公开数据"负担了容忍他人合法收集和利用的义务,但这种负担是具有特定的限度的。本文认为这种观点值得商榷,既然已将数据完全公开却又反对他人拥有完整的数据收集权,这二者不免在逻辑上自相矛盾,基于这种矛盾,在实务中更难以把握所谓对公开数据"特定的限度"。公开数据是开放的,因此公开数据爬取行为原则上应当不受限制。

2. 非公开一般数据的爬取

2022年12月8日工信部出台的《工业和信息化领域数据安全管理办法(试行)》①(后文称《数据安全管理办法》),在对一般数据的规定中提到,"其他未纳入重要数据、核心数据目录的数据"。由此,一般数据包括非核心、重点数据的其他数据。对于一般数据判断,《数据安全管理办法》从影响后果的视角,规定了涉及以下两类的数据属于一般数据:(1)对公共利益或者个人、组织合法权益造成较小影响,社会负面影响小;(2)受影响的用户和企业数量较少、生产生活区域范围较小、持续时间较短,对企业经营、行业发展、技术进步和产业生态等影响较小。

然而,上述对一般数据的规定并不具体。从数据的结构形态来看,在现实层面,用户个人所产生的数据中既包括了结构性数据、非结构性数据。以一定的结构和格式组织、存储和处理的数据的标准的,属于结构性数据,常见的形式包括关系型数据库、表格、电子表格等;反之,则为非结构性数据,常见的非结构性数据包括文本、音频和图像。结构性数据具有明确的字段、类型和约束条件,数据之间可以通过键值关联,便于数据的查询、分析和处理。相对于非结构化数据,结构性数据更易于理解和利用,被广泛应用于商业、科研、金融等领域,在重视程度(价值)上也强于非结构性数据。②

本文认为,数量不大的非结构性数据属于一般数据。数量不大的非结构性数据难以达到结构化的程度,或者结构化后所蕴含的信息量难以造成对公共和个人利益的重大影响。这种认定方式,符合《数据安全管理办法》中对于一般数据的定义。而数量较大非结构性数据,因其存在结构化后极高的数据价值,可能成为重要数据,因而不能将非结构性数据一概认定为一般数据。

3. 非公开重要数据的爬取

《数据安全管理办法(意见征求稿)》曾将重要数据定义为"与国家安全、经

---

① 《工业和信息化部关于印发〈工业和信息化领域数据安全管理办法(试行)〉的通知》,中国政府网,http://www.gov.cn/zhengce/zhengceku/2022-12/14/content_5731918.htm(发布日期:2022年12月8日)。

② 参见胡键:《大数据与公共管理变革》,《行政论坛》2016年第6期。

济发展,以及社会公共利益密切相关的数据"。在重要数据判断上,《数据安全管理办法》从横向的范围和纵向的侵害程度两个尺度规定了什么是重要数据①,此外,在利益损害方面,除了公共利益的严重损害外,能够对个人、组织的合法权益造成严重损害的数据损害同样也属于重要数据。

本文认为,涉及重大的个人、组织的利益和公共利益的结构性数据,属于重要数据。通常数据爬取所爬取的数据针对的是企业的数据,从企业的角度来看,重要数据通常具有非常高的价值,因为它可以用于决策、运营和业务活动,以支持公司或组织的核心业务。

4. 非公开核心数据的判断

除了《数据安全管理办法》的类型,从理论上还可以从以下几种方式判断数据是否为核心数据:(1)是否能够对重大公共利益具有关键的影响:如果数据对公共利益的分配、落实和实现有关键的影响,那么它很可能是核心数据。(2)重要程度上是否具有唯一性和不可替代性:核心数据通常是独特的、不可替代的,因为它是与重大的公共利益相关的最重要的数据。(3)是否在某一领域的范围内广泛有效:核心数据通常在某一领域内具有广泛而有效的价值。

现实中,国家安全部曾发现多起威胁国家核心数据安全的事件:如2020年1月,某航空公司遭到外国间谍机构的网络攻击,导致数据被盗。2021年3月,李某等人未经许可在国家重要军事基地周围安装气象观测设备,非法收集和传输敏感气象数据。② 核心数据的安全直接关系到国家关键信息基础设施领域的安全,这些领域包括交通、能源、医疗等重要行业,与国家安全和社会稳定息息相关。为了更好地保护国家安全和社会稳定,必须采取切实有效的措施,加强对核心数据的安全保护。

此外,数量不大的非结构性个人数据并不能被视为重要数据,但如果所收集的数据量达到一定水平,则会引起质变,成为重要数据,如一个城市或省份有关的巨量的个人非结构性数据足以被视为重要数据乃至核心数据。

---

① 具体上,《数据安全管理办法》规定以下数据属于重要数据或者核心数据:(1)对政治、国土、军事、经济、文化、社会、科技、电磁、网络、生态、资源、核安全等构成威胁,影响海外利益、生物、太空、极地、深海、人工智能等与国家安全相关的重点领域;(2)对工业和信息化领域发展、生产、运行和经济利益等造成严重影响;(3)造成重大数据安全事件或生产安全事故,对公共利益或者个人、组织合法权益造成严重影响,社会负面影响大;(4)引发的级联效应明显,影响范围涉及多个行业、区域或者行业内多个企业,或者影响持续时间长,对行业发展、技术进步和产业生态等造成严重影响。

② 《国家安全部公布三起危害重要数据安全案例》,新京报,https://baijiahao.baidu.com/s?id=1715099641705673237&wfr=spider&for=pc(发布日期:2021年10月31日)。

(二) 行为样态视角下数据爬取行为的类型归纳

数据爬取通常为网页爬取,除此之外还包括 API 爬取①,但不论是网页爬取还是 API 爬取,都可以依据非法爬取行为的危险程度,将数据爬取行为分为违约型爬取、利用型爬取、暴力型爬取。

1. 违约型爬取

违约型爬取指违反网站的管理与约定的数据爬取行为,是一种违反许可权限的爬取。数据所有者可以通过在网站使用条款中,规定不得爬取,或者有限制地爬取数据来防止数据不当扩散。如果数据爬取者未遵守这些条款,他们可能会被视为违反了与数据所有者的使用合同。

除了网站的适用条款约定外,robots 协议通常也会规定爬虫的适用范围。robots 协议是一种用于控制爬虫行为的通信协议,它主要通过一个名为 "robots.txt"的文件来定义哪些页面可以被爬取,哪些页面不可以被爬取,通常存在于网站的根目录中,robots 协议可通过在网站网址后加"robots.txt"看到。② 违反 robots 协议的爬取行为主要为爬取隐私数据、版权数据等。若是不遵守 robots.txt 的限制,仍然爬取网站上的内容,则构成违约型爬取。

2. 利用型爬取

利用型爬取是一种通过利用网页或者数据库漏洞,绕过网页限制的爬取手段。利用型爬取是通过误导网页系统或者利用网页漏洞来达到爬取数据的目的,它通常使用漏洞或者绕过防御机制的方式进行操作。

利用型爬取的技术原理一般涉及网络安全和数据抓取技术。例如,利用型爬取可以利用 SQL 注入技术绕过数据库的限制,通过恶意请求获取网站敏感信息,伪造请求的 User-Agent、Referer 等信息,利用缺陷的参数构造请求,等等。通过漏洞,如假冒用户代理,更改请求头等方式,来绕开网页限制。司法实务中,常见的利用型爬取为利用爬虫非法获取用户"cookie",并利用 cookie 绕过网站权限的验证继而获取相关信息。cookie,有时也使用复数形式"cookies",是浏览器中的相关身份验证信息的缓存,以文本文件的形式保存在用户的计算机终端中。通过 cookie,用户便不再需要手动地去输入身份验证信息,因而不法分子常常利用 cookie 的功能,绕开系统的防护或者验证机制,并通

---

① API(Application Programming Interface)是指应用程序接口,是一种让程序与其他程序进行通信的方式。API 爬取技术可以提取通过 API 提供的数据,例如天气预报、社交媒体数据等。

② 例如百度引擎的爬虫协议(https://www.baidu.com/robots.txt)。

过 cookie 获取用户数据。此外还包括使用代理 IP、更改 IP 身份的行为,例如,晟品案中判决书中提到"在数据抓取的过程中使用伪造 device_id 绕过服务器的身份校验"。法院认为,使用代理 IP 是伪造了自身的 IP 从而实现欺骗系统的目的。

3. 暴力型爬取

暴力型爬虫是指使用穷举法进行暴力破解访问限制或者利用高频率、大量的访问请求对目标网站造成严重压力的爬虫类型。此处的"暴力"并非法规范意义上的暴力,而是计算机技术领域固有的名词。计算机领域中的暴力攻击(Brute Force Attack)是一种黑客方法,这种方法以穷举法来破解密码、登录凭据和加密密钥为主,本文"暴力型爬取"中的暴力(Brute Force),以暴力攻击的本质——"攻击者使用过度强力的尝试来访问用户账户"[①]为内容。

暴力型爬虫有以下两个类型:(1)利用计算资源的优势实现高频率访问的爬取。这种爬取通常不设置休息时间,短时间内大量的访问请求,可能对计算机信息系统造成严重的损伤。例如,2018 年杨某某、张某某编写"快鸽信贷系统"爬虫程序,用以爬取深圳市房产信息,该程序能够在每小时内对网站进行高强度访问数十万次。在 2018 年 5 月 2 日 10 时至 5 月 2 日 12 时许 2 个小时内,对深圳房产系统访问达到每秒 183 次,造成深圳市居住证系统崩溃,对社会造成了严重影响。[②](2)使用各种技术手段强行突破服务器的安全防御机制的爬取。这种爬取通常以穷举法、植入病毒或者篡改数据的形式强行突破访问限制进行。其入侵形式多样,包括但不限于利用漏洞进行攻击、模拟多个用户进行访问请求等。

三、法益保护视域下数据爬取行为刑法归责原则阐述

"法益"作为一种精神现象,是一种价值评价的产物和价值判断的符号,[③]质言之,法益具有价值评价的导向作用。在法益发展史上,法益的精神化为人所诟病之原因在于,其内涵丧失明确性而导致价值评价的导向作用失灵。因而,要从法益保护的视角下对数据爬取行为的刑法归责模式进行探讨,则不得不对数据法益的内容予以明确化。

[①] Fortinet, "What Is a Brute Force Attack?", https://www.fortinet.com/resources/cyberglossary/brute-force-attack(发布日期:2021 年 9 月 9 日)。
[②] 参见深圳市南山区人民法院(2019)粤 0305 刑初 193 号刑事判决书。
[③] 参见杨兴培:《中国刑法领域"法益理论"的深度思考及商榷》,《法学》2015 年第 9 期。

（一）数据法益的内涵分析

1. 数据与数据安全：一个国际标准发展史的考察

随着计算机与网络技术的发展，数据与数据安全概念存在着从前期的从属系统性到后期的数据的"三性"的演变过程。

前期：数据安全从属于计算机信息系统安全。与我国刑法中将计算机信息系统作为主要保护对象予以立法的情况相似，在早期计算机信息系统的安全在数据安全的概念中占据着主导地位。国际标准中的数据安全术语最早在信息技术领域被正式定义。1998年，第一联合技术委员会（ISO/IEC JTC 1）发布了《信息技术词汇第8部分：安全》（ISO/IEC 2382—8：1998），其中规定数据安全是指"应用于数据的计算机安全"。尽管ISO/IEC 2382—8：1998已经废止，但该版本的数据安全术语定义体现了数据安全与计算机安全在安全问题上的隶属关系，成为当前信息技术国际标准所接受的定义。

在数据管理和交换分委员会（ISO/IEC JTC1/SC32）制定《信息技术元数据注册互操作性和绑定（MDR-IB）第1部分：框架、通用词汇和一致性的通用规定》（ISO/IEC 20944—1：2013）时，采用了与ISO/IEC 2382—8：1998相同的数据安全定义。由于计算机信息系统存储、处理数据的必然性，维护数据层面的安全问题对于确保计算机网络的正常运行而言必要且关键，计算机安全概念统摄数据安全概念具备逻辑上的正当性。然而，该定义虽表征数据安全概念，实则是数据安全与计算机安全的关系表达，未能真正定义数据安全。

后期：以数据的"三性质"为核心理解数据安全。随着时代发展，数据的独立价值日益凸显，对数据安全的理解逐渐回归数据本体的性质。

2001年，健康信息技术委员会（ISO/TC 215）发布的《健康信息学信息和通信标准的互操作性和兼容性关键特征》（ISO/TR 18307：2001）将数据安全定义为"保护数据免受有意或无意的破坏、修改或披露"；2008年，服务质量（QoS）和体验质量（QoE）研究组（ITU-T SG12）发布的《服务质量相关术语定义》（ITU-T E.800）将数据安全定义为"数据完整性和可用性的安全保护"；2013年，物联网及相关技术分委员会（ISO/IEC JTC 1/SC 41）发布的《信息技术传感器网络：传感器网络参考体系结构（SNRA）第2部分：词汇和术语》（ISO/IEC 29182—2：2013）将数据安全定义为"保护数据以保证可用性、保密性和完整性"。至此，数据的三个性质得以提出，并得到广泛应用，"几乎任何一本信息安全教材都会在第一章中介绍CIA三性，并将这三性奉为信息安全的基本原则"。① 以数据的"保密性""完整性""可用性",作为数据法益的内容来认定数据安全犯罪行为,也成了我国目前学界的通说。②

2. 德日两国的"数据中心主义"的立法模式与反思

受《网络犯罪公约》的影响③,德国、日本数据犯罪采用"数据中心主义"的规制模式。《德国刑法典》中的数据并不仅限于计算机系统内的数据,而是包括"录影带、磁带、软盘、硬盘、记忆卡、芯片和存储卡"中的数据。④ 相对于德国,日本使用了"电磁记录"这一概念,并不强调电磁记录作为基本的行为对象,而是认为其依附于特定领域的电子计算机,例如《日本刑法典》第234条之2的以破坏电子计算机等手段妨害业务罪中的"供该电子计算机使用的电磁记录"。但不论德国还是日本,其对数据安全法益保护的立法模式都以"数据"为中心,在涉及数据化的法益的时候,基于数据中心主义的立场,仅会关注到作为载体的数据,而不是信息。例如,虚拟财产的保护法益属于传统的财产所有权,但是虚拟财产的形态却为数据。德国与日本对于虚拟财产的保护体现其数据中心主义,在处理虚拟财产犯罪的问题上,没有任何判例认定虚拟财产属于"财物"。因其立法详细地将数据与电磁记录的概念予以明确。日本刑法典中的"电磁记录"的概念并从物理层面与逻辑层面明确地下了定义,依据《日本刑法典》第7条的表述,电磁记录指电子、磁气及其他不能通过人的知觉认识的方式制作的供电子计算机进行信息处理所使用的记录,从上述定义能够清晰看出,电磁记录的定义既强调其"电子""电磁"的物理属性,也强调了供计算机处理的数据性质。《德国刑法典》从物理层面对数据"Daten"作了定义,依据其第202a条规定为"由电子、磁性或其他无法直接感知方式而储存或传输者"。

与德国、日本相对的是,我国采取以"信息"为中心的保护模式。例如2011年的《计算机刑事案件解释》中,规定获取支付结算、证券交易、期货交易等网络金融服务的身份认证信息10组以上的,或获取网络金融服务领域以外的身份认证信息500组以上的,认定为非法获取计算机信息系统数据规定的"情节严

---

① Michael T. Goodrich and Roberto Tamassia, *Introduction to Computer Security*, Pearson, 2013, "Chapter 1: Introduction",转引自洪延青:《评〈网络安全法〉对数据安全保护之得与失》,《信息安全与通信保密》2017年第1期。

② 杨志琼:《我国数据犯罪的司法困境与出路:以数据安全法益为中心》,《环球法律评论》2019年第6期。

③ 《网络犯罪公约》第二章第一节"刑事实体法"第1项便开宗明义地指出,数据安全是指数据保密性、数据完整性和数据可用性的犯罪。德国和日本都是《网络犯罪公约》的缔约国。

④ 王肃之:《网络犯罪原理》,人民法院出版社2019年版,第191页。

重"。其中"身份认证信息"毫无疑问属于数据的信息内容,非法获取计算机信息系统数据罪中的"数据"也是需要信息内容上的判定的。可以看出,我国刑法采取"信息中心"的模式。以虚拟财产在实务中定性的争议为例,可以看出我国对于数据,并不单单仅有数据形式上的判断,更有对数据中更深层的信息内容的判断。例如,江苏省无锡市惠山区人民法院认为虚拟财产属于财产,是因为"广义的网络虚拟财产是指虚拟的网络本身以及存在于网络上的具有财产性的电磁记录,是一种能够用现有的度量标准度量其价值的数字化的新型财产"。①因为在虚拟财产的信息能够体现出其财物的性质,实务中才出现将虚拟财产认定为财物的裁判。

综上,我国数据法益所保护的利益,应当是数据信息的"保密性""完整性""可用性"。以信息为中心的模式也奠定了数据法益的结构,即以作为数据内容的信息能否识别为传统、具体的法益为标准,将数据法益分为具体数据利益和抽象数据安全利益。

(二)数据法益的结构与归责原则阐述

从司法实务来看,数据爬取行为构成的犯罪可以分为:侵害数据信息本身所承载利益的案件和数据获取行为所产生的计算机安全利益损害的案件。前者如财产犯罪、知识产权犯罪、侵犯公民个人信息罪等;后者以非法获取计算机信息系统罪、非法破坏计算机信息系统罪为代表的。对这两个类型犯罪的法益进行分析,可以发现前者属于计算机犯罪领域侵犯的传统法益,而后者行为所侵犯的是计算机和信息数据本身的安全。基于这两类犯罪的所侵犯法益的区别,可以将数据爬取行为所侵犯的法益,分为具体数据利益和抽象数据安全利益。

1. 具体数据利益范围及其归责原则

理论上凡是具备数据化可能的行为对象,则该数据化的对象所指涉的法益都可以算数据法益中的具体数据利益。通过司法实务的总结,可以得出,目前在数据爬虫案件中所涉及的与数据有关的利益包括个人信息权利益、财产权利益、知识产权利益等,这些利益都属于具体的利益,属于数据与信息二分结构中的信息层面所指涉的利益。

具体数据利益概念具有解决数据犯罪"口袋罪"现象的机能。非法获取计算机信息系统数据罪成为"口袋罪"的原因,是在于数据的获取的行为,往往会

---

① 光明网:《无锡惠山法院一审宣判一起涉虚拟财产纠纷案》,https://m.gmw.cn/baijia/2021-07/15/34996301.html(发布日期:2021年7月15日)。

造成对传统法益的侵害,例如用数据爬取技术非法收集数据的行为可能会同时侵犯他人的财产权、个人信息权、知识产权等。本文认为,具体数据利益相较于抽象的数据安全利益具有更高的位阶性。对于能够识别为具体数据利益的情况,仍然应当以其所侵害的具体法益进行认定,而不能过分关注数据的载体形式。

2. 抽象的数据安全利益范围及其归责原则

(1) 指涉数据安全利益的对象应当包括能够创造经济价值的数据

如前所述,本文认为数据安全利益包括数据的安全和计算机信息系统的安全。将侵犯具体数据利益的犯罪的数据予以筛除后,作为数据安全利益的数据应当具有怎样的法律属性,存在着争议。从司法实务来看,筛除掉与具体数据利益有关的数据,剩余数据在类别上包括:快递单信息①、淘宝订单信息②、网站的房源数据③、英语学习系统中的内容④、App 中视频音乐的数据⑤、小程序中的客户资料⑥等。通过对以上数据的分析,可以得出实务中作为与数据犯罪有关的数据并不仅局限于 2011 年《计算机刑事案件解释》中的个人信息,这与数据流通所带来经济价值的重要性密切相关。故本文认为,作为数据安全利益中的数据,应当包括能够创造经济价值的数据。

(2) 指涉数据安全利益的对象应当包括广义的计算机信息系统安全

计算机信息系统作为数据运行的环境,与数据安全存在很大关联。在计算机互联网技术发展早期,数据以一种静态形式存在于计算机信息系统中,因此当时数据犯罪的主要针对的对象基本都是计算机信息系统上存储的数据,随着时代的发展,数据不再局限于计算机信息系统中,传统意义上的计算机信息系统的外延开始显得过于狭隘,但是学界将计算机信息系统排除出数据犯罪的保护对象中的观点⑦,又是走向了另一个极端,与目前的刑法立法也不符。本文认为可以对计算机信息系统进行适当的扩大解释,使其符合当下计算机技术的发展现状。目前 2011 年的《计算机刑事案件解释》中将"计算机信息系统"和

---

① 参见上海市青浦区人民法院(2014)青刑初字第 1345 号刑事判决书。
② 参见浙江省绍兴市越城区人民法院(2019)浙 0602 刑初 636 号刑事判决书。
③ 参见北京市朝阳区人民法院(2020)京 0105 刑初 2594 号刑事判决书。
④ 参见济南市历下区人民法院(2020)鲁 0102 刑初 351 号刑事判决书。
⑤ 参加北京市朝阳区(2020)京 0105 刑初 1289 号刑事判决书。
⑥ 参见深圳市南山区深南检刑诉(2020)Z1085 号起诉书。
⑦ 目前学界普遍认为在非法获取计算机信息系统数据罪上应当"对计算机信息系统进行淡化",但是从立法目的上看,《刑法修正案(七)》所增设的刑法第 285 条第 2 款非法获取计算机信息系统数据罪,是作为非法侵入信息系统罪的补充而立法的,主要目的是将通过非法技术侵入普通计算机信息系统并获取账号、密码等数据的行为犯罪化。参见高铭暄:《中华人民共和国刑法的孕育诞生与发展完善》,北京大学出版社 2012 年版,第 513 页。

"计算机系统"的外延进行扩大,将网络设备、通信设备、自动化控制设备也加进计算机信息系统的范围的解释,能够符合网络时代下计算机信息系统的特点。

(3) 数据爬取行为的归责原则应体现行为对数据法益的侵害程度

首先,公开数据原则上不应当进行刑事上的保护。爬取除侵犯具体数据利益以外的公开数据的行为,不构成非法获取计算机信息系统数据罪。数据安全利益的核心是数据信息的保密性、完整性、可用性。数据信息的"保密性"指数据内容不应当被他人不当访问、读取、复制。即不将有用信息泄露给非授权用户,确保数据信息只能被授权者知悉。公开数据在信息内容上本身不具有"保密性"。在平台类的网络服务中,数据大部分源于非数据控制方的其他机构或者用户的上传行为,机构与用户已经同意了数据公开可能造成的信息曝光的不利后果,在这种情形下不应当再为数据爬取使用者设定义务,来制止数据爬取的行为。而且基于数据流通的环节中涉及的多方主体之间存在的利益,应当要鼓励数据的流通以顺应数据发展的时代潮流。从域外的诸多判例所体现的风向转变就能看出,法官对数据的开放和流动持更加积极的态度,这是因为从当下信息时代的社会发展的模式来说,鼓励数据的流动以创造经济价值是信息时代经济发展的趋势,完全限制数据的流动所实现的对社会的利益相比于数据的流通所带来的利益明显更小。

其次,数据等级体现数据的重要程度,能够衡量法益侵害的程度。数据的分类分级具有重要的法益识别功能,通过数据分类分级,明确不同种类的数据在数据安全保护方面的不同层级需求。[①] 在财产犯罪中依据所侵犯财产的价值的不同而进行入罪和量刑。与之相似,爬取不同等级的数据,所体现的法益侵害程度也不一样。基于法秩序统一的立场,根据《数据安全管理办法》中对数据重要程度的排列,本文认为从刑法的法益侵害的程度上看,非公开核心数据＞非公开重要数据＞非公开一般数据。

最后,行为手段的暴力程度能够衡量法益侵害的程度。通常情况下带有暴力元素的犯罪,在量刑的设置上也与非暴力的犯罪设置不同,通常包含暴力情形的犯罪在量刑的设置上要更严重,这是因为暴力犯罪的社会危害性更大。很多重罪都将暴力作为构成要件的要素,如抢劫罪、强制猥亵、侮辱妇女、儿童罪、暴力危及飞行安全罪等。可见暴力因素是法益侵害是否严重的判断要素之一。

如上所述,在是否构成"侵入"的判断上,不能直接以是否自动输入"验证码"为根据,而是要从数据爬取行为具体的样态进行具体判断。数据爬取行为

---

① 参见张勇:《数据安全分类分级的刑法保护》,《法治研究》2021年第3期。

的行为样态,分为违约型爬取、利用型爬取和暴力型爬取。从理论上看三种爬取都属于目前学界通说的"未经授权"的爬取,但这三种类型的爬取对法益的侵害的程度也不同。违约型爬取,通常是对网站所公开展示的数据的爬取,其爬取范围最小,对数据安全的威胁最小。利用型爬取存在利用网页漏洞,绕过限制的情况,在数据爬取范围上具有不限定性,对数据安全具有更多威胁性,因此相较于违约型爬取,具有更大的法益侵害性。暴力型爬取容易造成计算机信息系统的破坏,威胁到整个计算机信息系统中数据的安全,因此该行为手段应当具有最严重的法益侵害性。综上,本文认为在法益侵害的程度上,暴力型爬取＞利用型爬取＞违约型爬取。

四、法益保护视域下数据爬取行为的归责路径

(一)以具体数据利益受损为特征的罪名分流模式

作为数据信息层面所体现的具体数据利益,其高位阶性决定了数据爬取行为所构成的罪名应当以其数据所体现法益之"特定的内涵和识别标识"[1]为重点,质言之,应当依照数据所体现的传统法益之不同性质,以相应的传统犯罪予以认定。

1. 具体数据利益的高位阶性分析

有的学者认为,法益的形态可以区分为权利、安全、秩序三种,这三种类型的法益之间具有位阶关系,权利优于安全和秩序,处于优先保护地位。[2] 位阶意为"依某种次序形成的阶梯……法益保护位阶是指不同法益按照某种次序形成的刑法保护阶梯,反映了不同法益之间在刑法规范上的轻重或主次关系","优位法益优先于低位法益得以实现"的法益保护位阶规则不仅决定着刑法中法益保护出现竞合或冲突之时的选择规则,而且对刑法解释具有重要制约意义。学界有"阶段法益论"的观点,认为个人法益与制度法益存在着位阶。[3] 个人法益是"终极法益",制度法益的存在之目的,是保障个人法益,二者之间是手段和目的的关系。而从法益的发展史来看,也能看出最初的法益的范围仅局限于权利,权利是法益内涵中最为基础的组成,而对安全和秩序的保护,仅是作为对权利进行保护的"屏障"。

在价值衡量上,权利也往往处于各利益中的高位阶地位。以公民个人权利

---

[1] 参见杨志琼:《非法获取计算机信息系统数据罪"口袋化"的实证分析及其处理路径》,《法学评论》2018年第6期。
[2] 参见陈兴良:《虚拟财产的刑法属性及其保护路径》,《中国法学》2017年第2期。
[3] 参见张小宁:《论制度依存型经济刑法及其保护法益的位阶设定》,《法学》2018年第12期。

为例,《宪法》规定公民的人格尊严不受侵犯。"人格尊严"作为公民基本权利的核心领域,是我国宪法明文保障之不可侵犯的根本价值。在当下的数据红利的驱动下,国家、互联网企业常常会利用收集到的数据"塑造"公民的人格,在互联网上形成公民的"数字画像"。① 由于互联网时代下个人数据的易收集性,公民的自身的人格权益,例如隐私权利时刻处于一种"危险"的状态,在数据法益侵害的考量上应当要将涉及公民个人权利的数据进行特殊化优先对待。

2. 分流的方向:以所指涉的具体数据利益作为判断基础

首先,侵犯"可识别性"个人数据的行为应构成侵犯公民个人信息罪。公民个人信息在理论上包括个人身份信息、个人生物信息、个人财产信息等各种形式的个人数据。而在这些个人信息中,符合"可识别性"个人数据的指可以被用来识别个人身份的数据,如姓名、出生日期、身份证号码、手机号码等,这些数据是个人隐私的核心部分,这些数据也可能被不法分子用来进行诈骗、敲诈勒索等犯罪行为,在保护位阶上更高于普通数据。但无法或者难以识别到个人信息的,应当以普通数据进行保护。

其次,侵犯具有"财产属性"数据的行为应构成财产犯罪,其中最为典型的为虚拟财产的案件处理。具有财产属性的虚拟财产,应当具备客观财物性。具体来说:(1)虚拟财产应当具有效用性,从而具备经济价值。国内政治经济学中的"劳动价值论"认为决定价值的要素是社会必要劳动时间。否定虚拟财产具有价值的学者认为,虚拟财产的获得和流转,均存在于虚拟世界,并未在现实世界中产生任何的作用,玩家并未在现实生活中参与了社会的劳动。但从现实的角度来说,虚拟财产在市场上的交易源源不断恰恰说明,对虚拟财产采"劳动价值论"存在逻辑弊端——无法解释为何虚拟财产在市场上具有价值。要正确认识虚拟财产的价值,应当采西方主流经济学说"效用价值论",即虚拟财产之所以具有效用,"一方面是因为该物质的客观性质,另一方面还要依赖于人的主观需要"。② (2)虚拟财产需要具备客观性(稀缺性)。效用价值论的分支——边际效用价值论认为,效用是价值的源泉,但价值的形成还要以物品的稀缺性为前提。这里稀缺性是指物品供给的有限性。(3)虚拟财产在实质上具备可支配性。所有权的权能包含占有、使用、收益、处分,可支配性意味着所有者能够完整地对其虚拟财产行使以上的权能。(4)虚拟财产在实质上具备限定性。

---

① 参见周维栋:《个人数据权利的宪法体系化展开》,《法学》2023年第1期。
② 参见刘骏民、李宝伟:《劳动价值论与效用价值论的比较——兼论劳动价值论的发展》,《南开经济研究》2001年第5期。

限定性表现在虚拟财产并非一直存续的。一般的物品也具有使用期限,但是虚拟财产与一般的物品区别为,虚拟财产的使用寿命并不因物理使用而毁损,而是因运营商对虚拟游戏等服务停止后,用户不再具备使用的可能性从而实际上失去其"效用"而毁损。

最后,对数据化的知识产权产品犯罪的,应当以知识产权类的犯罪予以论处。随着生活数据化程度的提高,知识产权类犯罪与数据犯罪的区别日益模糊。知识产权是指人们对其创造性产物的权利,具体产物包括:文学、艺术、科学、音像、等等,这些都可以进行数据化。知识产权以数据化形式保存,相较于以往的传统媒介保存手段,更具使用便利性,然而这也成了其与数据犯罪混淆的主要原因。但是所有数据化的知识产权都有其实质上的特征,例如专利权需要产品具备技术先进性,著作权需要作品具备独创性,商标权需要作品具有可区别性。① 总之,具备"创造性"是知识产权的核心,②具备"创造性"的数据化产品,只要满足成为刑法中的知识产权作品的条件,应当优先以知识产权犯罪进行认定。

(二)数据安全法益受损的二阶式判断

在行为是否严重侵犯数据安全法益上,应当进行二阶式的判断。判断的第一阶为对所侵犯数据的位阶判断。先对所爬取的数据的等级进行判断,识别所爬取数据是否属于公开数据、一般数据、重要数据、核心数据。判断的第二阶为行为手段对数据安全利益的破坏程度判断。以实务中的违约型爬取、利用型爬取、暴力型爬取为例,根据他们对法益情状的破坏程度与所爬取的不同位阶的数据进行排列组合。

如表1所示,不同的等级的数据以及行为样态,对数据法益的破坏程度不同,应当对数据法益侵害程度低的犯罪予以出罪。

1. 爬取公开数据的判断规则

如上所述,应当原则上允许对公开数据的爬取。在域外,公开数据的获取在前置法中规定通常不被认定为违法。日本《个人信息保护法》第17条第2款第5项,当"该需要处理的个人信息已经被本人、国家机关、地方公共团体、第七十六条第一款各项规定的主体及《个人信息保护委员会规则》规定的其他主体

---

① 参见吴汉东主编:《知识产权法学(第六版)》,北京大学出版社2014年版,第15页。
② 参见杨志琼:《我国数据犯罪的司法困境与出路:以数据安全法益为中心》,《环球法律评论》2019年第6期。

表 1　数据安全法益受损的二阶式判断

行为样态（二阶判断 法益情状的破坏程度：由低到高） \ 数据类型（一阶判断 数据的位阶：由低到高）	公开数据	非公开一般数据	非公开重要数据/巨量公开数据	非公开核心数据/超巨量公开数据
违约型爬取	合法	前置法不法	刑事不法	刑事不法（行为犯）
利用型爬取	合法	前置法不法	刑事不法	刑事不法（行为犯）
暴力型爬取	前置法不法/刑事不法	刑事不法	刑事不法	刑事不法（行为犯）

公开的情形",则个人信息处理业者可以无须事先取得本人的同意。① 新加坡《个人数据保护法》附件二和附件三规定,当"个人信息是公开的"或者"个人信息是公众可以获取的",就可以未经允许收集和使用个人数据。② 因此对于公开数据的爬取,本文认为无论是刑法,甚至是前置法都没必要对其爬取做限制。

但是,仍然存在爬取公开数据需要进行入罪考量的情形。其一,在暴力型爬取的情况下,由于对数据存储的服务器具有损害性,对数据安全利益具有威胁性,此时应当进行前置法规制或者刑法规制的考量。其二,当所爬取的公开数据体量极为庞大,达到一省乃至包含几个省的地区的个人数据时,因为涉及重大的国家安全利益,此时在位阶等级上,应当将其归类为最高等级。此种情形下,任何对该数据的爬取模式都应当入罪。

2. 爬取非公开一般数据的判断规则

对于非公开一般数据的爬取,若以违约型爬取或者利用型爬取的形式,不必以刑法进行调整。一方面,一般数据在等级程度上较低,对数据安全利益的侵害程度较小,以《反不正当竞争法》或者《民法》的方式有足够的能力进行调整、规制这种行为。另一方面,这样也能发挥数据流动带来的经济价值,减少因刑事规制而给企业带来的负外部效应,给了"数据爬取"使用者继续在市场参与竞争的机会,有利于数字经济市场的繁荣发展。在暴力型爬取非公开一般数据的情况下,因为有可能导致其他存储在计算机系统内的数据受损,对数据安全利益具有极大破坏性的行为,应该进行入罪处理。

---

① 参见程啸:《个人信息保护法理解与适用》,中国法制出版社 2021 年版,第 138 页。
② 参见李爱君、苏桂梅主编:《国际数据保护规则要览》,法律出版社 2018 年版,第 432—435 页。

3. 爬取非公开重要数据的判断规则

根据定义上,重要数据通常与国家安全、经济发展,以及社会公共利益密切相关。一旦涉及对国家事务、国防建设等关乎国家安全核心数据的计算机信息系统进行侵入和数据爬取,即使所爬取的计算机信息系统不属于国家事务、国防建设等数据范畴,也可以直接构成《刑法》第285条第1款中的侵入计算机信息系统罪,对于非公开重要数据的爬取,因为该数据与重点领域相关联,且会造成严重影响,所以不论是违约型爬取、利用型爬取、还是暴力型爬取,都应当以刑法进行规制。

4. 爬取非公开核心数据的判断规则

非公开核心数据作为最重要、最基本、最关键的数据,对国家的安全,经济的运行存在着重大影响,应当作为限缩刑法对爬虫行为规制的例外。对于核心数据的爬取的认定,应当从结果犯转化为行为犯,不论其所爬取的数量与金额,都应当予以入罪。

(三)理论对司法实务的检视

以本文所构建的数据法益为核心的归责模式去检视司法实务中出现的情况,能够对刑法在实务中对数据爬取行为的使用进行合理限缩。以三个实务中的案例为例。

案例一:被告人A通过编写爬虫程序,然后以SQL注入的方式,侵入计算机信息系统,获取计算机系统内存储的大量公民个人信息。A被以非法获取计算机信息系统数据罪诉至法院。[①]

首先判断被告人所爬取的数据是否指涉具体的数据利益。本案中A通过爬取所获得的数据属于公民个人信息数据,指涉的是公民个人信息权。公民个人信息权属于具体的数据利益,在位阶上高于数据安全利益,因此应当对被告人A以侵犯公民个人信息罪进行论处。

案例二:被告人B与X省电信等运营商签订合同,获得运营商服务器的登录许可,然后获取cookie(浏览器缓存),并利用cookie登录用户账号进行加粉以及爬取淘宝订单共计220 552条。B被以非法获取计算机信息系统数据罪诉至法院[②]。

首先判断被告人所爬取的数据是否指涉具体的数据利益。本案中B某通

---

① 参见山东省青岛市李沧区人民法院(2019)鲁0213刑初144号刑事判决书。
② 参见浙江省绍兴市越城区人民法院(2019)浙0602刑初636号刑事判决书。

过爬取所获得的数据包括 cookie 以及淘宝订单;二者都没有涉及具体的数据利益。因此进入到是否侵犯抽象的数据安全利益的判断,本案中的数据属于一般数据,侵入的方式为违约型爬取。因此,本案应当出罪处理,针对违约当事人可以诉诸民法解决争议。同时在行政法上,X 省电信的运营商应当要承担数据监管不力的责任。

案例三:被告人 C 通过使用破解验证码、绕开挑战登录等方式破解某公司的反爬取措施,侵入计算机信息系统,获取网站的房源数据,以非法获取计算机信息系统数据罪被诉至法院。[①]

首先判断被告人 C 所爬取的数据是否指涉具体的数据利益。本案中 C 通过爬取所获得的数据为网站的房源数据,没有涉及具体的数据利益。进入是否侵犯抽象的数据安全利益的判断,本案中的数据属于网站上的公开数据。因此,应当允许被告人 C 对公共数据的爬取,不应当入罪。

五、结语

数据爬取的行为已逐渐成为当下的常用工具,实务中对于数据爬取行为的刑法规制,应当限制在合理范围之内,以发挥数据流动的经济效益。通过构建数据法益理论,能够发挥法益的解释论机能,以数据的不同对象的属性和行为手段的法益侵害程度为出入罪标准,做到罪名分流、限缩刑法的适用,以维持刑法的谦抑性,贯彻宽严相济的刑事政策。

---

① 参见北京市朝阳区(2020)京 0105 刑初 1289 号刑事判决书。

论生产、销售伪劣商品罪的双重罪过

许 佳[*]

目 次

一、生产、销售伪劣商品罪的罪过形式之争
二、生产、销售伪劣商品罪的主观特征
三、生产、销售伪劣商品罪的司法应对
四、双重罪过说的引入
五、结语

摘 要：生产、销售伪劣商品罪的罪过形式，学术界有故意说、过失说和严格责任说的争议。对于过失生产、销售伪劣商品的行为，司法机关鉴于其严重的社会危害性并未轻易放过，而是依据通说"故意说"，或者忽略行为人在主观方面的抗辩而一律推定其有故意，或者以重大责任事故罪等非典型罪名予以打击。为了不枉不纵，本文主张以"双重过失论"解释生产、销售伪劣商品罪的罪过形式，从而实事求是地将过失行为纳入犯罪圈，在严密刑事法网的同时得以维护刑法的谦抑性。

关键词：过失；严格责任；推定；双重罪过

社会转型期间，"毒奶粉""地沟油""过期疫苗"等伪劣商品案件在我国接二连三地发生，一次又一次地掀起轩然大波：一是危害了不特定多数人的身体健康和生命安全；二是使普通民众产生了不安全感甚至恐慌；三是容易引

---

[*] 许佳，刑法学博士，上海社会科学院外事处。

发群体性事件和舆情,严重损害社会的和谐稳定;四是对"中国制造"的产品造成了难以挽回的恶劣影响。这些由政治、伦理、媒体、科技、文化、人们的特别感知等因素所共同诱发的系统性风险,可能危及社会的整体安全。所以,司法机关往往格外关注,对生产、销售伪劣商品的行为从快、从严处理。但在生产、销售伪劣商品罪的罪过形式方面,被告人及其辩护人常有不同意见,容易引发争议。

本文拟从刑法分则第三章第一节生产、销售伪劣商品罪的主观特征出发,通过文义解释、实质解释和体系解释,认定生产、销售伪劣商品罪属于双重罪过犯罪,以期对司法机关及时、合理地认定行为人的主观要件有所裨益,实现办案效果的"三个统一"。

一、生产、销售伪劣商品罪的罪过形式之争

关于生产、销售伪劣商品罪的罪过形式,学术界存在故意说、过失说和严格责任说的争议,其中故意说是通说。

(一)故意说

依据传统的罪过理论,生产、销售伪劣商品罪10个罪名的罪过形式,均是故意犯罪。理由在于:(1)刑法第15条第2款规定:"过失犯罪,法律有规定的才负刑事责任。"生产、销售伪劣商品罪的条文中没有"过失""发生……事故""严重不负责任""玩忽职守""失职"等一般描述过失的词语,所以不是过失犯罪。(2)根据"举轻以明重"的原理,刑法既然规制了过失行为,便无道理不规制故意行为,但是以"投放危险物质罪""以危险方法危害公共安全罪"等危害公共安全的罪名规制生产、销售伪劣商品的行为并不合适,所以只能认为其是故意犯罪。(3)较轻的过失行为可以行政法或民商法等前置法处置,较重的过失行为可以过失危害公共安全犯罪、过失致人死亡罪等罪名定罪,所以过失犯罪没有独立存在的意义。

"故意说"和下文所示的"过失说"在相互争论的过程中,给我们展示了各自的利弊所在。笔者在此仅想强调一点,即,从法定刑的设置来看,我们不能绝对地说生产、销售伪劣商品罪只能出于故意。以《刑法》第147条生产、销售伪劣农药、兽药、化肥、种子罪为例,该罪的构成结果是"使生产遭受较大损失",基本法定刑为3年以下有期徒刑或者拘役。在该罪的司法实务中,"较大损失"的数额一般是20 000元,这已接近或者达到一般侵财类犯罪之"数额巨大"的标准了,而后者的法定刑至少为3至7年。《刑法》第143条、第145条和第148条,也

是类似的情况。再考虑到这些犯罪还是侵犯双重法益的犯罪,一般理应处以更重的刑罚,所以可以推断,立法者并不排斥这些犯罪出于过失的可能。当然,我们必须警惕从法定刑逆推主观要件的做法;但是不容否认,过失犯罪的法定刑通常要比故意犯罪轻,上述条款规定的法定刑也确实过轻,似不符合我国的刑罚结构。

(二)过失说

我国也有学者认为,生产、销售伪劣商品罪只能出于过失而不包括故意。① 其理由是:(1)行为人虽然可能故意实施了生产、销售伪劣商品的行为,但对危害结果一般仅持过失的心理。②(2)如果行为人已预见到危害结果的发生却仍然希望或放任这种危害结果发生,则可"借道"《刑法》第114条和第115条第1款所规定的普通危害公共安全的犯罪论处,并不存在无法可依、无罪可罚的问题。③(3)生产、销售伪劣商品行为人作为公众一员同样需要面对危害后果,故其不会故意实施生产、销售伪劣商品行为。然而,生产、销售伪劣商品罪仅限于过失犯罪的结论殊难成立。

其一,实践中不少行为人明知可能或一定造成危害公众生命健康的后果,但是为了利益不择手段而对危害后果持放任心态。比如,有的企业为了减少成本而违规排污,在受到行政处罚之后依然我行我素,或者采用更加隐蔽的方式欺瞒监管机关;有的个人将处方药添加进中药药剂,然后以"祖传秘方"的名义高价兜售;有的走私来自日本疫区的牛肉;有的为了吸引顾客而使用工业烧碱为牛百叶"漂白";还有不时发生的使用鼠肉、猫肉等制售的"羊肉串"案……这些行为实难排除行为人有放任故意的可能。

其二,大千世界无奇不有,无法排除部分行为人社会危害性认识淡薄,目光短浅,或者为了谋利而置自己的生命健康于不顾的可能。

其三,生产、销售伪劣商品行为人一般系专业人士,具备特定的知识、技能和经验,经常从事危险性较强的业务活动,所以对危害行为及其结果具有充分且排他的认识,因而也能基于这种认识,通过专业知识和专业设备及时规避或降低生产、销售伪劣商品行为对自己以及亲友的伤害;但受害者和第三方往往

---

① 参见张梓太:《生产、销售伪劣商品罪论》,《南京大学学报》1999年第4期;张勇:《民生刑法:刑法修正案中的民生权益保障解读》,上海人民出版社2012年版,第257页;刘吉恩:《生产、销售假药罪司法适用中的几个问题》,《中国刑事法杂志》2000年第2期。
② 参见赵秉志、徐啸宇、于靖民:《〈刑法修正案(八)〉理解与适用》,中国法制出版社2011年版,第405—406页。
③ 参见姜俊山:《论污染环境罪之立法完善》,《法学杂志》2014年第3期。

缺乏这种认识和防御能力。

然而,"过失说"从实然的角度评价行为人心理的方法,值得借鉴。面对生产、销售伪劣商品罪,我们应该有一个基本的价值判断,就是大多数行为人只是"谋财",不为"害命";也即,行为人至多只是为了牟取利益或者减少成本而放任危害结果的发生,不会积极追求生产、销售伪劣商品后果的发生。比如,行为人在食品中掺入有毒、有害的非食品原料,往往是为了增加食品的重量或者改善食品的色、香、味,从而牟取更多利润,故对危害结果一般持过失或放任的心态,并不希望或追求危害结果的出现;相反,他们通常还心存侥幸,觉得危害结果"不至于"出现。倘若出于直接故意,那么生产、销售伪劣商品行为就成了行为人为了达到造成社会恐慌、危害公共安全、剥夺他人生命等目的的一种手段。这种以生产、销售伪劣商品行为为手段的犯罪,不仅构成了生产、销售伪劣商品罪,也构成恐怖主义犯罪、投放危险物质罪、故意杀人罪等严重罪行。这时,与其说这些行为人从事的是生产、销售伪劣商品罪,还不如说他们是基于更恶的心态(直接故意),通过生产、销售伪劣商品行为而实施了更加严重的犯罪。依据牵连犯或想象竞合犯的理论,最终将从一重罪处罚。

(三) 严格责任说

1997年《刑法》颁行伊始,就有学者针对生产、销售劣药罪,妨害动植物防疫、检疫罪,重大环境污染事故罪,擅自进口固体废物罪等近20个罪名,主张采取严格责任说,即当"行为本身是故意,但行为人对造成的结果究竟属于过失还是故意不甚明确"时,"凡行为符合刑法客观方面的描述,又不属于无刑事责任能力人所为或者无罪过事件,就可以依刑法条文定罪处罚,毋须羁绊于主观形式的区分"。① 之后,我国不少学者主张对生产、销售伪劣商品罪适用严格责任。比如王立志教授认为,应在风险社会中完成从"责任主义"向"负责主义"的转向;也即,为了有效控制风险,避免"有组织的不负责任",刑法必须找到相关责任人"顶缸",即便其对危害结果之产生没有故意甚至没有过失。② 龙敏博士也提出:"在行为人的行为造成一定危害后果,而司法机关对其罪过特征不能确证的情形下,适用严格责任可以对危害行为予以定罪处罚。"③李兰英教授则从必要

---

① 参见李文燕、邓子滨:《论我国刑法中的严格责任》,《中国法学》1999年第5期。该文对严格责任的理解类似于本文所提倡的"至少过失论"。
② 参见王立志:《风险社会中刑法范式之转换》,《政法论坛》2010年第2期。
③ 龙敏:《生产、销售伪劣商品罪认定中严格责任适用之探析》,《内蒙古大学学报(哲学社会科学版)》2011年第3期。

性、合理性和可行性三个方面论述了严格责任在生产、销售伪劣商品罪中的适用问题。①

然而,"严格责任说"至少存在两个问题:

一是概念不统一。严格责任到底有多严格,这是"严格责任的最麻烦的问题"。② 一般来说,依据不同标准,严格责任至少分为以下七组类型:一是绝对的严格责任和相对的严格责任,二是实体上的严格责任和程序上的严格责任,三是自负的严格责任和替代的严格责任,四是道德犯罪中的严格责任和生产、销售伪劣商品罪中的严格责任,五是普通法上的严格责任和制定法上的严格责任,六是纯粹的严格责任和不纯粹的严格责任,七是轻罪中的严格责任和重罪中的严格责任。从上述我国主张严格责任的学说来看,其讨论的严格责任也不在一个层面。而在没有统一概念的基础上讨论严格责任,既缺乏针对性,也缺乏说服力。

二是有违责任主义。在 20 世纪上半叶,美国联邦最高法院处理的几个案件中的被告人都因严格责任的适用质疑某州或联邦法律的合宪性,如在 United States v. Balint、United States v. Dotterweich 等案件中,被告人都主张制定法违反了宪法的正当程序(due process)条款。美国最高法院也一直不愿认可严格责任犯罪,其一再表示此类犯罪"不受欢迎"。③ 置身于我国犯罪构成的四要件体系和大陆法系违法且有责的犯罪论体系之中,严格责任更加显得离经叛道。"如果我们将严格刑事责任称为一种以起诉效率等功利主义为名的堕落的话,那么过失,尽管十分蹩脚,仍然固守着那份对于民主理念的执着。"④

二、生产、销售伪劣商品罪的主观特征

"为了实现刑法的正义,我们必须在不违反罪刑法定原则的前提下,尽可能减少和避免刑法的漏洞。换言之,我们必须在法定形式范围之内,将值得科处刑罚的行为合理地解释为犯罪。"⑤因此,哪些罪过形式值得科处刑罚,应是解释一罪的罪过形式时所必须考察的。随之而来的是,我们必须首先了解生产、销售伪劣商品罪的主观特征。

---

① 参见李兰英:《生产、销售伪劣商品罪研究》,法律出版社 2016 年版,第 98 页。
② 参见刘仁文:《刑法中的严格责任研究》,《比较法学》2001 年第 1 期。
③ 参见[美]约书亚·D. 格林伯格、艾伦·D. 布罗特曼:《公司及其主管的严格替代刑事责任:犯罪化边界的扩张》,许佳译,《国家检察官学院学报》2014 年第 11 期。
④ 李立丰:《美国刑法犯意研究》,中国政法大学出版社 2009 年版,第 149 页。
⑤ 张明楷:《实质解释论的再提倡》,《中国法学》2010 年第 4 期。

(一)行为人的模糊认识

从认识因素来说,生产、销售伪劣商品行为的多因性、科技性和潜伏性导致行为人难以获取社会危害性认识和因果关系认识;加之我国一元的刑事立法体例,违法性认识同样难以获取,这就导致了行为人在认识上的不确定性。

1. 社会危害性认识

社会危害性认识和违法性认识的概念存在争议。简单地说,社会危害性认识经常表现为对可能产生的危害后果所持的一种"推测"或"不安"的心理状态;我国刑法总则明文规定了社会危害性认识,无论是故意还是过失,都是围绕社会危害性认识而展开的。

部分行为人对生产、销售伪劣商品行为的社会危害性持模糊认识,这是生产、销售伪劣商品罪与其他犯罪的一个重要区别。究其原因,主要存在三个方面:

一是感官因素。社会危害性认识与直观感受成正比——被害人对行为人及其加害行为的感受越直观,对该行为的社会危害性认识就越强烈,反之就越薄弱;与此同时,行为人对被害人以及被害结果的感受愈直观,其对自己行为的社会危害性认识也就愈深刻,反之愈浅薄。但是,生产、销售伪劣商品针对的不是具体的个人,行为人和被害人之间存在一定的时空间隔,行为人很难亲眼看到被害人。而且,伪劣商品对人体健康的影响是缓慢的,查证危害的原因通常也要很长时间,导致行为人和被害人均对因果关系缺乏直观感受。被害人往往以为是得了"怪病"甚至"中邪",意识不到这是因为伪劣商品造成的。

二是文化因素。比如,我国台湾地区不少餐馆的厨房设在骑楼人行道上,不可避免地吸纳飞扬的尘土和机动车的废气,这实际上是与台湾地区相关刑事规定第191条贩卖妨害卫生物品罪相抵触的。但是,台湾消费者对于这种用餐环境习以为常,从业者也毫无不法认识,"不但没有触法的感觉,恐怕也没有道德上的不安,因为这就是台湾地区的饮食文化"。[①] 大陆地区的极富争议的"油条案"与之类似。根据原卫生部2011年颁布的《食品安全国家标准食品添加剂使用标准》(以下简称《食品添加剂标准》),每千克食品中的铝残留量不得超过100毫克。但是,多数煎炸油条的摊贩文化程度不高,极有可能并不知晓能不能加明矾或者该放多少,甚至也吃自己炸出的油条。除此之外,制作凉皮、海蜇、麻花等淀粉类食物的传统工艺,一般也会添加明矾。故从某种程度上说,这

---

① 林东茂:《食品卫生刑法的不法认识问题》,载赵秉志主编:《危害食品药品安全犯罪的防制对策》,清华大学出版社2015年版,第63页。

些摊贩缺乏社会危害性认识,可谓"无知犯罪"。

三是经济因素。物质生活的悲惨处境和对风险的置若罔闻常常是相伴相生的。遥想20世纪50年代末60年代初我国发生饥荒时,人们为了生存不得不去冒险,啃树皮、食腐肉……彼时情境之下,谁还顾得上食品卫生不卫生呢?而且,有了化学品的帮助,发展中国家就能储备足够的粮食,避免代价不菲的进口,也就减少了对工业发达国家的依赖从而增强了自主权和独立性。何况,一些地区的有关安全保障的法律刚刚起步,加上大多数人口通常缺乏读写能力,所以相应的社会危害性认识便由于法律和卫生常识的缺乏而更加淡薄;这也使得相关企业得以"把事故和死亡的责任归诸于当地文化的风险失明症"。[①] 所以,生产、销售伪劣商品的行为更容易在发展中国家产生。

2. 违法性认识

相对于社会危害性认识,违法性认识的内容更加具体,其要求行为人大致意识到自己的行为构成了对一般意义上的法秩序的违反。我国刑法采取了单一制的立法体例,所以对于相当一部分罪名,行为人仅据刑法典是无法把握该罪的全部构成要件从而确定其行为的违法性的,而是必须查明分则条文所指引的行政性法律法规。然而,生产、销售伪劣商品罪中的违法性要素,即便对于生产者和销售者这样的业内人士,客观地说也是较难认知的。

从横向上看,空白罪状所涉条文众多、表述繁杂,时有引起争论甚至相互矛盾的地方。比如关于食品添加剂是否属于"食品原料"的问题,依照不同法律可以得出截然相反的两个结论——一方认为,食品原料是谷物、油料、肉类、糖类等可以制造食品的基础原料,因而食品添加剂和食品强化剂均为非食品原料;另一方则认为,非食品原料是指2011年《食品添加剂标准》所列品种以外的工业原料,所以我国允许使用的食品添加剂属于食品原料。因此,对于过期或超标的食品添加剂是否属于有毒、有害食品,行为人可能并不清楚。

从纵向上看,各种立法"瞬息万变"。1979年《刑法》实施以来,我国刑法单向扩张的势头一直未减,21世纪以来更是通过11个修正案陆续增设了几十个罪名。与此同时,关于生产、销售伪劣商品罪的几乎所有行为对象——食品、药品、化妆品、农兽药、种子……的行政法律法规,近10年来均经历了重大修改。可以预见,随着社会的不断发展和国家治理法治化的需要,相关法律法规还会继续增加或者修订,不能排除刑法超前预设一些空白罪状的可能。

所以,生产、销售伪劣商品的行为主体对违法性要素的认识一般是模糊的,

[①] [德]乌尔里希·贝克:《风险社会》,张文杰、何博闻译,译林出版社2018年版,第36—37页。

这种模糊性不仅普遍存在,甚至不可避免。

3. 因果关系认识

"欣弗"事件①曝光之后,尽管民众期待能像"齐二药"案②一样通过刑罚手段严惩责任人,但是之后仅以行政处罚结案,一项重要原因就在于难以确定制药公司违规生产的行为和 11 人死亡之间的因果关系——据报道,所有致死病例均发生在基层诊所或自己家中,大医院中未有死亡病例,③所以只能认定"给公众健康和生命安全带来了严重威胁"而达不到《刑法》第 142 条所要求的"对人体健康造成严重危害"。确实,生产、销售伪劣商品行为之复杂的因果关系,决定了行为人难以具备精确的因果关系认识。

一方面,科学技术的突飞猛进,使行为人对一些新物质或新技术的利弊难以掌控。前些年的"瘦肉精"还是"创新产品","地沟油"也是一个回收再加工利用的"环保产物"……上述物质如何危害人体健康至今尚不确定,当时更难给出明确的回答,这时要求行为人预见其危害结果,不免有强人所难之嫌。又悉,2008 年 5 月左右,三鹿公司曾咨询医院,可是医生也无法证明婴儿患肾结石一定是三鹿奶粉导致的,结石高发区、喝水少等都可能是结石发生的原因。

另一方面,生产、销售伪劣商品的行为人在多因一果、危害后果距危害行为时隔较长等情况下,对于因果关系难以达到 100% 的把握。以食品犯罪为例。食品安全是一个从农牧场到餐桌的系统工程,可能经过生产、加工、仓储、进口、分装、运输、包装、销售等诸多环节,加之食品本身也会变质,所以整个食品的安全保障是一个极其复杂的难题——若要从最后的结果追溯真正的原因,难度极大。而且,人体健康受到损害的原因是多方面的,有可能是食用了问题食品,也有气候、

---

① 2006 年 7 月 24 日,青海西宁部分患者使用"欣弗"注射液后,出现胸闷、心悸、心慌等临床症状,随后,广西、浙江、黑龙江、山东等省区药监局也分别报告,有病人在使用该注射液后出现相似临床症状。截至 2008 年 10 月 10 日,全国有 16 省区共报告欣弗不良反应病例 93 例,其中死亡 11 例。国家食品药品监督管理局召开新闻发布会,通报了欣弗注射液引发的药品不良反应事件调查结果——安徽华某生物药业有限公司违反规定生产,未能按照批准的工艺参数灭菌,降低灭菌温度,缩短灭菌时间,增加灭菌柜装量,是导致这起不良事件的主要原因。尽管本案最终未作刑事处理,但涉案企业的负责人自杀,"欣弗"药品的批准文号被撤销。

② 2006 年 4 月 19 日,广州中山大学附属第三医院按广东省医疗机构药品集中招标中心的规定,开始采用在药品采购中唯一中标的"齐二药"亮菌甲素注射液。65 名陆续使用该药品的患者,部分出现了肾衰竭等严重症状,13 名患者死亡,2 人病情加重(之后 1 人死亡)。同年 5 月,"齐二药"亮菌甲素注射液被认定为假药,全国紧急查封。2008 年 3 月 29 日,广州市中级人民法院对齐齐哈尔第二制药有限公司假药案作出一审宣判,该公司副总经理朱某华等 5 名被告人因犯重大责任事故罪,被分别判处有期徒刑 4 年至 7 年不等。同年 5 月 23 日,江苏省泰州市中级人民法院作出一审判决,认定"齐二药"的供应商王某平犯以危险方法危害公共安全罪、销售伪劣产品罪和虚报注册资本罪,决定判处王某平无期徒刑,剥夺政治权利终身,并处罚金 40 万元。

③ 参见张建平、杨晓林:《齐二药、鱼腥草与欣弗:药品安全事件的法律思考》,《药学服务与研究》2007 年第 4 期。

季节、环境、细菌等因素,况且人的体质也各有差异。所以,除非是常见毒物或者食品污染因素所导致的伤亡,其他人体损伤与被害人进食之间是否存在必然的因果关系,难有定论。即使已经确定了多个致害主体,其间的致害比率也难以分清。如果行为实施地和结果发生地跨越不同的地区,那就更难确定具体原因了。

可见,行为人对危害结果的认识却经常是模糊的,至多达到似是而非、模棱两可的程度。

(二)行为人的模糊意志

心理强制说作为费尔巴哈刑法理论的核心,也是罪刑法定原则的心理基础。但在前资本主义时期,官能心理学把罪过心理仅限定为认识因素。经过启蒙运动的洗礼,刑法学家汲取了意志心理学的研究成果,提出自由意志的主张,这是现代罪过观的理论基础。也即,行为人必须同时具备辨别事物及其性质的认识因素以及决定和控制自己行为的意志因素;没有这些内容,罪过就无法说明行为人的心理活动。《刑法》第14条和第15条据此将故意分为直接故意和间接故意,将过失分为过于自信的过失和疏忽大意的过失。

一般认为,间接故意和过于自信的过失的区别在于有无意志,但是意志的证明十分艰难。意志完全属于个人的内心活动,在行为人缺乏积极追求的明确心态时,其对危害后果究竟持什么心态,恐怕只有其自己了解;因为"放任"本身是消极的,无法外化。所以,间接故意与过于自信的过失的区分被威尔泽尔称为"刑法学中最困难和最有争议的问题之一"——"盖然性说""不排斥说""有凭借说""认真说""危险说""同意说""危险习惯说""积极避免意志说"等多达十余种的方案与理论,充分体现了求索的艰辛。

而生产、销售伪劣商品罪的主客观特征则令区分间接故意与过于自信的过失更为困难:一方面,认识是意志的基础,在行为人的认识本身就很模糊的情况下,要想证明其意志无疑难上加难;另一方面,业务正当性让人更难辨析其意志究竟为何。

综上所述,伪劣商品的生产者和销售者的犯罪心理具有复杂性、多变性甚至矛盾性,不仅司法官难以证实,其本人也不一定分得清楚。甚至可以推测,生产、销售伪劣商品的行为多数出于过失,少数出于故意。

三、生产、销售伪劣商品罪的司法应对

如上,由于"现代化风险对知识的依赖"[①],生产、销售伪劣商品罪的罪过证

---

① [德]乌尔里希·贝克:《风险社会》,张文杰、何博文译,译林出版社2018年版,第14页。

明困难重重。为此,我国通常采用两类做法:"一律认定行为人构成犯罪故意",以及"另采其他罪名打击此类行为"。然而,两类做法皆不可取。

（一）一律认定故意

学界尚对生产、销售伪劣商品罪的罪过形式存在争议,司法机关则普遍遵循通说"故意说"。然而如此解释,在不少案件中难以自圆其说。

案例一： 贺某生产、销售有毒、有害食品案[①]

贺某在一、二审中均坚称自己"不明知其在生产的豆芽中掺入的原料有毒"。对此,二审裁定书评判如下:"上诉人贺某作为具有完全刑事责任能力且专门经营水果、蔬菜的个体户,三次在淘宝网上购买三无产品生产豆芽菜后,未经检测即进行销售。其对购买的三无产品是否含有非食品原料添加剂负有注意义务,对生产的食品可能对人体产生危害后果应当是明知的。但为追求利润放任危害结果的发生,构成刑法意义上的故意犯罪行为,其上诉理由不能成立,本院不予采纳。"

案例二： 杨某、王某生产、销售有毒、有害食品案[②]

被告人提出两个抗辩理由:（1）其本以为不用于食用的青年鸡（7号鸡棚的鸡）并非食品或食用农产品;（2）其本以为"痢特灵"的休药期为7天,等到青年鸡产蛋时可以代谢掉。但是,一审判决和二审裁定对此均未予以足够关注,二审裁定书还称:"至于上诉人所提从书上看到动物屠宰前药物有7天的休药期,认为7天药就代谢掉了,不会影响日后产蛋,属于主观认识错误,对其行为构成生产、销售有毒、有害食品罪的定性不产生影响。"

[①] 参见（2014）潭中刑终字第192号刑事裁定书。基本案情是,贺某自2012年3月在湘潭县花石镇大桥路95号经营某水果蔬菜批发店。2013年6月至8月期间,为让自己生产的豆芽品相更好以增加销量,牟取经济利益,其分三次从淘宝网上购买无根豆芽素和新型A、B粉水剂等药剂用于生产、销售豆芽3000斤,非法获利3000余元。经检测,贺某家搜查出的无根豆芽素和新型A、B粉水剂及豆芽中均含有按规定不得作为食品用加工助剂经营和使用的4-氯苯氧乙酸钠、6-苄基腺嘌呤两种对人体有害的成分。

[②] 参见（2017）鲁10刑终166号刑事裁定书。基本案情是,2015年3月7日左右,百晟禽业7号未产蛋鸡棚的鸡出现腹泻情况,该公司法定代表人被告人杨某、技术员王某在明知呋喃唑酮（曾用名"痢特灵"）是违禁兽药的情况下商议决定,由王某先后多次购买呋喃唑酮,添加到鸡饲料中饲喂7号鸡棚的鸡用于治疗。3月12日左右,百晟禽业工作人员将7号鸡棚的鸡转到5号鸡棚,将8号鸡棚的鸡转移到4号鸡棚后,在不知情的情况下将含有呋喃唑酮的剩余饲料收拾到打料机跟前,投喂给6号产蛋鸡棚的鸡。3月16日,王某发现并向杨某汇报,杨某联系购买该棚鸡蛋的刘某、周某,告知不要销售给人吃,该棚鸡蛋仍继续出售。经抽检,部分鸡肉中检出呋喃唑酮代谢物3.69 μg/kg。

案例三：陈某等7人生产、销售假药案①

上诉人某敏、王某提出，其二人至案发时才知道产品含有"他达拉非"成分，主观上无犯罪故意，二审判决对此说明如下："原审被告人汪某2、吴某作为深圳同乐公司的股东和销售部门主要负责人，上诉人王某作为深圳同乐公司的市场总监，上诉人某敏作为同乐玛卡脑产品的代理商和深圳同乐公司会计，以及某敏、王某后来成为深圳同乐公司股东以后，违反国家对保健食品管理的法律法规，在保健食品同乐玛卡脑在无保健食品批准证书、产品配方成分不明的情况下，予以二次包装和销售，依法应当认定四人主观上具有犯罪故意。"对于同样的事实，该案的一审判决书是这样分析的："根据相关法律规定，生产、销售有毒、有害食品罪不以被告人明知生产、销售的食品中含有有毒、有害的非食品原料为犯罪构成要件，只要被告人实施了在生产、销售的食品中掺入有毒、有害的非食品原料的行为即构成犯罪"。②

1. 存在的问题

不难发现，我国实务界主要通过推定故意的方式认定行为人主观要件的成立。然而，如此推定故意恐怕有违刑法和刑事诉讼法的相关精神和规定。

一是混淆故意和过失。目前的主流学说认为，作为故意的要素，"明知"与否应当站在行为人的立场上加以推定。而"预见可能性"作为过失的要素，则一般采用"客观说"；若其行为不符合事先确定的虚拟标准人的行为标准，就应受到责难。这个虚拟标准人，可以是一般人、平均人、优良人、最优秀人，等等；但是无论如何，只是一个假想的客观存在，不是具体而真实的行为主体。因此，推定的"明知"和推定的"预见可能性"应当有所区分。然而，为了证明方便，司法机关通常将两者混为一谈。案例三中，上诉人某敏和王某的"故意"只是法院站在客观的立场上推定与行为人身份相同的人群是否能够明知药物含有违禁品成分，其实只是明知可能性而已，实与一般的"故意"不同。推定"明知"同样依赖客观证据，但其主要依赖事发前后具体的客观证据。例如，审理刘某生产、销售过期奶粉案的二审法院是这么应对刘某"缺乏主观故意"的辩解的："刘某要

---

① 参见(2019)湘08刑终139号刑事附带民事判决书。基本案情是，2015年9、10月份左右，被告人陈某、汪某1通过他人认识被告人李某，共同商讨开发一种名叫"玛卡脑"的产品。李某按照陈某和汪某1的要求，负责提供"玛卡脑"产品的配方，并告知须在配方中添加国家明令禁止的西药成分。同年12月，被告人陈某、汪某1、汪某2、吴某在深圳市注册成立公司，专门从事销售同乐"玛卡脑"(咖啡型)产品，陈某任公司董事长，汪某1任总经理，汪某2、吴某任销售经理，被告人王某为公司市场营销总监，被告人某敏为公司会计暨湖南销售总代理。上诉人某敏2016年7月至2017年6月任同乐玛卡脑湖南销售总代理，2017年7月任深圳同乐公司会计。

② 参见(2019)湘0802刑初121号刑事判决书。

求李某在与华源公司补签的合同中增加'本合同货物只能作为饲料使用'等异常情况进一步增强了认定刘某明知涉案奶粉已过保质期的内心确信。"①在笔者看来,这种依据异常情况等具体因素推定的明知,才是真正意义上的推定"明知"。如果依据仅仅在于行为人的业务,只能说明行为人有注意义务但未履行,只是"过失"而已。

二是违反推定规则。"刑事推定涉及诉讼利益和风险的规则性分配,因此属于立法事项,司法解释原则上不应当设立刑事推定。"②换句话说,对于故意的判断,司法认定是原则,司法推定是例外。即便例外地允许这种推定,上述做法仍然存在两个问题:(1)存在二次以上的推定。禁止二次推定是刑事司法的一般原则;也即,针对某一犯罪事实的认定只能适用一次、而非两次以上(包括两次)的推定。③ 然而,因为"明知"含有非食品原料添加剂等行为对象的违法性本身就是推定的结果,具有盖然性和主观性,所以根据这一事实再次推定形成的事实(对结果的明知)就会"失真"。(2)推定的前后事实缺乏高度的盖然性。尽管推定的前事实与后事实之间的逻辑联系不是必然的,但据经验法则在大多数情况下应是存在的,否则相应的推定机制就无法建立。但是,对行为的明知和对结果的明知之间,以及对结果的明知和对结果的放任之间,并不存在高度的盖然性;这种情况在因果关系极其复杂的生产、销售伪劣商品罪中尤其常见,何况现实生活还会出现各种各样的阻断因素。案例二中,2名被告人明知"痢特灵"是违禁兽药,仍然添加到鸡饲料中以治疗7号未产蛋鸡棚里出现的腹泻,其对行为的故意是可以肯定的。而当其发现剩余饲料被不知情的工人错误投喂给6号鸡棚的产蛋鸡后,立即联系购买该棚鸡蛋的人员,告知不要销售给人吃(要卖给貂吃)。此时,无论认定其对危害结果持放任的故意,还是认定其有过于自信的过失,均有妄下结论之嫌。

三是不接受抗辩。抗辩权是刑事诉讼法赋予被告人的一项基本权利,也是推定制度的一个重要组成部分。相关司法解释对此均有确认,如2012年《关于依法严惩"地沟油"犯罪活动的通知》第2条第2款规定:"被告人仅以'不明知''不知情'作为辩解理由,而没有提出任何具体证据的,应推定其辩解不能成立。"言下之意,如果行为人能以具体证据证实自己对"地沟油"的"不明知",就有可能否定其主观要件的成立。抗辩理由可能扮演三个角色:一是消极的构

---

① 参见(2018)沪刑终56号刑事裁定书。
② 参见周光权:《明知与刑事推定》,《现代法学》2009年第2期。
③ 参见龙宗智:《推定的界限及适用》,《法学研究》2008年第1期。

成要件要素,否定主观要件的成立;二是从宽量刑情节;三是缓刑、不起诉或者暂缓起诉的参考情节。但在实践中,常有判决无视行为人主观方面的抗辩理由,如案例二的两个抗辩理由如果成立,就很难说行为人成立故意,可是二审裁定声称主观认识错误不对案件的定性产生影响,从根本上否定了主观方面在定罪中的价值。

四是不符合我国刑法所确立的结果中心主义。如上,不少裁判忽略行为人对行为、手段、对象、结果等不同客观要素存在不同主观态度的事实,将行为人对行为的故意等同于对整个犯罪的故意,这是要不得的。对结果的罪过要素不仅是责任主义的要求,也是我国刑法的要求。(1)"只有危害社会的结果才能最集中地体现行为的社会危害性",所以"行为人对自己行为的危害社会结果的认识与否和态度如何,就最集中地体现出行为人对其行为所侵犯的社会关系的心理态度,也就理应成为犯罪主观方面的核心内容。"①(2)根据《刑法》第14、15条对故意和过失的定义,行为人不仅需要认识或预见到危害结果,且其对危害结果的意志因素也是区分不同故意和过失类型的重要标准,所以对结果的罪过要素是我国刑法的要求。(3)在我国的犯罪构成理论中,任何一个犯罪构成要件都不能离开其他构成要件而单独存在,任何一个构成要件都要以其他构成要件的存在为自己成立的前提,因而主客观之间的联系更加紧密,犯罪客观方面没有不为行为人意识和意志所支配的空白。②(4)刑法分则和相关的司法解释对大量犯罪规定了十分具体的危害结果,这是我国的立法特色,那么对结果的罪过要素也应受到重视。所以,对结果的主观态度才是考察行为人对整个犯罪所持心态的决定因素。

2. 导致的后果

一方面,在认定生产、销售伪劣商品罪只能是故意犯罪并且没有其他罪名可选的情况下,司法机关往往也不会轻易"放过"那些社会危害性极其严重的过失行为,反而迫于处罚必要性而以故意犯罪仓促应对,上述案例对此已有体现。但是,由于故意犯罪与累犯、共同犯罪、死缓等刑罚制度以及吊销许可证等行政处罚制度③相关,故意犯罪的扩大认定不仅意味着处罚范围的扩大,也可能意味着处罚程度的提高,于是成就了高度刑和不处罚的"天壤之别",恐怕有违公正和刑法谦抑性。

---

① 参见高铭暄主编:《刑法专论》,高等教育出版社2006年版,第243页。
② 参见卢有学:《论并存罪过》,《法律科学》2015年第1期。
③ 例如《律师法》第7条第(二)项规定,受过刑事处罚的,不予颁发律师执业证书,但过失犯罪的除外。

另一方面，这样的认定结果可能有违民意。"可以认为，立法者在选择法律用词时，同样也遵循语言习惯。""除非有充分理由作出其他不同解释，就应当以普通人认为最明显的含义为标准作出解释。"①案例一的法官以违反注意义务为由径行推定行为人对危害后果的"放任"，实现了"跨越式"的证明，最后强调，行为人构成"刑法意义上的故意犯罪"。但是很难想象，行为人先前就应当并且能够理解这种强词夺理的"故意"。这样的解释尽管扩大了刑法的处罚范围，却也违反了国民对刑法的预测性和安定感，难以"让人民群众在每一个司法案件中感受到公平正义"。如果行为人由此被作为故意犯罪处理，不免感到委屈。一旦像陆勇代购假药案②一样引爆舆论，恐有群情激愤之险。

总之，过失生产、销售伪劣商品行为的入罪具有必要性甚至紧迫性，但在脱离文义甚至违反法律的情况下对于犯罪故意任意去作扩大解释，尽管体现了刑法功利的一面，却是逾越了罪刑法定的藩篱，进而对刑法的人权保障机能构成极大威胁，可谓得之一尺，失之一丈，得不偿失。

（二）另采其他罪名

"齐二药"案发生后，多地出现了适用重大责任事故罪问责过失型生产、销售伪劣商品行为的做法。陈兴良教授也认为，因为疏忽大意或者过于自信而在生产、销售食品的过程中掺入了有毒、有害的非食品原料进而造成严重后果的行为，可以过失投毒罪[已由《刑法修正案（三）》改为"过失投放危险物质罪"]处理。③ 笔者认为，将过失以危险方法危害公共安全罪、重大责任事故罪、过失致人死亡罪等并不贴切、无法反映对象特征的非典型性罪名适用于生产、销售伪劣商品的行为，并不妥当。理由如下：

1. 行为手段不同

（过失）以危险方法危害公共安全罪只是《刑法》第114条和115条的兜底性罪名，不是刑法分则第二章危害公共安全罪的兜底性罪名，更非整个刑法分则的兜底性罪名，所以不该人为扩大其适用范围。何况生产、销售伪劣商品行

---

① 张志铭：《法律解释学》，中国人民大学出版社2015年版，第71—72页。
② 瑞士诺华公司生产"格列卫"抗白血病药的售价是23 500元一盒，而印度NATCO公司生产的仿制"格列卫"的疗效和药性与之极其相似，但每盒仅200元左右，所以陆勇开始服用仿制"格列卫"并大量代购。2014年7月21日，沅江市检察院以妨害信用卡管理罪和销售假药罪对陆勇提起公诉。但在同时，其近千名白血病病友联名写信，请求司法机关对其免予刑事处罚。2015年1月27日，沅江市检察院向法院请求撤回起诉，法院准许。2月27日，湖南沅江市检察院对陆勇涉嫌"妨害信用卡管理"和"销售假药"案作出最终决定，认为其行为不构成犯罪，决定不起诉。
③ 参见陈兴良：《罪名指南》，中国政法大学出版社2000年版，第220页。

为与放火、爆炸、投放危险物质等危险方法并不相当,后者一经实施即有高度的破坏性,可以迅速而非缓慢、直接而非间接、通常而非例外地造成不特定多数人的伤亡,显然这与以间接性和潜伏性为特征的生产、销售伪劣商品行为对比鲜明。

2. 罪责程度不同

绝大多数国家的刑事立法体现了普通过失从轻、业务过失从重的基本原则。比如,《巴西刑法典》第121条第4项规定:"在过失杀人的情况下,如果是由于违反职业、手艺或工种的技术操作规程,……刑罚加重二分之一。"又如,《罗马尼亚刑法典》第178条规定:"过失杀人者处一年至五年监禁。从事职业活动或手工业活动,或行使某些职责时,忽视法律规定与安全措施,而过失导致他人伤亡的,处二年至七年监禁。"[①]这是因为:(1)自然人在进入生产、销售伪劣商品行业之前,一般都需要取得一定的资格证书或者接受充分的技能培训与安全教育;法律对于从事生产、销售伪劣商品行业的单位同样也有更严的登记或核准制度。可见,法律对生产、销售伪劣商品行为人之注意能力有着更高的期待。(2)业务过失者的确反对危害结果的发生,但其对行政性法律法规的违反往往是故意的。这种违反法规范的行为尽管难以直接表明行为人在整罪意义上的故意,但至少可以体现出其对法益的漠不关心。(3)与普通行为不同,业务行为具有反复性,而且与业务人员本人的主观能动性关系密切——若其努力加强学习,不断积累经验,业务水平就会提高,注意能力也会相应增强;反之,如果慵懒散漫,不注重新知识的汲取和经验教训的总结,其业务水平和注意能力还会大幅度地降低,所以应以刑法鞭策业务人员不断提高注意能力。尽管我国立法目前对普通过失和业务过失一视同仁,但在司法实践中通过差别定罪以实现罪责刑相适应,也即不以普通型过失罪名代替业务型过失罪名,则是有可能和有必要的。

3. 刑罚效果不同

首先,重大责任事故罪的法定最高刑是7年有期徒刑,而生产、销售假药罪是死刑,两者存在天壤之别,后者对行为人的威慑和特殊预防作用显然更大。其次,针对生产、销售伪劣商品罪的牟利性特点,不少条文设置了罚金刑,此与重大责任事故罪等非专有罪名不同。罚金刑不仅能够剥夺行为人的经济利润,还能剥夺其物质基础和犯罪条件令其"不能犯罪",即在"严而不厉"的政策框架内最大限度地发挥刑罚的特殊预防功能。最后,适用具体明确的罪名,属于"对症下药",不仅有利于实现刑法的精准打击,而且由于行为人因为何事受到处罚

---

① 参见姜伟:《罪过形式论》,北京大学出版社2008年版,第255页。

一目了然,有助于发挥刑罚的教育功能。

事实上,自20世纪90年代开始,我国立法就已呈现出对生产、销售伪劣商品罪加以专门规制的趋势。比如,1979年《刑法》中没有食品安全犯罪的条款,司法机关对勾兑假酒等严重违法行为通常以"以危险方法危害公共安全罪"定罪。但是随着1993年《关于惩治生产、销售伪劣商品罪的决定》的颁行,"生产、销售不符合卫生标准的食品罪"和"生产、销售有毒、有害食品罪"得以确立,食品犯罪初步实现了刑法规制的专门化。1997年《刑法》第143条和第144条保留了这两个罪名并予完善。2011年,《刑法修正案(八)》不仅将"生产、销售不符合卫生标准的食品罪"修改为"生产、销售不符合安全标准的食品罪",还将国家机关工作人员在食品监管中的渎职行为从玩忽职守罪和滥用职权罪这两个通用的渎职罪中分列出来,作为"食品监管渎职罪"的专门规制对象,足见我国对于食品犯罪的关注。《刑法修正案(十一)》通过第5、6、7、45条4个条文进一步打击和预防涉药犯罪,同样体现了涉药犯罪的专业性和不可替代性。所以,为了实现刑罚效果和贯彻实质意义上的罪刑法定原则,对符合客观构成要件的生产、销售伪劣商品行为应尽量避免以非典型罪名定罪。

四、双重罪过说的引入

不难看出,无论是过失说还是故意说,均有可能形成处罚漏洞或导致罪刑不相适应。因此笔者主张,生产、销售伪劣商品罪的基本罪过形式兼具犯罪故意和犯罪过失。据此,只要行为人构成犯罪过失,即可认定该罪的主观方面得以成立;所以双重罪过说又可称为至少过失说。

(一)双重罪过的便捷性

《刑事诉讼法》第2条要求我们"准确、及时地查明犯罪事实"。简易程序、速裁程序、认罪认罚从宽制度等均体现了立法者对"及时性"价值的认可。若将过失型生产、销售伪劣商品的行为纳入犯罪圈,即能实现刑事诉讼的"及时性"价值。一方面,从证据内容上说,在绝大多数疑难复杂案件中,司法者所掌握的证据已经足以认定行为人存在过失,否则难以启动刑事诉讼程序,却又不能排除合理怀疑地认定行为人有故意。故在无法证明实在的故意时,证明过失这一"到达故意这一心理状态的可能性"[①]则是有希望的。另一方面,从证据形式上

---

① [日]山口厚:《刑法总论》,付立庆译,中国人民大学出版社2011年版,第235页。

说,过失虽然也是一种罪过形式,但其证明标准相对客观;而通过客观证据推定行为人的过失,较之证明故意来说显然更加便捷。

案例一中,如果行为人提出类似于"自己及亲友也食用相同批次的'毒豆芽'"的反证,法院将难以认定其有故意;①因为不能一概而论地认为在淘宝网上购得的产品一定属于不合格产品,更无法确定行为人对危害结果持放任的态度。倘若法院以其"作为具有完全刑事责任能力且专门经营水果、蔬菜的个体户"为由,认为其负有注意义务但未注意,从而认定其"过失"地实施了生产、销售有毒、有害食品的行为,则令人难以辩驳,也更具说服力。

"刑罚的威慑力不在于刑罚的严酷性,而在于其不可避免性。"②即便认定行为人过失地构成生产、销售伪劣商品罪而令量刑相对轻缓,但因定罪便宜而使惩罚较为及时,也能使行为人与第三人体会到刑罚后果与生产、销售伪劣商品行为之间的关系,从而有利于犯罪预防,实现"看得见的正义"。

(二) 双重罪过的适法性

《刑法》第 15 条第 2 款规定:"过失犯罪,法律有规定的才负刑事责任。"准确解释此中的"法律有规定",可以帮助我们进一步确认双重罪过的适法性。

从文义解释看,如果条文已经表明某个罪名只能是纯粹的故意犯罪或者纯粹的过失犯罪,那么双重罪过论便不适用。可以肯定的是,"法律有规定"不是指"法律有明文规定"。比如《食品安全法》第 128 条就对"违反本法规定,事故单位在发生食品安全事故后未进行处置、报告的"的行为规定了相应的法律责任。结合上下文理解,这里的"事故"显然包括故意犯罪在内的一切食品安全事件。③ 现行《刑法》在设计犯罪构成要件时偏重于客观要件,④如果司法官因为钟情于"单一罪过说"而执意对一个罪名的罪过形式进行非此即彼的理论判断,则无异于放弃了立法者有意或无意给予的权力。通观生产、销售商品的 10 个罪名,没有表明只能成立故意犯罪或过失犯罪的字句,适当的立法空白为双重罪过论提供了巨大的空间。

从体系解释看,将生产、销售伪劣商品罪的罪过形式解释为双重罪过是妥

---

① 尽管一审判决书和二审裁定书均未显示这类反证的存在,但是行为人在提出自己无主观故意时往往是有一些论据的,不会毫无理由;所以不能排除司法裁判为了简化文书或者回避矛盾而省略了其反证的具体内容的可能。

② [意]切萨雷·贝卡里亚:《论犯罪与刑罚》,黄风译,北京大学出版社 2008 年版,第 79 页。

③ 参见张明楷:《罪过形式的确定——刑法第 15 条第 2 款"法律有规定"的含义》,《法学研究》2006 年第 3 期。

④ 参见张明楷:《新刑法与客观主义》,《法学研究》1997 年第 6 期。

当的。周光权教授曾将过失犯罪的法定刑设置分为6个档次,分别为15年、5—10年、3—10年、7年、5年、3年。① 可见,生产、销售伪劣商品罪的基本法定刑与大多数过失犯罪相当。而从上下文看,没有暗示该类犯罪只能持单一的罪过形式的地方,即对其适用双重罪过论与上下文没有冲突。

从目的解释看,司法的根本目的并不在于搞清楚文字的含义是什么,而在于判断什么样的决定是适当的,是可以被接受的。② 1992年《里约环境与发展宣言》中首先明确提出了预防原则,③之后该原则逐步扩展到食品等其他领域。既然出于预防之目的,那么罪过的具体形式也就不该为当今责任刑法所关切。如在挪威,故意或过失销售对人类健康有害的食品的行为,法定刑是相同的;故意或过失销售伪劣食品的行为,法定刑也是相同的。④ 如今,故意、过失等罪过形式在一定程度上已然化作实现法益保护目的的理论,而不再关注以责任主义为依托的行为人人权。⑤ 于是,以过失为底线的双重罪过,也就可以推而广之。

(三)双重罪过的实然性

我国刑法分别对故意和过失下了定义,但是我们无法得出这样的结论:一个罪名只能存在一种罪过。事实上,越来越多的专家认为,食品药品监管渎职罪⑥、妨害传染病防治罪⑦、污染环境罪⑧等罪名为双重罪过罪名。

以食品监管渎职罪这个几无争议的双重罪过罪名为例。通过分析此类犯罪的辩护理由和裁判的说理部分,不难发现:对于行为人的主观方面,有的判决书使用"严重不负责任""没有正确履行职责""不认真履行职责"等并不明确

---

① 参见周光权:《过失犯罪法定刑配置研究》,《四川大学学报》1999年第6期。
② 参见苏力:《解释的难题:对几种法律文本解释方法的追问》,载梁治平编:《法律解释问题》,法律出版社1998年版,第58页。
③ 《里约环境与发展宣言》所规定的"预防原则"倡导,"为了保护环境,各国应根据它们的能力广泛采取预防性措施。凡有可能造成严重的或不可挽回的损害的地方,不能把缺乏充分的科学肯定性作为推迟采取防止环境退化的费用低廉的措施的理由"。
④ 《挪威一般公民刑法典》第359条规定:"由于故意或者过失提供下列物品予以销售的,处罚金或者三个月以下监禁:掺杂使假、未熟、腐烂、烹调缺陷、保存方法或者其他原因,对健康有害的人类食品。"该法第362条规定:"故意或者过失实施下列行为,处罚金:采取除去基本成分或者添加异物的方法,将伪造的或者降低质量标准的食品出售的;以冒充真品或者纯品出售或者让他人出售为目的,制造此类食品的。"
⑤ 参见梁根林:《责任主义原则及其例外》,《清华法学》2009年第2期。
⑥ 参见李忠诚:《论食品监管渎职罪》,《人民检察》2011年第15期。
⑦ 参见姜天琦:《妨害传染病防治罪客观要件的教义学解读——兼论传统罪过理论之突破》,《甘肃政法大学学报》2021年第1期。
⑧ 参见秦鹏、李国庆:《论污染环境罪主观面的修正构成解释和适用:兼评2013"两高"对污染环境罪的司法解释》,《重庆大学学报(社会科学版)》2016年第2期。

罪过形式的表述;有的判决书采用"疏于监督管理""玩忽职守"等倾向于过失意味的表述;还有一份判决书同时采用了"滥用职权"和"玩忽职守"两种表述——"因私情私利,多次发现李某的无证无照经营行为,未依法查处并取缔,系滥用职权行为;对李某长期销售假汇源果汁的行为未依法监督管理,系玩忽职守行为",之后该判决书得出了被告人"在工作中徇私舞弊,滥用职权,玩忽职守,造成严重后果"的结论。① 可见,对于这样一个双重罪过罪名,法院的裁判过程并不"模糊",而是细致地考察了"收受财物""多次罚款但不取缔"等徇私舞弊的行为所体现出的主观恶性,尽管这些行为亦没有被明文表述为"故意"。与此同时,危害结果、恶劣的社会影响、坦白、自首、立功等因素也被考虑在内。也就是说,为了实现罪责刑相适应,法院在量刑阶段综合考量了各种因素,其间没有忽略表征"故意"或"过失"的因素,但也不仅仅考虑"故意"或"过失"的因素。

可以预见,将生产、销售伪劣商品罪解释为双重罪过犯罪,将令司法官对行为人罪责的考察从类型的、断裂的分析发展成为连续的、全面的分析,不仅不会导致司法恣意,还将推动罪刑均衡。

五、结语

生产、销售伪劣商品,不论故意为之或是过失为之,均因殃及不特定多数人的生命权和健康权而为普罗大众深恶痛绝,引爆舆论的"燃点"极低,容易引发更高程度上的公共安全问题。为此,大陆法系国家不乏危险犯、行为犯、预备犯、持有犯等无结果犯罪形态以及过失犯的规定,并有德国"沙利度胺案"、日本"森永毒奶粉案"等富有突破性的判决和相关理论。而在英美法系国家,生产、销售伪劣商品的行为催熟了严格责任和法人犯罪两项特别的刑法制度,呈现非常突出的犯罪化趋势。

有鉴于此,我国罪过理论也应突破固有框架,通过"双重罪过说"尽快将过失生产、销售伪劣商品的行为纳入犯罪圈,贯彻"严而不厉"的刑事政策。

---

① 参见(2017)鲁15刑终10号刑事裁定书。

民营企业产权保护问题的风险溯源及刑法应对①

魏 彤 顾洪鑫*

目 次

一、民营企业产权的刑事风险考察

二、风险溯源：基于产权要素分类的成因探析

三、刑事应对：民营企业产权保护的体系构筑

四、结语

摘 要：民营企业产权保护是现代产权保护制度的重要内容，但通过对2 674份裁判文书的分析可以发现，民营企业产权的刑事风险急剧上升，面临着严重的组织架构风险、市场交易风险与资金监管风险。这些刑事风险的成因既包括失范行为处置的制度供给欠缺，也包括罪与非罪、罚金刑裁量的规范性不足以及公权力过度介入的司法惯性等。对此，应当以构筑民营企业产权保护体系为目标，围绕失范行为的内外控制、罪刑适用标准的厘清以及市场服务型刑法观的确立，有的放矢地作出应对。

关键词：民营企业；产权保护；刑事风险；刑法适用

民营企业产权保护是一个新的时代课题，确保民营企业平等使用生产要素，公平参与市场竞争，离不开法律制度的完善和司法的正确适用，作为"保障法"的刑法更应当及时洞察这一动向，适时作出应对。《刑法修正案（十一）》《刑法修正

---

① 本文系华东政法大学刑事法学院2022年度苏惠渔刑法学基金项目"民营企业产权的刑法保护向度"的阶段性成果。

* 魏彤，华东政法大学博士研究生；顾洪鑫，华东政法大学博士研究生。

案(十二)(草案)》的修订体现出了保护民营企业产权的精神,但司法实践仍存在积极惩处、扩张适用的惯性,与产权的现代化发展之间不相适应。因此,本文拟从多维度进行类型化的风险建构,以实证数据为基础揭示民营企业产权面临的刑事风险,深入风险成因进行溯源判断,探索构筑风险防范体系的可能路径。

一、民营企业产权的刑事风险考察

(一)宏观层面:企业产权面临的刑事风险急剧升高

从审结时间维度(2015—2021年)考察涉民营企业产权犯罪案件数量,可以在宏观层面上把握司法实践中民营企业产权所面临的刑事风险趋势(见图1);同时,以刑法的各章罪名为单位对数据进行归类,可以得到涉民营企业产权罪名数量分布略图(见图2)。①

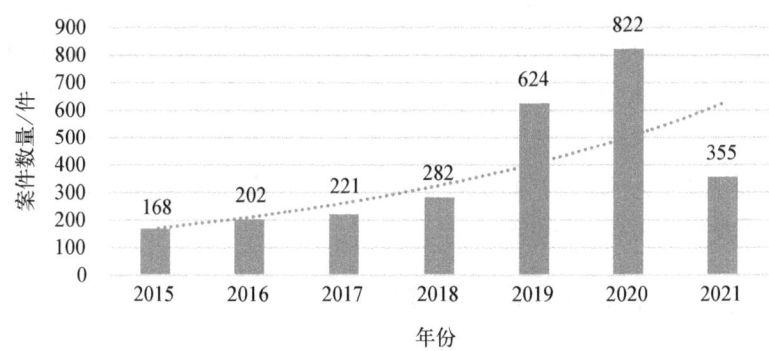

图1 2015—2021年涉企业产权犯罪案件数量变化

从图1可以很明显地观察到,民营企业产权面临的刑事风险呈急剧升高的态势。在2019年之前,涉民营企业产权的刑事案件总体数量并不多,增长曲线也比较平缓,大多是以诈骗罪、强迫交易罪等为代表的自然犯,民营企业产权保护问题并不突出。然而,以2019年为分界点,随着P2P等新型金融平台相继爆雷,非法吸收公众存款罪、集资诈骗罪等直接涉及民营企业产权犯罪的案件呈井喷的状态。仅2019年与2020年这两年间,因涉民营企业产权而受刑事处罚的单位与个人就近1 500例,这一数据直接超过了过去4年来全部数据的总和,折射出现行法律体系下民营企业的产权保护面临严峻的挑战,刑事风险急剧升高。

---

① 参见北大法宝信息网,https://www.pkulaw.com/case?way=topGuid(访问日期:2023年11月10日)。需要注意的是,同一份判决书中可能会出现相关行为人犯数罪或存在共同犯罪的情况,因此以罪名为单位统计的判决书数量之和会大于2 674份。下文的详图与详表也存在这种情况,不再赘述。

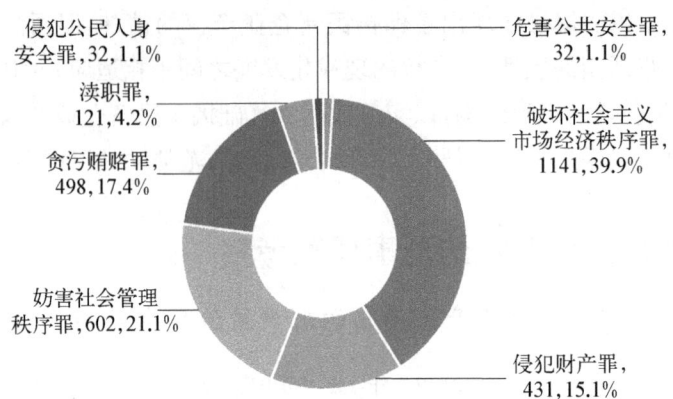

图 2　2015—2021 年涉民营企业产权罪名数量分布

而从图 2 可以观察到，司法机关适用的各章罪名较为集中，且呈现出明显的梯度。首先，破坏社会主义市场经济罪的数量远超过其他类型的犯罪，占到了近四成的有效统计数量，几乎是排名第二的妨害社会管理秩序罪案件数量的两倍。其次，妨害社会管理秩序罪、贪污贿赂罪与侵犯财产罪的占比十分接近，分别为 21.1%、17.4% 与 15.1%。此外，渎职罪也在涉民营企业刑事风险中占有一席之地，占比为 4.2%。而民营企业侵犯公民人身安全、危害公共安全的案件较少，二者相加也仅有 64 例。

(二) 微观层面：企业产权刑事风险的具体分布

以上从宏观层面分析了民营企业产权面临的刑事风险的总趋势。而在微观层面，从涉案的具体罪名所处的章节出发对研究样本进行考察，可以得到 2015 年至 2021 年涉民营企业产权罪名数量分布详图（见图 3）。

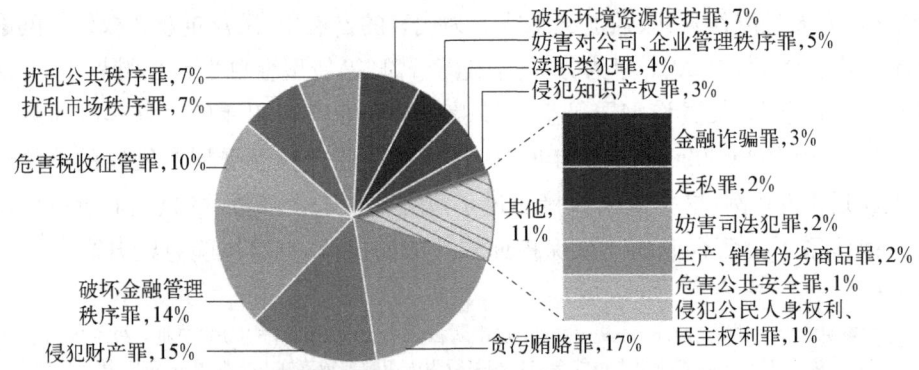

图 3　2015 年至 2021 年涉民营企业产权罪名数量分布

从图3可以看到,所有涉民营企业产权犯罪的类型共计16种,内容涵盖大多数刑法的核心罪名。但是,仅仅依据这张详图只能平面地观察民营企业容易触犯何种罪名,而无法立体地透视各个产权要素在何种程度上被侵犯。如果将这些种类繁多的犯罪类型对应企业产权要素重新进行系统归纳,可以在微观层面上总结出民营企业产权面临的具体刑事风险为组织架构风险、市场交易风险与资金监管风险,其具体分布详目如下(见表1)。

表1 民营企业产权刑事风险分布

风险	犯罪类型	数量/件	代表性罪名	占比
组织架构风险	贪污贿赂犯罪	498	单位行贿罪	38.6%
	侵犯财产犯罪	271	职务侵占罪	
	妨害对公司、企业管理秩序罪	147	非国家工作人员受贿罪	
	破坏环境资源保护罪	75	污染环境罪	
	妨害司法罪	48	拒不履行判决、裁定罪	
	侵犯公民人身权利、民主权利罪	32	非法拘禁罪	
	危害公共安全罪	32	重大责任事故罪	
市场交易风险	扰乱市场秩序罪	211	非法经营罪	32.8%
	扰乱公共秩序罪	204	伪造公司印章罪	
	破坏环境资源保护罪	128	非法采矿罪	
	渎职类犯罪	121	滥用职权罪	
	侵犯财产罪	96	诈骗罪(商品交易)	
	侵犯知识产权罪	77	假冒注册商标罪	
	走私罪	55	走私普通货物、物品罪	
	生产、销售伪劣商品罪	46	生产、销售伪劣产品罪	
资金监管风险	破坏金融管理秩序罪	396	非法吸收公众存款罪	28.6%
	危害税收征管罪	281	虚开增值税专用发票罪	
	金融诈骗罪	75	集资诈骗罪	
	侵犯财产罪	64	诈骗罪(骗取补贴)	

首先,民营企业产权面临的最现实、最严重的风险是来自内部的组织架构风险。组织架构风险与民营企业内部责任人员的失范行为直接相关,就风险来源而言,其主要包括企业商业贿赂、企业内部背信侵权等。从表1中可以很明显地看到,企业商业贿赂无疑构成最大的风险来源,仅单位行贿罪与非国家工作人员受贿罪这两个罪名的案件数量而言,它们的上位罪名类别贪污贿赂罪与妨害对公司、企业管理秩序罪直接占据了组织架构风险近六成的比重。企业内部背信侵权的案件数量紧随其后,以职务侵占罪为代表的侵犯企业财产犯罪案件数量达271件,也占据该风险类别约四分之一的比重。

其次,市场交易风险依然是民营企业产权面临的重要刑事风险。作为传统风险类型,民营企业产权中涉市场资源要素案件的绝对数量依然庞大,达938件,占比约32.8%。这类风险发生在企业的经营活动中,与市场准入、知识产权、商业秘密等市场资源的增益与减损密切相关。它既包括来自平等交易主体进行商事往来时出现的合同诈骗、商品瑕疵等风险,也包括来自监管主体的渎职侵权、环境保护监督与市场准入限制等自上而下的风险。需要特别注意的是,知识产权领域的犯罪有逐步攀升的趋势,尽管截至2021年涉企业知识产权的犯罪案件总数为77件,相较于其他案件的占比并不大,但其绝对数量也已经超过了该风险类别中诸如侵犯财产罪、生产、销售伪劣商品罪等传统的犯罪类型。

最后,民营企业产权除了要面对日趋严重的经营风险外,还要预防资金监管风险。表1中资金监管风险项下的案件数量为816件,虽然相较于其他两类风险而言资金监管风险的案发数量不高,但就微观的具体罪名而言,它却涵盖了绝对数量位列第二与第三的破坏社会主义市场经济罪与妨害税收征管罪。资金监管风险大多与企业资金的自有属性相关,其风险来源主要包括对企业的融资监管与对企业的税金监管。前者发生在企业资金积累过程中,以非法吸收公众存款罪为代表,不少民营企业在初创或扩张时由于融资困难,向社会公众公开宣传具有高息回报的投资产品,最终被司法机关以形成不受监管的资金池为由被处罚。后者发生在企业的资金成本控制上,以虚开增值税专用发票罪为代表,涉案民营企业出于美化会计账目、享受税收优惠与降低交易成本的目的,虚开专用发票来抵扣税款,但司法机关倾向于将出现的票据流、货物流、资金流不一致情形认定为危害税收征管的行为,并动用刑罚处罚。

二、风险溯源：基于产权要素分类的成因探析

（一）组织架构风险：失范行为的处置不力

从上文的实证数据来看，民营企业产权所面临的最大风险在于组织架构领域，内部人员实施的贿赂犯罪、侵财犯罪数量居高不下。溯源来看，主要的问题有公有产权与非公有产权的差别保护、监管的制度供给不足两个方面。

1. 公有产权与非公有产权的差别保护

民营企业内部失范行为的保护力度相较国有企业仍处于弱势，保护范围的缺失以及定罪量刑标准的不足，导致同样情形下部分民营企业内部人员的违规行为无法得到刑法的充分评价。

在立法层面，公有产权与非公有产权的保护范围存在差异。从罪名数量上来看，规制国有企业工作人员行为的罪名数量较民营企业的更多，对公有产权的保护明显较非公有产权更为全面。例如，《刑法》通过第 165 条、第 166 条及第 169 条对国有企业内部人员经营权的具体行使予以明确规制，为防范失职、渎职行为，又设有第 168 条的专门罪名，对比之下，民营企业的不当经营、失职渎职行为缺失相应的制度安排。上述罪名的处罚依据均在于忠实义务的违反，同样是违反成员对组织体的职责与勤勉义务，故意损害企业利益、造成重大损失的行为，不能仅因为主体经济成分的不同就对同类客观行为的性质作出犯罪与违法的不同评价。《刑法修正案（十二）（草案）》将《刑法》前三条的主体从国有公司、企业扩展到民营企业，体现了对民营企业的平等保护，值得肯定，但是对第 168 条并未作对应的修改，还存在缺憾。

在司法层面，非公职务犯罪与国家工作人员职务犯罪在定罪量刑标准上的差异，对司法适用造成了困惑。其一，数额标准的差异。根据司法解释的规定，非公职务犯罪的定罪量刑标准依相应国家工作人员职务犯罪定罪量刑数额标准的一定的倍数执行，显然对二者的入罪数额采取区分认定。非公职务犯罪的数额标准过度依赖国家工作人员职务犯罪，入罪门槛过高。其二，情节标准的不足。职务侵占罪和挪用资金罪的定罪仍是"唯数额论"，且情节要素缺失，导致司法呈现"具体数额一元量刑模式"[①]，对犯罪的惩处较为宽缓。贪污罪有围绕对象、前科、加重情形以及悔罪表现等的定罪量刑标准，对于后两项情形，非

---

① 参见窦璐：《全国统一大市场建设中的民营经济刑事司法平等保护：现状、机理与路径》，《深圳大学学报（人文社会科学版）》2020 年第 4 期。

国有企业工作人员也完全可能成立;挪用公款罪的定罪量刑情节也包括了"多次""造成严重损失",而同类型的非公职务犯罪就没有类似的规定。

2. 监管的制度供给不足

企业内部自律监管是产权保护的重要方式,可以防止因内部人员侵权而产生的产权流失。然而,尽管民营企业相较于国有企业确实有着更强的灵活性与自主性,但却在规范性方面呈现劣势,"一言堂"的现象比较普遍,传统内部监管机构形同虚设,导致企业经营的趋利动机远远超过了守法动机。

在内部自律监管缺位的情况下,寻求外部行业监管就成了另一条出路。行业自律组织的监管具有灵活性、便利性、专业性等优势,不仅能依据市场变化迅速作出反应,也具有获取信息及实施监管的便利性,成本更低,同时也不乏专业性。[①] 然而在我国,行业监管尚处起步阶段,对促进企业自律管理所能发挥的作用还十分有限。具体而言,包括以下困境:其一,监管存在真空地带。目前,行业组织并没有覆盖全部生产领域,许多行业的自治组织尚未建立,行业监管体系还有待健全。其二,监管的强制力不足。行业组织由该行业内部各个企业集合而成,企业具有选择是否加入的权利,因此其影响力受到一定限制。同时,行业自律组织起到的是相对温和的中介作用,对于需要进入处罚程序的案件只能够移交有关部门或在行业内披露和公示特定企业的违法违规行为,但这种举措对于某些强势企业的威慑力也很有限。

(二) 市场交易风险:罪刑适用标准混乱

民营企业在市场交易活动中所面临的风险,一方面来自刑法不当介入企业的经营管理活动,罪与非罪的界限把握不当,另一方面来自刑罚适用过程中的"唯数额论"倾向,无限额罚金刑未发挥出应有的威慑作用。因此,有必要从罪、刑两个维度,对造成企业市场交易风险升高的司法适用乱象展开具体分析。

1. 刑民、刑行交叉领域区分标准模糊

在市场交易过程中,企业既要面对经营活动本身存在的风险,也要面对不符合经营规范而受到的监管风险。实现刑民、刑行交叉领域的正确界分成为重要问题,合同诈骗罪和非法经营罪分别为两个交叉领域中的典型适例。

其一,将市场经营活动中本应被认定为经济纠纷的案件被不当升级为经济犯罪。实践中,一些企业往往会采取夸大自身资质与履行能力的方式促成合同的签订,或者因情势变更导致不能继续履行合同,心存侥幸继续隐瞒或抗辩履

---

① 张毅、王宇华、王启飞:《"互联网+"环境下的智慧监管模式》,《上海行政学院学报》2020年第2期。

行障碍的情形,是否超出民事欺诈的限度而触犯合同诈骗罪,不能一概而论。例如在"施某东等合同诈骗案"①中,被告人未能及时披露因资金不足而不能委托第三方进行生产的事实,使被害人遭受了经济损失。一审法院认定被告人构成合同诈骗罪,二审法院改判无罪。笔者赞同二审法院的结论,其虽存在一定"骗"的因素,但结合其订立合同时的履约能力以及安装设备、安排生产等一系列行为,尚不能认定具有非法占有目的,且资金链断裂是造成履行不能的客观原因之一,在民事纠纷的维度内寻求救济即可。经济犯罪的构成要件内容与民事违法相同或相似,似乎仅在于危害程度的不同,使得刑事不法与民事违法表面上呈现出"量"的累进关系,但不能仅以数额为标准进行判断,二者在规制目的上存在显著不同。

其二,监管层面对企业的不规范经营行为缺乏足够的宽容度,刑事违法性对前置法的违法性存在路径依赖,构成要件的实质审查欠缺。基于法秩序的统一性、行政犯以空白罪状为主的立法模式,行政犯的司法适用通常以行政立法的违反为前置要件,刑事违法判断和行政违法判断"共用"违法性判断的规范根据。② 以非法经营罪为代表的行政犯与行政违法之间的边界不明,无证经营成品油的行为定性就是违法性判断乱象的一个缩影。已有的判决中,不少司法机关侧重于前置规范的寻找与参照,似乎只要能够论证"无证经营成品油行为为行政法所禁止+满足'情节严重'的罪量条件",就可以得出构成非法经营罪的肯定结论。③ 如此的解释思路是一种形式化的判断,没有具体考察非法经营行为是否具有刑法上的实质违法性,将是否违法的认定交给了前置法,使得具有一定历史背景的民营企业不规范经营的行为伴随着极大的刑事风险。

2. 无限额罚金刑低位运行

罚金刑的无限额化很大程度上加重了对相关犯罪在财产刑上的惩戒力度,赋予了司法实务工作者更大的裁量权,并且使罚金刑的规定不受经济发展状况的影响。④ 但在民营企业产权保护的过程中,无限额罚金刑的运用却出现了低位运行的情况,司法实践中罚不当罪现象导致针对企业市场交易活动的保护力度欠缺。为直观地呈现这一现象,笔者整理了侵犯知识产权犯罪案件中共计145名行为人被判处的罚金数额情况,并将其与犯罪数额相比较,制二者关系

---

① 参见(2020)豫 07 刑终字第 67 号刑事判决书。
② 于冲:《附属刑法缺位下行政犯空白罪状的功能定位及其要件填补》,《中国刑事法杂志》2021 年第 5 期。
③ 参见(2020)川 15 刑终字第 180 号刑事判决书。
④ 参见刘宪权:《〈刑法修正案(十一)〉中法定刑的调整与适用》,《比较法研究》2021 年第 2 期。

图如图4所示。其中,深色、浅色两种散点分别代表法院以行为人的非法经营数额和以行为人的违法所得作为依据判处罚金的案件。

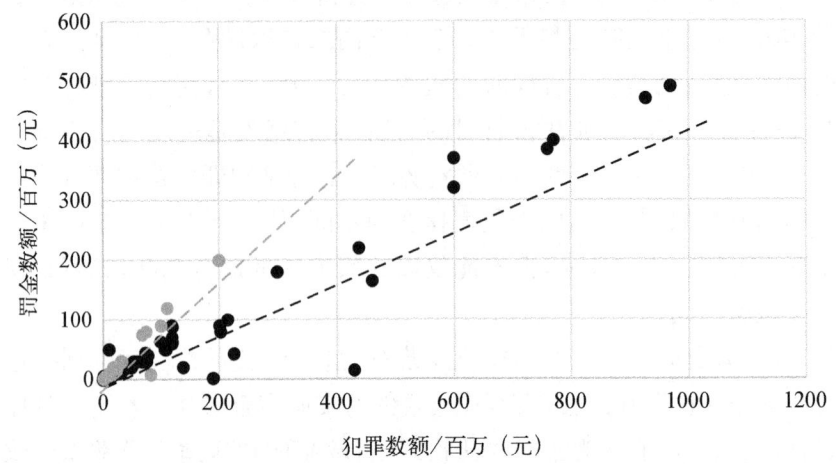

图4 侵犯知识产权罪中犯罪数额与罚金数额关系

观察图4可知,图中的深、浅两色散点分别分布在 $y=0.5x$ 和 $y=x$ 这两条轴线附近,而那些存在大幅偏离的散点大多位于标准线以下。这说明,司法实践在对侵犯知识产权犯罪案件适用无限额罚金刑时,更乐于在非法经营数额的二分之一处或违法所得数额的一倍处判处罚金。特别是在以违法所得作为判决依据的案件中,犯罪数额与罚金数额呈现出异常精准的一倍正比例关系,这值得反思。在正常情况下,依据司法解释的规定,罚金数额的参照性标准是"非法经营数额的百分之五十以上一倍以下"或者"违法所得数额的一倍以上五倍以下",说明非法经营数额的二分之一或违法所得的一倍只是司法解释规定的罚金刑参考下限而已,具体的罚金数额需要根据法定或酌定量刑情节变化。但根据笔者收集到的数据,除了犯罪数额外,自首、立功、坦白和累犯的调节作用都微乎其微,最后被判处的罚金数额依旧在司法解释规定的下限处徘徊,少有高额判罚能做到罚当其罪,实现刑法报应主义的要求。此外,那些游离于趋势线之外的散点大多分布在轴线下方,这间接说明在部分案件中,法官甚至大大突破了司法解释规定的下限,判处了极低的罚金刑,出现了判罚不公的案件。面对日趋严重的侵犯知识产权犯罪,无限额罚金刑本应发挥严惩的效果,夯实民营企业无形产权保护的法律基础。然而在"唯数额论"的影响下,侵犯知识产权罪的犯罪数额与罚金数额呈现出十分明显的比例关系,出现了轻刑化的倾向,也导致其他量刑情节的调节作用不再起效。

(三)资金监管风险：市场管控观念的过度推崇

在金融资本领域,刑法体现出过度介入的倾向,司法实践往往注重管制和惩处,推崇市场管控的观念,这具体表现为融资监管领域的运动式打击与税金监管领域的秩序法益优位观。

1. 融资监管领域的运动式打击

在企业进行民间融资等产权初始积累的阶段,受市场管控理念的影响,一旦企业在融资过程中出现违约,司法机关经常以行为人难以填补投资人的款项为由,回溯性地认定先前正常的融资行为也严重侵害了投资人的财产利益;[①]而在被害人众多、容易引发大规模的维权行动导致侵害社会公共秩序的风险时,司法机关也更乐意动用刑罚的方式,通过追究相关行为人刑事责任来展现出"严打"的态度,以达到平息民意的目的。

实际上,民营企业在融资过程中之所以会大规模出现违法犯罪行为,其根本原因在于我国金融市场发育并不完善,民营企业需要付出高昂的成本才能通过商业银行等专业的贷款机构获得融资,因而只能进入法律灰色地带进行发展。在这种畸形的市场环境下,由于缺乏融资中介机构的筛选与保护,只要企业出现债务危机,广大投资者就会直接暴露在金融风险之中,要求严惩这些民营企业家的呼声也自然水涨船高。但就实际效果而言,实证数据已表明,以非法吸收公众存款罪为代表的破坏金融管理秩序罪既是资金监管风险中的高发类型,也是所有有效数据中除贪污贿赂罪以外绝对数量最多的罪名,这就从侧面说明了运动式的打击犯罪模式既未起到遏制非法集资犯罪的显著效果,也存在打击犯罪扩大化的显著风险,从长远看,甚至有可能导致民间借贷与金融市场的萎缩,不利于民营企业产权保护。[②]

在加剧民营企业"融资难"的困境以外,对民间融资行为进行运动式打击的更深层次的副作用是违背了金融商事领域刑法谦抑的底色,不利于法治化营商环境的形成。诚然,市场的治理离不开公权力的介入,但法治化营商环境绝不是指动用刑罚权对民营企业一罚了之,而是尊重市场发展规律,以谦抑务实的姿态进入市场管理秩序中。随着"互联网+"新业态新模式的逐步兴起,民营企业终于在传统的融资渠道之外享受到了金融创新带来的福利,自然会选择更经济便捷的方式进行民间融资。这种金融创新活动很明显是为了适应和满足不

---
① 参见(2021)赣10刑终字第138号刑事判决书。
② 参见敬力嘉:《非法集资犯罪共犯范围的过度扩张及其匡正》,《法商研究》2020年第6期。

断发展的社会需求而产生的,能够弥补金融体系的缺陷,所以刑法对于创新领域的介入需要十分谨慎,特别对于某些具有"创新性"的互联网金融活动,如果一味地强调惩治可能会违背刑法谦抑性原则的精神。①

2. 税金监管领域的秩序法益优位观

除了在企业产权初始积累阶段中出现的运动式打击外,对市场管控的推崇还体现在企业税金监管这一终端治理阶段。具体而言,面对民营企业在税收缴纳中出现的如"三流不一致"等不规范行为,司法机关更青睐于使用刑事手段严厉处理,不少原本属于税务行政违法行为很容易被司法机关以"妨害税收管理秩序"为由上升到犯罪行为,以侵害秩序法益为由入罪的现象十分突出,实践中大量出现的虚开增值税专用发票罪就是这种不当扩张的集中体现。

其实,票、货、款相分离的现象是商品交易形式的多样化的常见体现,真正能符合"三流一致"标准的企业反而属于少数。例如,部分民营企业受资质限制,只能挂靠在其他有资质的民营企业名下,以被挂靠方名义从事经营活动,被挂靠方并不从事经营。这种情况下,如果被挂靠方以自己名义开具增值税专用发票,往往就会被司法机关以虚开增值税专用发票罪追究刑事责任。但实际上,这些虚开行为与为骗取抵扣增值税税款的虚开行为在社会危害性上有显著不同,也超出了虚开增值税专用发票罪的立法目的,其行为本身并不会造成国家税款的流失,至多只是民营企业在税收征缴过程中出现的不规范行为,经由税务机关行政处罚即可保证税收秩序的稳定。可是,司法实践的做法却降低了本罪的入罪门槛,以单纯地维护秩序为导向,认为"即使虚开普通发票行为没有造成国家税收损失,其行为也侵害了国家发票管理制度"。②

由此看来,秩序法益的地位被过分拔高了,它过多地承载了刑事违法性的期待,取代了法益侵害性的实质判断。司法机关适用本罪的逻辑与商事交易习惯背道而驰,刑法的大量介入反而给民营企业带来了沉重的司法负担。

三、刑事应对:民营企业产权保护的体系构筑

刑事风险的发现与识别往往只是民营企业产权保护的基础,如何有效防范

---

① 参见刘宪权:《金融刑法学原理》,上海人民出版社 2020 年版,第 567—568 页。
② 参见(2021)内 0622 刑初字第 336 号刑事判决书。

和制止风险才是解决问题的关键。通过对失范行为的内外监管与控制、对罪刑适用标准的检视与校正以及对刑事治理观念的更新,逐步构筑起民营企业产权保护的刑事应对体系。

(一)完善失范行为的内外控制

1. 树立产权保护的实质平等观

首先,为弥合公有产权与非公有产权在保护范围上的差异,应当对民营企业工作人员违背忠实义务的行为予以惩处,将特殊背信罪的主体范围扩张到民营企业工作人员。一种观点认为,"采取扩大行为主体而非直接增设普通背信罪的修正方式依旧可能存在处罚漏洞。"[①]笔者对此持保留意见,该疏漏完全可以通过现有罪名的保护以及扩张主体范围的方式予以解决。现行《刑法》已经规定有内幕交易、泄露内幕信息罪等数十个规制履职人员背信行为的独立罪名,再规定一个兜底罪名所带来的负面影响远大于其正面效益,使得构成要件的明确性和类型化的要求不得不让步于惩处犯罪的积极预防要求。贴近现在对公有产权的保护力度,将已有的特殊背信罪适时进行修改,将主体范围扩张到民营企业工作人员,即修改为非身份犯不失为更明智且便宜之举。《刑法修正案(十二)(草案)》与笔者的观点不谋而合,但对国有公司、企业、事业单位人员失职罪,国有公司、企业、事业单位人员滥用职权罪的主体修正还有遗漏,应当在之后的修订中予以补充。

其次,应当统一两类主体的入罪数额,并对情节要素予以完善。《解释》按照倍数执行的规定不符合《刑法修正案(十一)》的立法精神,实践中应当不予适用。非公职务犯罪与国家工作人员职务犯罪在量刑上的一定差异是合理的,符合权利与义务的对等关系以及从严治吏的刑事政策要求,但是在入罪范围层面,不应当形成相同数额下民营企业产权保护真空的情形。就此,应当在之后的司法解释中修订非公职务犯罪的数额标准,消除入罪上的差距。此外,对于职务侵占罪、挪用资金罪,应当增设"多次侵占单位财物(或多次挪用单位资金)""严重影响生产、经营,造成严重损失"的情节要素,从"具体数额一元量刑模式"转变为"数额情节并重的二元量刑模式"。补充"多次"的情节要素,弥补唯数额论的缺陷;针对犯罪数额难以认定的情形,通过"造成损失"的标准进行补充认定,确保对利用职务便利、侵占民营企业无形资产,造成重大损失行为的惩治。

---

① 张明楷:《刑法修正的原则与技术——评〈刑法修正案(十二)(草案)〉》,《中国刑事法杂志》2023年第5期。

2. 强化自律、他律监管动力

前文已述,企业内部自律监管缺乏有效的监督机制,外部行业自律监管也存在有限性、非强制性。因此,需要强化民营企业自律、他律监管的动力,弥补相关监管制度供给不足带来的弊端。具体而言,可以通过落实控股股东、实际控制人的刑事责任以及激活从业禁止制度来应对上述问题。

第一,扩大民营企业内部控股股东、实际控制人的刑事主体范围。在民营企业经营过程中,控股股东、实际控制人一直属于民营企业内部的"关键少数",他们往往身居要职,左右着公司决策与发展方向,发挥着重要作用。[①] 但一直以来,民营企业出现涉刑事风险问题时,司法机关往往更加乐意追究企业单位犯罪以及企业主管人员的刑事责任,而控股股东、实际控制人可以隐藏在法人制度与公司股权结构下规避监管,这也是企业内部经营管理体系中的漏洞。换言之,当实践中遇到控股股东、实际控制人侵害公司利益时,司法机关只能对上述两类主体在"直接负责的主管人员和其他直接责任人员"重合的范围内进行处罚,产生单位作为主体侵害公司利益的处罚漏洞。从这个角度讲,扩大民营企业控股股东、实际控制人的刑事主体范围,将上述两类主体纳入民营企业常见多发的金融犯罪、贪腐犯罪中,既具有体系协调性,也具有现实紧迫性。

第二,激活从业禁止制度。《刑法修正案(九)》增设了第37条之一从业禁止条款,规定:"因利用职业便利实施犯罪,或者实施违背职业要求的特定义务的犯罪被判处刑罚的,人民法院可以根据犯罪情况和预防再犯罪的需要,禁止其自刑罚执行完毕之日或者假释之日起从事相关职业,期限为三年至五年。"禁止民营企业内部人员,特别是董监高在一定期限内从事相关职业,有助于剥夺其再犯能力、有效遏制再犯,同时对潜在犯罪人产生威慑。但是在司法实践中,从业禁止条款的适用相对稀少,导致他律监管的威慑力不足。该条第3款规定了:"其他法律、行政法规对其从事相关职业另有禁止或者限制性规定的,从其规定。"对该款的理解不当,也极容易以行政法上的市场禁入令[②]替代刑法上的从业禁止制度。相较于行政法上的市场禁入令,刑法上的从业禁止制度在理论上涉及任何职业犯罪的主体,范围明显要广,且威慑力更强。对于违反刑法从

---

① 参见张义健:《〈刑法修正案(十一)〉的主要规定及对刑事立法的发展》,载《中国法律评论》2021年第1期。

② 《证券法》第二百二十一条 违反法律、行政法规或者国务院证券监督管理机构的有关规定,情节严重的,国务院证券监督管理机构可以对有关责任人员采取证券市场禁入的措施。

前款所称证券市场禁入,是指在一定期限内直至终身不得从事证券业务、证券服务业务,不得担任证券发行人的董事、监事、高级管理人员,或者一定期限内不得在证券交易所、国务院批准的其他全国性证券交易场所交易证券的制度。

业禁止制度、情节严重者,可以拒不执行判决、裁定罪追究其刑事责任。无论是从适用的主体范围还是从严厉程度来看,刑法从业禁止制度都能更好地发挥对行政法从业禁止令的补足作用。激活从业禁止制度的资格罚属性,通过他律监管补强自律监管的先天不足,增强监管的刚性,可以有效防范民营企业的组织风险。

(二)明确罪刑适用标准

1. 实质解释构成要件与独立判断刑事违法性

在甄别刑事不法与前置法的一般违法行为时,司法判断呈现出较明显的结果导向性,究其原因,在于法定犯的法益侵害与前置法具有相当程度上的同质性。理论上一般认为,法定犯与前置法上同类型的违法行为的差别,主要体现在行为的危害性这一量的差别上。[1] 笔者认为,质的区别的提倡对于纠正司法实践形式入罪的做法具有一定的积极意义,"经由犯罪构成要件过滤的违法性与前置法存在质的不同"。[2] 只看到刑事违法与一般违法的重合性、通过形式判断入罪,忽视了行为不法和结果不法的实质意蕴,容易扩大侵犯民营企业产权犯罪的打击面。民法是损害法、填平法,行政法是管制法、秩序法,而刑法兼具公益与私益,兼行法益保护与人权保障的机能。既然刑罚与民事损害赔偿、行政处罚等手段之间存在本质上的不同,刑法与民法、行政法也存在意旨上的根本区别;那么,构成要件有无的判断实质上就已经属于质的判断。正如张明楷教授提倡质的差异说而非量的差异说时所析,其重要原因在于通过对刑法实质解释和独立判断的强调,鼓励司法的独立判断,限制处罚范围的扩张。[3] 具体而言,应当通过构成要件解释的实质化面向明晰罪与非罪的界限,倡导刑法的独立判断。

刑事违法与一般违法之间的关系只是准确定性的逻辑前提,罪与非罪的界定仍有赖于构成要件的进一步解释,这也是刑法独立判断的根本落脚点。应当采取有限制的实质犯罪论立场,对构成要件进行实质解释,以法益保护内容为核心,并将规范保护目的纳入具体考量,将构成要件诠释为"实质规范评价的类型形态"[4]。对于存在的突破罪刑法定的风险,可以通过目的限缩的方法和形式入罪、实质出罪的思路予以防范。具体而言,在法益指引下解释构成要件所

---

[1] 参见孙国祥:《行政犯违法性判断的从属性和独立性研究》,《法学家》2017年第1期。
[2] 周光权:《论刑法所固有的违法性》,《政法论坛》2021年第5期。
[3] 参见张明楷:《避免将行政违法认定为刑事犯罪:理念、方法与路径》,《中国法学》2017年第4期。
[4] 参见刘艳红:《实质的犯罪论体系之提倡》,《政法论坛》2010年第4期。

描绘的行为不法与结果不法,罪量可以作为认定结果不法的重要标准,但只是构罪的必要不充分条件,还需要围绕是否实现法不容许的风险,进行具体规范保护目的的判断。对于构成要件,既要做基于法益的本体主义的思考,也要做基于功能主义(目的理性)的思考。① 目的限缩方法可以将不具有侵犯民营企业产权实质风险的行为排除在犯罪圈之外,在构成要件阶段就将不具有实质社会危害性的行为出罪。

2. 适用精准化量刑模式确定罚金数额

在以知识产权犯罪为代表的贪利型犯罪案件中,法官在适用无限额罚金刑时,仍固守传统的粗放式量刑模式。对全案所有量刑情节进行"综合判断","估堆"式地确定具体刑罚,导致大量量刑情节杂糅,量刑标准可视化程度缺失等问题。在笔者看来,解决上述问题的关键在于倡导精准化量刑模式,明确区分各类犯罪的责任刑情节与预防刑情节,确立"责任刑为上限,预防刑为调节"的量刑思维。

责任刑情节以阶层式构成要件理论为指导,主要包括违法情节与罪责情节,尤其是违法情节对量刑有根本的制约作用。以侵犯商业秘密罪为例,首先,考虑损害的法益是否重大,如销售金额、违法所得数额是否巨大以及是否给涉案公司造成重大经济损失。其次,考虑行为手段的恶劣性,如行为是否多次实施、获取商业秘密后是否存在后续侵权行为等。是否存在团伙作案、是否成立犯罪集团等,也是决定客观违法性的事实,足以影响量刑。最后,分析与刑罚直接相关的共同犯罪与犯罪形态的事实,明确行为人在共同犯罪中所起的作用大小、是否有未遂或中止情节等,这些法定量刑情节也会影响对违法事实的判断,从而影响刑罚上限。简而言之,所有在阶层犯罪中能体现行为人违法性程度的情节,都可以作为违法情节来加以考量。就罪责情节而言,存在被告人年龄与刑事责任年龄的比对、犯罪故意的形态、违法性认识可能性、期待可能性等要素。② 这些责任要素虽然无法体现行为人的客观违法程度,却是行为人可谴责性的重要标杆,与违法情节共同构成了责任刑情节。

除了责任刑情节以外,其他与一般预防或特别预防有关的情节是预防刑情节。这些情节一方面存在特殊预防的属性,比如基于刑事政策角度考虑的被害人的和解意愿、行为人是否有前科、累犯、自首、立功和认罪认罚等;另一方面也

---

① 参见马春晓:《区分行政违法与犯罪的新视角:基于构成要件之质的区别说》,《中国刑事法杂志》2020年第1期。

② 参见周光权:《量刑的实践及其未来走向》,《中外法学》2020年第5期。

有一般预防的属性,例如因生计所迫生产少量假冒注册商标案件引起的民愤小,他人模仿的可能性也小;而疫情防控期间非法经营的案件引起的民愤大,他人模仿的可能性也大,这两者均为一般预防刑情节,前者是从轻的一般预防情节,后者是从重的一般预防情节。① 这些情节虽然不属于构成要件相关的量刑情节,但却表明了行为人是否愿意回归社会的态度,所以在裁量预防刑时必须予以重视。

对量刑情节进行分类后,首先梳理行为人存在的量刑情节,并按照上述方法区分与报应相关的责任刑和与预防相关的预防刑;其次,在只考虑责任刑的情况下,对罚金数额的上限做出判断,再通过预防刑情节进行调节,确定该上限增加或减少;最后在经调节后的责任刑上限内做出罚金数额判断。采用这种方法,可以很好地将包括犯罪数额在内的所有量刑情节纳入评价体系,同时有效破除"唯数额论"的弊端,不至于出现罚金数额与犯罪数额呈明显比例关系这种异常现象。

(三)树立市场服务型刑法观

1. 金融刑法谦抑属性的提倡

为了防止刑事手段假借管制市场之名、行侵犯企业产权之实,有必要附加谦抑性的指导理念作为约束,给予市场更多自由发展的机会。

我国的金融资本市场体制还很不健全,由于长期处于市场管制的氛围之下,金融市场自律机制的发育和成熟受到了严重的限制。这种以压制为核心导向的刑法观念虽然可以在较短的金融周期内实现经济的高速发展,但却是以牺牲国民经济权益和经济自由为代价的。② 实际上,立法者设立破坏金融管理秩序罪等罪名体系规制金融资本市场,其本意绝非限制资本融通打击金融创新,而是促进市场交易朝规范化方向前进。既然如此,司法实践在适用这些罪名时,就更应当注意到其中可能存在的"弹性空间",尽量以前置手段对违法行为进行指引,减少刑法对市场的直接干预。换言之,在谦抑性的要求下,司法实践可以在一定程度上宽容"无害的违规",摒弃"文本层面的洁癖",哪怕具体的做法存在一定瑕疵,只要它并不严重损害或危及他人的利益,就不宜动用刑法。③ 这不仅是对刑法"最后一道防线"功能定位的严守,也是尊重市场发展现状的

---

① 参见文姬:《量刑情节的界定和区分》,《中南大学学报(社会科学版)》2020 年第 4 期。
② 参见张小宁:《金融刑法中的抑制模式》,《法学》2022 年第 10 期。
③ 参见陈金林:《民营企业产权刑法保护问题及其根源与对策——兼评〈刑法修正案(十一)〉相关条文》,《武汉大学学报(哲学社会科学版)》2022 年第 3 期。

体现。

市场服务型刑法观并不是指公权力一味地回退,刑法的谦抑性的内核也绝非让刑事制裁保持"无为而治"的状态,而是要让前置法的功能得到充分发挥,即只有在采取道德、民事、行政等其他手段对法益的保护不够充分甚至完全阙如时,才能动用刑罚制裁相关行为人。① 特别是在面对企业进行民间融资的案件时,司法机关更应该审慎地使用非法吸收公众存款罪或集资诈骗罪等罪名,转而向行政法规寻求制裁手段。这是因为,互联网经济的蓬勃发展改变了以往民营企业融资渠道单一的困境,在互联网上发布投资入股、网络众筹等信息成了大部分中小民营企业筹措资金的重要方式。但是这种民间融资的方式带有天然的公开属性与社会属性,其"普惠金融"的定位也决定了其无论如何都很难回避是否存在"利诱性"的诘问。如果对这类案件机械运用相关罪名来打击正常的民营企业融资行为,那无疑会给大多数中小企业带来沉重的负担,普惠金融带来的金融创新也将遭到扼杀。

2. 利益本位法益论的塑造

我国罪名体系是以侵犯的法益为分类依据构建的,因此,"以罪名所处的体系位置按图索骥地认识刑法意在保护的法益,便似乎成为一个没有争议的'常识','秩序法益'便由此而产生"。② 部分司法人员在面对涉民营企业产权案件时,往往会想当然地把秩序法益作为其判断行为人是否构罪的首要要素,至于其他诸如投资者利益是否受到侵害、国家的税收款项是否因此流失等利益法益的要素,都只能作为秩序法益的陪衬与辅助,在具体个案判断中处于边缘地位。特别是在虚开增值税专用发票罪案件中,法官在裁判时往往遵循这样一种说理逻辑:只要行为人在经营过程中出现了违反前置税收管理法规的行为,就径直认定其妨害了国家税收征管秩序,再从刑法中寻找相应的罪名以追究刑事责任。在这样的逻辑链条中,即使辩护人提出行为人实际上并未造成国家税款流失,并要求在审理过程中予以查明,法院也大多会选择闪烁其词,或者直接以侵犯秩序法益为由予以对这类辩护意见不予采纳。③ 甚至有部分法院认为,是否认识到虚开发票会造成国家税款损失,是否造成了国家税款损失,"均不影响行为的定性"。④ 诚然,作为涉民营企业资金监管罪名体系保护的法益之一,司法实践注重对秩序法益的考察本身并无不当,但如果片面注重秩序法益的维护,利益法益的

---

① 参见武晓雯:《刑法谦抑性的再探讨》,《人民检察》2022年第15期。
② 崔志伟:《经济犯罪的危害实质及其抽象危险犯出罪机制》,《政治与法律》2022年第11期。
③ 参见(2020)渝04刑终5号刑事判决书。
④ 参见(2021)鲁06刑申44号刑事通知书。

存在感会不可避免得越来越稀薄,最终导致"前置法直接定性"的恶果产生。

在笔者看来,秩序本位法益论与市场服务型刑法观是格格不入的,这种法益理论很容易将金融资本犯罪等同于金融资本领域的行政违法,使刑法沦为单纯的秩序保护工具。因此,重新重视起犯罪结果要素,塑造利益本位法益论就显得尤为重要。利益本位法益论要求以对他人利益产生实际损害或存在严重且现实的威胁作为刑法介入的实质条件,贯彻"违规≠违法"的观念。与原本空洞而模糊的秩序法益不同,利益法益在很大程度上可以被还原为法益主体因犯罪遭受的具体损失与可能产生的现实威胁,因而可以很明确地对行为人的刑事可罚性进行证成。而司法实践中常见的为夸大经营业绩而实施的对开、环开行为,由于其几乎不会对国家的税款造成实际侵害,因此就应当以出罪处理。基于同样的理由,"挂靠式"虚开发票与有实际经营活动但代开专用发票的行为,即便确实存在货、票、款三流不一致的情况,也不能对这些企业定罪处罚。

四、结语

"在全面深化改革和推进经济社会发展的环境下,刑事法治作为国家治理体系的重要组成部分,理应成为社会创新的守护神,而不应成为横梗于前的拦路虎。"[1]然而,作为社会经济创新的重要一环,我国民营企业面临的刑事风险却不容小觑。非公有制经济的崛起必然会产生净化市场环境的需要,而公权力的介入又会反过来影响非公有制经济的发展,在二者之间寻求平衡的关键点在于构建民营企业产权保护体系。为此,仅仅从刑法理论的向度上发力是远远不够的,司法实务人员也应该审慎对待每一个涉民营企业的刑事案件,充分保护民营企业产权。只有理论与实务形成良性互动,才能使产权保护在规范化、法治化的轨道上运行。

---

[1] 刘宪权:《涉民营企业犯罪案件的刑法适用》,《法学杂志》2020年第3期。

网络黑灰产治理问题研究

刘欣元　陈芷妍[*]

目　次

一、网络黑灰产的概念
二、网络黑灰产的特点及难题
三、网络黑灰产的治理之策

摘　要：当前,网络灰黑产呈现新的态势,表现为内容秩序威胁型黑灰产、数据流量威胁型黑灰产等四种类型。网络灰黑产治理存在诸多难点,包括无法从技术上对网络黑灰产形成碾压式打击、对犯罪主观方面认定变得困难等。网络灰黑产治理要突破单纯防御的思维限制,主动出击将犯罪湮灭于未然;实现法律认定标准的精细化;加强信息共享,建立系统间相通的信息系统,形成网络黑灰产治理的多平台共治机制;加强网络黑灰产犯罪的侦查阵地控制,切断现实对网络的资源输送等。

关键词：网络;灰黑产;治理

一、网络黑灰产的概念

网络黑灰产直到如今并没有一个较为官方的定义及解释。相对于网络灰产,网络黑产较早地引起了人们的关注。网络黑产作为网络犯罪的伴生物,其内涵与网络犯罪息息相关,是指以谋取经济利益为目的,以从事违法活动为手

---

[*] 刘欣元,澳大利亚国立大学;陈芷妍,上海市杨浦区人民检察院。

段,以互联网作为运作媒介来进行精心策划和分工合作,由此所形成的非法产业体系。从行为属性而言,这实际上是一种有组织的犯罪活动。① 网络黑灰产则与网络黑产有所不同,因为网络黑灰产作为网络犯罪隐蔽化、深层化下的边缘滋生品,其自身特点导致其并不同于传统的网络犯罪。从语词上也可看出这一点,之所以称其为"网络黑灰产",正是由于实践当中的这类活动既有"黑"的部分也有"灰"的部分。所谓"黑"的部分,即是指已经构成违法犯罪的这部分行为。而"灰"的部分则较为模糊,通常认为是立法上虽没有明确规定,但不论是性质还是形式都与违法犯罪极为接近的一些行为。"黑灰"可以用来描述行为所具有的处于罪与非罪交界的模糊性质,而使用"网络黑灰产"来描述与互联网交织并且行为性质具有"黑灰"特征的相关产业。②

网络黑灰产在互联网技术的发展下,逐渐形成新的态势,其挑战主要有四个方面:

（一）内容秩序威胁型黑灰产

内容秩序威胁指的是在网上散布大量的违法违规的信息内容,影响网络内容生态的正常发展,黑 SEO(Search Engine Optimization,即搜索引擎优化)、网络诈骗、网络赌博、网络色情等的信息都是。以黑 SEO 为例,网络黑灰产通过黑 SEO,能够让目标网站钻引擎算法的漏洞或者伪装优质的内容,欺骗引擎算法,让系统以为目标网站是优质网站,从而在搜索引擎上提供更高的排名。而黑 SEO 的手段包括了网站标题大量关键词堆砌、通过相互链接的网站形成站群对网站进行权重的欺骗、大量发布目标网站的网址欺骗搜索引擎优先抓取,等等。简单而言,黑 SEO 就是通过不法手段给载有违法犯罪信息的网站"刷排名",最终目的,是将诈骗、赌博、淫秽色情、毒品等多种违法犯罪的信息通过这些目标网站传递到普通群众的正常搜索之下,并在后续的犯罪中获得非法利益。

（二）数据流量威胁型黑灰产

在这个"数据为王、流量至上"的时代,网络黑灰产通过劫持引流、虚假点击、自动刷量、隐秘获取个人信息等违法手段制造虚假的"互联网泡沫",从而获取非法利益。以恶意点击为例,由于数字经济的发展使得各行业开始采取线上的数据作为考核的方式,但由于网络营销供应链的复杂和不透明,在面临业绩

---

① 赵丽莉、马可、马民虎:《网络黑色产业链负外部影响及其治理研究》,《情报杂志》2019 年第 10 期。
② 刘宪权:《网络黑灰产上游犯罪的刑法规制》,《国家检察官学院学报》2021 年第 1 期。

考核压力以及数据变现的巨大压力下,选择通过流量作弊的方式来提高点击量、播放量、下载量等各种指标。而这种流量作弊的方式,则是通过网络黑灰产进行。网络黑灰产通过机器点击(通过收集来的批量非实名信息通信卡形成猫池、卡池来实施点击,从而伪造存在大量真实用户的假象,或者通过向目标客户机植入含有恶意代码的软件,该软件在后台运行模拟点击的程序逻辑,从而实现虚假点击)或者人肉刷量(水军头目组织普通网民点击或者诱导普通网民点击)的方式,进行恶意点击,并向要求虚假流量的企业收取高额费用。不仅要求企业不断地投入正常成本用于提高"虚拟数据",影响企业的正常发展,而且对于行业而言造成不正当竞争、劣币驱逐良币的恶果,甚至严重破坏计算机的安全。

(三)技术威胁型黑灰产

技术威胁型的黑灰产主要不在应用层呈现,而是在互联网的物理层、链路层、网络层和传输层隐藏着,通过技术手段来谋取不法利益,最常见的有恶意注册、DDoS攻击、Web应用攻击等。以恶意注册为例,网络黑灰产通过非法的或者虚假的信息,例如使用非实名注册的手机号码或者邮箱,或者使用他人实名注册的手机号码,使用工具批量注册账号、外挂注册或者批量号的方式,为其他的黑灰产提供作案工具。主要的下游犯罪包括薅羊毛、上述提到过的刷流量、发布垃圾内容进行诈骗,等等。

(四)暗网

暗网(Dark Web)是指在公开网络(Surface Web)之外、无法通过传统搜索引擎直接获取的网络内容。暗网的内容通常需要特定软件、配置或者授权才能访问,因此对于普通互联网用户来说,暗网内容是不可见的。由于暗网的匿名性和不可追踪性,使得其成了非法活动的场所之一,吸引了一些不法分子在此进行活动。在暗网中进行的并不一定全部是直接的犯罪,黑灰产同样借助暗网作为平台来实现交易。暗网中存在大量的非法交易的网站,例如,一个名为"丝绸之路"(silk road)的暗网就是一个利用 Tor 的隐秘服务来运作的黑市交易网站。在"丝绸之路"上的绝大多数交易都涉及违法犯罪,包括买卖毒品、军火交易、性奴拍卖、幼儿色情制品、贩卖人体器官等。该网站由乌布利希创建,他曾将其粉饰为"一个经济仿真体",毫不避讳地将利用暗网为违法犯罪活动提供避风港。[①] 在实务中,有许多涉及境外的犯罪中,线索涉及暗网之后就无法继续追踪,

---

① 明乐齐:《暗网犯罪的趋势分析与治理对策》,《犯罪研究》2019 年第 4 期。

给侦查工作带来了极大的困难,尤其是在加密虚拟货币的出现后,许多在诈骗、毒品交易等犯罪中用于犯罪的资金来源、犯罪后的资金流向都与暗网密切相关。

二、网络黑灰产的特点及难题

(一)所依赖的网络技术存在两面性,无法从技术上对网络黑灰产形成碾压式打击

随着科技的进步,网络技术不断地发展壮大,从简单的互联互通的互联网技术到如今热门的云计算、大数据、人工智能等各项技术,在点亮社会发展的同时,也给网络黑灰产带来了可乘之机。矛与盾的斗争永不停歇,为了对抗封锁、限制等网络技术,网络黑灰产所利用的攻击软件、算法工程等技术也在持续地升级迭代。而且,相较于正面防御技术,网络黑灰产人员在高额利益的刺激下更有动力去更新所使用的技术,从而导致攻击技术的发展层出不穷。而不可否认的是,技术上的发展正是网络黑产生存的前提。①

技术本身不具有任何的偏向性,所有的技术发展带来的后果都具有两面性。例如,云存储的技术方便了人们在云端储存数据,从而使得使用者更方便地备份本地数据并进行异地处理,这节约了使用硬件储存的成本,保障在恶劣环境下数据的安全,减少管理人员对数据维护设备的负担,增加访问数据的渠道,同时也带来了数据安全、个人隐私、版权风险、运营危机等多方面的问题。尤其是数据安全中,云存储的服务器经常成为黑客入侵的目标,使用者将个人的隐私数据上传到云存储的服务器中,服务器上不仅拥有了海量的数据,也使得这样的数据劫持成了网络黑灰产业的收入来源。通过对云存储上的数据劫持,网络黑灰产业人员对数据进行分析后,将其拆解为下游网络犯罪中重要的信息,供下游犯罪使用,从而形成了链条化的网络黑灰产业。为了应对这样的安全问题,技术会不断地更新换代,填补安全漏洞、设计更多的安全环节,但是相应地,为了获取到信息进行后续的犯罪,黑客技术也会发展出应对之策。没有任何一项技术可以做到无懈可击,即便一时获得了技术上的领先,后来也会被逐渐破解。

互联网技术的更新迭代十分迅速,当黑客技术超过一般的互联网技术时,原本构建的防御网将难以招架黑客攻击,从而被网络黑灰产业获取信息、利用并用以进行犯罪活动。例如,2017 年 4 月 14 日由黑客团体"影子经纪人"(Shadow Brokers)泄露出来的"永恒之蓝"(Eternal Blue),是一个被专门用于

---

① 赵丽莉、马可、马民虎:《网络黑色产业链负外部影响及其治理研究》,《情报杂志》2019 年第 10 期。

网络攻击的工具。"永恒之蓝"利用 Windows 操作系统中的一个漏洞,该漏洞存在于 Windows 的 Server Message Block(SMB)v1 协议中,允许攻击者远程执行恶意代码,并获取系统的最高权限。不久之后,不法分子将"永恒之蓝"加以改造,制作了大规模的勒索软件"永恒之蓝勒索蠕虫"(WannaCry),导致全球范围内的计算机系统受到影响。该病毒的攻击过程中,大量"不联网"的、一向被认为是相对比较安全的企业和机构的内网设备也被感染。360 公司对勒索软件进行了详细的安全研究,研究统计数据显示 2017 年是一个分水岭:在 2017 年以前,勒索软件的蔓延方式比较单一,其传播速度较为缓慢;2017 以后则如雨后春笋般出现了大量的新型传播技术,包括服务器渗透、自动扫描漏洞攻击、软件开发分发过程攻击等升级方式。[1]

因此,在网络技术的两面性下,技术的发展可以打击网络黑灰产的活动,但反之,网络黑灰产活动也可以通过网络技术规避打击,合法有序的网络活动与网络黑灰产活动还可能交织在一起。单纯依靠技术的打击,网络黑灰产的活动和打击网络黑灰产的活动之间的地位处于此消彼长的状态,无法形成碾压式的优势对网络黑灰产活动进行有效打击。

(二)网络黑灰产业实现链条化,对犯罪主观方面认定变得困难

危害网络安全的行为已经从以前的黑客的个人的喜好、兴趣、炫耀等其他偶发的情况,变为具备体系化、组织化的活动,形成了网络黑灰产业的链条。实践中的网络黑灰产呈现产业链形态,通常情况下技术人员处于产业链上游,其作用是制作技术工具以供中下游使用。中游则利用上游所提供的工具进行直接性的技术破坏,包括针对系统、网络、软件的破解以及对个人信息的窃取。下游作为产业链的终端,一般是利用上中游行为的结果来实施目的犯罪,例如诈骗、洗钱、开设赌场等传统经济犯罪。[2]

在这样的情况下,网络黑灰产中的犯罪大多呈现的是"协同作案",共同犯罪、团伙犯罪的比例非常大。从网络犯罪案件的审判情况来看,网络犯罪案件中被告平均人数为 2.73 名;被告人为两人及以上的团伙犯罪占网络犯罪案件总数的四成以上,为 3 人及以上的共同犯罪的案件占比逐年提高。[3] 网络黑灰

---

[1] 360 互联网安全中心:《WannaCry 一周年 勒索软件威胁形势分析报告》,http://zt.360.cn/1101061855.php?dtid=1101062360&did=210646167(访问日期:2021 年 9 月 30 日)。
[2] 刘宪权:《网络黑灰产上游犯罪的刑法规制》,《国家检察官学院学报》2021 年第 1 期。
[3] 参见《网络犯罪大数据报告及电信网络诈骗犯罪典型案例新闻发布会》,最高人民法院官网,http://www.court.gov.cn/zixun-xiangqing-200651.html(访问日期:2021 年 9 月 30 日)。

产犯罪作为网络犯罪的其中一种形态,在共同犯罪方面的更加突出。由于网络黑灰产活动的链条化,参与活动的人员形成了细致的分工,每个人专门负责其中一项业务,类似于工厂中的"流水线"。在这样的背景下,黑灰产业链中的关系盘根错节,对于其中的某一项中,行为人的主观认知的证明难度较大。

以帮助信息网络犯罪活动罪为例,该罪是由《中华人民共和国刑法修正案(九)》(以下简称《刑法修正案(九)》)增设的,《刑法》第287条之二第1款规定:"明知他人利用信息网络实施犯罪,为其犯罪提供互联网接入、服务器托管、网络存储、通信传输等技术支持,或者提供广告推广、支付结算等帮助,情节严重的,处三年以下有期徒刑或者拘役,并处或者单处罚金。"从法律规定来看,成立帮助信息网络犯罪活动罪,要求行为人主观上"明知"他人利用信息网络实施犯罪。而网络背景下的共同犯罪则具有不同于传统共同犯罪的特点,尤其是在网络黑灰产已经演变为环节完整且高度分化的产业链形态下,作为指向同一法益侵害结果的共同犯罪参与人的认知往往具有单向性。[1] 也就是说,单一的行为人可能仅对其所负责的环节有具体的认知,而对其他人进行的活动不甚了解,甚至辩解其所做的为正常的、合法合规的活动,对其活动被他人利用进行犯罪的没有认知。帮助信息网络犯罪活动罪中的"明知",到底需要明确的认知,还是概括的认识即可,学界中争议较大。司法实践中,如果要求行为人具有明确的认知,则会经常在证据的证明上陷入困境。网络黑灰产的犯罪具有较强的隐蔽性,如果从证据中要求证明行为人的明确认知非常困难。因此,实践中通常采取概括的认知,例如在贩卖自己实名的银行卡给他人从事网络黑灰产犯罪活动的行为中,虽然行为人辩称对他人实施违法犯罪行为并不知情,但是现在全国各地的银行在为客户办理银行卡时都会告知其不能将银行卡给他人使用,并且进行了严格的身份审核和违法犯罪警示提醒,要求客户办理时签署知情书,因此行为人应当对于银行卡不能交给他人使用有基本的认知,更不用说对贩卖自己实名的银行卡给他人来牟利行为的不法性,应当有概括的认识。但这样的认定并没有得到法律法规或者司法解释的认定,没有一个具体的认定标准来指导实践。此类案件在全国的认定不一,一些地方仍然采取了"明确的认知"这样的认定,导致网络黑灰产行为人无法从刑法上进行定罪量刑。在定罪量刑上的"同案不同判"容易使社会公众产生司法不公的判断,引发社会矛盾。

网络黑灰产所具有的产业链形态使得共同犯罪中参与人之间实现了解耦,

---

[1] 钱日彤:《帮助信息网络犯罪活动罪的解释路径与司法适用——单一正犯视野下的考察》,载《中南财经政法大学研究生学报》2020年第2期。

每个个体都在共同实现违法犯罪的环节中发挥了"主心骨"的作用,使得共同犯罪成了模块化构造,各模块中的主体并不需要主观上知悉或完全知悉整个犯罪的实现。显然,这种产业链形态不仅促进了违法犯罪活动的实现,而且对法律上认定行为人主观方面的认识造成一定的困难。

(三)网络黑灰产活动的跨地域性,使得侦查取证难度加大、耗费的成本提高

网络犯罪相对于传统犯罪的侦查,最大的难度在于犯罪地的扩大化及不确定性。在侦查工作中,被称为侦查阵地控制的工作面临着巨大的挑战。在传统犯罪当中,侦查阵地控制是指在侦查工作中采取公开和秘密的手段,掌握控制犯罪嫌疑人经常涉足流窜、销赃挥霍、落脚藏身和犯罪作案的地区、行业、场合,以便控制犯罪和及时发现犯罪线索,侦破刑事案件的一项专门的基础工作。① 但是在网络犯罪中,犯罪的人流、资金流、信息流都隐藏在网络当中,传统的控制方法如蹲点守候、定期巡查等便无法在网络上追溯、监视犯罪发展动态。② 另外,传统的犯罪中受制于交通方式、距离、成本等原因往往在一地形成集聚,但是通过网络实施犯罪则不被地域所限制。网络黑灰产可以分布在不同的国家、省、市、区,通过网络就可以构建起联系。

这样的特性给公安机关侦查案件带来了一定的困难,尤其是在证据的采集和固定上。网络黑灰产的活动遍布在各地,这考验着公安机关的办案能力。传统犯罪中,大多数的犯罪的发生地在公安机关的管辖范围之内,因此对于犯罪的侦查、证据的收集上具有优势。但网络黑灰产的犯罪,行为人的犯罪实施可能只有其中一个地方属于该办案机关的管辖范围,其他地方的证据收集就考验着公安机关内部的协作能力。而且,犯罪的证据涉及其他机构时,传统犯罪中公安机关对于当地的企业、金融机构等较为熟悉,也更容易收集证据;但关涉外地的机构时,则涉及通过当地的公安机关来收集证据或者协调的问题。如果网络黑灰产的链条涉及了国外,则证据的收集更加困难。国外的证据采集和固定需要与外国政府进行协调,需要双方在刑事司法协助上具有一定的共识,甚至需要签订备忘录。而能够达成这一条件的国家非常少。更重要的是,证据可能涉及跨国家、跨地域的平台、机构等,甚至是一些有"阅后即焚"功能的沟通

---

① 马忠红:《侦查阵地控制的困境与出路》,《广州市公安管理干部学院学报》2009 年第 1 期。
② 韩思宁、李丽华、和文赟:《网络空间下侦查阵地控制的范围及路径》,《广西警察学院学报》2019 年第 5 期。

软件进行有犯意的联络,而对这种证据的收集和固定非常困难,因为涉及的平台合作意愿不强,证据的效力也存在问题。涉及境外的交易中还存在使用虚拟货币交易和使用暗网交易等更多难以收集、难以固定,或者无法作为证据使用等诸多问题。

(四)网络黑灰产的损害存在延伸性,侦查的紧迫性加剧

网络黑灰产的攻击和恶意利用很多在网络上进行,因此其损害往往超出最初的目的。在侵害的范围上,为了实现高额盈利的目的,往往需要获取大量个人信息,所以行为人通常会选择更激进的技术手段,使得攻击规模更大、可及范围更广。而且,为了充分实现高额盈利,很多行为人并不只是从事单项黑灰产,而是将其黑灰链模式多元化,这样一来所造成的损害程度亦更高。① 比如,浙江侦破的一起盗刷虚拟商品案件中,盗刷团伙为实现获利目的,形成了多个分支队伍,包括撞库团伙(运用彩虹字典、密码库对账号密码进行暴力破解)、黑客团伙(通过恶意程序注入、利用漏洞提权等方式获取系统权限从而窃取账号密码)、中介团伙(将撞库团伙和黑客团伙所获得的账号密码等个人信息进行打包贩卖)和盗刷团伙(根据所获得的账号密码等他人信息,自动化批量盗刷虚拟货品,实现非法获利)。而在侵害对象上,以侵害信息的黑产为例,网络黑灰产通过各种方式得到受害人的手机内的信息数据。在智能手机日益普遍的今天,许多人通过手机进行交流、沟通、消费、娱乐,用于日常生活甚至是办公,手机中存储了大量的个人、亲友、单位的诸多资料。网络黑灰产通过病毒、钓鱼链接等各种手段获得的手机数据信息可能远超其原本的目的。

公安机关的侦查力量是有限的,在这样的情况下,侦查案件的速度一旦无法超越网络黑灰产破坏、损害的速度,公安机关无法及时阻断损害的发生,相比于传统的犯罪,网络的传播性会使得网络黑灰产的损害成倍地增强,网络黑灰产的行为人更多、牵扯面更广,受害人急剧增多,导致案件侦查难度加剧。

三、网络黑灰产的治理之策

(一)突破单纯防御的思维限制,主动出击将犯罪防患于未然

网络黑灰产的诞生和发展都离不开网络技术,鉴于网络技术的双面性,从技术上进行碾压式的打击是非常困难甚至可以说是做不到的。但是,网络黑灰

---

① 赵丽莉、马可、马民虎:《网络黑色产业链负外部影响及其治理研究》,《情报杂志》2019年第10期。

产威胁着用户的信息安全、财产安全甚至是人身安全,山东"徐玉玉"案就是其中典型的由电信诈骗导致的与人身安全相关的犯罪。网络黑灰产还威胁着社会公共利益与国家安全,"永恒之蓝"事件就是典型,病毒入侵了中国各大高校校内网、大型企业内网和政府机构专网。因此,在主动打击的可能性较小、被动的预防已经无法对抗网络安全的新形势下,治理网络黑灰产的首要步骤,应当转变思想观念,从单纯的、消极的防御转向主动出击,从而达到治理网络黑灰产的有效结果。

消极、被动的防御指的是在治理网络黑灰产的时候,仅能依靠对方发动攻击从而被动地进行防御,治理的过程相当于"头痛医头,脚痛医脚",只有一对一的效果,但无法给网络黑灰产以根本性的改变。即便是将全链条的网络黑灰产犯罪全部抓获,也已产生了较大的损害面。而积极、主动的出击,是指在治理网络黑灰产时进行一定的技术措施准备,可以鼓励新发展的网络技术、科学技术运用其中。而这些技术措施当中,不仅仅需要能够对网络黑灰产的攻击作出防御,也应当能够在合法、合理的范围内进行主动的试探、发现网络黑灰产的威胁,并采取一定的措施进行打击。主动出击需要跨过自我防御的门槛,突破给自身划定的范围,向"界外"发起冲击。不仅仅是进行网络安全检测,发现漏洞和病毒,防止未经授权的访问、侵入等行为,还可以运用新型的 AI 技术、人脸识别、云安全等,主动运用蜜獾、探针等方式来发现潜在的网络黑灰产,并在发现之后采取跟踪、反制、封锁等措施来切断网络黑灰产的交易链条,甚至揪出隐藏的违法犯罪人员,从而实现打击网络黑灰产。

当然,这样的主动防御机制背后需要有法律的背书,这也是基于网络技术双面性的特点。能够阻止防治网络黑灰产的网络技术,也具有相当的"危险性"。因此,要想充分发挥网络空间技术的治理作用,首先要对其进行框架化,包括由法律对其框架化,在整体法律框架下对技术方向进行引领和规范。[①] 例如,这样的主动出击是否符合罪刑法定的要求,即在网络黑灰产尚未成型、仍在准备当中进行法律规制是否有超出法律规定之嫌;对威胁行为的主动出击是否有行为的事先审查要求,或者对行为的备案要求,是否任何主体都能够实施主动出击,是否应对主体实施主动出击附加限制性条件,如主体面临的侵害是否紧迫、时机是否恰当、措施是否合适等,这一问题与刑法上"正当防卫"问题是否具有共性,这种出击属于正当的"防卫",还是有可能落入"假想防卫"的陷阱;主动出击的网络技术势必对网络环境也造成一定的损害,损害与法益的保护之间的平衡如何取

---

① 郑智航:《网络社会法律治理与技术治理的二元共治》,《中国法学》2018 年第 2 期。

舍,等等,这些问题都需要在法律的框架下对技术进行可行化分析。

(二)法律认定标准的精细化

网络黑灰产的发展紧跟着网络技术的发展,冲击着现有的法律秩序,给已有的治理规则带来了非常大的冲击,因此,《刑法修正案(九)》增加了关于计算机犯罪、网络犯罪的罪名,以期应对飞速发展的网络技术带来的负面影响。但是,法律总是具有滞后性的,应当对实践中出现的应用难的问题,以司法解释、行政法规、部门规章等形式,及时制定细致化的认定标准,减少机械式的适用或者无法适用的情况。

以帮助信息网络犯罪活动罪为例,对于帮助信息网络犯罪活动罪的中"明知"的认定,应当有更细化的罪名使用规则指引,来解决"明知"的模糊化处理。因为该罪的罪名被描述为"为其犯罪提供互联网接入、服务器托管、网络存储、通信传输等技术支持,或者提供广告推广、支付结算等帮助"。而在网络黑灰产的链条当中,除了直接实施的诸如诈骗、赌博、洗钱等犯罪之外,其余产业链条当中为前述犯罪提供技术支持、物资支持、信息支持等的环节,都可以成立"帮助信息网络犯罪活动罪"。如此庞杂的一个罪名,却未有一个细致化的认定标准来对实践进行指导,导致实践当中各地司法机关的认定标准不一,造成"同案不同判"的尴尬结果。帮助信息网络犯罪活动罪需要一个细致化的认定标准,来确定行为人对于他人的犯罪的认识达到什么样的程度之后可以被认定为帮助信息网络犯罪活动罪,是否可以在某些情况下"推定"行为人具备"明知"要素?也有研究认为,《网络赌博意见》中的相关规定可在此处被借鉴,即"以公众举报或行政机关责令改正后进行技术、资金帮助、执法人员调查过程中故意销毁、隐匿相关数据等情形为依据"确定"明知"标准。[1] 或者,通过反常的事实推定行为人的"明知"。[2] 由此延伸,对于与网络黑灰产相关的犯罪中的具体认定标准应当尽快出台细致的规则或者司法解释,以更好地在全国范围内打击网络黑灰产犯罪。

(三)加强信息共享,建立系统间相通的信息系统,形成网络黑灰产治理的多平台共治机制

网络黑灰产的链条化,导致了治理网络黑灰产的难度大、案情复杂,涉及各

---

[1] 于冲:《网络犯罪帮助行为正犯化的规范解读与理论省思》,《中国刑事法杂志》2017年第1期。
[2] 皮勇、黄琰:《论刑法中的"应当知道"——兼论刑法边界的扩张》,《法学评论》2012年第30期。

方的技术、利益以及内部规定。我们应当意识到,网络的黑灰产的治理,仅靠一方的努力是远远不够的。公检法机关打击网络黑灰产涉及的犯罪,仅仅只能起到对该涉案的一起或者几起网络黑灰产打击的作用,而真正的网络黑灰产的链条仍然逍遥法外。因此,建立起网络黑灰产治理的多平台共治机制,才能从全方位、多角度地有效治理网络黑灰产,保障国民的基本利益、公共利益,乃至国家的安全与利益。多平台共治机制涉及多个主体,这些主体跨区域、跨身份、跨行业等,因此需要协调各方,达成联动、共享、共赢的合作机制。

1. 跨区域的协作

由于网络黑灰产的链条遍布各地是一种非常常见的现象,办案中遇到跨区域的案件需要寻求当地机关的帮助。这要求我们建立起网络黑灰产治理的共治机制,在跨区域的案件中使得主办案机关与协助办案机关之间建立起良好的沟通与合作意识,及时、方便地对接,高效完成对网络黑灰产的打击。《公安机关办理刑事案件程序规定》第十一章中关于异地公安的办案协作作出了明确的规定,但是实践当中来回协作程序耗费的时间长、成本高。建立全国公检法一体的情报系统,借助AI、大数据等信息化侦查手段的侦查模式,结合公安内部的信息系统,能够快速地进行信息的采集、监管以及预警,从案件的侦查到最后的审判环节,全方位地进行信息的互通,减少信息传输带来的时间损耗与成本浪费。

跨区域中最特殊的是跨国境问题。目前,出于社会和政治的原因,加上过去几年疫情的影响,全球关于网络黑灰产治理的协作仍然处于较为低迷的时期。尤其是,在价值取向的差异上,有部分的网络犯罪在全球并未形成共识,但是加强合作仍然是面对网络黑灰产治理的重要解决路径。因此"求同存异"的观念在开展跨境合作中尤为重要。国家间搁置争议,在达成共识的领域,通过政府间跨境合作协议,签署备忘录,在信息收集、执法办案、治理路径等刑事司法协助上达成合作,对于治理跨国境的网络黑灰产犯罪十分重要,如果可以形成跨国际的信息互通合作,那么对于网络黑灰产的犯罪打击将取得优势地位。这还需要公安机关在需要进行国际协作时,能够在系统上及时反馈,在行政机关系统内部形成信息的互通和互联。

2. 跨身份的合作

网络的黑灰产涉及多项的网络技术,犯罪手段的技术含量较高,而对于这种技术更熟悉的莫过于位于行业前置位角色的网络从业人员。他们需要应对网络黑客的攻击,对网络黑灰产的特性、网络黑灰产的弱点等方面的了解远超政府机关,尤其是司法机关的相关人员。针对这样的特性,在治理网络黑灰产中,包括公安、市场监督管理部门的政府机关,可以采取与非政府机关、企业、社会大众等达成公私合作的方式,例如电信的运营商、银行在治理"两卡"——手机卡和银行卡的行动中就发挥了重要作用,减少了黑灰产人员通过手机卡和银行卡买卖来获取虚拟身份或者盗取他人身份信息的犯罪机会,给办案人员减轻了识别身份信息的压力。其他的例如网络服务提供商、网络平台的运营企业、互联网企业等,都可以为维护国家安全和查处违法犯罪提供技术、数据等方面的帮助,比如拦截攻击病毒、拦截垃圾信息等。而政府也可以为保障打击网络犯罪的主动防御提供政策或者法律上的支持,比如给予他们一定的自主权,来制止和打击网络黑灰产,防范违法有害信息的扩散,同时对于采取的攻击性措施,在合理的必要限度内(例如仅采取清理违法信息的措施,并未进行非授权的收集信息的措施),应当给予一定的豁免。

3. 跨行业的合作

实际上在跨身份的合作中,公私的合作同时也是一些跨行业的合作。技术越发展,其对于技能的要求就更专业,所以在技术领域,有很多深耕某一领域的杰出人员。采取跨行业的合作,既可以使得企业之间合作赢利,也可以共同应对治理面对的挑战。跨行业的好处在于,原本深耕在某一领域的企业,可以与同样深耕于其他方向的企业进行交流,碰撞出思想火花的同时,行业之间还可以进行专业知识、数据信息、技术更新等多方面的交换,对治理网络黑灰产大有裨益。

(四)加强对网络黑灰产犯罪的侦查阵地控制,揭开"网络"的面纱,切断现实空间对网络的资源输送

侦查阵地控制的任务是从多处场景平台中搜集海量信息,并从中挖掘出有效、真实的犯罪线索。既需要对"阵地"的严加控制,也需要对信息"平台"的高效利用和维护,这两项工作实际上是一体两面。目前,需要加强的是对侦查信息"平台"的利用和维护,这方面的实效突出表现在对信息收集能力的提高和对犯罪线索的迅速发现。要以技术来反制技术,充分借助已有的大数据、云计算、人工智能等技术所取得的成果,打造智能大模型实现全方面监测和信息分析处理,强化对数据资源的深层次高纬度利用。一方面,借助智能大模型与物联网,不仅能够将传统的文字、图像、语音数据纳入数据源,而且对于温度、压力、光强等感知数据也能一并纳入进来,从而扩大了数据源;另一方面,要将重点从传统的数据之间的静态关系扩展至数据本身,包括静态数据和动态数据。除此以外,还可以叠加现代网络安全技术的运用,以智能大模型为核心来搭建安全保障平台,实现全天候监测、风险警示通报、源头挖掘跟踪、分层级保护等功能,为侦查阵地控制提供强大的网络助力。

实践中,可以采取构建"撞库攻击"识别数据模型、构建"撞库攻击"识别数据模型、开通网络巡查,加强网络监管;更重要的是,网络黑灰产的犯罪嫌疑人并不完全存在于网络空间,尽管他们能够在网络空间中"肆意放纵",但肉身仍然需要处于现实空间,他们也需要正常的生活,这些衣食住行的痕迹就是他们的"落脚点",也是侦查阵地控制的"老本行"。同时,这些传统阵地在绝大多数情况下不可能完全与网络所隔绝,毕竟当下的衣食住行基本上都需要网络的参与,所以犯罪嫌疑人在现实空间中的衣食住行同样会在网络空间里留下痕迹,这些痕迹经由挖掘汇总会形成相应的数据库。所以,侦查阵地控制工作的重点即使是转移至网络空间,也不能完全放弃对现实空间的传统侦查阵地控制,传统侦查阵地控制仍然具有相当突出的作用。在电子市场、新兴物流运输行业、二手交易平台等地方开展"网络空间+现实空间"下侦查阵地控制,揭开网络黑灰产犯罪中的"网络"面纱,在现实中切断资金流转和进行场地监控。传统侦查阵地控制与网络空间中的侦查阵地控制须结合起来形成控制合力,打造全链条模式。同时,网络空间中的阵地控制所获取的犯罪信息和线索需要在现实空间中确切落实后,才能称得上真正发挥了功能实效。因此,阵地控制的模式与范围必须贯穿联通网络空间与现实空间,实现两者之间的补充联动。在网络空间中进行阵地控制时,侦查人员应时刻注意及时在现实空间落实获得的犯罪线索,切莫因为疏忽大意或拖延等问题,造成线索的遗漏或失效。

(五)政企合作,注重跨学科思维的运用与人才的培养

网络科技的时代,跨学科的人才难得,也正是因为难得,显得愈发重要。在网络黑灰产的治理中,我们不仅需要精通网络技术的人才、精通金融专业的人才、精通法律专业的人才、精通宣传媒体营销等各类专业中的佼佼者,更需要跨学科的复合型人才,将知识融会贯通,才能更精准地切中网络黑灰产的要害。例如,对于网络黑灰产的主动防御措施,"计算机+法律"的复合型人才就能够利用其计算机知识对此防御措施进行判断,是否属于权限范围之内,又可以利用其法律知识判断是否能够从法律上对有益的打击措施进行豁免。而复合型的人才从哪里来?除了现今正处于治理网络黑灰产条线的人员提升自我之外,更应当注重的是复合型人才的培养,开展政企合作,与各大高校建立互联互通的合作,注重产学结合,将复合人才优势发挥到治理机制之上,使得治理工作更有前沿理论知识的支撑,做出更多创新与效能完美结合的举措。

图书在版编目(CIP)数据

经济刑法. 第23辑 / 涂龙科主编. -- 上海 : 上海社会科学院出版社, 2024. -- ISBN 978-7-5520-4461-4

Ⅰ. D914.04-53

中国国家版本馆 CIP 数据核字第 2024X05D93 号

经济刑法(第 23 辑)

主　　编：涂龙科
责任编辑：袁钰超
封面设计：黄婧昉
出版发行：上海社会科学院出版社
　　　　　上海顺昌路 622 号　邮编 200025
　　　　　电话总机 021 - 63315947　销售热线 021 - 53063735
　　　　　https://cbs.sass.org.cn　E-mail：sassp@sassp.cn
排　　版：南京展望文化发展有限公司
印　　刷：苏州市古得堡数码印刷有限公司
开　　本：710 毫米×1010 毫米　1/16
印　　张：20
插　　页：2
字　　数：360 千
版　　次：2024 年 6 月第 1 版　2024 年 6 月第 1 次印刷

ISBN 978 - 7 - 5520 - 4461 - 4/D·724　　　　定价：88.00 元

版权所有　翻印必究